FORSCHUNGSBERICHT DES LANDES NORDRHEIN-WESTFALEN

Nr. 2985 / Fachgruppe Wirtschafts- und Sozialwissenschaften

Herausgegeben vom Minister für Wissenschaft und Forschung

Dipl.-Volkswirt Franzjosef Schafhausen

Finanzwissenschaftliches Forschungsinstitut
an der Universität zu Köln

Die Auswirkungen der Körperschaftsteuerreform auf die Finanzierungspolitik der Kapitalgesellschaften

Springer Fachmedien Wiesbaden GmbH 1980

CIP-Kurztitelaufnahme der Deutschen Bibliothek

Schafhausen, Franzjosef:
Die Auswirkungen der Körperschaftsteuerreform auf die Finanzierungspolitik der Kapitalgesellschaften / Franzjosef Schafhausen. - Opladen : Springer Fachmedien Wiesbaden 1980.
(Forschungsberichte des Landes Nordrhein-Westfalen ; Nr. 2985 : Fachgruppe Wirtschafts- u. Sozialwiss.)

Ursprünglich erschienen bei Westdeutscher Verlag GmbH, Opladen 1980

ISBN 978-3-531-02985-6 ISBN 978-3-322-88608-8 (ebook)
DOI 10.1007/978-3-322-88608-8

Inhaltsverzeichnis

Einleitung 11

1 Vorbemerkungen zur Körperschaftsteuer, zur Körperschaftsteuerreform und zu den für das Finanzierungsverhalten der Kapitalgesellschaften relevanten Änderungen 16

1.1 Entwicklungsphasen der Besteuerung von Körperschaften 17

1.1.1 Die Besteuerung im Rahmen der allgemeinen Einkommensteuergesetzgebung (1871 - 192o) 2o

1.1.2 Die ungemilderte Doppelbelastung der Körperschaften zwischen 192o und 1953 21

1.1.3 Versuche zur Milderung der Doppelbelastung zwischen 1953 und 1977 23

1.1.4 Die Beseitigung der Doppelbelastung durch die Körperschaftsteuerreform zum 1.1.1977 25

1.2 Die Reform der Körperschaftsteuer als Bestandteil der allgemeinen Steuerreform 27

1.2.1 Die Unternehmensbesteuerung unter dem Aspekt der Wettbewerbsneutralität 28

1.2.2 Der Interessengegensatz zwischen Groß- und Kleinaktionär 29

1.2.3 Die Erleichterung der Vermögensstreuung 31

1.2.4 Die unterschiedliche Behandlung von Inländern und Ausländern 32

1.2.5 Die steuerliche Behandlung der Fremd- und Eigenfinanzierung 33

1.3 Methoden zur Beseitigung der Doppelbelastung 35

1.3.1 Der Betriebsteueransatz 38

1.3.2 Das Konzept der Teilhabersteuer 39

1.3.3 Gespaltener Steuersatz 42

1.3.4 Das Dividendenabzugsverfahren 43

1.3.5	Die Freistellung der Dividende	43
1.3.6	Der Ansatz von Meilicke	45
1.3.7	Das Anrechnungsverfahren als Reformmodell	46
1.3.7.1	Das Konzept des wissenschaftlichen Beirats	47
1.3.7.2	Der Lösungsansatz der Steuerreformkommission	48
1.3.7.3	Das Anrechnungssystem im Körperschaftsteuerreformgesetz	5o
1.4	Die Körperschaftsteuer in Steuersystem und Steuerreform	56
1.4.1	Die steuersystematische Einordnung	56
1.4.2	Die Körperschaftsteuer in der Steuerreform	61
1.5	Sonderprobleme des geltenden Körperschaftsteuerrechts	67
1.5.1	Die Behandlung der ausländischen Anteilseigner	68
1.5.2	Die Stellung nicht anrechnungsberechtigter Anteilseigner und Unternehmen	71
1.6	Die Körperschaftsteuer im internationalen Vergleich	73
1.6.1	Eine vergleichende Übersicht der Körperschaftsteuersysteme in westlichen Industriestaaten und Japan	74
1.6.2	Harmonisierungsbestrebungen innerhalb der Europäischen Gemeinschaft	77
1.7	Zur Beurteilung der Körperschaftsteuerreform	8o
2	Quantitative Analyse (Vergleich: altes Recht (KStG 1975) - reformiertes, geltendes Recht (KStG 1977)	87
2.1	Die unterschiedliche Steuerbelastung von Eigen- und Fremdkapital unter der Annahme gleicher Nettoverzinsung beim Kapitalgeber	87

2.1.1	Die Körperschaftsteuerbelastung (einschließlich der Ergänzungsabgabe) der Eigenkapitalfinanzierung nach den Bestimmungen des KStG 1975	89
2.1.2	Steuerbelastungsvergleich zwischen Eigen- und Fremdkapitalfinanzierung unter Berücksichtigung steuerlicher Interdependenzen	91
2.1.2.1	Steuerrechtliche Bestimmungen des KStG 1975	91
2.1.2.2	Die Belastung unter Berücksichtigung des durch das KStG 1977 eingeführten Anrechnungsverfahrens	1oo
2.1.3	Die Belastungsrechnung unter Berücksichtigung des Brutto-Ertragsbedarfs der Substanz- und Verkehrsteuern	1o8
2.1.3.1	Der Brutto-Ertragsbedarf der Finanzierungsalternativen unter den Bestimmungen des KStG 1975	11o
2.1.3.2	Der Brutto-Ertragsbedarf der Finanzierungsalternativen unter Berücksichtigung der Bestimmungen des geltenden Rechts	113
2.2	Vergleich der Vorteilhaftigkeit von Rücklagenbildung und "Schütt'-aus-Hol'-zurück" Verfahren	117
2.2.1	Darstellung der Problematik	117
2.2.2	Die Berechnung des Schwellenwertes für den durchschnittlichen Spitzenteilsteuersatz des Anteilseigners, bis zu dessen Höhe die Anwendung des Schütt'-aus-Hol'-zurück-Verfahrens grundsätzlich günstiger als die sofortige Thesaurierung ist	12o
2.2.2.1	Die Berechnung des Schwellenwertes nach KStG 1975	12o
2.2.2.2.	Die Berechnung des Schwellenwertes unter dem Regime des Anrechnungsverfahrens (KStG 1977)	123
2.3	Die mögliche Rücklagenzuführung (Selbstfinanzierung) bei unterschiedlichen Ausschüttungsquoten (vom Gewinn vor Steuern)	13o

2.3.1	Berechnung der möglichen Rücklagenzuführung	132
2.3.1.1	Die Berechnung nach dem Körperschaftsteuergesetz 1975	132
2.3.1.2	Die Berechnung nach geltendem Recht	133
2.3.1.3	Die Berechnung nach geltendem Recht unter der Voraussetzung, daß die Bardividende gegenüber der Ausschüttung nach altem Recht um den Wert der Steuergutschrift vermindert wird (modifiziertes Anrechnungsverfahren $S_{p\,1977}^{mod}$)	134
2.3.2	Komparative Untersuchung der unterschiedlichen Selbstfinanzierungsmöglichkeiten	135
2.3.2.1	Vergleich: KStG 1975 - Anrechnungsverfahren (KStG 1977)	135
2.3.2.2	Vergleich: Anrechnungsverfahren - modifiziertes Anrechnungsverfahren	136
2.3.2.3	Vergleich: KStG 1975 - modifiziertes Anrechnungsverfahren	137
2.4	Die mögliche Ausschüttung bei unterschiedlichen Thesaurierungsquoten (vom Gewinn vor Steuern)	139
2.4.1	Berechnung der möglichen Ausschüttung	14o
2.4.1.1	Berechnung nach dem Körperschaftsteuergesetz 1975	14o
2.4.1.2	Die Berechnung nach geltendem Recht	14o
2.4.2	Komparative Untersuchung der unterschiedlichen Ausschüttungsmöglichkeiten	141
2.4.2.1	Vergleich: KStG 1975 - Anrechnungsverfahren (KStG 1977)	141
2.4.2.2	Vergleich: KStG 1975 - modifiziertes Anrechnungsverfahren	142
2.5	Die mögliche Selbstfinanzierung bei einer Politik konstanter Dividenden	145

2.6	Die steuerliche Gesamtbelastung des auf den einzelnen Aktionär entfallenden Gewinnanteils durch die Zusammenfassung der Gesellschafts- und Gesellschafterebene	146
2.6.1	Die Gesamtbelastung nach den Bestimmungen des KStG 1975	147
2.6.2	Die Gesamtbelstung im System des Anrechnungsverfahrens	148
2.7	Konsequenzen des Anrechnungsverfahrens und der Bestimmungen des alten Rechts für die Liquiditätsbelastung auf Gesellschafts- und Gesellschafterebene	149
2.7.1	Liquiditätsbelastung des Anteilseigners	149
2.7.2	Liquiditätsbelastung der Unternehmung	153
2.7.3	Analyse der Abgangsregel des § 28 Abs. 2 KStG 1977	155
3.	Der Bedingungsrahmen finanzierungspolitischer Entscheidungen	159
3.1	Zur Finanzierung von Kapitalgesellschaften	159
3.1.1	Der Begriff der Finanzierung	159
3.1.2	Die Finanzierungsformen	163
3.1.3	Finanzierungsmittelmärkte	169
3.2	Zur Willensbildung innerhalb einer Aktiengesellschaft	173
3.3	Die von der Unternehmungsführung unmittelbar kontrollierten Bestimmungsfaktoren	180
3.3.1	Finanzierungspolitisch relevante Ziele der Unternehmensführung	181
3.3.1.1	Die unternehmensbezogenen Ziele	181
3.3.1.2	Die aktionärsbezogenen Ziele	189
3.3.2	Die Bedeutung der Ziele für das Finanzierungsprogramm	191

3.3.2.1 Rentabilität und Finanzierungsprogramm 191

3.3.2.2 Sicherheitsstreben und Finanzierungsprogramm 197

3.3.2.3 Aktionärsbezogene Ziele und Finanzierungsprogramm 2o2

3.3.2.4 Zielkonflikte und Finanzierungsprogramm 2o6

3.4 Unternehmensexterne und sonstige Rahmenbedingungen der Finanzierungspolitik von Kapitalgesellschaften 2o8

3.4.1 Die nicht unmittelbar in der Einflußsphäre des Unternehmens bzw. der Unternehmensführung liegenden Bestimmungsfaktoren 2o8

3.4.1.1 Die Geld- und Kapitalbedingungen 2o9

3.4.1.2 Sonstige Umweltbedingungen 211

3.4.1.3 Die Kreditwürdigkeitsprüfung 212

3.4.1.4 Reaktionen auf die Ausschüttungs- und Selbstfinanzierungspolitik 229

3.4.2 Die Vervollständigung des Bedingungsrahmens finanzierungspolitischer Entscheidungen durch weitere Bestimmungsfaktoren 235

3.4.2.1 Der Unternehmensgegenstand 235

3.4.2.2 Die Unternehmensgröße 236

3.4.2.3 Das "Image" als Finanzierungsdeterminante 237

3.4.2.4 Die Rechtsform als Finanzierungsdeterminante 238

4. Der Einfluß der Steuern und steuerlicher Datenänderungen auf die Finanzierungspolitik unter Berücksichtigung des Bedingungsrahmens finanzierungspolitischer Entscheidungen 242

4.1 Die Beziehungen zwischen steuerrechtlichen Bestimmungen und der Finanzierungspolitik in Kapitalgesellschaften 244

4.1.1	Die Strukturierung des Kapitalfonds unter dem Einfluß der steuerlichen Belastung	244
4.1.2	Die Gewinnverwendungspolitik unter dem Aspekt des steuerlichen Zugriffs	247
4.2	Die Bedeutung der körperschaftsteuerlichen Datenänderung für die weiteren finanzierungsrelevanten Rahmenbedingungen	251
5.	Die empirische Analyse der Finanzierungspolitik von Kapitalgesellschaften	269
5.1	Zur Ausgangslage	269
5.2	Methodik und Datenbasis der Analyse	271
5.3	Der Versuch einer empirischen Betrachtung des Finanzierungsverhaltens der Kapitalgesellschaften unter dem Aspekt der Körperschaftsteuerreform	277
5.3.1	Die globale Beurteilung der Finanzlage und Vermögenszusammensetzung von 1966 bis 1978	277
5.3.2	Die Ausschüttungspolitik der Aktiengesellschaften im Verlauf der Körperschaftsteuerreform	281
5.3.3	Eigenkapitalbildungsprozesse der Kapitalgesellschaften	299
5.3.3.1	Die Zuführung von Beteiligungskapital	299
5.3.3.2	Das Thesaurierungsverhalten	310
5.3.3.3	Die Finanzierung aus Abschreibungserlösen	313
5.3.4	Das Fremdfinanzierungsverhalten der industriellen Aktiengesellschaften	315
5.4	Zusammenfassung der empirischen Ergebnisse	319
6	Schlußbetrachtung	323
	Verzeichnis der Tabellen	331
	Verzeichnis der Abbildungen	332
	Literaturverzeichnis	334
	Tabellenanhang	343

Einleitung

Die Reform der Körperschaftsteuer wurde am 31.8.1976 als Teil des "Dritten Steuerreformgesetzes" vom Bundestag mit Zustimmung des Bundesrates verabschiedet. Damit konnte zum 1. Januar 1977 nach umfangreichen Diskussionen ein weiterer Baustein der insbesondere in der sozialliberalen Regierungserklärung vom 28.10. 1969 angekündigten großen Steuerreform in Kraft gesetzt werden.

Eine grundsätzliche Reform der deutschen Unternehmensbesteuerung war allerdings schon einige Zeit vor der anstoßgebenden Regierungserklärung Gegenstand finanzwissenschaftlicher und -politischer Erörterungen. So wurde im Jahre 1948 der sogenannte Betriebsteuerausschuß eingesetzt, der eine Neuordnung der Besteuerung gewerblicher Unternehmen vorbereiten sollte. Die umfassende Diskussion des Betriebsteuergedankens - an der das Finanzwissenschaftliche Forschungsinstitut an der Universität zu Köln maßgeblich beteiligt war - hatte jedoch bis zum Anfang der 70er Jahre den systemgerechten Umbau der Unternehmensbesteuerung **nicht einleiten können.**

Wie schon in vorangegangenen Erörterungen, entzündete sich die Kritik im Verlauf der Auseinandersetzung um den von vielen als "Kernstück" der Steuerreform betrachteten Problemkreis insbesondere daran, daß im damals geltenden Recht betriebliche Gewinne je nach der Rechtsform des Unternehmens unterschiedlich besteuert wurden und dadurch die Wahl der betrieblichen Rechtsform weniger wirtschaftlich als steuerlich bestimmt war. Steuerliche Überlegungen beeinflußten nach altem Recht zudem wesentlich die Wahl der Finanzierungsart, da die Beteiligungsfinanzierung gegenüber der

Fremdfinanzierung benachteiligt wurde; die doppelte Schmälerung der Nettorendite behinderte ferner eine breiter gestreute Vermögensanlage in Beteiligungswerten und durch den sogenannten Ausländereffekt ergab sich in bestimmten Fällen eine geringere steuerliche Belastung ausländischer Anteilseigner im Vergleich zu inländischen Gesellschaftern.

Diese Mängel wurden allgemein auf die selbständige Besteuerung der in die Form einer juristischen Person gekleideten Unternehmen und die daraus resultierende Doppelbelastung der Gewinne mit Körperschaftsteuer und Einkommensteuer zurückgeführt. Eine Reform der Körperschaftsteuer mußte demnach auf eine Beseitigung oder zumindest eine Milderung dieser Doppelbelastung ausgerichtet sein. Aus einer Vielzahl von Ansätzen, die verschiedene Wege zur Beseitigung der Doppelbelastung der Gewinne von Kapitalgesellschaften wiesen, kristallisierte sich im Verlauf des Willensbildungsprozesses das sogenannte Vollanrechnungsverfahren heraus. Diese Methode wurde in ihren Grundzügen vom Wissenschaftlichen Beirat beim Bundesministerium der Finanzen entwickelt und in dessen "Gutachten zur Reform der direkten Steuern" vorgestellt. Für das Anrechnungsverfahren sprach sich in einer frühen Phase des Reformprozesses vor allem die Steuerreformkommission aus, deren Argumentation sich später das Bundeskabinett zu eigen machte. In leicht modifizierter Form bildet das Anrechnungsverfahren heute den Dollpunkt des geltenden Körperschaftsteuerrechts.

Aufgabe der vorliegenden Studie ist es, die Auswirkungen dieses Verfahrens auf die Finanzierungspolitik der Kapitalgesellschaften zu untersuchen. Dabei kann die Untersuchung davon ausgehen, daß die steuerliche Diskriminierung der Eigenfinanzierung in der Bundesrepublik Deutschland nach altem Recht ungünstige Wirkungen auf die Kapitalstruktur der Gesellschaften hatte, das Angebot von Beteiligungspapieren auf dem Kapitalmarkt schmälerte und damit auch eine breitere Streuung von Beteiligungswerten erschwerte.

Nach einer Darstellung der gegenwärtigen Unternehmensbesteuerung und ihrer Wurzeln versucht die Arbeit den Weg zum endgültig gewählten Anrechnungsverfahren nachzuzeichnen, wobei die unterschiedlichen finanzwissenschaftlichen und -politischen Positionen dargestellt werden. Es schließt sich eine ausführliche Erläuterung des zentralen Problemkreises im geltenden Körperschaftsteuerrecht an. Die Leistungsfähigkeit des letztlich verabschiedeten Anrechnungsverfahrens wird hierbei an den zu vermeidenden Mängeln des alten Systems gemessen und abschließend mit internationalen Regelungen der Unternehmensbesteuerung verglichen und beurteilt. Eine quantitative Analyse, die sich der Methode der Teilsteuerrechnung bedient, bemüht sich, die steuerlichen Konsequenzen unterschiedlicher Finanzierungsstrategien im alten Körperschaftsteuerrecht und nach dem Anrechnungsverfahren gegenüberzustellen. Als Bewertungskriterium kann dabei das Ausmaß der relativen Veränderung der Positionen grundsätzlicher Finanzierungsstrategien zur steuerlichen Behandlung der Fremdfinanzierung dienen. In der Realität bewegen sich die Kapitalgesellschaften im Rahmen ihrer Finanzierungsentscheidungen innerhalb der hier idealtypisch skizzierten und für die Analyse modellhaft unterstellten Möglichkeiten:

1. Vollständige Gewinnausschüttung
2. Vollständige Gewinnthesaurierung
3. Ausschüttung und Thesaurierung zu gleichen Teilen (auch aktienrechtlich stark vorgegeben)

4. Schütt - aus / Hol - zurück - Verfahren
5. Ausgabe von Gratisaktien

Im einzelnen verspricht die Betrachtung der verschiedenen Ausschüttungsstrategien Informationen über die Auswirkungen der Körperschaftsteuerreform auf die Selbstfinanzierungspolitik der Kapitalgesellschaften, wobei die Entscheidung zur Rücklagenbildung wiederum in enger Beziehung zu den Möglichkeiten der Eigenfinanzierung über den Kapitalmarkt steht. Verbesserte Ausschüttungen bedeuten ceteris paribus höhere Aktienkurse und höhere Aktienkurse erlauben es den Gesellschaften, Kapitalerhöhungen zu günstigeren Bedingungen (höheres Agio) durchzuführen. Die Aufnahmefähigkeit des Kapitalmarktes für Aktienemissionen müßte demzufolge wachsen. Darüber hinaus ist zu prüfen, ob das Anrechnungsverfahren zu einer stärkeren Verbreitung des Aktiensparens beitragen kann.

Konsequenzen, die sich für die Kapitalstruktur der Kapitalgesellschaften ergeben, sollen in einem Steuerbelastungsvergleich zwischen externer Eigenfinanzierung und Fremdfinanzierung herausgearbeitet werden, wobei davon ausgegangen wird, daß ein Unternehmen im Falle der Eigenfinanzierung seinen Anteilseignern eine ebenso hohe Bruttodividende zahlt, wie es an Zinsen für alternativ einsetzbares Fremdkapital aufzuwenden hätte.

Ferner versucht die quantitative Analyse die Bedeutung des Anrechnungsverfahrens für die Liquiditätslage von Gesellschaft und Gesellschaftern aufzuzeigen.

Ein weiterer Abschnitt bemüht sich um eine möglichst umfassende Darstellung des Bedingungsrahmens von finanzierungspolitischen Entscheidungen. Eine monokausale Analyse der hauptsächlichen finanzierungsrelevanten Determinanten stellt den ersten Schritt dar, um die komplexe Entscheidungssituation zu verdeutlichen und das Interdependenzgefüge zwischen den unterschiedlichen Bestimmungsfaktoren und der steuerlichen Variablen aufzuhellen. Der Versuch, Vermutungen über letztliche Wirkungsrichtungen zu konkretisieren, muß sich mit der Vielgestaltigkeit des Untersuchungsfeldes und der Vielzahl und Unbestimmtheit der Wirkungsbeziehungen auseinandersetzen.

Der abschließende empirische Teil der Studie untersucht anhand sekundärstatistischer Unterlagen mögliche finanzierungspolitische Reaktionen der Kapitalgesellschaften auf das geänderte Körperschaftsteuersystem. Obschon seit Inkrafttreten des neuen Körperschaftsteuerrechts relativ wenig Zeit verstrichen ist, sollen die der amtlichen Statistik entnommenen Daten zu einem ersten Beurteilungsversuch herangezogen werden.

Die Bundesregierung hatte frühzeitig darauf hingewiesen, daß die Körperschaftsteuerreform vermutlich mit erheblichen Auswirkungen auf die Thesaurierungs- und Ausschüttungspolitik der Kapitalgesellschaften und auf den Kapitalmarkt verbunden sein würde. Ziel der vorliegenden Arbeit ist es, diese Vermutungen zu konkretisieren und die Effekte aufzudecken und - soweit möglich - zu quantifizieren, um so dem Fiskus aber auch dem Zensiten wichtige Informationen und Entscheidungshilfen zu liefern.

1. Vorbemerkungen zur Körperschaftsteuer, zur Körperschaftsteuerreform und zu den für das Finanzierungsverhalten der Kapitalgesellschaften relevanten Änderungen

Neben der Reform des Einkommensteuerrechts - einschließlich der Lohnsteuer und des Kinderlastenausgleichs - und des Sparprämienrechts stellte die Reformierung des Körperschaftsteuerrechts einen wesentlichen Bestandteil der Steuerreform dar [1)]. Diese als "Jahrhundertwerk" (Alex Möller) oder "bedeutendstes Reformvorhaben der deutschen Nachkriegsgeschichte" (Karl Schiller) apostrophierte Absicht sollte die als unüberschaubar, kompliziert und sozial ungerecht angesehene Vielfalt der deutschen Steuergesetzgebung mit einem Schlag durch ein rationales Steuersystem ersetzen. Die Realisierung der während der großen Koalition und insbesondere in der sozialliberalen Regierungserklärung vom 28. Oktober 1969 angekündigten großen Steuerreform an "Haupt und Gliedern" wurde als Vorbedingung für eine "Steuerpolitik aus einem Guß"

---

1) Bundestagsdrucksache 7/1470, Bonn 9.1.1974, S. I:Zielsetzung des Dritten Steuerreformgesetzes. Zur ursprünglichen Zielvorgabe an die Steuerreformkommission im Jahre 1968: Gliederungspunkt 1.4.

Verschiedene Autoren halten die Reform der Körperschaftsteuer für das "Kernstück" der Steuerreform: Hansmeyer, K.H., Zwischenbilanz der Steuerreform, in: Hamburger Jahrbuch für Wirtschafts- und Gesellschaftspolitik (Hrsg.: Ortlieb, H.D.; Molitor, B.; Krone, W.) Tübingen 1974 (19. Jahr), S. 129, S. 137

betrachtet [1]. Im Rahmen dieser "Jahrhundertreform" sah der Entwurf eines Dritten Steuerreformgesetzes [2] auf dem Gebiet der Körperschaftsteuer die Beseitigung der Doppelbelastung ausgeschütteter Gewinne durch ein Anrechnungsverfahren vor. Damit sollte das Grundproblem der Körperschaftsbesteuerung im deutschen Recht endgültig gelöst werden.

1.1 Entwicklungsphasen der Besteuerung von Körperschaften

Der Gewinn [3] von Körperschaften, Personenvereinigungen und Vermögensmassen [4] unterliegt unbeschränkt der Kör-

---

1) Zur finanzwissenschaftlichen und finanzpsychologischen Beurteilung derartig im politischen Raum artikulierter Wunschvorstellungen und dem Auseinanderklaffen von Ziel und Wirklichkeit: Hansmeyer, K.H., Zwischenbilanz ..., a.a.O., S. 115 f; 136 f.
Die Diskussion zu der immer wieder erhobenen Forderung nach einem rationalen Steuersystem faßt Haller zusammen: Haller, Heinz, Finanzpolitik, Grundlagen und Hauptprobleme, 5. Auflage, Tübingen 1972, S. 236 - 266
Aus der Problematik resultiert die Forderung nach einer Steuerreform als permanenter Aufgabe: Schmölders, G., Permanente Steuerreform, in: Steuer und Wirtschaft, 48. Jahrgang (1971), S. 37

2) Diesem Entwurf vom 9.1.1974 (BuTaDruSa 7/1470, a.a.O., S. 335 ff) folgte das am 31. August 1976 verabschiedete Körperschaftsteuerreformgesetz (BGBl. I S. 2597) in seinen wesentlichen Bestimmungen.

3) Das Steuerrecht spricht in Zusammenhang mit dieser Größe von "Einkommen". Etwa in § 7 Abs. 1 KStG 1977.

4) Diese Begriffe umfassen Kapitalgesellschaften (Aktiengesellschaften, Kommanditgesellschaften auf Aktien, Gesellschaf-ten mit beschränkter Haftung, Kolonialgesellschaften, bergrechtliche Gewerkschaften), Erwerbs- und Wirtschaftsgenossenschaften, Versicherungsvereine auf Gegenseitigkeit, sonstige juristische Personen des privaten Rechts, Betriebe gewerblicher Art von Körperschaften des öffentlichen Rechts und nicht rechtsfähige Vereine, Anstalten, Stiftungen und andere Zweckvermögen (§ 1 Abs. 1 KStG 1977).

perschaftsteuer, soweit sie ihren Sitz oder ihre Geschäftsleitung im Inland haben. Diese Steuersubjekte sollen für die weitere Behandlung unter den Begriff der "Körperschaft" zusammengefaßt werden.

Bei der bedeutsamsten Gruppe der Körperschaften, den Kapitalgesellschaften, ergab sich nach altem Körperschaftsteuerrecht aus der Tatsache einer (möglichen) Gewinnausschüttung ein spezielles steuerliches Problem. Schüttete eine Kapitalgesellschaft ihren erzielten Gewinn ganz oder teilweise an die Anteilseigner aus, so wurde diese Ausschüttung nach altem Körperschaftsteuerrecht in der Regel sowohl im Rahmen der Körperschaftsteuer (beim Unternehmen) als auch der Einkommensteuer (Anteilseigner) erfaßt. Beim Anteilseigner - sofern dieser eine natürliche Person war - zählte der ausgeschüttete Gewinn zu den Einkünften aus Kapitalvermögen, sofern die Beteiligung an der Körperschaft zum Privatvermögen gehörte. War die Beteiligung zum Betriebsvermögen zu rechnen, so wurde der Gewinnanteil den Betriebseinnahmen zugeordnet. Die Ausschüttung unterlag dagegen erneut der Körperschaftsteuer - sofern keine persönliche oder sachliche Befreiung, etwa aufgrund des Schachtelprivilegs, eingriff - wenn der Anteilseigner eine Körperschaft war.

Somit wurden betriebliche Gewinne unterschiedlich besteuert. Während der Gewinn des von einer natürlichen Person betriebenen Einzelunternehmens und Gewinnanteile aus der Beteiligung an einer Personengesellschaft in gleicher Weise nur einmal mit Einkommensteuer belastet wurden wie andere Einkünfte natürlicher Personen, unterlagen Gewinne aus der Beteiligung an Körperschaften grundsätzlich einer zweimaligen Steuerbelastung. Diese Doppelbesteuerung kennzeichnete das Körperschaftsteuersystem vor dem 1. Januar 1977 entscheidend, obwohl die

Wirkung durch einen ermäßigten Körperschaftsteuersatz für ausgeschüttete Gewinne (gespaltener Steuersatz von 51 % auf thesaurierte und 23,44 % [1] auf ausgeschüttete Gewinne) weitgehend abgeschwächt wurde. Vor allem innerhalb der Finanzwissenschaft und in der betrieblichen Steuerlehre war die Rechtfertigung der Doppelbelastung umstritten.

Dies erklärt, warum in der Vergangenheit wiederholt Versuche unternommen wurden, die das Problem der Mehrfachbelastung lösen sollten. Verständlicherweise nahmen die Anstrengungen zur Beseitigung dieses Phänomens mit zunehmender Höhe der Körperschaftsteuer- und Einkommensteuertarife zu, wobei seit jeher die Besteuerung der Gewinne der Kapitalgesellschaften den Mittelpunkt der Auseinandersetzung markierte.

Ein Blick in die Steuers-tatistik verdeutlicht die herausragende wirtschaftliche Bedeutung der hier betrachteten Institutionen an der Höhe des Körperschaftsteueraufkommens. Im Jahre 1974 erbrachten die Kapitalgesellschaften von der Steuerschuld aller unbeschränkt steuerpflichtigen Körperschaften (ohne Organgesellschaften) einen Anteil von 7 682,0 Mio DM, das entspricht etwa 84 v.H. des Aufkommens [2].

---

1) Die tatsächliche Belastung der ausgeschütteten Gewinne entsprach nicht dem Steuersatz von 15% bzw. 15,45% (incl. Ergänzungsabgabe). Die effektive Steuerbelastung der Gewinnausschüttungen von 23,44% bzw. 24,55% ergab sich, weil die Körperschaftsteuer auf den ausgeschütteten Gewinn steuerrechtlich nicht als ausgeschütteter Teil des Gewinns betrachtet wurde und mit 51% bzw. 52,53% belastet wurde (Schattenquote). Siehe hierzu beispielsweise: Lutz, Günter, Die "Schattenquote" - Ein Beitrag zum Verhältnis zwischen Steuersätzen und Bemessungsgrundlagen bei der Körperschaftsteuer, in: Steuer und Wirtschaft 4/1971, S. 349 ff.

2) Statistisches Bundesamt, Statistisches Jahrbuch, Wiesbaden 1978, S. 429 (19.16 Körperschaftsteuer 1974, vorläufiges Ergebnis). **Die Steuerschuld aller unbeschränkt steuerpflichtigen Körperschaften (ohne Organgesellschaften) betrug im Jahre 1974 insgesamt 9.154,2 Mio DM.**

1.1.1 Die Besteuerung im Rahmen der allgemeinen Einkommensteuergesetzgebung (1871 - 1920)

Die Kapitalgesellschaften wurden erstmals nach den Jahren 1871/1873 steuerlich erfaßt. Dabei erfolgte die Besteuerung der Kapitalgesellschaften in den verschiedenen deutschen Bundesstaaten im Rahmen der neugeschaffenen Einkommensteuern. Sehr unterschiedliche Landesregelungen waren bis zum Ersten Weltkrieg für Belastungen verantwortlich, die nach Gesellschaftsform und Steuerhöhe stark voneinander abwichen.

Die Wurzel des gegenwärtigen Systems der Ertragsbesteuerung juristischer Personen ist jedoch in der Erfassung der Körperschaften durch die Miquel'sche Einkommensteuer im Rahmen der preußischen Abgabenreform von 1891 zu sehen. Dieser Versuch einer unmittelbaren Besteuerung gewerblicher Gewinne wurde mit dem "ungerechtfertigten" Vorsprung der Körperschaften im Wettbewerb mit den Einzelunternehmen begründet.

Die Doppelbelastung, welche sich durch die Besteuerung des Gewinns bei der juristischen Person und der Ausschüttung beim Anteilseigner ergab, war jedoch noch von untergeordneter wirtschaftlicher Bedeutung, was insbesondere eine Folge der relativ niedrigen Steuertarife [1] war. In den einzelnen Staaten war zudem eine gewisse Milderung der Doppelbelastung vorgesehen [2]. Erstmals im Jahre 1913 wurden die Aktiengesellschaften einer Ein-

---

1) Spitzensteuersätze nach dem:
Preußischen Einkommensteuergesetz vom 24.6.1891 (Preußische Gesetzessammlung S. 175) ab 100.000 Mark Einkommen 4 v.H.; Sächsischen Einkommensteuergesetz vom 2.6.1878 (Gesetzes- und Verordnungsblatt S. 129) ab 100.000 Mark Einkommen 3 v.H.; Anhebung auf 4 v.H. durch das Gesetz vom 10.3.1894 (Gesetzes- und Verordnungsblatt, S. 53)

2) In Preußen blieb bei der Einkommensermittlung der Körperschaften ein Betrag in Höhe von 3,5 v.H. des eingezahlten Kapitals steuerfrei.

kommensteuer des Reiches (außerordentliche Erhebung eines sogenannten "Wehrbeitrags") unterworfen. Darüber hinaus zog das Reich die juristischen Personen bei der Besteuerung der Kriegsgewinne zwischen 1916 und 1918 mit heran.

1.1.2 Die ungemilderte Doppelbelastung der Körperschaften zwischen 1920 und 1953

Durch das reichseinheitliche Körperschaftsteuergesetz vom 30. März 1920 [1] wurde die Besteuerung der Körperschaften aus dem Einkommensteuergesetz herausgelöst und in einem selbständigen Gesetz geregelt. Der Kreis der Steuersubjekte wurde auf alle Körperschaften und Vermögensmassen des öffentlichen und privaten Rechts sowie auf nichtrechtsfähige Personenvereinigungen, Anstalten und Zweckvermögen erweitert, deren Einkommen nicht unmittelbar bei einem anderen zu versteuern war. Die - zumindest für die unteren Einkommensbereiche - progressiv gestaffelte Einkommensteuer wurde durch eine proportionale Körperschaftsteuer mit einem Steuersatz von 10 v.H. für einbehaltene Gewinne abgelöst. Ausgeschüttete Gewinne wurden darüber hinaus mit einem Zuschlag belegt, der bis zu 10 v.H. dieser Beträge ansteigen konnte [2]. Die Wirkungen der Doppelbelastung verschärften sich zudem durch die Anhebung des Einkommensteuertarifs. Nach dem Einkommensteuergesetz vom 29. März 1920 [3] betrug der Spitzensteuersatz 60 v.H..

Die folgenden Jahre brachten eine Zunahme der Körperschaftsteuerbelastung. Der Steuersatz für Erwerbsgesell-

---

1) Diese reichseinheitliche Steuergesetzgebung wurde als die Erzberger'sche Steuerreform bezeichnet: Reichsgesetzblatt S. 393.

2) KStG vom 30.3.1920, §§ 11 - 13

3) Reichsgesetzblatt S. 359

schaften erhöhte sich nach dem Gesetz über Änderungen im Finanzwesen vom 8. April 1922 [1] auf 20 v.H. und für Ausschüttungen auf weitere 15 v.H.. Allerdings erlaubte das Steuerrecht dem Anteilseigner einen mit steigendem Einkommen von 15 bis 10 v.H. degressiv gestaffelten Teil der Ausschüttung auf die eigene Einkommen- oder Körperschaftsteuer anzurechnen. Diese ersten Ansätze eines Anrechnungsverfahrens zur Minderung der Doppelbelastung wurden durch das Körperschaftsteuergesetz vom 10. August 1925 [2] wieder beseitigt. Gleichzeitig schuf dieses Steuergesetz aber den Zuschlag für Gewinnausschüttungen ab und führte einen degressiven Staffeltarif für kleinere Gesellschaften mit beschränkter Haftung und für Genossenschaften ein. Der Spitzensatz der Einkommensteuer wurde auf 40 v.H. gesenkt.

Auch die Neuordnung des Steuerrechts im Jahre 1934 behielt die ungemilderte Doppelbelastung bei. Die im KStG 1925 eingeführten Tarifermäßigungen für bestimmte Gesellschaften entfielen nach den Bestimmungen des Körperschaftsteuergesetzes vom 16. Oktober 1934 [3] wieder. Im nachfolgenden Zeitraum erhöhte sich der Körperschaftsteuersatz stetig und war ab 1938 mit steigendem Einkommen stufenweise gestaffelt.

Die wirtschaftlich extremste Ausprägung der Doppelbelastung ergab sich nach Ende des Zweiten Weltkrieges aufgrund der Kontrollratsgesetzgebung. Der Spitzensteuersatz der Körperschaftsteuer erreichte eine Höhe von 65 v.H. bei einem Einkommensteuerspitzensatz von 95 v.H..

Abgesehen von einem kurzen Zeitraum (1922 - 1925), in dem die Doppelbelastung durch eine begrenzte Anrechnungsmöglichkeit gemildert wurde, läßt sich die zweite Phase durch den Tatbestand einer ungemilderten Doppelbelastung charakterisieren.

---

1) Reichsgesetzblatt S. 335

2) Reichsgesetzblatt I, S. 208

3) Reichsgesetzblatt I, S. 1031

1.1.3 Versuche zur Milderung der Doppelbelastung zwischen 1953 und 1977

Mit dem Gesetz zur Änderung steuerlicher Vorschriften und zur Sicherung der Haushaltsführung vom 24. Juni 1953 (Bundesgesetzblatt I, S. 413) beginnen Anstrengungen die Doppelbelastung bei Kapitalgesellschaften durch eine niedrigere Besteuerung der Ausschüttungen zu mildern. Während der allgemeine proportionale Körperschaftsteuersatz damals 60 v.H. betrug, wurde das Einkommen in Höhe der berücksichtungsfähigen Ausschüttungen mit lediglich 30 v.H. belastet [1]. Der allgemeine Steuersatz verminderte sich aufgrund des Gesetzes zur Neuordnung von Steuern vom 16. Dezember 1954 (Bundesgesetzblatt I, S. 373) auf 45 v.H., wobei der ermäßigte Steuersatz beibehalten wurde.

Eine stärkere Milderung der Doppelbelastung durch einen weiter ermäßigten Steuersatz für Ausschüttungen bei einem angehobenen Satz für einbehaltene Gewinne brachte das "Gesetz zur Änderung steuerlicher Vorschriften auf dem Gebiet der Steuern von Einkommen und Ertrag und des Verfahrensrechts vom 18. Juli 1958" (Bundesgesetzblatt I, S. 473). Der allgemeine Körperschaftsteuersatz wurde mit Wirkung vom 1. Januar 1958 auf 51 v.H. und für berücksichtigungsfähige Ausschüttungen auf 15 v.H. festgesetzt [2].

---

1) Die verwendungsorientierte Anwendung zweier Steuersätze im Körperschaftsteuerrecht wird finanzwissenschaftlich als "gespaltener Steuersatz" bezeichnet.

2) Durch die Erhebung der Ergänzungsabgabe erhöhten sich die Steuersätze auf 52,53 v.H. für thesaurierte und 15,45 v.H. für ausgeschüttete Gewinne. Die gesonderte Erhebung der Ergänzungsabgabe endete für die Einkommensteuer am 31. Dezember 1974. Seit dem 1.1.1975 wurde eine Ergänzungsabgabe nur noch in Verbindung mit der Körperschaftsteuer - zeitlich bis zum 31. Dezember 1976 befristet - erhoben. Rechtsgrundlage war das Gesetz über die Ergänzungsabgabe zur Körperschaftsteuer in der Fassung vom 17. Oktober 1974 (Bundesgesetzblatt I S. 2887).

Neben dem allgemeinen Tarif hatten sich seit 1953 eine Reihe von Sondertarifen entwickelt, die etwa für personenbezogene Kapitalgesellschaften, für Sparkassen, Kreditgenossenschaften und Zentralkassen sowie für weitere Institute des Kreditgewerbes angewendet wurden. Ferner unterlagen die Gewinne anderer Körperschaftsteuerpflichtigen (z.B. Vereine, Stiftungen, Betriebe gewerblicher Art von Körperschaften des öffentlichen Rechts, beschränkt steuerpflichtige Körperschaften hinsichtlich ihrer inländischen Betriebstättengewinne) einem ermäßigten Körperschaftsteuersatz von 49 v.H..

Die Verringerung der vollen Doppelbelastung des Gewinns von Kapitalgesellschaften durch einen ermäßigten Körperschaftsteuersatz beruhte weniger auf steuersystematischen als auf kapitalmarktpolitischen und sonstigen wirtschaftspolitischen Überlegungen [1]. Durch die Herabsetzung der Körperschaftsteuer für ausgeschüttete und die Anhebung des Steuersatzes für einbehaltene Gewinne sollte ein Anreiz zur Anhebung der Dividenden gegeben und der Neigung der Großaktionäre, wegen ihrer hohen Steuerbelastung geringe Ausschüttungen zu bevorzugen, entgegengewirkt werden. Ferner erschien der Anteil der Selbstfinanzierung über den Preis und der Finanzierung aus öffentlichen Mitteln bei volkswirtschaftlichen Investitionen in der Bundesrepublik als unangemessen hoch. Der Fina-nzierung über den Kapitalmarkt sollte ein größerer Anteil gesichert werden, unter anderem auch, um dessen Auslesefunktion stärker zur Geltung zu bringen.

---

1) Die Tarifregelung im Jahre 1958 stand in **engem** Zusammenhang mit anderen Gesetzesvorhaben, so z.B. dem Sparprämiengesetz, dem "Gesetz über die Kapitalerhöhung aus Gesellschaftsmitteln und über die Gewinn- und Verlustrechnung", dem "Gesetz über steuerliche Maßnahmen bei Erhöhung des Nennkapitals aus Gesellschaftsmitteln und bei Überlassung von eigenen Aktien an Arbeitnehmer".

1.1.4 Die Beseitigung der Doppelbelastung durch die Körperschaftsteuerreform zum 1.1.1977

Obwohl die Doppelbelastung durch die Gesetzesänderungen in den Jahren 1953 und 1958 bereits spürbar gemildert worden war, verstummte die Kritik an ihr nicht. Vielmehr wurde die Diskussion auf die Frage ausgedehnt, ob eine selbständige Besteuerung der juristischen Personen, die Ausschüttungen vor nehmen, überhaupt gerechtfertigt sei. In dieser Situation empfahl sowohl der Wissenschaftliche Beirat beim Bundesministerium der Finanzen [1] als auch die Steuerreformkommission [2], die selbständige Körperschaftsbesteuerung zwar beizubehalten, die Doppelbelastung ausgeschütteter Gewinne aber durch Anrechnung der Körperschaftsteuer auf die Einkommensteuer der Anteilseigner zu beseitigen.

Diesem Vorschlag folgte der Gesetzgeber im Körperschaftsteuerreformgesetz 1977 [3], das im wirtschaftlichen Ergebnis die thesaurierten Gewinne einer definitiven Körperschaftsteuer unterwirft, während ausgeschüttete Gewinne endgültig erst beim Ausschüttungsempfänger belastet werden, sei es mit dessen Einkommensteuer oder - wenn es sich beim Anteilseigner um eine juristische Person handelt - mit Körperschaftsteuer, sofern der Gewinn einbehalten wird. Die Beseitigung der steuerlichen Doppelbelastung ausge-

---

1) Bundesministerium der Finanzen, Gutachten zur Reform der Direkten Steuern (Einkommensteuer, Körperschaftsteuer, Vermögensteuer und Erbschaftsteuer) erstattet vom Wissenschaftlichen Beirat beim Bundesministerium der Finanzen, Schriftenreihe des BdF, Heft 9, Bad Godesberg 1967

2) Bundesministerium der Finanzen, Gutachten der Steuerreformkommission von 1971, Schriftenreihe des BdF, Heft 17

3) Körperschaftsteuerreformgesetz vom 31. August 1976, BGBl. I S. 2597

schütteter Gewinnanteile erfolgt durch das Anrechnungsverfahren. Zwar unterliegen die Körperschaften auch zukünftig einer selbständigen Körperschaftbesteuerung; die auf den Ausschüttungen lastende Körperschaftsteuer wird jedoch in voller Höhe auf die Steuerschuld der Anteilseigner angerechnet. Im Ergebnis führt dies dazu, daß allein die Höhe der individuellen Steuerbelastung des Anteilseigners für die Nettorendite aus Anteilswerten entscheidend ist.

Nach dem Körperschaftsteuerreformgesetz vom 31.8.1976 (Bundesgesetzblatt 1976 I S. 2597) beträgt der allgemeine, proportionale Körperschaftsteuersatz 56 v.H. [1]. Der ausgeschüttete Gewinn wird dagegen in der Gesellschaftssphäre mit einem Steuersatz von 36 v.H. belastet [2]. Gegenüber dem normalen Steuersatz des KStG 1977 bedeutet dies eine Entlastung um 20 v.H. auf der Ebene des Unternehmens. Die verbleibende Belastung in Höhe von 36 v.H. wird auf der Anteilseignerebene aufgehoben und durch die individuelle Einkommensteuerbelastung ersetzt, wodurch die persönliche Leistungsfähigkeit des Anteilseigners, die im Einkommensteuertarif zum Ausdruck kommen soll, berücksichtigt werden kann.

Mit der Verabschiedung des Körperschaftsteuerreformgesetzes wurde somit eine Entwicklung vorläufig abgeschlossen, die im Kern auf eine Beseitigung der Doppelbelastung ausgeschütteter Gewinnanteile von Kapitalgesellschaften abzielte. Dabei enthält auch das gegenwärtige Körperschaftsteuerrecht noch eine Reihe von Sondertarifen, die insbesondere für bestimmte Institute des Kreditgewerbes gelten.

---

1) § 23 Abs. 1 KStG 1977

2) § 27 KStG 1977, Minderung oder Erhöhung der Körperschaftsteuer

1.2 Die Reform der Körperschaftsteuer als Bestandteil der allgemeinen Steuerreform

Ende der 60er Jahre wurde zum zweiten Mal in der Geschichte der Bundesrepublik Deutschland eine "Große Steuerreform an Haupt und Gliedern" in Aussicht gestellt und in Angriff genommen. Als Ausgangspunkt der Reformbemühungen muß das Gutachten der sogenannten Eberhard-Kommission angesehen werden. Die Steuerreformkommission hatte 1968 vom seinerzeitigen Bundesfinanzminister F. J. Strauß den Auftrag erhalten, ein Gutachten zur Vorbereitung einer Reform der direkten und indirekten Steuern sowie der Sparförderung vorzulegen. Das Gutachten sollte zu einem Steuerrecht beitragen, "das - ohne Aufgabe der allgemein gültigen Grundsätze des Steuerrechts - insbesondere den Zielvorstellungen einer modernen Finanzpolitik entspricht, sowie den Grundsatz der Gleichmäßigkeit und sozialen Gerechtigkeit der Besteuerung berücksichtigt". Außerdem wurden der Abbau von Steuervergünstigungen, die Vereinfachung des Steuerrechts und die Berücksichtigung der europäischen Harmonisierungserfordernisse als Ziele vorgegeben.

Es erscheint hier notwendig, die wesentlichen Gedankengänge nachzuvollziehen, die zu einer Reform geführt haben. Das Körperschaftsteuersystem vor dem 1. Januar 1977 wies nämlich eine Reihe von gravierenden Mängeln auf, die vornehmlich eine Folge der bereits dargestellten Doppelbelastung der in Kapitalgesellschaften erzielten und ausgeschütteten Gewinne durch Körperschaft- und Einkommensteuer und des gespaltenen Körperschaftsteuersatzes waren:

(1) Das alte Körperschaftsteuersystem verstärkte den ohnehin bestehenden Interessengegensatz zwischen Großaktionären bzw. Beziehern hoher Einkommen und Kleinaktionären bzw. Beziehern niedrigerer Einkommen noch und entschied diesen Konflikt zu Lasten des Kleinaktionärs.

(2) Die den Anteilseignern zufließenden Dividenden wurden ohne Rücksicht auf deren persönliche Leistungsfähigkeit mit demselben Körperschaftsteuersatz vorbelastet.

(3) Kapitalgesellschaften waren gegenüber Einzelunternehmen und Personengesellschaften benachteiligt, da ihre an die Anteilseigner ausgeschütteten Gewinne sowohl im Rahmen der Körperschaft- als auch der Einkommensteuer erfaßt wurden.

(4) Inländer und Ausländer (beschränkt Steuerpflichtige) wurden ungleich behandelt.

(5) Schließlich - und das ist für die hier behandelte Themenstellung von spezieller Bedeutung - wurde die Fremdfinanzierung der Kapitalgesellschaften gegenüber der Eigenfinanzierung steuerlich begünstigt. Die Wahl der Finanzierungsart hing entscheidend von steuerlichen Überlegungen ab.

Diese schon frühzeitig erkannten Mängel des alten Körperschaftsteuersystems (vgl. Entwicklungsphasen 3 und 4) steckten zugleich Ziel und Stoßrichtung der Körperschaftsteuerreform ab. Eine nachhaltige Verbesserung des Steuersystems mußte darauf gerichtet sein die Doppelbelastung für die ausgeschütteten Gewinne der Kapitalgesellschaften zu beseitigen.

1.2.1 Die Unternehmensbesteuerung unter dem Aspekt der Wettbewerbsneutralität

Die Besteuerung nach altem Körperschaftsteuerrecht war hinsichtlich der Rechtsform des Unternehmens aneutral. Während die Gewinne aus Einzelunternehmungen und die Gewinnanteile aus der Beteiligung an einer Personengesellschaft nur der Einkommensteuer unterlagen, waren die Gewinnanteile aus der Beteiligung an juristischen Personen vorab mit Körperschaftsteuer - wenn auch mit einem ermäßigten Steuersatz - belastet. Für die Wahl der Rechtsform wurden damit nicht allein betriebswirtschaftliche und unternehmenspolitische Gesichtspunkte maßgebend, zunehmend bestimmten steuerrechtliche Überlegungen die Entscheidungen. Das Anwachsen der Zahl von Unternehmen in der Rechtsform der GmbH & Co. KG wurde nicht zuletzt auf derartige Erwägungen zurückgeführt. Die Steuerreform sollte den Einfluß des Steuerrechts auf die Wahl der Unternehmensform abschwächen und damit einen Beitrag zur Steuerneutralität leisten. Ein besonderes Anliegen der Bundesregierung bestand darin, der aus anderen Gründen unerwünschten Entwicklung zur Rechtsform der GmbH & Co. KG hin entgegenzuwirken [1].

1.2.2 Der Interessengegensatz zwischen Groß- und Kleinaktionär

Der Gegensatz, welcher zwischen Klein- und Großaktionären bei Beschlüssen über die Gewinnverwendung aufzutreten pflegt, wurde nach altem Körperschaftsteuerrecht noch durch steuerliche Überlegungen verstärkt.

Anteilseigner mit niedrig besteuertem Einkommen, meist Kleinaktionäre, haben im allgemeinen nur eine verhältnismäßig lockere Bindung an das Unternehmen, bei dem sie ihr Kapital investiert haben. Vor die Wahl gestellt, höhere Ausschüttungen zu verlangen oder einer Rücklagenbildung zuzustimmen, werden sie sich im Zweifel für die Ausschüttung entscheiden. Allein die Ausschüttung eröffnet ihnen die Möglichkeit, die Dividende wieder in lohnenden Be-

---

1) BuTaDruSa 7/1470, a.a.O., S. 328

teiligungswerten - was unter Umständen auch Aktien anderer Gesellschaften sein könnten - anzulegen.

Vor der Reform wurde diese allgemeine Tendenz durch steuerliche Erwägungen verstärkt, da die Gesamtbelastung des zur Ausschüttung verwendeten Gewinns mit (ermäßigter) Körperschaftsteuer und individueller Einkommensteuer des Kleinaktionärs häufig niedriger lag als die steuerliche Belastung von thesaurierten Gewinnen [1].

Völlig anders war die Situation aus der Sicht eines Großaktionärs zu beurteilen. Haben Eigner von umfangreichen Aktienpaketen einer Gesellschaft schon grundsätzlich eine stärkere Affinität zur Selbstfinanzierung mittels Rücklagenbildung aufgrund ihrer engeren Bindung an das Unternehmen, so wurde diese Beziehung vor dem 1.1.1977 noch durch das Steuerrecht verstärkt. Unter ökonomisch - steuerlichem Aspekt mußte ein Großaktionär mit hohem marginalen Einkommensteuersatz bestrebt sein, die gesamte Belastung der auf seine Anteile entfallenden Steuern mit Hilfe einer verstärkten Gewinnthesaurierung auf 51 v.H. (ohne Ergänzungsabgabe) zu begrenzen. Eine Ausschüttung von Gewinnen verbot sich bei ökonomischer Betrachtung, da die Belastung durch Körperschaftsteuer <u>und</u> Einkommensteuer oftmals weit jenseits dieser Grenze lag.

Während demnach die erste Einkommensgruppe Gewinnausschüttungen aus steuerlichen Gründen anstreben mußte, lag das Durchsetzungsvermögen bei kontroverser Interessenlage zumeist bei den Großaktionären.

---

1) Die geringere Gesamtbelastung resultierte aus den in der Regel niedrigen marginalen Einkommensteuersätzen der Kleinaktionäre in Verbindung mit der reduzierten Ausschüttungsbelastung als Folge des gespaltenen Körperschaftsteuersatzes.

Die Reform der Körperschaftsteuer sollte zum vollständigen Abbau dieses Interessengegensatzes, soweit er steuerlich bedingt war, beitragen. Im Ergebnis sollten nach der Reform Ausschüttungen keiner höheren Gesamtbelastung mit Körperschaftsteuer und Einkommensteuer unterliegen als vom Unternehmen einbehaltene Gewinne.

1.2.3 Die Erleichterung der Vermögensstreuung

Der durch das Steuerrecht verstärkte Interessengegensatz zwischen Groß- und Kleinaktionären und das relativ geringe Angebot auf dem Aktienmarkt [1] zählten zu den Gründen, aus denen der Aktie von Beziehern kleiner und mittlerer Einkommen nur geringes Interesse entgegengebracht wurde. Die von der Bundesregierung angestrebte breitere Vermögensstreuung (insbesondere am Produktivvermögen) wurde somit auch durch steuerliche Einflüsse konterkariert.

Die Steuerreform sollte die im Steuerrecht enthaltenen Hindernisse beseitigen, das Aktienangebot erweitern und die Nachfrage nach Beteiligungspapieren beleben. Ein spezielles Verfahren sollte sicherstellen, daß die Nettorendite der Aktien bei den Beziehern niedriger Einkommen am stärksten zunimmt. In diesem Sinne schien die Körperschaftsteuerreform geeignet, andere Maßnahmen zur Beteiligung breiter Bevölkerungsschichten am Produktivvermögen zu ergänzen. Wegen des sachlichen Zusammenhangs mit den Plänen zur Vermögensbildung war ursprünglich ge-

---

1) Der steuerliche Vorteil, den die Fremdfinanzierung gegenüber der Eigenfinanzierung aufwies (vgl. 1.2.4), engte insbesondere nach Überzeugung des Bundesverbandes der deutschen Industrie das Angebot auf dem Aktienmarkt ein. Hierzu: unveröffentlichtes Schreiben des BdI an den Bundeskanzler der Bundesrepublik Deutschland vom 26.1.1976.

plant, die Reform der Körperschaftsteuer zeitgleich mit einem Gesetz über die Beteiligung breiter Bevölkerungsschichten am Produktivvermögen in Kraft treten zu lassen [1].

Durch die Anrechnung der in der Gesellschaftssphäre gezahlten Körperschaftsteuer im Rahmen der Einkommenbesteuerung kann die steuerliche Belastung der Ausschüttung einer Kapitalgesellschaft vollständig dem im Einkommensteuertarif zum Ausdruck kommenden Leistungsfähigkeitsprinzip folgen. Resultat dieses Versuchs, die persönliche Leistungsfähigkeit des Anteilseigners zu berücksichtigen, wäre eine überdurchschnittlich hohe, positive Veränderung der Rendite aus Aktienbesitz für Bezieher niedriger und mittlerer Einkommen mit den skizzierten Auswirkungen auf die Streuung des Vermögensbesitzes.

1.2.4 Die unterschiedliche Behandlung von Inländern und Ausländern

Ausländische Muttergesellschaften, die mindestens 25 v.H. der Anteile (Schachtelbeteiligung) einer inländischen Tochtergesellschaft hielten, waren gegenüber inländischen Muttergesellschaften mit 25%iger Beteiligung an einer inländischen Tochtergesellschaft steuerlich begünstigt (sogenannter "Ausländereffekt"): Die an inländische bzw. ausländische Muttergesellschaften ausgeschütteten Gewinne der jeweiligen Tochtergesellschaft waren zunächst mit 23,44 v.H. bzw. 24,55 v.H. [2] Körperschaftsteuer (einschließlich der Schattenwirkung) belastet. Wurden diese Gewinne von der

1) Hansmeyer, K.H., Zwischenbilanz der Steuerreform, a.a.O., S. 133 f.

2) Der höhere Wert beinhaltet die Ergänzungsabgabe.

inländischen Muttergesellschaft nicht ausgeschüttet, so mußte auf die empfangene Dividende 36 v.H. Nachsteuer entrichtet werden.

Im Gegensatz hierzu zahlte die ausländische Muttergesellschaft auf die Ausschüttung der Tochtergesellschaft lediglich 25 v.H. Kapitalertragsteuer; eine weitere Besteuerung erfolgte im Wohnsitzland in der Regel nicht (internationales Schachtelprivileg) [1]. Somit bestand ein Wettbewerbsvorsprung der ausländischen Konzerne, der im Rahmen der Reform beseitigt werden sollte.

1.2.5 Die steuerliche Behandlung der Fremd- und Eigenfinanzierung

Nach altem Körperschaftsteuerrecht, und das ist für die hier behandelte Themenstellung von besonderer Bedeutung, wurde die Unternehmensfinanzierung durch Aufnahme von Fremdkapital steuerlich ge-ringer belastet als die Ausstattung der Körperschaften mit Eigenkapital (Eigenfinanzierung). Während nämlich Zinsen auf das Fremdkapital bei den Gläubigern als Einkommensbestandteil der Besteuerung unterliegen und im Unternehmen abzugsfähiger Kostenfaktor (Betriebsausgabe) waren bzw. sind, unterlag die Verzinsung des Eigenkapitals sowohl der Einkommen- als auch der Körperschaftsteuer. Zunächst wurde bei der Kapitalgesellschaft der gesamte Unternehmensgewinn der Körperschaftsteuer unterworfen. Hierauf folgte bei den Anteilseignern die Belastung für den als Kapitalzins zu betrachtenden ausgeschütteten Gewinn. Sollten nun bei dieser Konstruktion Anteilseigner und fremde Kreditgeber eine Verzinsung ihres Kapitals in gleicher Höhe erhalten, so mußte die Gesellschaft zur Verzinsung des Eigenkapitals

---

1) vgl. Wöhe, G., Die Steuern des Unternehmens, 4. Auflage, München 1978, S. 78.

einen wenigstens um die Körperschaftsteuer höheren Betrag erwirtschaften [1].

Damit wird deutlich, daß sich die steuerliche Mehrbelastung der Eigenfinanzierung nachteilig auf die Kapitalstruktur der Kapitalgesellschaften auswirken mußte. Die verstärkte Fremdfinanzierung stand in der Vergangenheit vielfach im Vordergrund, worüber die Erhöhung des haftenden Kapitals vernachlässigt wurde. Hier ist einer der Gründe für den im internationalen Vergleich unterproportionalen Eigenkapitalanteil an den Bilanzsummen der deutschen Kapitalgesellschaften zu suchen.

Der Reform der Körperschaftsteuer war in diesem Zusammenhang die Aufgabe zugedacht worden, die Kosten der Eigenfinanzierung denjenigen der Fremdfinanzierung anzunähern. "Zwar wird die Eigenfinanzierung wegen der noch vorhandenen Doppelbelastung auf dem Gebiet der Vermögensteuer weiterhin etwas teurer sein, zumal die Vermögensteuer als nichtabzugsfähige Ausgabe zusätzliche Körperschaftsteuer und Gewerbesteuer nach dem Gewerbeertrag auslöst. Die Bundesregierung ist jedoch der Auffassung, daß schon eine spürbare Verringerung des Kostengefälles Impulse für die Verbesserung der Kapitalstruktur erzeugen kann" [2].

Die aufgezählten und diskutierten Mängel des alten Körperschaftsteuersystems resultierten nach übereinstimmender Auffassung [3] aus der Doppelbelastung der in Kapitalgesellschaften erzielten und ausgeschütteten Gewinne durch Körperschaft- und Einkommensteuer und aus der Existenz eines gespaltenen Körperschaftsteuersatzes von 51 v.H.

---

1) Im Rahmen der im zweiten Kapitel durchgeführten quantitativen Analyse wird sich zeigen, daß ein weitaus höherer Betrag, der sich aus verschiedenen Komponenten zusammensetzte, erwirtschaftet werden mußte.

2) BuTaDruSa 7/1470, a.a.O., S. 327

3) Gutachten der Steuerreformkommission, a.a.O., Tz IV/163 des Gutachtens

(52,53 v.H.) [1] auf einbehaltene und 23,44 v.H. (24,55 v.H.) [1] auf ausgeschüttete Gewinnanteile [2]. Wenn eine ersatzlose Abschaffung der Körperschaftsteuer nicht zur Diskussion stand [3], so mußte die Erörterung der Problematik zu Verfahren führen, die die Schwächen und nachteiligen Wirkungen des damaligen Körperschaftsteuerrechts beseitigen oder abschwächen konnten.

1.3 Methoden zur Beseitigung der Doppelbelastung

Eine Verbesserung des damaligen Körperschaftsteuersystems mußte darauf gerichtet sein

(1) die Neutralität der Besteuerung gegenüber Rechtsform und Wettbewerbsbedingungen wiederherzustellen;

(2) die Neutralität der Besteuerung gegenüber in- und ausländischen Unternehmen herzustellen;

(3) die Steuer als Instrument der Redistributionspolitik einzusetzen, was nach dem allgemeinen Verständnis der steuerlichen Grundprinzipien Besteuerung nach dem Grundsatz der Leistungsfähigkeit bedeutet.

Zwischen den beiden erstgenannten und dem letzten Ziel besteht in der Regel ein Zielkonflikt. Alle Reformvorschläge, die im Laufe der Reformdiskussion unterbreitet wurden, versuchen diesen Gegensatz durch eine strenge Trennung von Produktions- und Verteilungssphäre zu entschärfen.

---

1) Ergänzungsabgabe eingeschlossen

2) BuTaDruSa 7/1470, a.a.O., S. 326 f, S. II; S. 323 f. Hansmeyer, K.H., Zwischenbericht ..., a.a.O., S. 129 f o.V., Zur Reform der Körperschaftsteuer 1977, a.a.O., S. 13 f; Uelner, Adalbert, Die Körperschaftsteuer und ihre Reform, WISU 7. Jahrgang (1978), S. 240

3) Die Begründung des Gesetzgebers für die Aufrechterhaltung der Körperschaftsteuer: BuTaDruSa 7/1470, S. 326

Die für das Wirtschaftswachstum notwendige steuerliche Neutralität wird dadurch angestrebt, daß die Produktionssphäre unabhängig von der Rechtsform der Unternehmen gleich besteuert wird, d.h. mit einem gleichen proportionalen Steuersatz bei gleichen Regeln der Gewinnermittlung. Das Prinzip der Besteuerung nach der Leistungsfähigkeit wird dagegen auf die Verteilungsseite beschränkt. Soweit Gewinne persönliches Einkommen werden, unterliegen sie der progressiven Einkommensteuer. Dabei müssen Vorkehrungen gegen eine Doppelbelastung mit Einkommen- und Körperschaftsteuer getroffen werden.

Hier bieten sich zwei Wege an. Entweder mindert oder streicht man die Körperschaftsteuer für ausgeschüttete oder entnommene Gewinne oder aber man gewährt dem Kapitaleigner einen "Steuerkredit", d.h. der Fiskus gestattet ihm, die entrichtete Körperschaftsteuer als "Vorsteuer" von der Einkommensteuerschuld abzusetzen. Gerade in diesem Punkt unterscheiden sich die verschiedenen Reformvorschläge.

Im einzelnen hat die Diskussion zu einer Reihe von Ansätzen [1] geführt: insbesondere sind hier das von Engels und Stützel vertretene, auf die Betriebsteuerdiskussion (1.3.1) der fünfziger Jahre rückführbare Konzept der Teilhabersteuer [2] (1.3.2), das vom Wissenschaftlichen Beirat beim Bundesministerium der Finanzen vorgeschlagene [3]

1) Hierzu Hansmeyer, K.H., Zur Diskussion um die Reform der Körperschaftsteuer, in: GmbH-Rundschau, 61. Jahrgang (1970), S. 29 ff.
Uelner, Adalbert, Die Körperschaftsteuer und ihre Reform, a.a.O., S. 241

2) Engels, W., Stützel, W., Teilhabersteuer. Ein Beitrag zur Vermögenspolitik, zur Verbesserung der Kapitalstruktur und zur Vereinfachung des Steuerrechts, Frankfurt/M. 1968

3) Gutachten zur Reform der direkten Steuern in der Bundesrepublik Deutschland, Schriftenreihe des Bundesministeriums der Finanzen, Heft 9, Bonn 1967

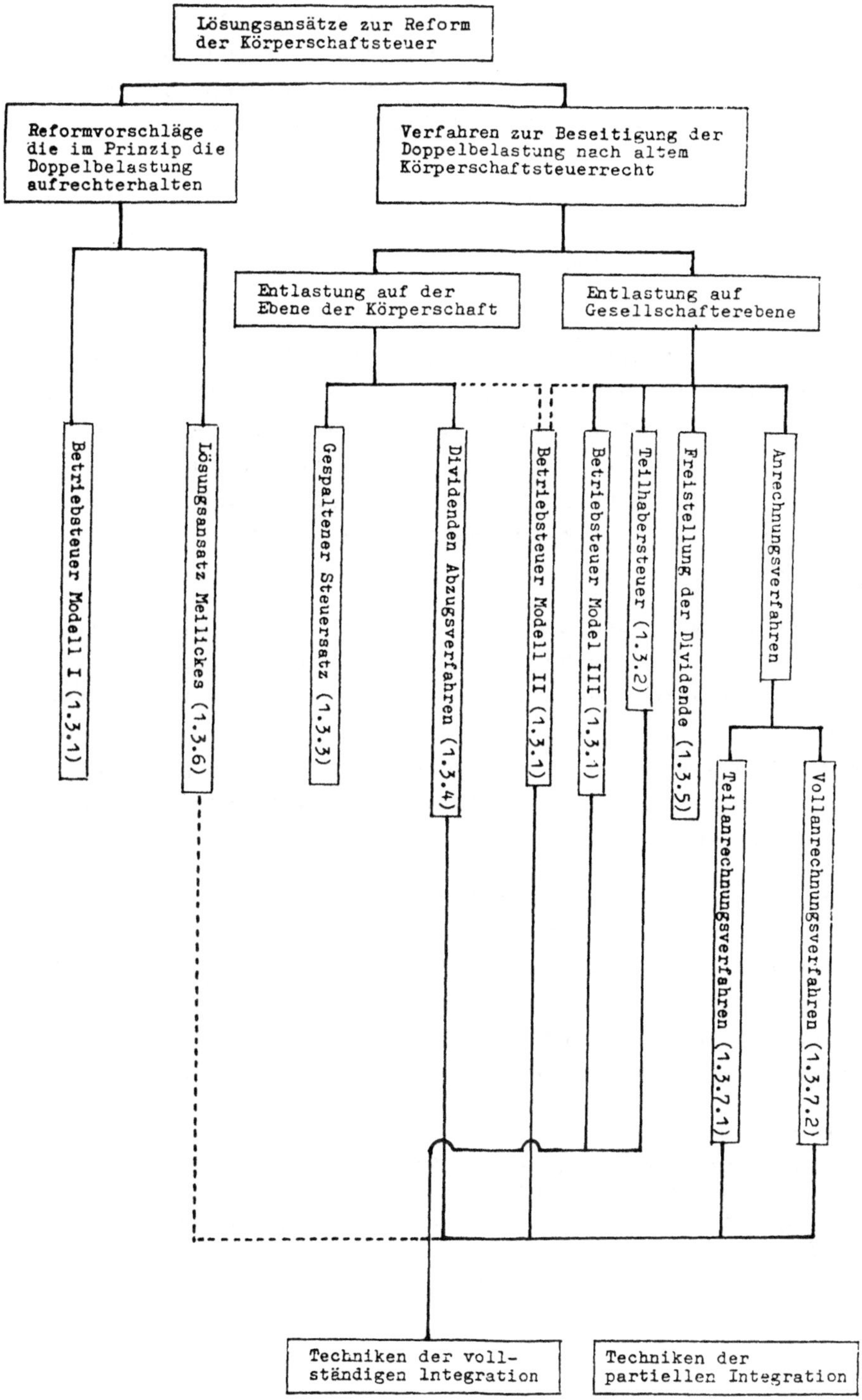
Lösungsansätze zur Reform der Körperschaftsteuer
Reformvorschläge die im Prinzip die Doppelbelastung aufrechterhalten
Verfahren zur Beseitigung der Doppelbelastung nach altem Körperschaftsteuerrecht
Entlastung auf der Ebene der Körperschaft
Entlastung auf Gesellschafterebene
Betriebsteuer Modell I (1.3.1)
Lösungsansatz Meilickes (1.3.6)
Gespaltener Steuersatz (1.3.3)
Dividenden Abzugsverfahren (1.3.4)
Betriebsteuer Modell II (1.3.1)
Betriebsteuer Model III (1.3.1)
Teilhabersteuer (1.3.2)
Freistellung der Dividende (1.3.5)
Anrechnungsverfahren
Teilanrechnungsverfahren (1.3.7.1)
Vollanrechnungsverfahren (1.3.7.2)
Techniken der vollständigen Integration
Techniken der partiellen Integration

Abb. 1

und auch von der Steuerreformkommission angeregte [1] Anrechnungsverfahren (1.3.7) und das Dividendenabzugssystem [2] (1.3.4) neben dem System eines gespaltenen Steuersatzes (1.3.3) und der Freistellung der Dividenden (1.3.5) zu erwähnen.

1.3.1 Der Betriebsteueransatz

Die Idee einer Betriebsteuer ist vor allem in den ersten Jahren nach der Währungsreform umfassend erörtert worden. Ein im Jahre 1948 eingesetzter "Betriebsteuer-Ausschuß" zeigte drei Modelle auf [3], denen allen gemeinsam ist, daß die Produktionssphäre mit einem gleichen proportionalen Steuersatz belastet wird (Wahrung der Neutralität der Besteuerung).

(1) Nach dem ersten Modell sollte die Doppelbelastung für Gewinne der Körperschaften auf alle betrieblichen Gewinne ausgedehnt werden, d.h. auch soweit sie von Einzel- oder Personengesellschaften erwirtschaftet werden. Dieser Versuch mußte schon an den nachteiligen Wirkungen der Doppelbelastung, die expressis verbis vermieden werden sollten, scheitern.

(2) Ein anderer Vorschlag zielte auf eine Spaltung der einheitlichen Einkommensteuer in proportionale Abgaben für einzelne Einkünfte, darunter für betriebliche Gewinne (Produktionssphäre), und in eine Einkommensteuer mit einem progressiv gestaffelten Tarif für den Teil des Einkommens, der in die Konsumsphäre der natürlichen Personen gelangt.

---

1) Gutachten der Steuerreformkommission 1971, Schriftenreihe des Bundesministeriums der Finanzen, Heft 17, Bonn 1971

2) Wöhe, G., Die Steuern des Unternehmens, München 1972, S. 93 ff.

3) Steuer und Wirtschaft 1949, Sp. 929 ff.

(3) Andere Überlegungen wollten alle betrieblichen Gewinne zunächst einer proportionalen Gewinnsteuer unterwerfen, die dann auf die zusätzlich vorgesehene progressive Einkommensteuer anzurechnen wäre.

Gegen die Einführung einer Betriebsteuer nach diesen Modellen bestanden von jeher Bedenken. Sie würde ein Loslösen vom zivilrechtlichen Ordnungsprinzip voraussetzen und es erforderlich machen, den Betrieb als ein vom Unternehmer unabhängiges Besteuerungsobjekt zu betrachten. Dies käme einer Abkehr vom synthetischen Einkommensbegriff gleich und würde im Blick auf die internationale Steuerrechtsentwicklung einen Rückschritt bedeuten. Hinzu kämen technische Probleme. Ähnlich wie bei Kapitalgesellschaften das Geschäftsführergehalt, müßte bei Personen- und Einzelunternehmen ein "Unternehmerlohn" zum Abzug zugelassen werden. Die erforderlichen Angaben ließen sich nur bei Vorliegen ausreichender Aufzeichnungen feststellen. Daher müßte entweder die Betriebsteuer auf buchführende Betriebe eingeschränkt oder die Buchführungspflicht ausgedehnt werden.

Somit konnte und kann die Einführung einer Betriebsteuer das Problem der Doppelbelastung nicht zufriedenstellend lösen.

1.3.2 Das Konzept der Teilhabersteuer

Der skizzierte Konflikt zwischen Neutralität und Redistribution wird am systematischsten durch den Vorschlag von Engels und Stützel vermieden - allerdings mit der Konsequenz, das die Körper-schaftsteuer faktisch beseitigt wird; übrig bleibt nur eine andere Form der Einkommenbesteuerung.

Nach dem Konzept der Teilhabersteuer [1] wird zunächst der <u>gesamte</u> Gewinn einer Kapitalgesellschaft einer proportionalen Körperschaftsteuer unterworfen. Unabhängig von der Gewinnverwendung soll die <u>gesamte</u> Steuer auf die Einkommensteuerschuld der Anteilseigner angerechnet werden. Der auf den einzelnen Anteilseigner entfallende Gewinnanteil (ausgeschütteter und thesaurierter Gewinn)[2] wird dem Einkommen des Eigners hinzugerechnet. Liegt die auf den anteiligen Gewinn entfallende Körperschaftsteuer über der betreffenden Einkommensteuerschuld, so ist die Differenz zu erstatten. Der Gewinn von Kapitalgesellschaften würde im Endergebnis stets nach der Höhe der individuellen Einkommensteuersätze der Anteilseigner belastet. Der Staat erhielte nur so viel Steuern aus Körperschaft- und Einkommensteuer zusammen, wie er aus der Einkommensteuer allein bekäme, wenn die Gewinne vollständig ausgeschüttet würden.

Für das fiskalische Ergebnis ist es dabei theoretisch unerheblich, welcher Steuersatz der Teilhabersteuer zugrundegelegt wird, da in jedem Falle das Aufkommen durch den Einkommensteuertarif bestimmt wird. In der Realität dürfte aber die Höhe des Teilhabersteuersatzes darüber entscheiden, ob die Gewinne auch tatsächlich von den Einkommensbeziehern deklariert werden. Ein entsprechender Anreiz dazu besteht nur dann, wenn der proportionale "Körperschaft"steuersatz höher liegt als der jeweils höchste marginale Steuersatz der Einkommensteuer zuzüg-

---

1) Ein weitgehend identischer Vorschlag wird für Kanada von der Royal Commission on Taxation unterbreitet (Carter-Report), (Report of the Royal Commission on Taxation, Ottawa 1966)

2) Dieser Gewinnanteil wurde als "Teilhaberertrag" bezeichnet.

lich Kirchensteuer [1].

Das Konzept der Teilhabersteuer läßt allerdings einige Fragen offen. Ungeklärt bleibt die Stellung des beschränkt Steuerpflichtigen. Engel und Stützel wollen die volle Teilhabersteuer zunächst auf den Dividenden ruhen lassen (Definitivsteuer); über Möglichkeiten des Ausgleichs mit Ausländern äußern sie sich nicht. Offen bleibt ferner die Behandlung derjenigen Unternehmen, die von im Inland einkommensteuerfreien Eignern getragen werden. Dies gilt vor allem für öffentliche Unternehmen, da Gebietskörperschaften einkommensteuerfrei sind und daher keine Möglichkeit haben, die Teilhabersteuer erstattet zu bekommen.

Auch die Steuerreformkommission lehnte das System als Reformmodell [2] ab, da insbesondere verwaltungstechnische Schwierigkeiten durch die Erfassung der Teilhabererträge bei den Anteilseignern, bei der Zuordnung der Teilhabersteuer und bei nachträglichen Korrekturen des Geschäftsergebnisses der Gesellschaft auftreten würden. Jede Änderung des Gesellschaftsgewinns würde zudem eine Berichtigung der Veranlagung der Anteilseigner erfordern. Darüber hinaus entständen nach Ansicht der Kommission kaum lösbare Schwierigkeiten bei der Behandlung von Verlusten der Körperschaften.

---

1) Nur dann ist der Kapitaleigner in jedem Fall geneigt, seine Gewinne zu deklarieren, um die auf seinen Gewinnen lastende Teilhabersteuerschuld gegen seine - niedrigere - Einkommensteuerschuld auszutauschen. Das geschieht dadurch, daß die auf seinen Kapitalanteil an der Unternehmung entfallende Körperschaftsteuer von seiner Einkommensteuerschuld in voller Höhe abgezogen werden kann.

2) BuTaDruSa 7/1470, a.a.O., S. 328, 332

1.3.3 Gespaltener Steuersatz

Dieses Verfahren orientiert sich im Ansatz am alten Körperschaftsteuerrecht, setzt aber im Unterschied zur vor dem 1.1.1977 gültigen Regelung den Steuersatz für ausgeschüttete Gewinne von 15 v.H. auf 0 v.H. herab.

In diesem Konzept kommt die Entlastung von der Körperschaftsteuer automatisch sämtlichen Anteilseignern zugute. Dieser Tatbestand kann lediglich in einem System gemilderter Doppelbelastung hingenommen werden; wird dagegen der vollständige Abbau der Doppelbelastung angestrebt, so ist die Wahl eines derartigen Reformmodells aus Wettbewerbsgründen nicht tragbar. Das Verfahren des gespaltenen Steuersatzes erlaubt nämlich nicht, diejenigen Anteilseigner von der Entlastung auszuschließen, bei denen die Dividende nur der Kapitalertragsteuer unterliegt, ansonsten aber steuerfrei bleibt. Die Gruppe der hiervon betroffenen Anteilseigner ist volkswirtschaftlich sehr bedeutsam, so daß dieses Problem nicht negiert werden kann. Zu dieser Kategorie zählen insbesondere die Körperschaften des öffentlichen Rechts sowie ausländische Muttergesellschaften, die Dividende von ihrer inländischen Tochtergesellschaft beziehen. Investieren diese Kapitaleigner ihre nur mit Kapitalertragsteuer belasteten Dividenden wieder zu Erwerbszwecken, erlangen sie nicht gerechtfertigte wirtschaftliche Vorteile gegenüber Anteilseignern, bei denen die anfallende Ausschüttung voll mit Einkommensteuer belastet wird.

Ein weiterer Nachteil der Idee des gespaltenen Steuersatzes besteht darin, daß die Reduzierung der Doppelbelastung nur bis zur Höhe des zu versteuernden Einkommens der Gesellschaft möglich ist. Wird der auszuschüttende Gewinn einer Rücklage entnommen und übersteigt er das Jahreseinkommen, so wirkt sich die Entlastung auf den übersteigenden Betrag nicht aus.

Das angestrebte Ziel, die **Doppelbelastung** der Ausschüttungen voll zu beseitigen, ist daher mit dem geschilderten Konzept nicht vollständig zu verwirklichen.

1.3.4 Das Dividendenabzugsverfahren

Eine vierte, vom Institut "Finanzen und Steuern" erwähnte Möglichkeit, die Körperschaftsteuer von den ausgeschütteten Gewinnen fernzuhalten, besteht darin, daß nur der Teil des steuerbaren Gewinns körperschaftsteuerpflichtig wird, der nicht ausgeschüttet wird. Dieses Verfahren beseitigt die Doppelbelastung dadurch, daß die ausgeschütteten Gewinne bei der Gesellschaft wie Betriebsausgaben abgezogen werden. Sieht man einmal von den Liquiditätswirkungen ab, so würde ein solches Verfahren für die inländischen Anteilseigner im Prinzip zum gleichen Ergebnis führen, wie das noch zu diskutierende Anrechnungsverfahren, das beispielsweise vom Wissenschaftlichen Beirat beim Bundesministerium der Finanzen vorgeschlagen wurde. Nach dem Dividendenabzugsverfahren hätte sich allerdings der nach altem Körperschaftsteuerrecht bereits bestehende Steuervorteil beschränkt Steuerpflichtiger (vorwiegend ausländische Anteilseigner) gegenüber den unbeschränkt Steuerpflichtigen noch vergrößert [1].

1.3.5 Die Freistellung der Dividende

Ein Lösungsansatz, der oberflächlich betrachtet ebenso einfach erscheint wie die Abschaffung der Körperschaftsteuer, wäre die Freistellung der Dividende von der Einkommensteuer. Diese Methode würde sich vom Vorschlag des

---

1) Zu diesem Problem: BuTaDruSa 7/1470, a.a.O., S. 329

Instituts "Finanzen und Steuern" dadurch unterscheiden, daß die Entlastungswirkung - wie auch bei der Teilhabersteuer - nicht auf der Ebene der Gesellschaft (Produktionssphäre), sondern auf der Ebene der Kapitaleigner (Verteilungssphäre) eintreten würde. Eine derartige Lösung wurde jedoch aus sozial-, gesellschafts- und eigentumspolitischen Aspekten abgelehnt [1]. Was vordergründig betrachtet als Privileg bestimmter Kapitaleinkünfte gegenüber anderen Einkünften, insbesondere den Einkünften aus nichtselbständiger Arbeit, erscheint, zeigt sich bei näherer Prüfung in seiner ganzen negativen Wirkung. Infolge der progressiven Gestaltung des Einkommensteuertarifs (Resultat des zum Ausdruck kommenden Leistungsfähigkeitsgedankens) hätten die Bezieher hoher Einkommen den größten Steuervorteil. Dieses Reformmodell würde daher eine Konzentration des Aktienbesitzes in den Händen weniger Aktionäre mit einem relativ hohen marginalen Steuersatz unterstützen. Es stünde damit im Gegensatz zu dem Bemühen, auch breitere Bevölkerungsschichten an die Aktie heranzuführen (vgl. 1.2.3).

Darüber hinaus könnten die ausgeschütteten Gewinne nicht mehr der Kapitalertragsteuer unterworfen werden, da jede Berechtigung für die Erhebung der Kapitalertragsteuer als Vorauszahlung auf die Einkommensteuer (Quellenabzug) fehlen würde, wenn die Ausschüttungen bei den Empfängern nicht mehr einkommensteuerpflichtig wären. Damit würde die Bundesrepublik zugleich auf ein Recht verzichten, das ihr nach international anerkannten Besteuerungsregeln zusteht: auf das Recht, eine Quellensteuer von den an ausländische Anteilseigner gezahlten Dividenden zu erheben.

---

1) Uellner, A., Die Körperschaftsteuer und ihre Reform, a.a.O., S. 241

1.3.6 Der Ansatz von Meilicke

Der an das französische Steuersystem angelehnte Entwurf von Meilicke [1] wollte die Doppelbelastung im Prinzip aufrecht erhalten; zur Vereinheitlichung der Besteuerung von Personen- und Kapitalgesellschaften sollte jedoch der gesamte steuerpflichtige Gewinn mit einem Satz besteuert werden, der dem marginalen Einkommensteuersatz zuzüglich Kirchensteuer entspricht. Der ausgeschüttete Gewinn bliebe danach zunächst mit dieser Steuer belastet; sobald er jedoch einem unbeschränkt Steuerpflichtigen zufließen würde, sollte ein Teil der Dividende der Einkommensteuer unterworfen werden, und zwar schlägt Meilicke 50 v.H. des ausgeschütteten Gewinns vor. Bei marginalen Steuersätzen von 50 v.H. bei Einkommen- und Körperschaftsteuer ergäbe sich für ausgeschüttete Gewinne eine Effektivbelastung von 62,5 v.H. [2].

Meilickes Plan verhindert eine Besserstellung der Ausländer gegenüber den Inländern und macht auch ausländische Basisgesellschaften wenig attraktiv. Ferner hebt er die Diskriminierung zwischen Personen- und Kapitalgesellschaften auf. Er läßt das Prinzip der Leistungsfähigkeits-Besteuerung wirksam werden [3], diskriminiert aber die Ausschüttung gegenüber der Thesaurierung: Die auf Dividenden ruhende Steuerlast ist insgesamt höher als die auf

---

1) Meilicke, Steuerliche Erleichterungen der Umwandlung und Umgestaltung von Unternehmungen, in: Die Aussprache 1967, S. 213 ff, bes. S. 218 f.

2) Meilicke, a.a.O., S. 220. In Frankreich werden 50 v.H. der auf ausgeschütteten Gewinnen lastenden Körperschaftsteuer auf die Einkommensteuerschuld angerechnet (seit 1966) - grundsätzlich nur für Inländer gültig -: Mennel, A., Die Steuersysteme in EWG-Staaten, EFTA-Staaten und den USA, 2. Auflage, Herne/Berlin 1974, S. 89

3) Die Nettodividende ist für Bezieher kleinerer Einkommen höher als für Bezieher hoher Einkommen.

einbehaltenen Gewinnanteilen liegende. Mit einem derartigen System würde eine auf breite Streuung der Vermögen gerichtete Politik behindert, die Kapitalstruktur jedoch zugunsten vermehrter Selbstfinanzierung [1] verbessert.

1.3.7 Das Anrechnungsverfahren als Reformmodell

Ein im Vergleich zur Teilhabersteuer engerer Ansatz würde nur die unterschiedliche Steuer für Dividenden beseitigen, während er eine eigenständige Steuer auf zurückbehaltene Gewinne weiterbestehen ließe. Das könnte auf zwei Arten erfolgen. Eine Methode besteht darin, alle Gewinne mit einem einheitlichen Körperschaftsteuersatz zu besteuern, dabei aber den Teil der Steuer, der den ausgeschütteten Beträgen zuzurechnen ist, als Quellenabzug auf die Einkommensteuer der Anteilseigner zu betrachten. Wie beim Lösungsansatz der Teilhabersteuer muß dann der Kapitaleigner sein steuerpflichtiges Einkommen auffüllen. Er erhöht seine empfangene Dividende um die Steuer, die auf die Dividende einbehalten wurde, ermittelt seine Einkommensteuer auf der Basis der aufgefüllten Steuerbemessungsgrundlage und verrechnet dann den einbehaltenen Steuerbetrag gegen seine Steuerschuld. Hat der Anteilseigner keine Einkommensteuer zu zahlen, so wird ihm die Ausschüttungsbelastung voll vergütet. Bei dieser Regelung wird für Dividenden die unterschiedliche Behandlung beseitigt. Für thesaurierte Gewinne besteht sie aber - im Gegensatz zur Teilhabersteuer - weiterhin: Anteilseigner, deren marginaler Einkommensteuersatz den Steuersatz der Körperschaft-

---

1) Die Rücklagenbildung liegt überwiegend im Interesse der Großaktionäre; folglich bleibt der Interessenkonflikt zwischen Groß- und Kleinaktionär unverändert erhalten.

steuer übersteigt, haben einen Vorteil, während diejenigen, deren Grenzsteuersatz der Einkommensteuer niedriger ist, einen Nachteil erleiden.

Der schon diskutierte (1.3.4) alternative Ansatz des Dividendenabzugsverfahrens führt bei fehlender Überwälzung und unter der Annahme, daß keine Wirkungen auf die Ausschüttungsquoten ausgehen, zu identischen Resultaten.

Das gegenwärtig in der Bundesrepublik praktizierte Anrechnungssystem basiert in wesentlichen Grundzügen auf den Vorschlägen des Wissenschaftlichen Beirats beim Bundesministerium der Finanzen und dem Konzept der Steuerreformkommission.

1.3.7.1 Das Konzept des Wissenschaftlichen Beirats

In seinem Gutachten aus dem Jahre 1967 [1], das bereits die wichtigsten Elemente des existierenden Anrechnungsverfahrens vorzeichnete, stellte der Wissenschaftliche Beirat die Körperschaftsteuer selbst nicht in Frage [2], sondern minderte lediglich ihre fiskalische Ergiebigkeit. Danach sollte nur der Teil der Körperschaftsteuer mit der Einkommensteuerschuld verrechnet werden, der auf die ausgeschütteten Gewinne entfällt (teilintegriertes System).

Dieser Vorschlag enthält nur dann ein Minimum an Zielkonflikten und kommt auf diese Weise dem Engels - Stützel -

---

1) Gutachten zur Reform der direkten Steuern in der Bundesrepublik Deutschland vom 11.2.1967, a.a.O.

2) Hierzu auch BuTaDruSa 7/1470, a.a.O., S. 326 f, S. 332 Zur Berechtigung der Körperschaftsteuererhebung ferner: Musgrave, R.A., Musgrave, P.B., Kullmer, L., Die öffentlichen Finanzen in Theorie und Praxis, Band 2, Tübingen 1975, S. 144 ff.

Plan gleich, wenn die Gewinne voll ausgeschüttet werden [1]. Solange aber eine Teilausschüttung betrieben wird, bleibt die effektive Steuerlast teilausschüttender Unternehmen größer als diejenigen der Gesellschaften, die den gesamten Gewinn ausschütten. Zu den letzteren gehören alle Personengesellschaften, da bei ihnen nach den Vorstellungen des Wissenschaftlichen Beirats nur die Einkommensteuer zugreift, die Körperschaftsteuer jedoch auf Kapitalgesellschaften und personenbezogene Gesellschaften beschränkt bleiben sollte.

Das Modell diskriminiert daher gewinnthesaurierende Kapitalgesellschaften, was mit Konsequenzen für den internationalen Wettbewerb und die Selbstfinanzierung, aber auch für die Ausschüttungspolitik verbunden sein kann.

1.3.7.2 Der Lösungsansatz der Steuerreformkommission

Die Steuerreformkommission knüpfte in ihrem Gutachten vor allem an den Vorschlag des Wissenschaftlichen Beirats an. Dabei ging die Kommission von der Überlegung aus, daß es an sich folgerichtig wäre, den gesamten Unternehmensgewinn nach den persönlichen Einkommensverhältnissen der Anteilseigner zu besteuern, und zwar auch soweit Gewinnteile thesauriert würden (totale Integration). Die Durchsetzung eines derartigen, außerordentlich gerecht erscheinenden [2] Systems muß jedoch nach Ansicht der Steuerreformer vor allem an technischen Schwierigkeiten scheitern [3]. Von

---

1) In diesem Grenzfall wäre das System voll in die Einkommensteuer integriert.

2) Musgrave, R.A., Musgrave, P.B., Kullmer, Lore, Die öffentlichen Finanzen in Theorie und Praxis, Band 2, a.a.O., S. 160

3) BuTaDruSa 7/1470, a.a.O., S. 332; Allgemeine Ausführungen hierzu: Musgrave, R.A., Musgrave, P.B., Kullmer, L., Die öffentlichen Finanzen in Theorie und Praxis, Band 2, a.a.O., S. 160 f.

dieser Ausgangsüberlegung leitete die Reformkommission ihre Einzelvorschläge ab.

Dabei wurde die Grundkonzeption des Anrechnungssystems aus dem Lösungsansatz des Wissenschaftlichen Beitrags übernommen, d.h. daß lediglich der Teil der Körperschaftsteuer auf die Einkommensteuerschuld der Anteilseigner angerechnet werden sollte, der auf dem ausgeschütteten Gewinn liegt (Teilintegration). Die Kapitalgesellschaften selbst sollten auf den gesamten Gewinn eine proportionale Körperschaftsteuer von 55 v.H. zahlen. Sofern die Einkommensteuerschuld niedriger als die anrechenbare Körperschaftsteuer ausfiel, sollte die Differenz erstattet werden. Das Konzept läuft daher auf eine Besteuerung der ausgeschütteten Gewinne [1] nach dem Prinzip der Leistungsfähigkeit hinaus.

Darüber hinaus enthielt das Gutachten die Anregung, Einnahmen, die einer Kapitalgesellschaft steuerfrei zufließen im Falle ihrer Ausschüttung steuerlich unbelastet durch die Gesellschaft hindurchzuleiten und auch bei den Anteilseignern nicht zu besteuern. Auf diese Weise würde eine Gleichbehandlung mit den steuerfreien Einnahmen einer Personengesellschaft erreicht.

Ein anderer Vorschlag der Steuerreformkommission ging dahin, die Ausgabe von Gratisaktien bei Kapitalerhöhungen aus Gesellschaftsmitteln (im angelsächsischen Raum unter dem Terminus "Stock-Dividende" anzutreffen) wie eine Aus-

---

1) Aus diesem Grunde handelt es sich bei diesem Vorschlag um eine - im Verhältnis von nur bestimmte Arten von Kapitaleinkünften treffenden Körperschaftsteuer zur allgemeinen Einkommensteuer - nur partiell integrierende Technik, die allerdings die anrechnungsberechtigten Gewinnanteile - im Gegensatz zu anderen europäischen Körperschaftsteuerkonzepten voll berücksichtigt (Vollanrechnungsverfahren).

schüttung zu behandeln und bei den Anteilseignern die Körperschaftsteuer anzurechnen, die auf den in haftendes Kapital umgewandelten Rücklagen der Gesellschaft lastet.

An dem letzten Einzelvorschlag wird insbesondere kritisiert, daß die Wettbewerbsbedingungen, die anzugleichen ein Anliegen der Körperschaftsteuerreform war, beeinträchtigt werden könnten: "Der einbehaltene Gewinn verliert seine Wettbewerbsrelevanz nicht dadurch, daß er in haftendes Kapital umgewandelt wird. Hinzu käme, daß die Auslesefunktion des Kapitalmarktes unterlaufen würde ..." [1].

Der schließlich von der Bundesregierung eingebrachte Entwurf eines Körperschaftsteuerreformgesetzes folgte den Vorschlägen des Wissenschaftlichen Beirats und der Steuerreformkommission in der grundsätzlichen Konzeption des Anrechnungsverfahrens, weicht jedoch bei der Lösung von Einzelproblemen von den diskutierten Modellen ab.

1.3.7.3 Das Anrechnungssystem im Körperschaftsteuerreformgesetz

Die Bundesregierung und die gesetzgebenden Körperschaften entschieden sich am 31. August 1976 [2] für die Körperschaftsteuerreform auf der Grundlage eines Anrechnungsverfahrens. Die Methode, die sich letztlich im politischen Willensbildungsprozeß zur Beseitigung der Mängel und Schwächen des alten Körperschaftsteuerrechts durchsetzen konnte, unterscheidet sich allerdings in einigen Punkten von den bereits erörterten Lösungsansätzen der Steuerreformkommission und des Wissenschaftlichen Beirats. Zwar behält das neue

---

1) BuTaDruSa 7/1470, a.a.O., S. 332

2) Körperschaftsteuerreformgesetz vom 31. August 1976 (BGBl. 1976 I S. 2597)

Körperschaftsteuerrecht das vorgeschlagene Anrechnungsverfahren grundsätzlich bei, es hebt jedoch die in den Reformvorschlägen implizierte Einheitlichkeit des Körperschaftsteuersatzes auf [1]. Nach dem Körperschaftsteuergesetz 1977 (KStG 1977) wird der Gewinn [2] einer Kapitalgesellschaft einem Regelsteuersatz [3] von 56 v.H. unterworfen. Im Gegensatz zu den zugrundeliegenden Vorstellungen wird dagegen die Körperschaftsteuerbelastung ausgeschüt-

---

1) Die Höhe der Barausschüttung, die durch die Körperschaftsteuerbelastung der ausgeschütteten Gewinne determiniert wird, ist im Anrechnungsverfahren nur unter Liquiditätsgesichtspunkten von Bedeutung. Dies gilt jedoch nur für die anrechnungsberechtigten Anteilseigner, in deren Sphäre sich die Steuergutschrift mit zeitlicher Verzögerung in Gestalt einer niedrigeren Steuernachzahlung oder einer Erstattung niederschlägt. Weit größere Bedeutung hat die Vorbelastung aber für die Gruppe der Anteilseigner, bei der die Dividende nicht in die Veranlagung einbezogen wird, sondern nur der Kapitalertragsteuer unterliegen. Eine Aufhebung der Ausschüttungsbelastung von 24,55 v.H. (KStG 1975) auf 56 v.H. (Reformvorschlag) hätte zu einer erheblichen Ertragseinbuße geführt.

Eine reduzierte Ausschüttungsbelastung erlaubt zudem, die Kapitalertragsteuer beizubehalten. Die Gesamtbelastung des ausgeschütteten Gewinns in der Sphäre von Kapitalgesellschaft und Anteilseigner, bei dem die Dividende nicht in die Veranlagung einbezogen wird, kann so auf 52 v.H. begrenzt werden (36 Prozentpunkte Körperschaftsteuer + 16 Prozentpunkte (0,25 (100 - 36)).

2) Das Gesetz spricht hier vom "Einkommen der Körperschaften, Personenvereinigungen und Vermögensmassen mit Sitz oder Geschäftsleitung im Inland".

3) § 23 Abs. 1 KStG 1977. Neben dem Regelsteuersatz enthält das Gesetz eine Vielzahl ermäßigter Steuersätze, obwohl die Beseitigung der Tarifzersplitterung im Körperschaftsteuerrecht ursprünglich zu den Zielen der Steuerreform zählte. Hierzu unter anderem: BuTaDruSa 7/1470 a.a.O., S. 330.

teter Gewinne generell auf 36 v.H. [1] des Gewinns begrenzt [2], der sich vor Abzug der Körperschaftsteuer ergibt. Für den Regelfall der Ausschüttung voll mit Körperschaftsteuer belasteter Gewinne ergibt sich aus der gewählten Regelung eine reduzierte Belastung schon auf der Ebene der Gesellschaft (Liquiditätseffekt): Thesaurierte Gewinne werden im Regelfall mit 56 v.H., ausgeschüttete Gewinne dagegen mit 36 v.H. besteuert [3].

---

1) Mit diesem Steuersatz wird erreicht, daß der Ausschüttungssatz um 20 Prozentpunkte unter dem Körperschaftsteuersatz für einbehaltene Gewinne liegt. Nur unter dieser Voraussetzung ist es der Bundesrepublik nach den meisten der mit anderen Staaten abgeschlossenen Doppelbesteuerungsabkommen gestattet, auf Gewinnausschüttungen inländischer Tochtergesellschaften an ihre ausländischen Muttergesellschaften eine Kapitalertragsteuer zu erheben, die über dem Satz von 15 v.H. liegt. Die Erhebung einer Kapitalertragsteuer erscheint dem Gesetzgeber aus Wettbewerbsgründen notwendig.

2) Der ausgeschüttete Gewinn soll einheitlich mit 36 v.H. des Gewinns belastet werden, der sich vor Abzug der Körperschaftsteuer ergibt. Je nachdem, wie hoch das für die Ausschüttung verwendete "Eigenkapital" im Zeitpunkt der Ausschüttung mit Körperschaftsteuer belastet ist, muß daher die Belastung gemindert oder erhöht werden (§ 27 KStG 1977). Zur Herstellung einer einheitlichen Körperschaftsteuerbelastung auf Ausschüttungen: BuTaDruSa 7/1470 a.a.O., S. 363 ff.

3) Die Steuersatzdifferenzierung sollte vor allem den Bedenken Rechnung tragen, daß ein Steuersatz in Höhe des maximalen Grenzsteuersatzes der Einkommensteuer auch auf ausgeschüttete Gewinne selbst bei Beziehern höchster Einkommen keine zusätzliche Einkommensteuerpflicht für ihre Dividendeneinkünfte hätte entstehen lassen, da diese durch die Körperschaftsteuer bereits abgegolten wäre. Durch den niedrigeren Satz von 36 v.H. wurde hier eine optische Verbesserung erreicht, da bei höheren Einkommen mit Sicherheit eine "Nachschußpflicht" entstehen dürfte. Andererseits übt das revidierte Verfahren für Einkommenbezieher mit einem marginalen Steuersatz von mehr als 52 v.H. sogar einen Anreiz aus, die Dividendeneinkünfte nicht zu deklarieren, da einschließlich der Kapitalertragsteuer lediglich 52 v.H. der ausgeschütteten Gewinne bei der Einkommensteuerschuld anrechenbar sind, andererseits auf die empfangenen Dividenden jedoch eine Einkommensteuer von mehr als 52 v.H. zu zahlen wäre .

Lediglich die auf den ausgeschütteten Gewinnen lastende Körperschaftsteuer wird bei der Ermittlung der Einkommensteuerschuld des Anteilseigners angerechnet. Ist die anrechenbare Körperschaftsteuer höher als die Steuerschuld für das gesamte Einkommen des Anteilseigners, so wird der übersteigende Betrag dem Anteilseigner erstattet. Die Bruttodividende besteht beim Anrechnungsverfahren somit aus zwei Komponenten

- aus der Bardividende, die die Kapitalgesellschaft auszahlt und
- aus einer Steuergutschrift in Höhe der anrechenbaren Körperschaftsteuer.

Dabei zählt die anrechenbare Körperschaftsteuer als Teil der Gesamtdividende zu den Einkünften des Anteilseigners und wird in die Bemessungsgrundlage für die Einkommensteuerberechnung einbezogen. Die Anrechnung der Körperschaftsteuer auf die Einkommensteuerschuld des Anteilseigners erforderte, daß Teilaspekte der Körperschaftsteuerreform im Einkommensteuergesetz geregelt werden mußten.

Neben der unterschiedlichen Steuerbelastung für thesaurierte und ausgeschüttete Gewinne weicht das verabschiedete Körperschaftsteuerreformgesetz noch in zwei weiteren Punkten von den Vorschlägen der Steuerreformkommission ab:

(1) Die Ausgabe von Gratisaktien bei einer Kapitalerhöhung aus Gesellschaftsmitteln wird nicht wie eine Ausschüttung behandelt, die eine Anrechnung der auf den umgewandelten Rücklagen lastenden Körperschaftsteuer erlauben würde.

(2) Einnahmen, die einer Kapitalgesellschaft steuerfrei zufließen, werden im Falle ihrer Ausschüttung beim Anteilseigner besteuert und nicht steuerfrei durch die Gesellschaft geleitet.

Der Versuch im Rahmen der Steuerreform die Probleme des alten Systems des gespaltenen Steuersatzes zu vermeiden bzw. abzuschwächen, hat somit zu einem in der Durchführung recht komplizierten Anrechnungsverfahren geführt, dessen Auswirkungen sich nicht unmittelbar beurteilen lassen. Dabei beseitigt das Anrechnungssystem die am alten Körperschaftsteuerrecht überwiegend kritisierte Doppelbelastung durch die Integration der Ausschüttungsbelastung in die am Leistungsfähigkeitsprinzip orientierte Einkommenbesteuerung des Anteilseigners[1].

Zusammengefaßt dargestellt basiert das neue Körperschaftsteuersystem auf vier Grundentscheidungen:

1. Der nicht ausgeschüttete Gewinn von Kapitalgesellschaften und Erwerbs- und Wirtschaftsgenossenschaften wird mit 56 v.H. besteuert.

2. Für ausgeschüttete Gewinne von Kapitalgesellschaften und Erwerbs- und Wirtschaftsgenossenschaften wird eine Körperschaftsteuerbelastung von 36 v.H. hergestellt.

3. Die verbleibende Körperschaftsteuer von 36 v.H. wird beim Anteilseigner auf dessen Steuerschuld angerechnet.

4. Die Kapitalertragsteuer auf Gewinnausschüttungen wird mit dem bisherigen Satz von 25 v.H. beibehalten.

---

1) Die Anrechnung auf der Ebene der Anteilseigner wird in der gleichen Weise durchgeführt wie die Anrechnung der Kapitalertragsteuer und der Lohnsteuer auf die Einkommensteuer (§ 36 Abs. 2 Nr. 3 EStG). Dementsprechend erfolgt die Anrechnung außerhalb des Steuerfestsetzungsverfahrens im Erhebungsverfahren.

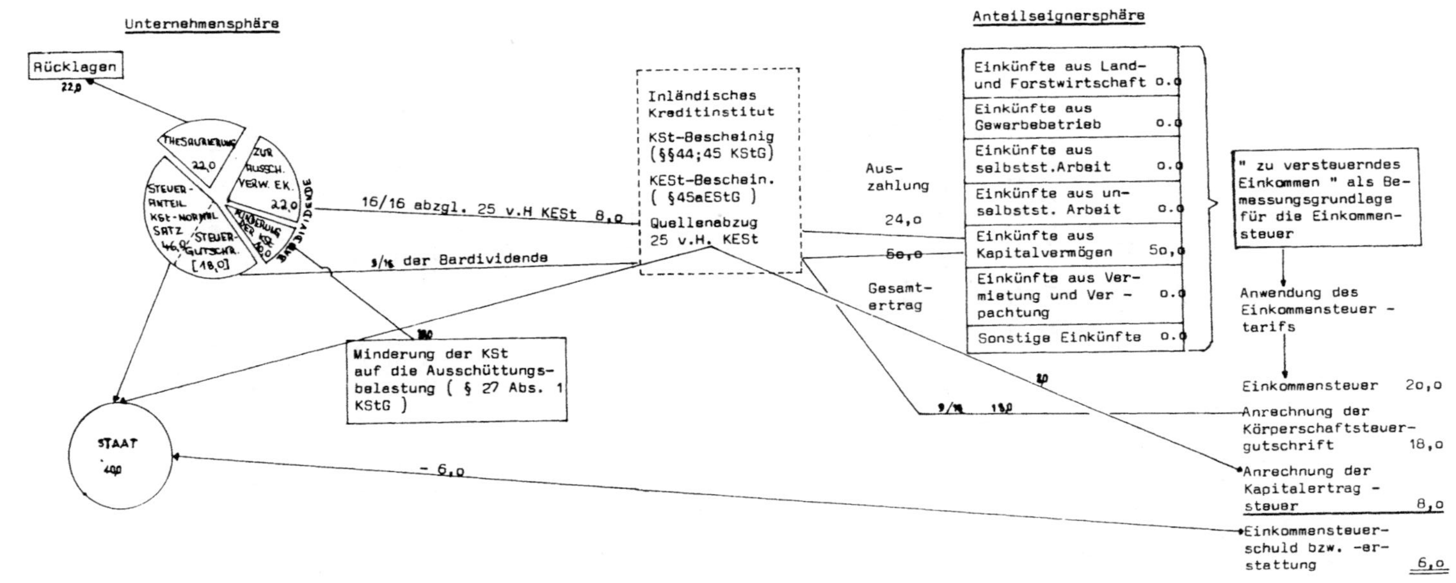

Das Beispiel macht deutlich, daß nach neuem Recht dem Anteilseigner nur ein kleinerer Teil des Gesamtertrages (hier : 24,0 von 50,0) unmittelbar zufließt, während der größere Teil (hier : 26,0 = 52,0 v.H.) erst im Veranlagungsverfahren realisiert werden kann. Das Beispiel basiert auf folgenden Annahmen :

körperschaftsteuerpflichtiges Einkommen : 100,0

zur Ausschüttung verwendetes Eigenkapital/Rücklagenzuführung 1:1

marginaler Einkommensteuersatz 40 v. H.

Ergebnis

Staat		40,0
Unternehmen		22,0
Anteilseigner		
Bardivid.	24,0	
KESt	8,0	
ESt Erst.	6,0	38,0
		100,0

Vergleich der Nettodividende nach altem Körperschaftsteuerrecht und nach dem Anrechnungsverfahren (in v. H.)

ESt-Satz (ohne Kirchensteuer)	KStG 1975	KStG 1977
0 (Nichtveranlg.)*	44,88	56,27
22 (unterer Proport.)	35,01	43,89
40 (durchschn.ESt-B.)	26,93	33,76
56 (oberer Proport.s)	19,75	24,76

*Arbeitnehmer mit zu versteuerndem Einkommen bis 24 TDM/a (Ledige) oder 48 TDM/a (Veranlagung der Ehegatten zusammen) und Nebeneinkünfte bis zu 0,8 TDM/a .

Abb.2 : Schematische Darstellung des Anrechnungsverfahrens nach KStG 1977 (teilintegriertes System)

1.4 Die Körperschaftsteuer in Steuersystem und Steuerreform

Hinter der Ende der 60er Jahre in der Bundesrepublik Deutschland in Aussicht gestellten und in Angriff genommenen Steuerreform stand zumindest zu Beginn die Erwartung, die vielfach kritisierte deutsche Steuergesetzgebung durch ein rationales Steuersystem ersetzen zu können.

Nach welchen Kriterien ließe sich nun die Körperschaftsteuer in ein rationales, aufgrund einer klaren, konsistenten Zielhierarchie konstruiertes Steuersystem einordnen; über welche Stationen mit welchen Veränderungen gelangte der von theoretischen Überlegungen getragene Entwurf einer Körperschaftsteuerreform bis zur Verabschiedung des Reformgesetzes und wie ist die Stellung der Körperschaftsteuer im gegenwärtigen Steuersystem der Bundesrepublik Deutschland steuersystematisch zu beurteilen?

1.4.1 Die steuersystematische Einordnung

Die Rolle der Körperschaftsteuer in einem "guten" Steuersystem ist keineswegs eindeutig, sondern erfordert eine sorgfältige Untersuchung.

Für die Vertreter der Integrationsposition besteht das Problem der Besteuerung auf der Körperschaftsebene in dem Versuch, das gesamte Einkommen der Körperschaften in die persönliche Einkommensteuerbemessungsgrundlage der Gesellschafter einzubeziehen. Zugrunde liegt diesem Standpunkt die Vorstellung, daß letztlich alle Steuern von Personen getragen werden müssen und daß das Konzept einer gerechten Besteuerung nur auf Personen angewendet werden kann.
Das Einkommen soll im Rahmen eines umfassenden Einkommenskonzeptes als Gesamtheit, unabhängig

von seiner Quelle, besteuert werden. Voll integriert und ohne eine eigenständige Körperschaftsteuer ist ein nach derartigen Vorstellungen konzipiertes System dann, wenn Gewinne mit dem persönlichen Steuersatz des Einkommensteuertarifs besteuert werden, weder mehr noch weniger und unabhängig davon, ob sie in der Unternehmung zurückbehalten oder an die Anteilseigner ausgeschüttet werden [1]. Soll ein integriertes System realisiert werden, muß vor allem ein Weg gefunden werden, der den nicht ausgeschütteten Teil des Gewinns in das der Einkommensteuer unterliegende Einkommen einbezieht. Weitere Folgen für eine Integration entstehen aus der Möglichkeit von Steuerüberwälzungen.

Die Verfechter der entgegengesetzten Position kritisieren am integrationistischen Ansatz die Auffassung der Körperschaft als Kanal, durch den persönliches Einkommen zufließt. Vielmehr faßt diese Theorie die Körperschaft als eigenständige Einheit [2] auf, die auch eine eigenständige steuerliche Leistungsfähigkeit habe und korrekterweise einer gesonderten und unabhängigen Steuer unterworfen werden müsse. Ob Gewinne nach Steuerabzug ausgeschüttet oder einbehalten werden, ist in diesem Zusammenhang irrelevant.

Diese "separatistische" Ansicht über die Körperschaftsteuer ist nur schwer zu verteidigen. Zwar handeln Kapitalgesellschaften in der Tat als eigenständige Entscheidungseinheiten,

---

1) Von dieser Überlegung geht die Steuerreformkommission in ihrem Gutachten aus, verwirft aber aus technischen Gründen eine derart weitgehende Lösung wieder.

2) Die Eigenständigkeit der Körperschaft wird durch Anhänger der Separationsposition wie folgt begründet: Die Körperschaft sei eine juristische Einheit mit eigener Existenz, ein mächtiger Faktor in der wirtschaftlichen und gesellschaftlichen Willensbildung, von einem professionellen Management geleitet, das nur einer geringfügigen Kontrolle seitens des individuellen Anteilseigners unterläge.

nur mehr oder weniger lose im Einklang mit den Wünschen der Anteilseigner, wodurch eine Ordnungspolitik auf der Ebene der Körperschaft und nicht auf der der Anteilseigner erforderlich wird. Das deckt sich aber nicht mit der Vorstellung, eine Körperschaft habe eine eigenständige steuerliche Leistungsfähigkeit und solle deshalb einer eigenen Steuer unterliegen. Dabei wird unterstellt, daß die Steuer die Gewinne belaste. Eine Überwälzung würde demnach die separationstheoretischen Absichten völlig durchkreuzen.

Obwohl es kein stichhaltiges Argument für eine getrennte Körperschaftsteuer aus Gründen der steuerlichen Leistungsfähigkeit gibt, könnte eine Anzahl anderer Überlegungen eine solche Steuer rechtfertigen. Sie hätte jedoch kaum dieselbe Größenordnung oder denselben Aufbau wie die gegenwärtige Körperschaftsteuer.

Außerdem bieten sich neben Äquivalenzüberlegungen insbesondere ordnungspolitische Zielsetzungen zur Begründung an. Während im ersten Fall die Besteuerung infolge der Bereitstellung bestimmter Leistungen durch den Staat erfolgen würde, wird die Steuer im zweiten Fall als ein Instrument zur Kontrolle des Verhaltens von Körperschaften betrachtet. Die richtige Form der Körperschaftsteuer hängt dann von dem jeweils zu befolgenden politischen Ziel ab [1].

Die Stellung der Körperschaftsteuer im Steuersystem wird somit vom Ergebnis der Auseinandersetzung zweier kontroverser Positionen determiniert, welche die Steuer als

---

1) Als ordnungspolitische Zielsetzungen sind in diesem Zusammenhang etwa denkbar:
(1) die Kontrolle von Monopolen,
(2) die Beschränkung der absoluten Größe von Unternehmen,
(3) die Einführung einer "Mehrgewinnsteuer" im Rahmen von direkten Lohn- und Preiskontrollen,
(4) die Förderung von Kapitalbildung und Wachstum,
(5) der Anreiz zu verstärkten Investitionen.

(1) Vorrichtung, mit der das Einkommen aus Körperschaften in die Bemessungsgrundlage der Einkommensteuer integriert werden soll,
(2) bzw. als zusätzliches eigenständiges Instrument zur Besteuerung von Einkommen aus Körperschaften, unabhängig von der durch die Einkommensteuer auferlegten Steuerbelastung auffassen.

Die systematische Einordnung der Körperschaftsteuer in das Steuergefüge der Bundesrepublik Deutschland kann sich nicht nur einer Theorie bedienen, sie ist vielmehr das Ergebnis der Vermischung verschiedener Ansätze. Dabei scheinen die Einflüsse der Integrationsposition zu überwiegen, wenngleich Vertreter dieses Standpunktes am geltenden Körperschaftsteuersystem die mangelnde Anrechnung der auf thesaurierten Gewinnen lastenden Körperschaftsteuer im Rahmen der Einkommenbesteuerung der Anteilseigner kritisieren würden [1] (Anrechnungsverfahren als Technik partieller Integration). Neben Einflüssen aus dem Umfeld dieses Standpunktes üben ordnungspolitische Überlegungen Einfluß auf die Gestalt des bestehenden Körperschaftsteuerrechts aus. Letzterem Zielkomplex ist der Versuch einer Beeinflussung der Kapitalstruktur und die Absicht einer breiten Streuung des Produktivvermögens zuzuordnen. Daneben fließen konjunktur- und wachstumspolitische Intentionen durch die Gestaltungsmöglichkeiten im Rahmen des Stabilitätsgesetzes [2] in das bestehende Körperschaftsteuersystem ein.

---

1) Der Absicht eines Integrationstheoretikers würde eher das Modell der Teilhabersteuer (Engels/Stützel-Plan), das die Körperschaftsteuer faktisch beseitigt, entsprechen. Allerdings muß auch hier wieder betont werden, daß die sich aus bestehenden Überwälzungsmöglichkeiten ergebenden Probleme den Versuch der Integration konterkarieren können. Im einzelnen: Musgrave, R.A., Musgrave, P.B., Kullmer, L., a.a.O., S. 163 f

2) § 27 StabWG (Gesetz zur Förderung der Stabilität und des Wachstums der Wirtschaft vom 8.6.1967): Herabsetzung oder Erhöhung der Körperschaftsteuer.

"Auch zur Wahrung der Wettbewerbsneutralität ist es unerläßlich, den von einer Körperschaft im Konkurrenzbereich erwirtschafteten Gewinn, mindestens soweit er im Unternehmen verbleibt und nicht ausgeschüttet wird, angemessen zu belasten" [1].

Die Tatsache, daß sich die Bundesregierung ausdrücklich für eine selbständige Ertragsbelastung von juristischen Personen ausspricht, mag als Indiz dafür gelten, daß das Körperschaftsteuerrecht offensichtlich als Vehikel zur Realisierung unterschiedlicher Absichten dienen soll, die bei einer vollständigen Integration nicht oder nur schwer verfolgt werden könnten. Darüber hinaus läßt die spezifische Argumentation der Bundesregierung für eine eigenständige Besteuerung von Körperschaften in der Begründung zum Dritten Steuerreformgesetz massive Entscheidungsmotive separationstheoretischen Ursprungs erkennen [2]. In diesem Zusammenhang stützt sich die Beweisführung auf eine Entscheidung des Bundesverfassungsgerichts [3].

Gegen ein zukünftig steuersystematisch monokausal ausgerichtetes Körperschaftsteuerrecht spricht zudem, daß "die nicht - oder außerfiskalische Steuerpolitik, deren Ziel die Einflußnahme auf die ökonomische und soziale Entwicklung mit Hilfe der Besteuerung, sei es auf die Konjunktur-

---

1) BuTaDruSa 7/1470, a.a.O., S. 326

2) Das Argumentationsspektrum der Vertreter des Separationsstandpunktes führt die Bundesregierung nahezu vollständig im Text zur Begründung der Körperschaftsteuer im Dritten Steuerreformgesetz auf:
(1) Die Körperschaft als juristische Einheit mit eigener Existenz,
(2) die Führung durch ein professionelles Management,
(3) der geringfügige Einfluß des einzelnen Anteilseigners in den Publikumsgesellschaften und
(4) die Körperschaft als Faktor im wirtschaftlichen Bereich. BuTaDruSa 7/1470, a.a.O., S. 326

3) Urteil des Bundesverfassungsgerichts vom 24.1.1962, (BVerfGE 13/331)

entwicklung, sei es auf die Wirtschaftsstruktur und auf das Wirtschaftswachstum oder auf die Einkommens- und Vermögensverteilung, ist, in Theorie und Praxis mehr und mehr Anerkennung gefunden" [1] hat.

1.4.2. Die Körperschaftsteuer in der Steuerreform

Schon vor der Konstituierung der sogenannten Eberhard-Kommission und der Vorlage ihres Gutachtens hatte es Entwicklungen im deutschen Steuerrecht gegeben, die von der späteren Steuerreform nicht getrennt werden können [2]. Dennoch schuf das Reform-Gutachten die breiteste Basis für die allgemeinen Reformüberlegungen und diente als Bezugspunkt für die Diskussion und kritische Würdigung aller Einzelvorschläge. Aus diesem Grunde soll hier die Erstellung des Gutachtens als Beginn der eigentlichen Reformarbeit betrachtet werden.

Dem Gutachten, das der Vorbereitung der Reform der direkten und indirekten Steuern sowie der Sparförderung dienen sollte, lag eine sehr allgemein gehaltene Ziel-

---

1) Bundesministerium der Finanzen, Gutachten zur Reform der Direkten Steuern, Schriftenreihe des BdF, Heft 9, a.a.O., S. 15

2) So wurde 1965 ein neues Bewertungsgesetz geschaffen; die Große Koalition konnte 1967 nach langjähriger Diskussion und Beratung unter verschiedenen Regierungen das Mehrwertsteuergesetz verabschieden; bereits 1963 war ein Arbeitskreis für die Reform der Reichsabgabenordnung eingesetzt worden, der 1969 einen Entwurf vorlegte, dem 1970 ein Regierungsentwurf folgte.

formulierung als Orientierungshilfe zugrunde [1].

Nach einer Bearbeitungsdauer von etwa zweieinhalb Jahren wurde das Gutachten dem Bundeskanzler am 30. März 1971 überreicht. Den Eckwertbeschlüssen, die das Bundeskabinett knapp zweieinhalb Monate später verabschiedete und die auch Grundsätze einer Reform der Körperschaftsteuer enthielten [2], lag ein Zeitplan zugrunde, nach dem das gesamte Reformwerk zum 1.1.1974 in Kraft treten sollte. Nach den Grundsätzen, denen 1973 der Gesetzesentwurf (Körperschaftsteuergesetz 1976) folgte [3], sollte das damalige System des gespaltenen Steuersatzes mit der Konsequenz der Doppelbelastung ausgeschütteter Gewinne durch ein Anrechnungsverfahren mit einem einheitlichen Körperschaftsteuersatz von 56 v.H. [4] auf ausgeschüttete und thesaurierte Gewinne abgelöst werden. Ähnlich dem Vorschlag der Steuerreformkommission sollte dann die auf die ausgeschütteten Gewinne von der Kapitalgesellschaft ent-

---

1) Die Zielvorgabe lautete: Das Gutachten soll zu einem Steuerrecht beitragen, "das - ohne Aufgabe der allgemein gültigen Grundsätze des Steuerrechts - insbesondere den Zielvorstellungen einer modernen Finanzpolitik entspricht sowie den Grundsatz der Gleichmäßigkeit und sozialen Gerechtigkeit der Bes-teuerung berücksichtigt". Außerdem wurden der Abbau von Steuervergünstigungen,die Vereinfachung des Steuerrechts und die Berücksichtigung der europäischen Harmonisierungserfordernisse als Ziel vorgegeben. Gutachten der Steuerreformkommission, a.a.O., S.19

2) Hierzu:Presse- und Informationsamt der Bundesregierung, Bulletin vom 23.6.1971, Steuerreform 1974. Die Beschlüsse der Bundesregierung vom 11. Juni 1971 über Eckwerte und Grundsätze.

3) Hierzu Bundesrats-Drucksache 700/73 vom 8.11.73, Entwurf eines Dritten Steuerreformgesetzes, Art. 2, S. 169 ff.

4) Dieser Körperschaftsteuersatz wurde entsprechend dem damals vorgesehenen Spitzensteuersatz der Einkommensteuer ausgewählt. Damit wich der Beschluß der Bundesregierung von dem im Lösungsansatz der Steuerreformkommission vorgesehenen proportionalen Steuersatz von 55 v.H. um einen Prozentpunkt nach oben ab.

richtete Körperschaftsteuer zusammen mit der Bardividende dem zu versteuernden Einkommen der Anteilseigner hinzugerechnet werden, wobei die die Ausschüttung belastende Körperschaftsteuer anschließend mit der individuellen Einkommensteuerschuld zu verrechnen gewesen wäre. Der Beschluß der Bundesregierung vom 11. Juni 1971 sah ferner einen Erstattungsanspruch vor, falls die Einkommensteuerschuld geringer ausfallen sollte als die Steuergutschrift.

Im Verlauf der Steuerreform wurden die hohen Ansprüche an eine große Reform schon bald gedämpft. Diese Entwicklung war jedoch vorhersehbar, da Veränderungen des Steuersystems stets von einem traditionellen Mißtrauen der Staatsbürger und Zensiten gegenüber der Steuer als hoheitlicher Zwangsabgabe ohne Anspruch auf Gegenleistung begleitet werden. Steuerpolitik und Steuergesetzgebung haben sich daher stets mit besonders extremen psychologischen Rahmenbedingungen auseinanderzusetzen. Gerade die Ankündigung "großer Steuerreformen" wird die geballte mißtrauische Aufmerksamkeit nahezu aller gesellschaftlich relevanter Gruppen auf sich ziehen, so daß sich alle Reformvorhaben sofort mit einem breiten Spektrum unterschiedlichster Interessen konfrontiert sehen. In einem demokratischen Gruppenstaat, in dem sich nahezu alle Sonderinteressen artikulieren und vertreten lassen, ohne daß diese Interessen immer auf einen gemeinsamen Nenner gebracht werden müssen, führt das entweder zu einer völligen Paralysierung von Reformvorhaben, zu einer Ausklammerung der wichtigsten Reformobjekte, oder aber - falls alle Interessen berücksichtigt werden sollen - zu einer erneuten Verkomplizierung des Steuerrechts.

Es kann daher auch kaum verwundern, daß nicht nur der Fahrplan des Reformvorhabens schon bald in völlige Unordnung geriet, sondern auch an den materiellen Zielen der Reform Abstriche hingenommen werden mußten. Schon die

"Eckwerte und Grundsätze für die Steuerreform" wurden alsbald Gegenstand der Kritik und der politischen Auseinandersetzung. Am 28.2.1972 beschloß die Bundesregierung schließlich, die ersten Eckwerte zu überprüfen und zu ändern. Damit stand fest, daß der Termin 1.1.1974, an dem das Gesamtreformwerk in Kraft treten sollte, nicht eingehalten werden konnte.

Von den noch 1971 geplanten drei Reformgesetzen ist zum vorgesehenen Zeitpunkt nur die Hälfte des ursprünglich zweiten Reformpaketes, nämlich die Gruppe der einheitswertabhängigen Steuern verabschiedet worden: Grund-, Vermögen- und Erbschaftsteuer sind als zweites Reformgesetz rückwirkend zum 1. Januar 1974 in Kraft getreten [1]. Einkommensteuer und Sparförderung dagegen sind mit Wirkung vom 1. Januar 1975 nur in Teilbereichen neu geordnet worden und die Reform der Verkehr- und Verbrauchsteuern, die nach der ursprünglichen Zeitplanung als drittes Steuerreformgesetz ebenfalls bis zum 1.1.1974 in Kraft treten sollte, wartet gegenwärtig noch auf ihren Abschluß. Die neue Abgabenordnung, das sogenannte Steuergrundgesetz - als erstes Steuerreformpaket geplant - konnte schließlich nach langwierigen Beratungen zum 1. Januar 1977 verwirklicht werden [2].

Auch der Zeitpunkt des Inkrafttretens einer neuen Körperschaftsteuer war lange ungewiß, zumal die Körperschaftsteuer ursprünglich mit einem Gesetz zur Beteiligung breiter Schichten der Bevölkerung am Produktivvermögen zeitlich und

---

1) Das im April 1974 verabschiedete zweite Reformpaket hat das System der Grund-, Erbschaft- und Vermögensteuer allerdings nicht verändert.

2) Abgabenordnung (AO 1977) vom 16. März 1976 (BGBl. 1976 I S. 613)

sachlich gekoppelt werden sollte. Die Bundesregierung ging in ihrer Zeitplanung im Zusammenhang mit dem schließlich eingebrachten Entwurf eines Körperschaftsteuerreformgesetzes vom 1. Januar 1976 als endgültigen Termin aus. In den parlamentarischen Erörterungen zeigte es sich, daß das sachlich gerechtfertigte Junktim zwischen Vermögensabgabe und Körperschaftsteuer zeitlich zu einer Blockade des Kernstücks der Steuerreform geführt hätte. Unter dem Zwang dieser Tatsache einigte sich die sozial-liberale Koalition auf die getrennte Behandlung der Körperschaftsteuer. Das Körperschaftsteuerreformgesetz konnte endlich Ende August 1976 durch den Bundestag verabschiedet werden und trat zum 1. Januar 1977 in Kraft [1]. Bis zum augenblicklichen Zeitpunkt wartet allerdings das Vorhaben der Vermögensabgabe noch auf seine Verwirklichung [2].

Wie schon dargestellt wurde, hält das geltende Körperschaftsteuerrecht zwar am Anrechnungsverfahren fest, weicht aber von der ursprünglichen Vorstellung eines einheitlichen Steuersatzes von 56 v.H. auf ausgeschüttete und thesaurierte Gewinne ab. Die Modifizierung des in den Grundsatzbeschlüssen vom 11. Juni 1967 vorgesehenen Anrechnungsverfahrens, die das neue System erheblich komplizierter werden ließ, ist vor allem auf eine lebhafte Parteiendiskussion zurückzuführen, in deren Verlauf das Gesamtprojekt zu scheitern drohte. Insbesondere der Steuerreformparteitag der SPD lehnte im Jahre 1971 die Körperschaftsteuerreform insgesamt ab und forderte lediglich einen höheren Steuersatz von 56 v.H.. Ressentiments gegen die Aktie, aber auch Einzelfälle (Flick) taten ein übriges, um die Reform zunächst zu diskreditieren.

Die hauptsächliche Leistung der dennoch verabschiedeten Körperschaftsteuer ist darin zu sehen, daß durch das System

---

1) Körperschaftsteuerreformgesetz vom 31.8.1976 (BGBl. 1976 I S. 2597)

2) Als möglicher späterer Termin war der 1. Januar 1978 ins Auge gefaßt worden.

der Anrechnung die doppelte Belastung der ausgeschütteten Gewinne sowohl auf der Unternehmensebene als auch beim Anteilseigner vermieden wird.

Nach vorläufigen Schätzungen, die unmittelbar nach dem Inkrafttreten der Körperschaftsteuerreform durchgeführt wurden, verringert sich die durchschnittliche Steuerbelastung der an die Aktionäre ausgeschütteten Gewinne von 52,1 v.H. auf 37,0 v.H., während sich die Steuerlast für ausländische Aktienbesitzer von 35,9 v.H. auf 45,6 v.H. verändert. Die Belastung der Ausschüttung inländischer Tochter- an ausländische Muttergesellschaften vergrößert sich von 43,4 v.H. bzw. 35,9 v.H. [1] auf 52,0 v.H. bzw. 45,6 v.H. [1].

Wenn Anspruch, Verlauf und Ergebnisse der 1968 angestrebten "großen Steuerreform" und speziell die Novellierung des Körperschaftsteuerrechts betrachtet werden, so zeigt sich, daß offensichtlich der Zeitbedarf für detaillierte Reformarbeit mit divergierenden Zielvorstellungen tendenziell unterschätzt wird. Insbesondere dann, wenn in zunehmendem Maße Willensbildungsprozesse innerhalb der beteiligten Parteien hinzutreten, steigt dieser Zeitbedarf schnell an. Dies wird noch deutlicher, wenn bedacht wird, daß die bisherigen Steuerreformen vornehmlich Tarifsenkungen gewesen sind, die einer derart komplizierten Konsensbildung nicht bedurften. Der komplexe Prozeß der Konsensfindung wird sichtbar, wenn die unterschiedlichen Einflüsse auf die eigentliche Reformarbeit und damit auf deren Ergebnis betrachtet werden:

---

1) Diese Belastung gilt für US-Muttergesellschaften, da nach dem gültigen Doppelbesteuerungsabkommen mit den USA die Kapitalertragsteuer 15 v.H. beträgt, falls die ausgeschütteten Gewinne nicht in der Tochtergesellschaft reinvestiert werden. Zu den gesamten Belastungsschätzungen vor und nach der Reform: Zur Reform der Körperschaftsteuer 1977, a.a.O., S. 55 f.

- vorgegeben war ein - allerdings sehr allgemein gehaltenes - Zielbündel;

- Kommissionen, die die Reformarbeit begleiteten, brachten eigene Vorstellungen weitreichender Art ein;

- innerhalb der Koalitionsparteien fanden vielfältige und nachhaltige Diskussionen statt, die auf eine Umsetzung von Gesellschafts- in Steuerpolitik abzielten;

- unter dem Zeitaspekt wurde die Beschleunigung der Geldentwertung für die Reform von Bedeutung.

In den Diskussionen hat sich das Zielbündel, unter dem die Steuerreform begann, auf diese Weise stark verändert. Von der dringend erforderlichen Vereinfachung des Steuerrechts und von einer systematischen Umstellung, die der breiten Palette der finanzpolitischen Ziele Rechnung tragen sollte, wurde bald kaum mehr gesprochen. Im Vordergrund stand vielmehr der Versuch, das Steuersystem als Instrument der Umverteilungspolitik auszugestalten. Von der differenzierten Betrachtung und von den systematischen Überlegungen, die noch das Steuerreformgutachten bestimmt hatten, war in der politischen Reformdiskussion schon bald keine Rede mehr.

1.5 Sonderprobleme des geltenden Körperschaftsteuerrechts

Die Systemumstellung im Körperschaftsteuerrecht wirft einige Probleme für die Gruppe der nicht anrechnungsberechtigten und der ausländischen Anteilseigner auf. Davon losgelöst sollte die Reform die Besteuerung der Versicherungsunternehmen auf eine sichere Rechtsgrundlage stellen. Nach der Aktienrechtsreform hatte sich nämlich gezeigt, daß die im alten Körperschaftsteuergesetz enthaltenen Vorschriften für die Gewinnermittlung bei Versicherungsunternehmen nicht mehr ausreichten. Die von der Systemumstellung unabhängige Fragestellung der Besteuerung von Versicherungsunternehmen soll hier allerdings nicht weiter verfolgt werden.

1.5.1 Die Behandlung der ausländischen Anteilseigner

Für ausländische Anteilseigner führt die von 24,55 v.H. auf 36 v.H. erhöhte Belastung der Ausschüttungen deutscher Gesellschaften bei unveränderter Kapitalertragssteuer zu Ertragsminderungen zumal nach zahlreichen Doppelbesteuerungsabkommen auch weiterhin eine Kapitalertragsteuer von mehr als 15 v.H. erhoben werden darf [1] [2] und eine Anrechnung der Körperschaftsteuer gegen die im Heimatland entstehende Einkommensteuerschuld nicht möglich ist.

Dabei ergeben sich wie schon nach altem Recht aus den jeweiligen Doppelbesteuerungsabkommen unterschiedliche Rechtsfolgen für natürliche sowie juristische Personen mit Streubesitz und für juristische Personen mit einer wesentlichen Beteiligung.

---

1) Für die Wahl eines Satzes von 36 v.H. für ausgeschüttete Gewinne war u.a. von Bedeutung, daß die Bundesrepublik nach verschiedenen Doppelbesteuerungsabkommen von den inländischen Kapitalerträgen, die ausländische Muttergesellschaften empfangen, nur dann mehr als 15 v.H. Kapitalertragsteuer erheben darf, wenn der Unterschied zwischen dem Normalsteuersatz und dem Ausschüttungssatz mindestens 20 Prozentpunkte beträgt.

2) Einige Belastungsbeispiele: Zur Reform der Körperschaftsteuer 1977, a.a.O., S. 55 f.

Aus diesen Gründen erwarteten viele Kapitalmarktexperten [1] nach dem Inkrafttreten der Körperschaftsteuerreform ein Versiegen der Kapitaltransaktionen vom Ausland in die Bundesrepublik Deutschland [2]. Dieses gerade für die Finanzierung von Kapitalgesellschaften bedeutsame Problem hatte die Bundesregierung schon im Entwurf eines Dritten Steuerreformgesetzes [3] erkannt. Dennoch enthält das geltende Körperschaftsteuerrecht keine Sondervorschriften, die die Frage der höheren Belastung der Dividendenzahlungen an ausländische Aktionäre und der fehlenden Steuergutschrift hätten klären können. Allerdings kündigte die Bundesregierung aus wettbewerbs- und investitionspolitischen Erwägungen eine Überprüfung der Kapitalertragsteuerbelastung im augenblicklichen Rahmen an. Damit wurde die Möglichkeit geschaffen, durch Änderungen der jeweiligen Doppelbesteuerungsabkommen die Belastung der Dividenden, welche deutsche Gesellschaften an ihre ausländische Anteilseigner zahlen, in einem inter-

---

1) Bundesverband der Deutschen Industrie, Bericht über die Anhörung zur Körperschaftsteuerreform vor dem Finanzausschuß am 3.12.1975, unveröffentlichtes Manuskript vom 5. Januar 1976, S. 7
Bundesverband der Deutschen Industrie, Eingabe zur Anhörung vor dem Finanzausschuß des Deutschen Bundestages zur Körperschaftsteuerreform am 3.12.1975, unveröffentlichtes Manuskript vom 21. November 1975, S. 3.

2) Diesen befürchteten negativen Ausländereffekt hat es nach Ansicht des Ifo-Instituts für Wirtschaftsforschung bislang in nennenswertem Umfang nicht gegeben. Eine genaue Quantifizierung der Auswirkungen der Reform auf das von Ausländern gekaufte Aktienvolumen wird jedoch nicht für möglich gehalten, da für die Kaufentscheidungen zahlreiche Faktoren maßgebend wären. Körperschaftsteuer ohne negative Folgen, in FAZ vom 9. August 1979

3) Hierzu:BuTaDruSa 7/1470, a.a.O., S. 333

nationalen Rahmen zu halten [1]. Gegenwärtig können ausländische natürliche Personen die Kapitalertragsteuer lediglich nach Maßgabe des jeweiligen ausländischen Rechts angerechnet erhalten, soweit der Kapitalertrag nicht bereits nach den bestehenden Doppelbesteuerungsabkommen nur mit 15. v.H. belastet wird oder die Steuer bei einer höheren Belastung bis auf diesen Satz erstattet wird. Offensichtlich dachte man jedoch nicht an die bereits in verschiedenen anderen Staaten praktizierte Gewährung einer Steuergutschrift über die Grenzen hinaus (vgl. 1.6.1) [2]. Unterschiedliche Auffassungen insbesondere in dieser Frage haben in den letzten Monaten die Aufgabe verschiedener Beteiligungen von Unternehmen aus der Schweiz an deutschen Gesellschaften ausgelöst [3].
Dem Ausgang der gegenwärtigen Verhandlungen

---

1) Die entsprechende Absichtserklärung im Regierungsentwurf eines Dritten Steuerreformgesetzes (BuTaDruSa 7/1470, a.a.O., S. 333) lautet:
"Im Hinblick auf eine sachgerechte Behandlung dieser Anteilseigner sollten außer den Wirkungen eines neuen deutschen Körperschaftsteuersystems auch die Wesenselemente des ausländischen Steuerrechts und die maßgeblichen internationalen Aufteilungsregeln berücksichtigt werden. Daher war insbesondere zu prüfen, ob sich das künftige deutsche Körperschaftsteuersystem in den Komplex der Steuerrechtsordnungen anderer Staaten und in das immer dichter gewordene Netz von Doppelbesteuerungsabkommen einfügt. Die Wahl eines Anrechnungsverfahrens und die unterschiedliche Belastung einbehaltener und ausgeschütteter Körperschaftsgewinne sind durch diese Überlegungen maßgeblich beeinflußt worden".
Hierzu auch: BDI, Bericht über ..., a.a.O., S. 7

2) Nur im Sonderfall des § 52 KStG 1977 ist eine Vergütung deutscher Körperschaftsteuer an ausländische Anteilseigner vorgesehen.

3) "Schweizer wegen Körperschaftsteuer verärgert", in: Süddeutsche Zeitung vom 24. März 1979; "Liquidation wegen Reform der Körperschaftsteuer?", in: Süddeutsche Zeitung vom 25. Mai 1979; "Schweizer Verärgerung über deutsche Körperschaftsteuer", in: Handelsblatt vom 23. August 1979, S. 1
Gegenwärtig werden die Chancen für eine Revision des Doppelbesteuerungsabkommens zwischen der Schweiz und der Bundesrepublik Deutschland als schlecht eingeschätzt.

zwischen deutschen und Schweizer Finanzbehörden, die den Konflikt über die negativen Effekte der Körperschaftsteuerreform für Ausländer beseitigen sollen, kommt Signalwirkung für die generelle Lösung dieser Probleme in der Zukunft zu.

Ein positiver Ausländereffekt ergibt sich andererseits unter Umständen aus der Anwendung des internationalen Schachtelprivilegs. Eine inländische Muttergesellschaft zahlt nämlich auf den von einer inländischen Tochtergesellschaft erhaltenen Gewinn, der von der Muttergesellschaft nicht ausgeschüttet, sondern wieder im Unternehmen investiert wird, letztlich 56 v.H. Körperschaftsteuer. Im Gegensatz hierzu wird der Gewinn, den eine inländische Tochtergesellschaft der an ihr mit mindestens 25 v.H. beteiligten ausländischen Muttergesellschaft ausschüttet und den die ausländische Muttergesellschaft wieder im Unternehmen investiert, lediglich mit 36 v.H. Körperschaftsteuer und 25 v.H. Kapitalertragsteuer, also mit insgesamt 52 v.H. belastet, da im Ausland auf diese Gewinne wegen des angesprochenen Schachtelprivilegs keine weitere Steuer erhoben wird.

1.5.2 Die Stellung nicht anrechnungsberechtigter Anteilseigner und Unternehmen

Zu den nicht in das Anrechnungsverfahren einbezogenen Unternehmen zählen vor allem die gewerblichen Betriebe der öffentlichen Hand, die Versicherungsvereine auf Gegenseitigkeit, die sonstigen juristischen Personen des privaten Rechts, die nicht rechtsfähigen Vereine, die Anstalten und Zweckvermögen des privaten Rechts, die wirtschaftlichen Geschäftsbetriebe einer steuerfreien Stiftung, die Betriebsstätten ausländischer Unternehmen sowie die

Sparkassen. Ferner wurden Stiftungen nicht in das Anrechnungsverfahren einbezogen, obwohl deren Leistungen bei den Empfängern der nochmaligen Besteuerung unterliegen und sie darüber hinaus der allgemeinen Tarifbelastung unterworfen werden. Eine Entschließung des Bundestages fordert die Bundesregierung jedoch auf, die Besteuerung der Stiftungen erneut zu überprüfen.

Eine weitere Ausnahme betrifft Ausschüttungen, die eine von der Körperschaftsteuer befreite Unternehmung entweder an eine andere steuerbefreite inländische Körperschaft, oder an eine andere juristische Person des öffentlichen Rechts leistet. In diesen Fällen wird der ausgeschüttete Gewinn nicht mit Körperschaftsteuer belastet, da er im steuerfreien Bereich bleibt. Die aufgezählten Körperschaften wurden vom Anrechnungsverfahren ausgeschlossen, weil es sich entweder um beschränkt steuerpflichtige Unternehmen handelt oder um solche inländischen Körperschaften, die regelmäßig keine Ausschüttungen vornehmen bzw. deren Ausschüttungen nicht zu einer ertragsteuerlichen Mehrbelastung führen.

Auf der Ebene des Anteilseigners sind somit nur die unbeschränkt (Einkommen- oder Körperschaft-) Steuerpflichtigen anrechnungsberechtigt. Dies führt zu einem Problem, welches die Anteilseigner betrifft, deren Dividenden nicht in die Veranlagung einbezogen werden, sondern nur der Kapitalertragsteuer unterliegen. Hierbei handelt es sich um die juristischen Personen des öffentlichen Rechts und um die steuerbefreiten Körperschaften. Die Minderung der Körperschaftsteuer auf die Ausschüttungsbelastung von 36 v.H. kommt selbstverständlich auch diesem Kreis zugute. Wenn allerdings auch diese Ausschüttungsbelastung für die aufgezählten Anteilseigner beseitigt würde, wären die Dividenden letztlich nur mit der Kapitalertragsteuer belastet. Ein derartiges Resultat kann nach Ansicht des Gesetzgebers aus wettbewerbspolitischen Überlegungen nicht hingenommen werden. Da für diese Anteilseigner die Teilnahme am Wettbewerb unter Zwischenschaltung einer Kapitalgesellschaft typisch ist, muß eine Anrechnung oder Vergütung der Körperschaftsteuer in Höhe der Ausschüttungsbelastung abgelehnt werden [1]. Allerdings ermäßigt sich die Gesamtbelastung dadurch, daß die Hälfte der Kapitalertragsteuer an die genannten Anteilseigner erstattet wird [2]. Die Gesamtbelastung beträgt so 44 v.H. des Gewinns, der sich vor Abzug der Körperschaftsteuer ergibt.

1.6 Die Körperschaftsteuer im internationalen Vergleich

Ein Netz vielfältiger bilateraler und multilateraler außenwirtschaftlicher Beziehungen bindet die bundesdeutsche Volkswirtschaft in die Weltwirtschaft ein. Eine Reform des nationalen Körperschaftsteuerrechts kann somit nicht losgelöst von den vielgestaltigen internationalen Verflechtungen erfolgen. Der Versuch, ein möglichst perfektes Steuersystem, in dem die unterschiedlichsten Abgaben ineinandergreifen, unter der realitätsfernen Annahme einer geschlossenen Volkswirtschaft zu schaffen, wird bald an seine Grenzen stoßen.
Schon die Diskussion der Behandlung beschränkt Steuerpflichtiger durch das Anrechnungsverfahren zeigte die Bedeutung der Auslandsbeziehungen für das deutsche Steuerrecht. Einen besonderen Stellenwert erhalten diese Fragen im Rahmen der Bestrebungen um eine Steuerharmonisierung in den Mitgliedsstaaten der Europäischen Gemeinschaften. Durch die komplexe Interdependenz innerhalb der unterschiedlichen nationalen Steuersysteme kann eine isolierte Betrachtung der Körperschaftsteuer nur einen ersten Schritt darstellen. Eigentliche Aufgabe bleibt die umfassende Harmonisierung der verschiedenen Steuersysteme.

---

1) Hierzu: BuTaDruSa 7/1470, a.a.O., S. 332
2) § 160 Abs. 2 EStG

1.6.1 Eine vergleichende Übersicht der Körperschaftsteuersysteme in westlichen Industriestaaten und Japan

Struktur und Tarife der Körperschaftsteuer in den Industriestaaten sind recht unterschiedlich. Teilweise unterliegen die ausgeschütteten Gewinne einer Doppelbelastung, die zum Teil durch verschiedene Verfahren und in unterschiedlichster Höhe gemildert wird. Bereits acht Länder der EG haben ein Anrechnungsverfahren, allein die Niederlande und Luxemburg praktizieren noch das dort 1941 eingeführte System der doppelten Belastung. Alle Länder mit Ausnahme Griechenlands führen das Anrechnungsverfahren nach französischem Muster durch. Neben der Bundesrepublik Deutschland wird noch in Italien, Norwegen und Griechenland das Vollanrechnungsverfahren angewendet.

Verblüffend erscheint, daß kein Land außer der Bundesrepublik das Kunstgebilde der Gliederung des verwendbaren Eigenkapitals kennt. Nach der Beseitigung dieser Gliederungsrechnung könnten steuerbefreite Auslandsdividenden ohne Ausschüttungsbelastung und ohne Steuergutschrift an die Aktionäre weitergeleitet werden, was eine maßvolle Mittellösung wäre. Mit der Gliederung des verwendbaren Eigenkapitals könnte auch das Problem der verdeckten Gewinnausschüttung wegfallen. Die Frage der Behandlung der steuerbefreiten Auslandsdividenden zeigt, daß überwiegend keine Hochschleusung stattfindet, daß jedoch teilweise Ausgleichssteuern als Kapitalertragsteuern erhoben werden.

Eine vergleichende Übersicht soll versuchen, Gemeinsamkeiten und Unterschiede aufzuzeigen, aus denen sich Wege für die Lösung der anstehenden Fragen ableiten lassen.

System der Gewinnbesteuerung	Länder	Steuersätze[15]		Gemeinsame Merkmale der Körperschaftsteuer - Anrechnungsverfahren								
				INLAND				AUSLAND				
		Normalsatz	Ausschüttungssatz	Höhe der Steuergutschrift in Bezug auf Körperschaftsteuer	an natürliche Personen	an Kapitalgesellschaften	Chaban-Delmas-Effekt[1]	Hochschleusung bei befreiten Auslandsdividenden	Gewährung der Gutschrift über die Grenze	an natürliche Personen	an Kapitalgesellschaften	Berücksichtigung, ob Schachtelprivileg
I "Klassisches" System mit einheitlicher Besteuerung des Gesamtgewinns ohne Entlastung der Ausschüttung	Luxemburg	20 % - 40 %[2]	-									
	Niederlande	48 %[3]	-									
	Schweiz[10]	12,462 % - 39,24 %[4]	-									
	Schweden[11]	56,2 %[5][6]	-									
	USA (N.Y.)	52,68 %	-									
II System des "gespaltenen" Steuersatzes (ermäßigter Tarif auf Ausschüttungen)	Österreich[12]	30 % - 55 %	50 % des Normalsatzes									
III System des Vollabzugs der Ausschüttung von Gewinn	Norwegen	50,8 %[5] (Höchstsatz)										
	Griechenland	im Ergebnis Vollanrechn. durch Div.-Abzug auf der Ebene der Gesellschaft							praktisch ja, Ausgleich durch hohe Kapitalertragsteuer			
IV Anrechnungsverfahren 1. System der <u>Teil</u>anrechnung mit "gespaltenem" Steuersatz	Japan[8]	46,92 %	35,19 %									
2. System der <u>Teil</u>anrechnung der auf Ausschüttungen entfallenden Körperschaftsteuer auf die Einkommensteuer der Anteilseigner	Belgien	48 %[13]	-	ca. 50 % 46 % der Barnder 57,5 % der Bruttodividende	ja	ja falls kein Schachtelprivileg	nein	nein	nein ja, bei Betriebsstätte im Inland			
	Frankreich	50 %		50 %	ja	ja falls kein Schachtelprivileg	ja	ja, durch pré compte auch bei Thesaur. über 5 Jahren	ja	ja	ja (zum Teil)	ja
	Großbritannien	52 %[14]	-	33/67 der Ausschüttung	ja	Besonderheit der Advance Corpor. Tax	ja	ja, aber Verknüpfung mit Anrechn.	ja Verhandlung mit der BRD	ja	ja (zum Teil)	ja
	Irland[9]	45 %	-	ca. 65 %	ja	nein	ja	nein, aber Verknüpfung mit Anrechn.	ja DBA mit Großbritan.			
	Dänemark	37 %[16]	-	ca. 25 %	ja	ja falls kein Schachtelprivileg	ja	ja durch eigene Ausgleichsteuer	noch nicht			
	Kanada			ca. 50 %	ja	nein	nein	nein	nein			
3. System der <u>Voll</u>anrechnung der auf Ausschüttungen entfallenden Körperschaftsteuer auf die Einkommensteuer der Anteileigner	Italien	36,25 %[5]	30 %	100 %	ja	nein	ja	nein	nein, aber Begünstigung durch neu eingeführte Abzugsfähigkeit der lokalen Ertragsteuer			
	Bundesrep. Deutschland	56 %	36 %	100 %	ja	ja falls kein Schachtelprivileg	ja	ja	nein (ja, bei Betriebsstätte im Inland)			

<u>Quellen:</u>

Deutscher Bundestag, Entwurf eines Dritten Steuerreformgesetzes, BT-Drucksache 7/1470, Bonn 1974 S. 334
o.V., Zur Reform der Körperschaftsteuer 1977, Leitfaden für die Praxis, Köln 1977, S. 257
Hintzen, Lothar, Anrechnungsverfahren im internationalen Vergleich, in: Handelsblatt vom 1.2.1979
Briner, Ernst K., Internationales Steuerlexikon, Zusammenfassende Darstellung der Steuersysteme von 19 Staaten der OECD
Band 2: Viegener, Johannes, Frankreich, Zürich 1978
Band 3: Fantozzi, A.; Bianchi, S.; Briner, E.K.; Kuhn, M., Italien, Zürich 1979
Band 4: Hinnekens, L.; Briner, E.K.; Kramer, D.; Schmidt, A., Belgien, Niederlande, Luxemburg, Zürich 1979
Band 6: Oppenheim, S.; Sundholm, J.; Eriksen, E.; Briner, E.K., Dänemark, Finnland, Norwegen, Schweden, Zürich 1979

Abb. 3: Vergleichende Übersicht der Körperschaftsteuersysteme westlicher Industriestaaten

Bemerkungen:

1) Erstattung, wenn Steuergutschrift Einkommensteuer übersteigt

2) Progressiver Durchrechnungstarif: 20 v.H., 30 v.H., 40 v.H. (auf Gesamtgewinn über 1,212 Mio Lfr)

3) Ermäßigter Eingangssatz von 45 v.H. auf Gewinne bis 50.000 hfl

4) Progressive Staffelung nach Rendite: Bund 3,63 v.H. bis 9,8 v.H.; Kanton und Gemeinde 8,832 v.H. bis 29,44 v.H.; alle Steuern sind bei Gewinnermittlung zur Bundessteuer absetzbar; die effektive Belastung ist somit geringer.

5) Kommunalsteuersätze sind örtlich verschieden

6) Die Kommunalsteuer ist von der Bemessungsgrundlage der Staatssteuer absetzbar.

7) Corporation tax des Bundes und Corporation franchise tax des Staates; Bundessteuer 48 v.H., jedoch ermäßigte Eingangssätze (surtax exemption) von 20 v.H. auf Gewinnteile bis 25.000 $ und von 22 v.H. auf Gewinnteile bis 25.000 $ und 50.000 $.

8) Anrechnung von 5 v.H. bis 10 v.H. der Dividenden auf die Einkommensteuer der Anteilseigner

9) 40 v.H. auf Gewinne bis 5.000 £; dieser Satz erhöht sich bis 10.000 £ stufenweise auf 45 v.H.

10) Ohne Ergänzungssteuer auf Kapital und Reserven

11) Ohne Berücksichtigung des Abzugs einer "Primärdividende" vom Gewinn: Ausschüttung aus Neugründungen oder Kapitalerhöhungen nach dem 30.6.1966 sind für höchstens 10 Jahre vom Gewinn absetzbar, soweit sie 5 v.H. der Einzahlung nicht übersteigen.

12) Progressiver Durchrechnungstarif

13) Ermäßigte Sätze für bestimmte Gewinnteile

14) 42 v.H. auf Gewinne bis 30.000 £; dieser Satz erhöht sich bis zu 50.000 £ stufenweise auf 52 v.H.

15) Einschließlich Steuern der nachgeordneten Gebietskörperschaften; eine etwaige Abzugsfähigkeit wurde (mit Ausnahme Schweiz) berücksichtigt.

16) Für inländische Einkünfte wird ein reduzierter Steuersatz von 31 % angewendet.

1.6.2 Harmonisierungsbestrebungen innerhalb der Europäischen Gemeinschaft

Die gegenwärtigen nationalen Körperschaftsteuersysteme und Regelungen der Quellensteuer auf Dividenden behindern durch eine Reihe von Diskriminierungen, Doppelbesteuerungen und umständliche Verwaltungsformalitäten den internationalen Dividendenfluß und tragen damit zu einer Abkapselung der nationalen Finanzmärkte bei. Unter Umständen sind anomale Kapitalbewegungen auf Unterschiede zwischen den Systemen und Regelungen zurückzuführen.

Um eine größtmögliche Wettbewerbsneutralität in internationalen Dimensionen zu erreichen, muß demzufolge das bestehende Gefälle in der Besteuerung der Unternehmensgewinne abgebaut werden. In diesem Sinne strebt der Rat der Europäischen Gemeinschaften im Rahmen des Stufenplans zur Verwirklichung einer Wirtschafts- und Währungsunion eine Annäherung der nationalen Körperschaftsteuerstrukturen an [1] [2].

Eine Ausgestaltung der Körperschaftsteuer nach diesen Harmonisierungsvorstellungen hat jedoch aufgrund der vielfältigen steuerlichen Interdependenzbeziehungen letztlich

---

1) Eine derartige Harmonisierung ist in der Entschließung des Rates der Europäischen Gemeinschaften vom 22.3.1971 über die stufenweise Errichtung der Wirtschafts- und Währungsunion vorgesehen.
Zur Harmonisierung der Körperschaftsteuer: Vorbereitende Rechtsakte, Vorschlag einer Richtlinie des Rates zur Harmonisierung der Körperschaftsteuersysteme und der Regelung der Quellensteuer auf Dividenden, Der Rat der Europäischen Gemeinschaften, in: Amtsblatt der Europäischen Gemeinschaften vom 5.11.1975 Nr. C 253/2

2) Der Termin für eine endgültige Harmonisierung im Sinne der Europäischen Kommission ist mittlerweile bis in das Jahr 1989 hinausgeschoben worden.
Körperschaftsteuer-Harmonisierung, Brüssel will die deutsche Vollanrechnung abschaffen, in: Handelsblatt vom 15.3.1979

die Konsequenz, daß nicht nur einzelne Steuern, sondern das gesamte Steuersystem angepaßt werden müßte . Verluste, die möglicherweise aus der modifizierten Körperschaftsteuer entstehen, müssen durch eine höhere Ergiebigkeit anderer Steuern ausgeglichen werden, will man nicht einen Rückgang des gesamten Steueraufkommens hinnehmen. Der Zusammenhang läßt sich noch erweitern: genau genommen hängt die Körperschaftsteuer mit allen,die Rendite einer Kapitalanlage beeinflussenden Steuern zusammen. Nur wenn alle konkurrierenden Formen der Kapitalanlage gleiche relative Steuerlasten tragen, kann die Steuer als neutral hinsichtlich der Kapitallenkung gelten; genau genommen müßte die marginale Steuerlast in allen Verwendungen von Geldkapital für dasselbe Steuersubjekt gleich sein. Was die Verfolgung dieser Prämisse auf internationaler Ebene bedeuten würde, braucht nicht näher erläutert zu werden.

Als geeignetste Lösung zur Verwirklichung der Neutralität für die verschiedenen Finanzierungsformen der Unternehmen wie auch für die verschiedenen Rechtsformen ihrer Organisation, zur Eindämmung der Steuerflucht von Steuerpflichtigen mit hohen Einkünften sowie zur Entwicklung des Aktienmarkts durch Heranführung neuer Sparerschichten wird innerhalb der Länder der Europäischen Gemeinschaft das Anrechnungsverfahren angesehen. Die Einführung als gemeinsames System wird nicht zuletzt angestrebt, weil das Verfahren - das eine Steuergutschrift für den Dividendenempfänger vorsieht - Ansätze zur Erzielung einer größeren Steuergerechtigkeit erkennen läßt (Einfluß des Leistungsfähigkeitsprinzips) [1]. Ob sich allerdings das bisher innerhalb der Gemeinschaft nur in Italien und in der Bundesrepublik Deutschland angewendete Vollanrechnungsverfahren durchsetzen kann, ist noch fraglich [2].

---

1) Der Rat der Europäischen Gemeinschaften, Vorschlag einer Richtlinie, a.a.O., Nr. C 253/2

2) Körperschaftsteuer-Harmonisierung, Brüssel will die deutsche Vollanrechnung abschaffen, in: Handelsblatt vom 15.3.1979
EG-Körperschaftsteuerharmonisierung, Deutsche Vollanrechnung ist weiter in Gefahr, in: Handelsblatt vom 19.7.1979

Die vom Rat vorgeschlagene Richtlinie enthält einige interessante Einzelpunkte:

(1) Aus Gründen der Steuerneutralität dürfen die Sätze der Körperschaftsteuer [1] und der Steuergutschrift [2] nicht zu weit auseinanderfallen.

(2) Diskriminierungen soll die Gewährung der Steuergutschrift einer Gesellschaft an alle in der Gemeinschaft ansässigen Dividendenempfänger entgegenwirken. Anrechnungsberechtigt dürfen indessen - abgesehen von bestimmten Ausnahmen - nur einkommen- oder körperschaftsteuerpflichtige Aktionäre sein. Die Steuergutschrift muß in die jeweilige Steuerbemessungsgrundlage einbezogen werden; sie sollte mit der Steuer des Anteilseigners verrechnet und - soweit sie den Steuerbetrag übersteigt - ausgezahlt werden.

(3) Schüttet eine Muttergesellschaft von einer Tochtergesellschaft empfangene Dividenden weiter aus, sollte der Dividendenempfänger so behandelt werden, als ob die Tochtergesellschaft die Ausschüttung vorgenommen hätte.

(4) Zusätzlich zur Ausschüttungsbelastung durch die Körperschaftsteuer sollte eine weitere Quellensteuer (Kapitalertragsteuer) mit einem gemeinschaftlichen Steuersatz von 25 v.H. erhoben werden, um Steuerpflichtige mit einem hohen marginalen Einkommensteuersatz davon abzuhalten, ihre Dividenden nicht zu erklären. Allerdings lassen sich auch andere Verfahren zur Sicherung von Steuerneutralität und Steuergerechtigkeit denken. Die Quellensteuer soll einfach eine steuersichernde Vorauszahlung auf die endgültige Steuer des Dividendenempfängers sein.

---

1) Normalsatz

2) Ausschüttungssatz

(5) Falls Dividenden aus Gewinnen stammen, die nicht mit dem normalen Körperschaftsteuersatz belastet sind, soll durch die Erhebung einer Ausgleichsteuer oder einer nicht erstattungsfähigen Körperschaftsteuervorauszahlung die Steuergutschrift auf die Ausschüttung neutralisiert werden [1].

(6) Die budgetwirksamen Ausgaben der Steuergutschrift sollen jeweils von dem Staat getragen werden, der die Körperschaftsteuer auf die Gewinne, aus denen die Ausschüttungen stammen, vereinnahmt hat. Damit die Neutralität der Besteuerung in den Mitgliedsländern der EG gewahrt wird, sollte jeder Staat die Dividenden bei den in seinem Staatsgebiet ansässigen Empfängern - unabhängig von der innergemeinschaftlichen Herkunft der Dividende - in gleicher Weise behandeln.

Das mit der Reform der Körperschaftsteuer eingeführte bundesdeutsche Anrechnungssystem wird vom Gesetzgeber als ein Beitrag zur Harmonisierung der Körperschaftsteuerstrukturen in der Europäischen Gemeinschaft angesehen [2].

1.7 Zur Beurteilung der Körperschaftsteuerreform

Eine Einschätzung der Körperschaftsteuerreform kann sich im wesentlichen zweier Kriterien bedienen:

(1) Ausgehend von den Zielvorstellungen zu Beginn der Reform kann der Grad der Zielrealisierung an der Abweichung zwischen geplanten und realisierten Körperschaftsteuermodifikationen gemessen werden. Analysen und Aussagen dieser Art sind insbesondere kurz vor und nach Inkrafttreten der Reform festzustellen.

---

1) Die in der Bundesrepublik seit dem 1.1.1977 übliche Gliederung des verwendbaren Eigenkapitals kann auf EG-Ebene wohl nicht durchgesetzt werden.

2) BuTaDruSa 7/1470, a.a.O., S. 333

(2) Darüber hinaus lassen sich als Indikator für die Beurteilung der Körperschaftsteuerreform verschiedene beobachtbare wirtschaftliche Erscheinungen heranziehen. Eine Aussage auf dieser Grundlage kann allerdings erst dann erfolgen, wenn die den Variablen zurechenbaren Veränderungen sichtbar werden, d.h. ein gewisser time-lag muß berücksichtigt werden.

Von seiten der betroffenen Verbände aber auch unter finanzwissenschaftlichen Gesichtspunkten wird die Körperschaftsteuerreform in ihrer letztlich verwirklichten Form weitgehend positiv beurteilt. Die Einschätzungen lassen sich übereinstimmend so charakterisieren: Das verabschiedete Gesetz verwirklicht die mit der Körperschaftsteuerreform verfolgten Ziele und löst die mit dem Anrechnungsverfahren verbundenen steuertechnischen Probleme in einer im großen und ganzen akzeptablen Weise. Trotz dieser generellen Zustimmung werden jedoch einzelne Punkte für verbesserungs- und ergänzungsbedürftig gehalten.

"Immerhin beseitigt auch diese Form des Anrechnungsverfahrens weitgehend die Mängel des geltenden Körperschaftsteuersystems:

- Die Gewinne von größeren Kapitalgesellschaften und vergleichbaren Personengesellschaften werden gleich hoch besteuert. Für kleinere und mittlere Unternehmungen, deren Anteilseigner bzw. Gesellschafter nicht dem höchsten marginalen Einkommensteuersatz unterliegen, gilt dies allerdings nur für die ausgeschütteten, nicht jedoch für die zur Selbstfinanzierung im Unternehmen belassenen Gewinne. Auf die Wahl der Rechtsform dürfte sich dies freilich kaum auswirken, da kleine Kapitalgesellschaften, deren Anteilseigner namentlich bekannt sind, den höheren Körperschaftsteuersatz dadurch vermeiden können, daß die Gewinne voll ausgeschüttet und anschließend wieder in der Gesellschaft eingelegt werden.

- Die steuerliche Benachteiligung der Eigenfinanzierung gegenüber der Fremdfinanzierung wird vermieden.
- Die Besteuerung der Ausschüttungen von Kapitalgesellschaften folgt vollständig dem im Einkommensteuertarif zum Ausdruck kommenden Leistungsfähigkeitsprinzip.
- Der steuerlich begründete Interessengegensatz zwischen Groß- und Kleinaktionären wird aufgehoben. Die Großaktionäre mit dem höchsten marginalen Einkommensteuersatz stehen unter dem Aspekt der Steuerersparnis einer Ausschüttung bzw. Thesaurierung des Gewinns indifferent gegenüber" [1].

"Das Vollanrechnungsverfahren erhöht die Rendite aus Anteilen an Kapitalgesellschaften für Bezieher niedrigerer Einkommen. Daraus ergibt sich insbesondere für kleine und mittlere Sparer ein Anreiz, sich mit ihrem Sparkapital am Produktivvermögen zu beteiligen. Dies wird langfristig eine Verstärkung des Eigenkapitals der deutschen Unternehmen zur Folge haben, was im Hinblick auf die internationale Wettbewerbssitutation dringend erforderlich ist" [2].

"Allerdings wird der "Ausländereffekt" durch das geplante Anrechnungsverfahren mit dem differenzierten Körperschaftsteuersatz bei Beibehaltung der Kapitalertragsteuer von

---

1) Hansmeyer, K.H., Zwischenbilanz der Steuerreform, a.a.O., S. 133

2) Bundesverband der Deutschen Industrie e.V., Anhörung vor dem Finanzausschuß ..., a.a.O., S. 3

25 % nicht ganz beseitigt, vielmehr nur abgeschwächt. Nach alledem ist klar, daß die Körperschaftsteuerreform die Attraktivität der Aktie aus mehreren Gründen erhöhen wird" [1].

Eine etwas andere Tendenz lassen verschiedene Zahlen erkennen, die etwa 20 Monate nach Inkrafttreten der Reform Rückschlüsse auf deren Auswirkungen zulassen. Danach hat die Zahl der Gesellschaften mit beschränkter Haftung vor allem nach der Reform der Körperschaftsteuer außergewöhnlich stark zugenommen. Der Gründungsboom der letzten zwei Jahre hat dazu geführt, daß gegenwärtig erstmals das Stammkapital der Unternehmen in der Form der GmbH insgesamt das Grundkapital aller in der Bundesrepublik bestehenden Aktiengesellschaften übersteigt. Zwar hat das Grundkapital der Aktiengesellschaften im Jahre 1977 stark zugenommen, die absolute Steigerung ist jedoch geringer als im Jahre 1975. Ob diese Veränderungen alleine auf die Reform der Körperschaftsteuer zurückgeführt werden muß oder ob noch andere Faktoren für diese Entwicklung verantwortlich zu machen sind, kann augenblicklich noch nicht mit letzter Sicherheit gesagt werden. Auf dem 33. Deutschen Betriebswirtschaftler Tag, der sich unter anderem mit den Auswirkungen des Steuerrechts auf die Rechtsform der Unternehmen beschäftigte, galt die Reform der Körperschaftsteuer jedenfalls eindeutig als Ursache

---

1) Hansmeyer, K.H., Zwischenbilanz der Steuerreform, a.a.O., S. 133

Tabelle 1: Entwicklung von Zahl und Kapital der Kapitalgesellschaften [1)]

Jahr*	Aktiengesellschaft						Gesellschaft mit beschränkter Haftung					
	Anzahl	Anzahl - absolute Vdg.	Veränderung. zum Vorjahr	Mill. DM	Mill. DM absol. Veränd.	Veränderung. zum Vorjahr	Anzahl	Anzahl - absolute Vdg.	Veränderung. zum Vorjahr	Mill. DM	Mill. DM absol. Veränd.	Veränderung. zum Vorjahr
1973	2.260	-	-	67.298,2	-	-	112.063	-	-	58.753,1	-	-
1974	2.218	42	- 1,9%	70.999,8	3.701,6	+ 5,5%	122.248	10.185	+ 9,1%	64.554,4	5.901,3	+ 10,0%
1975	2.189	29	- 1,3%	76.348,0	5.348,2	+ 7,5%	133.382	11.134	+ 9,1%	69.109,3	4.454,9	+ 6,9%
1976	2.177	12	- 0,5%	79.231,3	2.883,3	+ 3,8%	147.233	13.851	+ 10,4%	73.356,4	4.247,1	+ 6,1%
1977	2.149	28	- 1,3%	83.580,8	4.349,5	+ 5,5%	168.463	21.230	+ 11,4%	79.276,6	5.920,2	+ 8,1%
1978	2.141	8	- 0,4%	86.114,0	2.533,2	+ 3,0%	195.890	27.427	+ 16,3%	85.104,0	5.827,4	+ 7,4%
1979	2.137	4	- 0,2%	86.430,0	316,0	+ 0,4%	201.137	5.247	+ 2,7%	86.588,0	1.484,0	+ 1,8%

*) jeweils zum 31. Dezember

1) Statistisches Bundesamt, Statistisches Jahrbuch 1976 für die Bundesrepublik Deutschland, Wiesbaden 1976, S. 176 (Entwicklung von Zahl und Kapital der Kapitalgesellschaften)
Statistisches Bundesamt, Statistisches Jahrbuch 1978 für die Bundesrepublik Deutschland, Wiesbaden 1978, S. 112 (Entwicklung von Zahl und Kapital der Kapitalgesellschaften)

für die verstärkten Neugründungen von Gesellschaften mit beschränkter Haftung. Darüber hinaus wurde auch die weiterbestehende Diskriminierung der Selbstfinanzierung von Kapitalgesellschaften und die begrenzte Anwendungsmöglichkeit des "Schütt - aus - Hol' - zurück - Verfahrens" kritisiert [1].

Daß die erkannten Mängel des alten Körperschaftsteuersystems nicht beseitigt, sondern nur abgeschwächt wurden, ist nach Ansicht von Wöhe [2] nicht zuletzt eine Folge davon, daß die von der Steuerreformkommission geforderte Reform des gesamten Steuersystems in einem Stück, die eine genaue Abstimmung der einzelnen Reformmaßnahmen aufeinander erfordert hätte, nicht realisiert wurde: "Die Körperschaftsteuerreform hätte ihr Ziel erreichen können, wenn sie mit einer Reform der Vermögensteuer, der Gewerbesteuer und der Gewinnermittlungsvorschriften koordiniert worden wäre" [3]. Im einzelnen werden die Ergebnisse der Körperschaftsteuerreform - gemessen an den ausdrücklich genannten Zielen der Reform - heute weniger positiv eingeschätzt:

(1) Die steuerliche Gleichbehandlung der Außenfinanzierung mit Eigen- oder Fremdkapital wurde nicht hergestellt. Die Kapitalstruktur unterliegt somit weiter dem Einfluß der Besteuerung.

---

1) Betriebswirtschaftler-Tag, Keine Unternehmensflucht in die "Totale GmbH", in: Handelsblatt vom 5.10.1979, S. 6
Hierzu auch: Wöhe, Günter, Die Steuern des Unternehmens, 4. Auflage, München 1978, S. 101 ff

2) Wöhe, Günter, Die Steuern des Unternehmens, a.a.O., S. 112

3) Wöhe, Günter, Die Steuern des Unternehmens, a.a.O., S. 112

(2) Die Selbstfinanzierung der Kapitalgesellschaften durch Thesaurierung von Gewinnen bleibt im Verhältnis zur Selbstfinanzierung der Personengesellschaften diskriminiert. Das Schütt - aus - Hol - zurück - Verfahren ist nur begrenzt anwendbar.

(3) Der Interessengegensatz zwischen Groß- und Kleinaktionär wurde lediglich abgeschwächt.

(4) Eine breitgestreute Beteiligung kleinerer Einkommensbezieher am Produktivkapital durch Erwerb von Aktien ist allein durch eine teilweise Beseitigung der steuerlichen Diskriminierung der Aktie nicht zu erreichen, da auch andere als steuerliche Gründe entgegenstehen.

(5) Der Einfluß der Besteuerung auf die Wahl der Rechtsform wurde nicht völlig beseitigt.

(6) Der Ausländereffekt wurde gemildert. Im Falle der teilweisen Ausschüttung der Dividenden der Tochtergesellschaft durch die Muttergesellschaft an ihre Anteilseigner kann es zu einer Schlechterstellung ausländischer Aktionäre nicht nur im Vergleich zum alten Recht, sondern auch im Vergleich mit inländischen Muttergesellschaften und ihren Anteilseignern kommen.

Die nachfolgende quantitative Analyse soll diese Beurteilungen und Einschätzungen überprüfen.

2. Quantitative Analyse [(Vergleich: altes Recht (KSTG 1975) - reformiertes, geltendes Recht (KSTG 1977)]

2.1 Die unterschiedliche Steuerbelastung von Eigen- und Fremdkapital unter der Annahme gleicher Nettoverzinsung beim Kapitalgeber

Im Steuerrecht der Bundesrepublik Deutschland werden Eigen- und Fremdkapitalfinanzierung substanz-, verkehr- und ertragsteuerlich unterschiedlich behandelt. Diesen Tatbestand hat auch die Reformierung des Körperschaftsteuerrechts und die Einführung des Anrechnungsverfahrens durch das KSTG 1977 nicht beseitigt. Während sich bei der Eigenkapitalfinanzierung [1] das Eigenkapital und somit die Basis für die substanzabhängigen Steuern erhöht, führt die Fremdkapitalfinanzierung [2] nicht zu einer Erhöhung der

1) Der Terminus "Eigenkapitalfinanzierung" beinhaltet Finanzierungsvorgänge, die in der betriebswirtschaftlichen Literatur als Beteiligungsfinanzierung unter den Oberbegriff der Eigenfinanzierung subsumiert werden. Im Gegensatz zu den anderen Formen der Eigenfinanzierung, der Selbstfinanzierung (Thesaurierung) und der Finanzierungen aus Vermögensumschichtungen, die als Innenfinanzierung bezeichnet werden, wird durch die Beteiligungsfinanzierung Kapital von außen zugeführt (Außenfinanzierung). Unter diesem Gesichtspunkt fällt die Beteiligungsfinanzierung mit der Fremdfinanzierung in eine Kategorie. Zur betriebswirtschaftlichen Systematisierung: Büschgen, Hans E., Grundlagen betrieblicher Finanzwirtschaft, Frankfurt/Main 1973, S. 9 ff. Wöhe, Günter, Einführung in die allgemeine Betriebswirtschaftslehre, 9. Auflage, Berlin 1969, S. 361 ff., 386 ff.

2) Unter "Fremdkapitalfinanzierung" sollen die Prozesse verstanden werden, die betriebswirtschaftlich als Fremd- oder Kreditfinanzierung bezeichnet werden und der Außenfinanzierung zugerechnet werden. Dieser Finanzierungsbereich wird üblicherweise in kurz-, mittel- und langfristige Segmente unterteilt. Hierzu: Büschgen, H.E., a.a.O., S. 25 ff; Wöhe, Günter, a.a.O., S. 397 ff. Die Betriebswirtschaft kennt daneben noch Mischformen der Fremd- und Beteiligungsfinanzierung. Hierzu: Büschgen, H.E., a.a.O., S. 72 ff.

Bemessungsgrundlage substanzabhängiger Steuern. Dies gilt nur dann nicht, wenn das im Wege der Fremdkapitalfinanzierung zugeflossene Kapital als Dauerschuld im Sinne des § 12 Abs. 2 Nr. 1 GewStG anzusehen ist. In diesem Falle erhöht das im Wege der Fremdkapitalfinanzierung zugeführte Kapital die Bemessungsgrundlage für die Gewerbekapitalsteuer.

Verkehrsteuerlich unterscheidet sich die Eigenkapitalfinanzierung von der Fremdkapitalfinanzierung dadurch, daß bei der erstgenannten Finanzierungsalternative gemäß § 2 Abs. 1 Nr. 1 KVStG Gesellschaftsteuer anfällt, während die Fremdkapitalzuführung keine Gesellschaftsteuer auslöst.

Der Unterschied in der ertragsteuerlichen Behandlung von Eigen- und Fremdkapitalfinanzierung besteht darin, daß die von der Unternehmung für das erhaltene Fremdkapital zu zahlenden Zinsen als Betriebsausgabe abzugsfähig sind und damit die Bemessungsgrundlage für die ertragsabhängigen Steuern mindern, während die Dividende als Verzinsung des zur Verfügung gestellten Eigenkapitals nicht als Betriebsausgabe abgezogen werden darf.

In der dargestellten Weise erhöht sich unter sonst gleichen Bedingungen bei der Finanzierung durch die Zuführung von Eigenkapital die Steuerbelastung der Unternehmung gegenüber der Fremdkapitalfinanzierung. Will also eine Unternehmung mit einem bestimmten Kapitalbetrag, den sie im Wege der Eigenkapitalfinanzierung erhalten hat, die gleiche Nettoverzinsung [1] erwirtschaften wie mit einem alternativ erhältlichen, gleich hohen Fremdkapitalbetrag, so muß die

1) Unter "Nettoverzinsung" soll hier die Verzinsung verstanden werden, die sich nach Abzug der Steuern (unter Berücksichtigung der Nichtabzugsfähigkeit der Dividende als Betriebsausgabe) ergibt.

vorgenommene Investition im Falle der Eigenkapitalfinanzierungsalternative einen höheren Überschuß erwirtschaften als im Falle der Fremdkapitalfinanzierung.

2.1.1 Die Körperschaftsteuerbelastung (einschließlich der Ergänzungsabgabe) der Eigenkapitalfinanzierung nach den Bestimmungen des KStG 1975

Die körperschaftsteuerliche Belastung einschließlich der Ergänzungsabgabe der "Zinsen" auf das Eigenkapital ermittelt sich wie folgt:

(1) $K = S_{ka} A + S_{kn} (E - A)$

S_{ka} = Körperschaftsteuerfaktor für berücksichtigungsfähige Ausschüttungen (einschließlich Ergänzungsabgabe) [1]

S_{kn} = normaler Körperschaftsteuerfaktor (einschließlich Ergänzungsabgabe)

A = berücksichtigungsfähige Ausschüttungen gemäß § 19 Abs. 3 KStG 1975

E = körperschaftsteuerliches Einkommen

K = Körperschaftsteuer (einschließlich Ergänzungsabgabe)

Für die weitere Analyse soll die Höhe der Ausschüttung so bemessen sein, daß gilt:

(2) $E = A + K$ [2]

Gleichung (2) in Gleichung (1) eingesetzt ergibt:

---

1) Die Ergänzungsabgabe für natürliche Personen wurde nur bis zum 1. Januar 1975 erhoben, sie blieb jedoch für Kapitalgesellschaften bis zum Inkrafttreten der Körperschaftsteuerreform zum 1. Januar 1977 bestehen.

2) Dieser Ausgangsposition bedient sich ebenfalls: Rose, Gerd, Praxisorientierte Berechnungen zur Ausschüttungspolitik nach der Reform der Körperschaftsteuer und im Übergangsstadium, in: Der Betrieb, 29. Jahrgang 1976, S. 1876

(3) $K = S_{ka} A + S_{kn} K$

Nach K aufgelöst ergibt sich aus Gleichung (3)

(4) $K = \frac{S_{ka}}{1 - S_{kn}} A$

Für $S_{ka} = 0{,}1545$ und $S_{kn} = 0{,}5253$ ergibt sich: [1]

(5) $K = 0{,}32547\ A$

Im Falle der Eigenkapitalfinanzierung ist die Dividende also mit 32,547 % Körperschaftsteuer (einschließlich Ergänzungsabgabe) belastet. Nimmt man also an, daß eine Unternehmung sich alternativ mit DM 1.000,- Eigenkapital oder Fremdkapital finanzieren kann und die Verzinsung des Kapitals bei beiden Finanzierungsarten 10 % des eingelegten bzw. aufgenommenen Kapitals betragen soll, so muß die Unternehmung im Falle der Eigenkapitalfinanzierung DM 132,547 erwirtschaften, um DM 100,- als Dividende an den Kapitalgeber ausschütten zu können.

Diese Berechnung berücksichtigt jedoch nur die ertragsteuerliche Belastung der Eigenkapitalfinanzierung durch Körperschaftsteuer und Ergänzungsabgabe. Nicht erfaßt werden die Belastungen der Eigenkapitalfinanzierung durch Substanz- und Verkehrsteuern. Darüber hinaus berücksichtigt die Rechnung nicht die Interdependenzen zwischen den einzelnen Steuern. Die durchgeführte Berechnung soll aus diesen Gründen lediglich der Einführung in die zu untersuchenden Fragenkreise dienen; ein exakter Belastungsvergleich von Eigenkapital- und Fremdkapitalfinanzierung sollte sich hingegen zweckmäßigerweise der von Rose entwickelten Teilsteuerrech-

---

1) Diese Sätze galten für die "allgemeine" Kapitalgesellschaft gemäß § 19 Abs. 1 Nr. 1 KStG 1975 in Verbindung mit § 4 Abs. 1 Erg. AbgG.

nung bedienen [1].

2.1.2 Steuerbelastungsvergleich zwischen Eigen- und Fremdkapitalfinanzierung unter Berücksichtigung steuerlicher Interdependenzen

2.1.2.1 Steuerrechtliche Bestimmungen des KStG 1975

Die Konzeption der Teilsteuerrechnung versucht die steuerrechtlichen Bemessungsgrundlagen in ökonomisch sinnvolle Bemessungsgrundlagenteile zu zerlegen und die auf die einzelnen unter ökonomischen Gesichtspunkten isolierten Bemessungsgrundlagenteile entfallende Gesamtsteuerbelastung in sogenannten Multifaktoren [2] auszudrücken. Die Steuerbelastung der Unternehmung errechnet sich durch Multiplikation der einzelnen Bemessungsgrundlagenteile mit den zugehörigen Teilsteuersätzen (Multifaktoren) und anschließender Addition der Teilergebnisse.

Die Belastung einer "allgemeinen" Kapitalgesellschaft mit Körperschaftsteuer einschließlich Ergänzungsabgabe und Gewerbeertragsteuer berechnet sich dann aus der nachstehenden

---

1) Das gesamte Konzept der Teilsteuerrechnung ist dargestellt in: Rose, Gerd, Die Steuerbelastung der Unternehmung - Grundzüge der Teilsteuerrechnung -, Wiesbaden 1973. Die Grundidee wurde dargestellt von: Rose, Gerd, Untersuchungen über die Steuerbelastung der Unternehmung, in: Der Betrieb, Beilage Nr. 7 zu Heft 10/68 vom 8.3.1968.

2) Die Multifaktoren beinhalten Bestandteile aus verschiedenen Steuern und werden aus den teilsteuerlichen Grundgleichungen ermittelt. Die zusammengefaßten Steuerfaktoren stellen das Konzentrat der Wirkungen aus allen betrachteten Steuern in bezug auf die einzelnen Bemessungsgrundlagenteile dar. Im einzelnen: Rose, Gerd, Die Steuerbelastung der Unternehmung, a.a.O., S. 58 f.

Gleichung.

(6) $S = (S_{kn} + S_{ge} - S_{kn} S_{ge}) R + (S_{ka} - S_{kn}) A$ [1]

Das Bemessungsgrundlagenteil R ist hierbei definiert als der sich aus echten Aufwendungen und Erträgen ergebende Jahreserfolg der handelsrechtlichen Gewinn- und Verlustrechnung, jedoch vermehrt um als Aufwendungen berücksichtigte Leistungsvergütungen an die Unternehmensinhaber und alle einbezogenen Steuern [2].

Das Bemessungsgrundlagenteil A ist definiert als berücksichtigungsfähige Ausschüttungen. Für den Gewerbeertragsteuerfaktor steht in obiger Gleichung das Symbol S_{ge} [3]

---

1) Hierbei ist vereinfachend von sämtlichen Modifikationen abgesehen worden, so daß R = E zutrifft.
2) Rose, Gerd, Die Steuerbelastung der Unternehmung, a.a.O., S. 85.
3) Der Gewerbeertragsteuerfaktor berechnet sich unter Berücksichtigung der Abzugsfähigkeit der Gewerbeertragsteuer als Betriebsausgabe von ihrer eigenen Bemessungsgrundlage (aufgrund § 7 GewStG) wie folgt:

$$GewESt = \frac{M}{100} \times \frac{H}{100} (vGewE - GewESt)$$

Die verwendeten Symbole haben die folgende Bedeutung:
GewESt = Gewerbeertragsteuer
vGewE = vorläufiger Gewerbeertrag, d.h. vor Abzug der Gewerbeertragsteuer
M = Gewerbesteuermeßzahl
H = Hebesatz

Durch Auflösen der Gleichung nach GewESt ergibt sich:

$$GewESt = \frac{H}{2000 + H} vGewE$$

Geht man von dem in der Praxis häufig vorkommenden Hebesatz von 300 % und der allgemeinen Gewerbeertragsteuermeßzahl von 5 % aus, so ergibt sich für GewESt bzw. S_{ge} ein Wert von 13,043, d.h. die Gewerbeertragsteuer beträgt 13,043 % des vorläufigen Gewerbeertrages. Zur Berechnung: Rose, Gerd, Die Steuerbelastung der Unternehmung, a.a.O., S. 77 f. Rose gibt zu diesem Problem noch weitere Literaturhinweise.

und für die gesamte Steuerbelastung das Symbol S [1]. Das Glied $-(S_{kn}S_{ge})$ R steht für die Berücksichtigung der Abzugsfähigkeit der Gewerbeertragsteuer als Betriebsausgabe und macht die daraus resultierende Steuerentlastung deutlich. Da der Klammerausdruck $(S_{ka} - S_{kn})$ negativ ist, läßt der zweite Teil der Belastungsgleichung die durch eine berücksichtigungsfähige Ausschüttung gemäß § 19 Abs. 3 KStG 1975 hervorgerufene Steuerersparnis in Höhe von $(S_{kn} - S_{ka})$ A erkennen.

Die Gleichung $(S_{kn} + S_{ge} - S_{kn}S_{ge})$ R + $(S_{ka} - S_{kn})$ A ist jedoch zur Durchführung eines Belastungsvergleichs zwischen Eigenkapital- und Fremdkapitalfinanzierung nicht unmittelbar geeignet, da bei diesem lediglich die Belastung der Dividende bzw. der Zinszahlung mit Steuern von Bedeutung ist, während aus der vorliegenden Gleichung nicht die Belastung der Dividende errechenbar ist, sondern die ertragsteuerliche Gesamtbelastung der Unternehmung erfaßt werden soll.

Will man aus der Gleichung nur die Steuerbelastung der Dividende ermitteln, so darf an Stelle des Bemessungsgrundlagenteils R nur der Bruchteil (R_{mod}) von R erscheinen, der exakt A vermehrt um die auf A entfallenden Steuern entspricht.

Die Belastung mit Körperschaftsteuer und Gewerbeertragsteuer ergibt sich aus der folgenden Gleichung:

---

1) Streng genommen müßte die Belastungsrechnung auch Freibeträge berücksichtigen. Aus Gründen der Vereinfachung soll jedoch angenommen werden, daß die zustehenden Freibeträge bereits durch andere Einkünfte oder Vermögensteile aufgebraucht worden sind. Zu den grundsätzlich bestehenden Möglichkeiten der Berücksichtigung von Freibeträgen: Rose, Gerd, Die Steuerbelastung der Unternehmung, a.a.O., S. 105 ff.

(7) $S = S_{ka} A + S_{ge}^{+} A + S_{kn} (E-A) + S_{ge}^{+} (E-A)$

Der Gewerbeertragsteuerfaktor S_{ge}^{+} unterscheidet sich von S_{ge} dadurch, daß S_{ge}^{+} nicht die Abzugsfähigkeit der Gewerbeertragsteuer als Betriebsausgabe von der eigenen Bemessungsgrundlage berücksichtigt. Dies wird notwendig, weil S_{ge}^{+} in der Gleichung (7) nicht auf den vorläufigen Gewerbeertrag (vGewE) bezogen wird, sondern auf Teilgrößen des körperschaftsteuerlichen Einkommens [A und (E-A)], die ihrerseits bereits um die Gewerbeertragsteuer gemindert sind.

Werden in Gleichung (7) die Größen A und (E-A) isoliert, so ergibt sich

(8) $S = (S_{ka} + S_{ge}^{+}) A + (S_{kn} + S_{ge}^{+}) (E-A)$

Da die Körperschaftsteuer ihre eigene Bemessungsgrundlage nicht mindern darf [1], ist es zweckmäßig, bei der Ermittlung der Gesamtbelastung der Ausschüttung davon auszugehen, daß das körperschaftsteuerliche Einkommen gerade so hoch ist wie die Summe aus Ausschüttung und Körperschaftsteuer ($E = A+K$) [2]. Gleichung (8) wird unter dieser Annahme zu:

(9) $S = (S_{ka} + S_{ge}^{+}) A + (S_{kn} + S_{ge}^{+}) K$

Bei der Annahme $E = A + K$ gilt auch Gleichung (5). Wird die Gleichung (5) in die Gleichung (9) eingesetzt ergibt sich:

(10) $S = (S_{ka} + S_{ge}^{+}) A + (S_{kn} + S_{ge}^{+}) 0,32547 A$

Nach Umformung der Gleichung (10):

(11) $S = (S_{ka} + 0,32547 S_{kn} + 1,32547 S_{ge}^{+}) A$

Für $S_{ka} = 0,1545$, $S_{kn} = 0,5253$ und $S_{ge}^{+} = 0,15$ [3] errechnet sich:

1) § 12 Nr. 2 KStG 1975
2) Mit dieser Annahme wurde schon auf Seite 89 in Übereinstimmung mit Rose, Gerd, Praxisorientierte Berechnungen..., a.a.O., S. 1876 gearbeitet.
3) Für S_{ge}^{+} ergibt sich der Wert von 0,15, weil die Steuermeßzahl für den Gewerbeertrag nach § 11 Abs. 2 Nr. 2 GewStG 5 % beträgt und ein Hebesatz von 300 % zugrundegelegt wird. Ferner erfolgt aus den schon dargestellten Gründen (S. 7) kein Abzug der Gewerbeertragsteuer von ihrer eigenen Bemessungsgrundlage.

(12) S = 0,52429 A
Die Belastung der Ausschüttung mit Körperschaftsteuer [1] und Gewerbeertragsteuer beträgt demnach 52,429 % der berücksichtigungsfähigen Ausschüttung.

Für den Bemessungsgrundlagenteil R_{mod} gilt also:
(13) R_{mod} = 1,5249 A
Behält man die Grundkonzeption der Teilsteuerrechnung bei, so gestaltet sich die Ermittlung der Belastung der Ausschüttung mit Körperschaftsteuer und Gewerbeertragsteuer relativ umständlich, da die Ermittlung des Teiles des Reinertrages der gerade A und der auf A entfallenden Steuern entspricht (R_{mod}) bereits die Kenntnis der Belastung der Ausschüttung mit Körperschaftsteuer und Gewerbeertragsteuer voraussetzt. In Hinblick auf die Vollständigkeit und zur Überprüfung der Gleichung (11) soll die Teilsteuergleichung zur Ermittlung der Belastung der Ausschüttung mit Körperschaftsteuer und Gewerbeertragsteuer dennoch aufgeführt werden. Sie ergibt sich durch Einsetzen von R_{mod} in die Gleichung (6).
(14) $S = (S_{kn} + S_{ge} - S_{kn} S_{ge}) R_{mod} + (S_{ka} - S_{kn}) A$
Nun kann der in Gleichung (13) enthaltene Wert für die Größe R_{mod} eingesetzt werden:
(15) $S = (S_{kn} + S_{ge} - S_{kn} S_{ge}) 1{,}52429 A + (S_{ka} - S_{kn}) A.$
Will eine Kapitalgesellschaft, deren körperschaftsteuerliches Einkommen gerade so hoch sein soll wie die Summe aus Ausschüttung und anfallender Körperschaftsteuer (E = A + K), DM 100,- ausschütten, so muß sie nach den Bestimmungen des KSTG 1975 einen Reinertrag (R) von DM 152,429 [2] erwirtschaften. Dieser Reinertrag reicht gerade aus, um DM 100,-

1) Die Angabe der Körperschaftsteuerbelastung unter bezug auf das KStG 1975 schließt im folgenden die Ergänzungsabgabe nach dem ErgAbgG ein.
2) exakt ausmultipliziert ergibt sich aus der Gleichung (15) ein Wert von 0,5242859 A.

an den Eigenkapitalgeber auszuschütten und DM 52,429 Körperschaftsteuer und Gewerbeertragsteuer zu zahlen. Einkommen-, körperschaft- und gewerbeertragsteuerliche Modifikationen sollen aus Vereinfachungsgründen nicht berücksichtigt werden.

Darüber hinaus bleibt jedoch noch zu beachten, daß die Finanzierungsalternative "Eigenkapital" mit der Erhöhung des Grund- oder Eigenkapitals zu einer Erhöhung der Bemessungsgrundlage der substanzabhängigen Steuern führt. Die nachstehende Teilsteuergleichung gibt diesen Sachverhalt wieder [1]:

(16) $S = (S_v + S_{gk} + S_{kn} S_{ge} S_{gk} - S_{ge} S_{gk} - S_{kn} S_{gk}) B_u$

Der Bemessungsgrundlagenteil B_u ist hierbei als unternehmenseigenes Betriebsvermögen definiert bzw. als das Eigenkapital der Unternehmung nach deren Handelsbilanz auf den Stichtag, zu dem die für den betreffenden Veranlagungszeitraum erforderliche Einheitsbewertung vorgenommen wird. [2] Die Quantifizierung des Bemessungsgrundlagenteils B_u ist jedoch problematisch, da nicht das Eigen- bzw. Grundkapital selbst in die Vermögensaufstellung eingeht, sondern nur die ihm entsprechenden, d.h. mit ihm angeschafften Aktiva.

Eine mögliche Lösung dieses Problems würde darin bestehen, als Wert für B_u vereinfachend den Nominalwert des zugeflossenen Kapitals anzunehmen. Die in der Gleichung verwendeten Symbole sind definiert als:

S_v = Vermögensteuerfaktor

S_{gk} = Gewerbekapitalsteuerfaktor

(Die anderen Symbole wurden im bisherigen Text erläutert und

1) Zur Entwicklung dieser Teilsteuergleichung: Rose, Gerd, Die Steuerbelastung der Unternehmung, a.a.O., S. 127 ff (130).

2) Rose, Gerd, Die Steuerbelastung der Unternehmung, a.a.O., S. 96 f.

sind zusätzlich am Ende des 2. Abschnittes zusammengefaßt dargestellt)

Der Bemessungsgrundlagenteil B_u ist Ausgangsbasis für die Vermögensteuerbemessung, was in dem Produkt S_v B_u zum Ausdruck kommt. Die Multiplikation S_{gk} B_u läßt erkennen, daß B_u ebenfalls als Ausgangsbasis für die Bemessung der Gewerbekapitalsteuer dient.

Auf die Berücksichtigung von im konkreten Fall vorzunehmenden Modifikationen, wie z.B. vermögensteuerlicher (M_v) und gewerbekapitalsteuerlicher Art (M_{gk}) soll auch hier aus Vereinfachungsgründen verzichtet werden.

Durch $-(S_{kn}$ $S_{gk})$ B_u wird der Betriebsausgabencharakter der Gewerbekapitalsteuer[1] berücksichtigt, $-(S_{ge}$ $S_{gk})$ B_u trägt der Tatsache Rechnung, daß die Abzugsfähigkeit der Gewerbekapitalsteuer auch eine Verminderung der Bemessungsgrundlage der Gewerbeertragsteuer bewirkt. [2] Das Glied (S_{kn} S_{ge} S_{gk}) B_u berücksichtigt, daß sich wegen der Abzugsfähigkeit der Gewerbekapitalsteuer zwar auch die Gewerbeertragsteuer mindert, eine Minderung der Gewerbeertragsteuer aber wegen deren Abzugsfähigkeit bei der eigenen Bemessungsgrundlage eine Erhöhung der Körperschaftsteuer zur Folge hat. Die Gesamtbelastungsgleichung der Dividende bei Eigenkapitalfinanzierung unter Berücksichtigung ertrag- und substanzsteuerlicher Einflüsse [3] lautet demnach:

---

1)2) Das Betriebsvermögen einer gewerblichen Unternehmung ist Anknüpfungsobjekt für die Erhebung der Gewerbekapitalsteuer. Die Gewerbekapitalsteuer ist eine Betriebsausgabe im Sinne des § 4 Abs. 4 EStG und mindert infolgedessen über die Gewinnreduktion auch die Bemessungsgrundlagen für die Körperschaftsteuer, die Einkommensteuer und die Gewerbeertragsteuer.

3) Berücksichtigt werden Körperschaftsteuer einschließlich Ergänzungsabgabe, Gewerbeertragsteuer, Gewerbekapitalsteuer und Vermögensteuer sowie die Interdependenzen zwischen diesen Steuern.

(17) $S = (S_{kn} + S_{ge} - S_{kn}\, S_{ge})\ 1{,}52429\ A + (S_{ka} - S_{kn})\ A +$

$(S_v + S_{gk} + S_{kn}\, S_{ge}\, S_{gk} - S_{ge}\, S_{gk} - S_{kn}\, S_{gk})\ B_u$

In diese Gleichung ist für A der in Form der Dividende für das zugeflossene Eigenkapital zu zahlende Zinsbetrag einzusetzen und für B_u annahmegemäß der Nominalwert des zugeflossenen Kapitals. Dem gewählten Beispiel entsprechend soll von einem Kapital von DM 1000,- und einer Dividende von DM 100,- ausgegangen werden. Die Berechnung der Gesamtbelastung der Dividende ergibt sich durch das Einsetzen der entsprechenden Steuerfaktoren und Lösung der Gleichung (17) [1]

$S = (0{,}5253 + 0{,}13043 - 0{,}5253 \cdot 0{,}13043)\ 1{,}52429\ A +$
$(0{,}1545 - 0{,}5253)\ A + (0{,}01 + 0{,}006 + 0{,}5253 \cdot 0{,}13043 \cdot$
$0{,}006 - 0{,}13043 \cdot 0{,}006 - 0{,}5253 \cdot 0{,}006)\ B_u$

Hieraus ergibt sich, daß die Ausschüttung mit 52,429 % Steuern belastet ist und das der Ausschüttung entsprechende Eigenkapital mit 1,25 %. Wird die Annahme einer Verzinsung von 10 % beibehalten, so kosten die Unternehmung DM 1.000,- Eigenkapital DM 100,- Zinsen sowie DM 64,93 Ertrag- und Substanzsteuern (52,429 DM + 12,50 DM). Außerdem fällt gemäß § 2 Abs. 1 Nr. 1 KVStG einmalig zu zahlende Gesellschaftsteuer in Höhe von 1 % des eingelegten Kapitals an. Die Gesamtbelastung [2] mit Steuern und Zinsen (d.h. der

---

1) Der Vermögensteuersatz betrug für Kapitalgesellschaften gemäß § 10 Abs. 1 Nr. 2 in Verbindung mit § 1 Abs.1 Nr. 2 VStG 1 % (Änderung der Vermögensteuersätze erfolgte durch das Steueränderungsgesetz 1977, das zum 1.1.1978 in Kraft trat und folgende Sätze beinhaltete: natürliche Personen 0,5 % (Steuerfaktor 0,005) juristische Personen 0,7 % (Steuerfaktor 0,007). Da für die Gewerbekapitalsteuer die Steuermeßzahl gemäß § 13 Abs. 2 GewStG 2 °/oo beträgt und von einem häufig anzutreffenden Hebesatz von 300 % ausgegangen wird, errechnet sich ein Gewerbekapitalsteuerfaktor von 0,006.

2) Es handelt sich hierbei um die Belastung durch Körperschaftsteuer einschließlich der Ergänzungsabgabe, durch Gewerbeertragsteuer, durch Gewerbekapitalsteuer, durch Vermögensteuer und durch Gesellschaftsteuer.

zu zahlenden Dividende beträgt also bei einem eingelegten Eigenkapital von DM 1000,- DM 174,93.

Da im Rahmen der Fremdkapitalfinanzierung die auf das aufgenommene Kapital zu zahlenden Zinsen als Betriebsausgabe abzugsfähig sind und sich zudem die Bemessungsgrundlage für die ertragsunabhängigen (Substanzsteuern) Steuern nicht erhöht, fallen für DM 1000,- Fremdkapital lediglich Zinsen in Höhe von DM 100,- an. Sofern das aufgenommene Fremdkapital als Dauerschuld im Sinne des § 12 Abs. 2 Nr. 1 GewStG zu werten ist, erhöht sich durch die Fremdkapitalfinanzierung die Bemessungsgrundlage der Gewerbekapitalsteuer. Die hieraus entstehende Steuerbelastung läßt sich nach der folgenden Teilsteuergleichung ermitteln [1]:

$$(18)\quad (S_{gk} + S_{kn} \cdot S_{ge}\, S_{gk} - S_{ge}\, S_{gk} - S_{kn}\, S_{gk})\, M_{gku}$$

Für M_{gku} wird hierbei der Nominalwert des zugeflossenen Fremdkapitals eingesetzt. Es ergibt sich ein Teilsteuersatz von 0,25 %.

Falls das aufgenommene Fremdkapital als Dauerschuld anzusehen ist, führt dies zu einer steuerlichen Belastung von DM 2,50 in unserem Beispiel.

Während DM 1000,- Fremdkapital die Unternehmung also lediglich DM 102,50 kosten, beträgt die Summe aus "Zinsen" und Steuern bei einem gleich hohen Eigenkapitalbetrag DM 164,93. Zudem fällt bei der Eigenkapitalfinanzierung einmalig Gesellschaftsteuer an (in unserem Beispiel DM 10,-). Die Steuerbelastung der Fremdkapitalfinanzierung ist demnach wesentlich geringer als die der Eigenkapitalfinanzierung (unter den zugrunde gelegten Bestimmungen des KStG 1975).

---

1) Zur Entwicklung dieser Teilsteuergleichung: Rose, Gerd, Die Steuerbelastung der Unternehmung, a.a.O., S. 127 ff (130).

2.1.2.2 Die Belastung unter Berücksichtigung des durch das KStG 1977 eingeführten Anrechnungsverfahrens [1]

Auch im Anrechnungsverfahren des reformierten Körperschaftsteuerrechts werden die Finanzierungsalternativen Eigenkapital und Fremdkapital unterschiedlich behandelt. Die bereits durchgeführten Überlegungen unter zugrundelegen der Bestimmungen des alten Körperschaftsteuerrechts behalten daher auch für das Anrechnungsverfahren Gültigkeit. Es müssen lediglich die Teilsteuergleichungen den Erfordernissen des Anrechnungsverfahrens angepaßt werden. [2]

Ein wesentlicher Unterschied zwischen dem alten Körperschaftsteuerrecht und den geltenden Bestimmungen unter Einbezug des Anrechnungsverfahrens besteht darin, daß beim Anrechnungsverfahren die Schattenwirkung aufgehoben wird. [3]

---

1) Zur Darstellung des Anrechnungsverfahrens: Bundesverband deutscher Banken (Herausgeber), Zur Reform der Körperschaftsteuer 1977 - Leitfaden für die Praxis, Köln 1977, S. 25 ff, S. 79 ff; Deutscher Bundestag, Bundestagdrucksache 7/1470, Entwurf eines Dritten Steuerreformgesetzes, Bonn 8.1.1974, S. 180 ff, S. 329 ff.

2) Herzig kommt zu dem Ergebnis, daß das System der Teilsteuerrechnung eine genügende Flexibilität aufweist, um die Veränderungen, die sich durch die Reform der Körperschaftsteuer ergeben, in das Konzept einzubeziehen: Herzig, Norbert, Auswirkungen der Körperschaftsteuerreform auf das System der Teilsteuerrechnung, in: StuW 2/1977, S. 143 ff insbesondere S. 144 f.

3) Die Körperschaftsteuer, die gemäß § 12 Nr. 2 KSTG 1975 ihre eigene Bemessungsgrundlage nicht mindern darf, wurde nach altem Recht mit dem vollen Thesaurierungssteuersatz belastet. Dieser Tatbestand wurde als"Schattenwirkung" oder "Schattenquote" gekennzeichnet. Zur Schattenquote: Orth, M., Die "Schattenquote" im Körperschaftsteuergesetz 1975 unter Einbezug der Ergänzungsabgabe, StuW 1976, S. 335 ff. Hierzu auch die Berechnungen von S 3 : 24,55 v.H. von 132,547 = 32,547 zu zahlende KSt. Ferner zur "Schattenquote" : Lutz, Günther, Die "Schattenquote" - Ein Beitrag zum Verhältnis zwischen Steuersätzen und Bemessungsgrundlagen bei der Körperschaftsteuer, in: StuW 4/1971, S. 349 ff.

Da aber auch im Anrechnungsverfahren die Körperschaftsteuer ihre eigene Bemessungsgrundlage nicht mindern darf,[1] läßt sich die Schattenwirkung dadurch beseitigen, daß als "berücksichtigungsfähige" Ausschüttungen nicht der Ausschüttungsbetrag allein, sondern der Ausschüttungsbetrag zuzüglich der auf ihn entfallenden Steuern angesehen wird.

Bei einem Ausschüttungssteuersatz von 36 % [2] muß die Barausschüttung also mit 25/16 multipliziert werden, um die Bemessungsgrundlage für die Ermittlung der Belastung der Bruttoausschüttung mit Körperschaftsteuer zu erhalten. [3] Wenn wir uns wieder des bisher verwendeten Zahlenbeispiels bedienen, so darf bei einem zugeführten Eigenkapital von DM 1000,- und einer Verzinsung von 10 % die Bardividende (A^+) nur DM 64,- betragen. Die restlichen DM 36,- erhält der Anteilseigner im Wege der Steuergutschrift [4].

---

1) Dies ergibt sich aus § 8 Abs. 1 KStG 1977 in Verbindung mit den Vorschriften § 16 Abs. 2 Nr. 3 und § 48 Abs. 1 Satz 2 EStG sowie § 10 Nr. 2 KSTG 1977. Hierzu auch: Deutscher Bundestag, Bundestagdrucksache 7/1470, a.a.O., S. 344 als Kommentierung dieses Tatbestands.

2) Dieser Steuersatz wird im KStG 1977 explizit in der spezifischen Vorschrift des § 27 Abs. 1 KStG aufgeführt.

3) Eine andere Möglichkeit der Belastungsermittlung geht von der Bardividende aus: $\frac{9}{16} \cdot A$ = Teilsteuersatz,
Bezogen auf die ausgeschüttete Bardividende ergibt sich ein Teilsteuerfaktor von 0,5625.

4) Der Faktor 0,5625 wird bezogen auf die Nettoausschüttungen (ausschließlich Ausschüttungsbelastung) und entspricht einer Belastung der Bruttoausschüttung (einschließl. Ausschüttungsbelastung) von 0,36
Kontrollrechnung $\frac{25}{16} \times A = \frac{25}{16} \times 64,- = 100,-$
$0{,}5625 \times 64,- = 36,-$ $\quad 0{,}5625 = \frac{9}{16}$

Die Belastung der Ausschüttung mit Körperschaftsteuer und Gewerbeertragsteuer berechnet sich beim Anrechnungsverfahren nach der folgenden Teilsteuergleichung:

(19) $S = (S_{kn} + S_{ge} - S_{kn} \cdot S_{ge})\ R_{mod} + (S_{kau} - S_{kn} - S_{kau}\ S_{kn})\ A^{+}$ [1]

Wie beim alten Körperschaftsteuerrecht setzt die Ermittlung von R_{mod} auch beim Anrechnungsverfahren bereits die Kenntnis der Belastung der Ausschüttung mit Körperschaftsteuer und Gewerbeertragsteuer voraus.

Während nach den Bestimmungen des KStG 1975 das Einkommen einer Kapitalgesellschaft die alleinige Bemessungsgrundlage bildete, wurde mit Hilfe der berücksichtigungsfähigen Ausschüttungen ausschließlich der Einkommenteil bestimmt, auf den der ermäßigte Steuersatz Anwendung fand. [2] Überschritten die berücksichtigungsfähigen Ausschüttungen das Einkommen, so war dieser Sachverhalt steuerlich irrelevant. Diese Unterordnung der Ausschüttungen unter das Einkommen wird im KSTG 1977 aufgehoben. Im reformierten Recht treten die Ausschüttungen als selbständige Bemessungsgrundlage [3]

---

1) Diese Teilsteuergleichung geht von den Ausführungen von Norbert Herzig aus und vermeidet so die Verwendung eines Bruches in Zusammenhang mit dem Bemessungsgrundlagenteil A^{+} durch die Verwendung des Multifaktors t_{k3} =
$t_{k3} = 0{,}5625 - 0{,}56 - 0{,}5625\ .\ 0{,}56)$
$t_{k3} = (S_{kau} - S_{kn} - S_{kau}\ S_{kn}) = -\ 0{,}3125$
Analog zur Teilsteuergleichung nach dem alten Körperschaftsteuerrecht ließe sich mit dem gleichen Ergebnis formulieren: $S = (S_{kn} + S_{ge} - S_{kn}\ S_{ge})\ R_{mod} + (S_{ka} - S_{kn})\ \frac{25}{16}\ A^{+}$
Herzig, Norbert, Auswirkungen der Körperschaftsteuerreform auf das System der Teilsteuerrechnung, in: StuW 1977, S. 143 ff. insbesondere S. 147, 151, 154

2) Rose, Gerd, Betrieb und Steuer, Grundlagen zur Betriebswirtschaftlichen Steuerlehre, Erstes Buch: Die Ertragsteuern, 3. Auflage, Wiesbaden 1975, S. 51 f.

3) Tipke bezeichnet als Bemessungsgrundlage ein Steuerobjekt, an welches die Besteuerung anknüpft. Genau diese Funktion erfüllen die Ausschüttungen z.B. bei einem Einkommen von Null. Hierzu: Tipke, K., Steuerrecht, Ein systematischer Grundriß, 4. Auflage, Köln 1977, S. 120 f.

neben das körperschaftsteuerpflichtige Einkommen. Die Veränderung im Vergleich zum alten Recht wird deutlich, wenn bei einem zu versteuernden Einkommen von Null durch Auskehrung steuerfrei gebliebener Vermögensmehrungen, die nicht in Nennkapital bestehen, eine Körperschaftsteuer gemäß § 27 KSTG 1977 ausgelöst wird. [1] Aus dem geschilderten Grund sollte zwischen zwei Bemessungsgrundlagen und zwei Komponenten der Körperschaftsteuer unterschieden werden.

Der Faktor S_{kau} ist definiert als Nettoausschüttungs-Körperschaftsteuerfaktor, der einen Wert von 0,5625 im geltenden Körperschaftsteuerrecht annimmt.

Die Belastung einer Kapitalgesellschaft mit Körperschaftsteuer und Gewerbeertragsteuer ermittelt sich unter der Regie des Anrechnungsverfahrens nach der folgenden Gleichung [2]:

$$(20)\quad S = S_{ka}\,(1 + S_{kau})\,A + S_{ge}^{+}\,(1 + S_{kau})\,A + S_{kn}\left[E - (1 - S_{kau})\,A\right] + S_{ge}^{+}\left[E - (1 - S_{kau})\,A\right]$$

Nach Umformung des Ausdrucks (20) ergibt sich die Gleichung

$$(21)\quad S = (S_{ka} + S_{ge}^{+})\,(1 + S_{kau})\,A + (S_{kn} + S_{ge}^{+})\left[E - (1 + S_{kau})\,A\right]$$

Da die Belastung der Ausschüttung mit Körperschaftsteuer und Gewerbeertragsteuer ermittelt werden soll, die Körper-

---

1) Vgl. § 32 Abs. 4 Nr 3 KSTG 1977.

2) Die Ausdrücke (20) und (21) lassen sich auch auf eine andere Weise darstellen. In den nachstehenden Gleichungen wird derart die Verwendung des Faktors S_{kau} vermieden:

$$(20a)\quad S = S_{ka}\cdot\frac{100}{64}A + S_{ge}^{+}\frac{100}{64}A + S_{kn}\left(E - \frac{100}{64}A\right) + S_{ge}^{+}\left(E - \frac{100}{64}A\right)$$

$$(21a)\quad S = (S_{ka} + S_{ge}^{+})\frac{100}{64}A + (S_{kn} + S_{ge}^{+})\left(E - \frac{100}{64}A\right)$$

Die Identität der Gleichungen läßt sich folgendermaßen nachweisen: $\frac{100}{64} = 1{,}5625 = (1 + S_{kau})$ da $S_{kau} = 0{,}5625 = \frac{36}{64} = \frac{9}{16}$

schaftsteuer aber ihre eigene Bemessungsgrundlage nicht mindern darf, ist es wieder sinnvoll, von der Annahme auszugehen, daß das köpperschaftsteuerliche Einkommen gerade so hoch ist wie die Summe aus Ausschüttung und Körperschaftsteuer (E = A + K) [1]. Aus der Gleichung (21) ergibt sich unter dieser Annahme [2]:

(22) $S = (S_{ka} + S_{ge}^{+}) (1 + S_{kau}) A$

Werden für die einzelnen Faktoren die sich aus den jeweiligen Gesetzen ergebenden Sätze eingesetzt ($S_{ka} = 0{,}36$; $S_{ge}^{+} = 0{,}15$; $S_{kau} = 0{,}5625$), so errechnet sich [3]:

(23) $S = 0{,}79688\, A$

Die Ausschüttungsbelastung mit Körperschaftsteuer und Gewerbeertragsteuer beträgt demnach beim Anrechnungsverfahren 79,688 %. Für R_{mod} gilt hiernach [4]:

(24) $R_{mod} = 1{,}79688\, A$

Wird der Ausdruck (24) in die Gleichung (19) eingesetzt, so ergibt sich [5]:

(25) $S = (S_{kn} + S_{ge} - S_{kn} S_{ge})\, 1{,}79688\, A + (S_{kau} - S_{kn} - S_{kau} S_{kn})\, A$

---

1) daher ergibt sich: $E - (1 + S_{kau}) A = E - (A + K) = 0$

2) oder: $S = (S_{ka} + S_{ge}^{+}) \frac{100}{64} A$

3) exakt ausmultipliziert ergibt sich ein Wert von 0,796875 A

4) Zu diesem Resultat kommt ebenfalls: Montag, Heinrich, Die Ermittlung des Bruttoertragsbedarfs auf der Grundlage der Teilsteuerrechnung (Teilbedarfsrechnung), in: StuW 3/1977, S. 230 ff. Montag formuliert allerdings anders, wenn es für den Bruttoertragsbedarf des Bemessungsgrundlagenteils A den Multifaktor b_{k3} als $(1 + t_{k3}) : (1 - t_{k1}) = 1{,}79687$ darstellt (S 234); $t_{k3} = (S_{kau} - S_{kn} - S_{kn} S_{kau}) = -\,0{,}3125 \,/\, t_{k1} = (S_{kn} + S_{ge} - S_{kn} S_{ge}) = 0{,}61739$; exakt ergibt sich aus Gleichung (25) : 0,7968757

5) als andere mögliche Darstellung: $S = (S_{kn} + S_{ge} - S_{kn} S_{ge})\, 1{,}79688\, A + (S_{ka} - S_{kn}) \frac{100}{64} A$

Will eine Kapitalgesellschaft, deren körperschaftsteuerliches Einkommen gerade so hoch sein soll wie die Summe aus Ausschüttung und anfallender Körperschaftsteuer [1] im

---

1) Der Annahme, daß das körperschaftsteuerliche Einkommen genau so groß sei wie die Summe aus Ausschüttung und Körperschaftsteuer, kommt nach dem KStG 1977 eine geringere Bedeutung zu als nach altem Recht (KStG 1975). Die Annahme E = A + K ist nach den Bestimmungen des KStG 1975 nämlich erforderlich, um die Umgehung der Schattenwirkung zu verhindern. Die Schattenwirkung konnte nach altem Recht umgangen werden, indem die Ausschüttung so hoch wie das körperschaftsteuerliche Einkommen oder höher bemessen wurde. Für einen derartigen Fall betrug die Belastung der Ausschüttung mit Körperschaftsteuer einschließlich Ergänzungsabgabe tatsächlich nur 15,45 %. Da Fälle, in denen die Ausschüttung genau so groß oder sogar größer als das körperschaftsteuerliche Einkommen waren, nach altem Recht jedoch relativ selten waren, ist es zweckmäßig, bei der Ermittlung der Steuerbelastung der Ausschüttung unter Geltung der Bestimmungen des KStG 1975 von der Annahme E = A + K auszugehen. Das Anrechnungsverfahren (d.h. das KStG 1977) kennt dagegen die sogenannte "Schattenwirkung" nicht mehr. Zu beachten ist aber, daß das für die Ausschüttung als verwendet angesehene Eigenkapital (nach § 28 KStG) im Rahmen des Anrechnungsverfahrens immer auf eine Ausschüttungsbelastung nach § 27 Abs. 1 KStG zu bringen ist. Dies bedeutet, daß je nach der bei der Gesellschaft eingetretenen Belastung des für die Ausschüttung verwendeten Eigenkapitals eine Minderung oder Erhöhung der Körperschaftsteuer auf den Satz der Ausschüttungsbelastung vorzunehmen ist. Im System des Anrechnungsverfahrens kommen den Ausschüttungen somit grundsätzlich zwei Funktionen zu:
a) Minderung oder Erhöhung der Körperschaftsteuer
b) Minderung des verwendbaren Eigenkapitals.
Zur Herstellung einer einheitlichen Ausschüttungsbelastung ist die körperschaftsteuerliche Vorbelastung (Tarifbelastung) der ausgeschütteten Teile des verwendbaren Eigenkapitals vollständig zu eliminieren und durch eine einheitliche Belastung nach § 27 Abs. 1 KStG 1977 zu ersetzen. Der Minderungs- bzw. Erhöhungsbetrag der Körperschaftsteuer ergibt sich aus der Differenz zwischen der Ausschüttungs- und Tarifbelastung. Neben dem Normalsteuersatz von 56 v.H. sind im geltenden Körperschaftsteuerrecht auch ermäßigte Steuersätze und Steuerbefreiungen von Bedeutung. Um eine exakte Steuerentlastung vornehmen zu können, ist bei der Existenz von Steuerermäßigungen und Steuerbefreiungen, neben der Festsetzung des Gesamtbetrages, auch eine Gliederung des verwendbaren

- Fortsetzung S. 106 -

geltenden Recht (KSTG 1977) DM 100,- ausschütten, so muß sie einen Reinertrag (R) von DM 179,69 erwirtschaften. Dieser Reinertrag reicht gerade aus, um DM 100,- auszuschütten und DM 79,69 an Körperschaftsteuer und Gewerbeertragsteuer zu zahlen. Bilanzsteuerliche, körperschaftsteuerliche und gewerbeertragsteuerliche Modifikationen sollen auch bei der Analyse der Wirkungen beim Anrechnungsverfahren nicht berücksichtigt werden. Hinsichtlich der Belastung des zugeflossenen Eigenkapitals mit ertragsunabhängigen Steuern [1] ergeben sich keine Besonderheiten gegenüber den Bestimmungen des alten Körperschaftsteuerrechts. Die Teilsteuergleichung für die Berechnung der Belastung der Ausschüttung mit Körperschaft-, Gewerbeertrag-, Vermögen- und

- Fortsetzung S. 105 -

Eigenkapitals in Abhängigkeit von der Steuerbelastung vorzunehmen. Der § 30 Abs. 1 KStG 1977 sieht für diese Gliederung drei Kategorien vor. Darüber hinaus kann sich das verwendbare Eigenkapital des KStG 1977 im Gegensatz zum alten Körperschaftsteuerrecht aus verschiedenen Perioden ergeben, so daß eine mehrperiodige Betrachtungsweise notwendig wird. Zu der Problematik, die sich aus den hier nur kurz angesprochenen Bestimmungen des geltenden Körperschaftsteuerrechts grundsätzlich und in Hinblick auf eine notwendige Modifikation der Teilsteuerrechnung im Vergleich zum KStG 1975 ergeben: Herzig, Norbert, Funktionsweise des körperschaftsteuerlichen Anrechnungsverfahrens auf der Gesellschaftsebene - Überblick und Analyse, in: FR 18/1976, 31.(58.) Jahrgang, S. 441 - 450 Herzig, Norbert, Auswirkungen der Körperschaftsteuerreform auf das System der Teilsteuerrechnung, in: StuW 2/1977, S. 143 - 156. Für die weitere Analyse soll davon ausgegangen werden, daß der Ausschüttung ausschließlich ungemildert mit Körperschaftsteuer belastetes verwendbares Eigenkapital gegenübersteht (d.h. daß eine Minderung der Körperschaftsteuer um 0,3125 nach § 27 Abs. 1 KStG 1977 erfolgt). Ist diese Bedingung erfüllt, so ist die Gleichung (22) unmittelbar ableitbar, d.h. ohne die Herleitungen in den Ausdrücken (20) und (21) und ohne die Bedingung E = A + K.

1) in der betriebswirtschaftlichen Steuerlehre als "Substanzsteuern" bezeichnet, siehe auch Rose, Gerd, Substanzbesteuerung nach der Körperschaftsteuer-Reform, in: FR 31. (58.) Jahrgang, 16/1976, S. 389 - 391.

Gewerbekapitalsteuern lautet dann [1]:

$$(26)\ S = (S_{kn} + S_{ge} - S_{kn}\, S_{ge})\ 1{,}79688\ A + (S_{kau} - S_{kn} - S_{kau}\, S_{kn})\ A + (S_v + S_{gk} + S_{kn}\, S_{ge}\, S_{gk} - S_{gk}\, S_{ge} - S_{kn}\, S_{gk})\ B_u$$

Durch Einsetzen der sich aus den jeweiligen Steuergesetzen ergehenden Faktoren ergibt sich der nachstehende Ausdruck:

$$S = (0{,}56 + 0{,}13043 - 0{,}56 \cdot 0{,}13043)\ 1{,}79688\ A + (0{,}5625 - 0{,}56 - 0{,}56 \cdot 0{,}5625)\ A + (0{,}01 + 0{,}006 + 0{,}56 \cdot 0{,}13043 \cdot 0{,}006 - 0{,}006 \cdot 0{,}13043 - 0{,}56 \cdot 0{,}006)\ B_u$$

Aus dieser Gleichung folgt, daß im System des Anrechnungsverfahrens die Barausschüttung mit 79,688 % Steuern belastet wird und das für die Ausschüttung erforderliche Eigenkapital mit 1,23 v.H. Daraus errechnet sich in dem unserer Betrachtung zugrundeliegenden Modell eine absolute Steuerbelastung von DM 51,- (79,688 % von DM 64,-). Auf die Bruttodividende bezogen (Barausschüttung zuzüglich der Steuergutschrift) entspricht diese Belastung 51 v.H. Im Rahmen der Bestimmungen des KStG 1977 kosten die Untersuchung DM 1000,- Eigenkapital bei einer Verzinsung von 10 % DM 100,- Zinsen und DM 63,30 Steuern (DM 51,- + DM 12,30). Ferner fällt gemäß § 2 Abs. 1 Nr. 1 KVStG einmalig zu zahlende Gesellschaftsteuer an, die sich nach 1 v.H. des eingelegten Kapitals bemißt.

Bei der Fremdfinanzierung gelten dagegen die zu zahlenden Zinsen als Betriebsausgaben; das Eigenkapital erhöht sich durch den Finanzierungsvorgang nicht. Als Kosten für DM 1.000,- Fremdkapital fallen somit nur Zinsen in Höhe von DM 100,- an. Dies gilt jedoch dann nicht, wenn das aufgenommene Fremdkapital als Dauerschuld im Sinne des § 12 Abs. 2 Nr. 1 GewStG anzusehen ist.

---

1) oder auch $S = (S_{kn} + S_{ge} - S_{kn}\, S_{ge})\ 1{,}79688\ A + (S_{ka} - S_{kn})\ \frac{100}{64}\ A + (S_v + S_{gk} + S_{kn}\, S_{ge} S_{gk} - S_{gk}\, S_{ge} - S_{kn}\, S_{gk}) B_u$

Die sich hieraus ergebende Steuerbelastung errechnet sich wie nach den Bestimmungen des KStG 1975 nach der Teilsteuergleichung (18):

(18) $(S_{gk} + S_{kn} S_{ge} S_{gk} - S_{ge} S_{gk} - S_{kn} S_{gk}) M_{gku}$

Werden die entsprechenden Steuerfaktoren eingesetzt, so ergibt sich nach geltendem Recht:

$(0{,}006 + 0{,}56 \cdot 0{,}13043 \cdot 0{,}006 - 0{,}13043 \cdot 0{,}006 - 0{,}56 \cdot 0{,}006) M_{gku}$

Es ergibt sich hieraus ein Teilsteuersatz von 0,002295. Falls das aufgenommene Fremdkapital als Dauerschuld anzusehen ist, führt dies zu einer Belastung von DM 2,30 bei DM 1.000,- Fremdkapital.

Während die laufenden Kosten von DM 1.000,- Eigenkapital in unserem Beispiel DM 163,30 betragen, verursacht ein gleich hoher Fremdkapitalbetrag lediglich Kosten in der Höhe von DM 102,30. Daneben erfordert die Eigenkapitalfinanzierungsalternative die einmalige Zahlung von Gesellschaftsteuer.

2.1.3 Die Belastungsrechnung unter Berücksichtigung des Brutto-Ertragsbedarfs der Substanz- und Verkehrsteuern

Die bisherige Analyse versuchte die ertrag-, substanz- und verkehrsteuerlichen Belastungen zu erfassen, denen sich eine Kapitalgesellschaft im Falle einer alternativen Eigenkapital- bzw. Fremdkapitalfinanzierung unter den Bestimmungen des KStG 1975 bzw. des Anrechnungsverfahrens gegenübersah und gegenübersieht und die somit die Finanzierungspolitik der Unternehmung prägen können. Dieser Versuch benutzte im Falle des Bemessungsgrundlagenteils A den mathematischen Ausdruck [1] zur Ermittlung des sogenannten Brutto-Ersatzbedarfs. Eine derartige Bruttobetrachtung mit Hilfe der aus der Teilsteuerrechnung zu entwickelnden Teilbedarfsrechnung [2] strebt die Quantifizierung des Mindestgewinns an, den die Unternehmung "vor Steuern" erzielen muß, damit sie und ihre Träger keinen Substanzverlust im betriebswirtschaftlichen Sinne erleiden. [3] Demgegenüber orientierte sich die Untersuchung der Belastung durch Substanz- und Verkehrsteuern [4] an den Belastungsgleichungen der von Rose entwickelten Teilsteuerrechnung. Im Vergleich mit der Brutto-Ersatzbedarf-Ermittlung stellt die Teilsteuerrechnung aber eine "Nettobetrachtung" dar, welche die Ermittlung der effektiven Belastungseffekte auf den Gewinn "nach Steuern" zum Inhalt hat. Aus diesem Grunde sind die Ausdrücke, welche die Bemessungsgrundlagenteile B_u und M_{gku} betreffen, zu modifizieren.

Voraussetzung für die Umformulierung der teilsteuerlichen Gesamtbelastungsgleichungen im Rahmen der Teilbedarfsrechnung ist die Bestimmung des Bemessungsgrundlagenteils, das die zur Deckung des Brutto-Ersatzbedarfs erforderlichen Erträge beinhaltet. Bei einer Kapitalgesellschaft, die keine

---

1) Verwendet wurde für den Bemessungsgrundlagenteil A der Teilbedarfssatz von 1,52429 A (KStG 1975) bzw. 1,79688 A (KStG 1977).
2) Die Grundlage der Teilbedarfsrechnung bilden die jeweiligen Gesamtbelastungsgleichungen der Teilsteuerrechnung. Durch eine problemadäquate Umformung dieser Gleichungen lassen sich für einzelne betriebliche Aktionsparameter, die - analog zur Teilsteuerrechnung - als Bemessungsgrundlagenteile bezeichnet werden, Teilbedarfsätze ermitteln. Diese Sätze bestimmen den Brutto-Ersatzbedarf in Prozent des jeweiligen Bemessungsgrundlagenteils. Hierzu auch: Montag, Heinrich, a.a.O., S. 230 ff.
3) Rose versteht als Substanzerhaltung eine nominale Vermögenserhaltung bei ausgeglichenem Ergebnis. Rose, Gerd, Substanzbesteuerung und Substanzerhaltung, in: Mertens, Peter (Hrsg), Die Unternehmung in ihrer gesellschaftlichen Umwelt, Wiesbaden 1975, S. 301 - 319.
4) Die Analyse bediente sich hierzu eines Modells mit den Annahmen: Kapitalbedarf DM 1.000,-, Verzinsung 10 %.

Beteiligungen an anderen Unternehmen hält, treten Erträge teilsteuerlich nur innerhalb des Bemessungsgrundlagenteils "R", der saldierten Größe "Reinertrag" auf. Um diese Erträge R^+ von den Aufwendungen R^-, die als negative Komponenten in den Reinertrag eingehen, isolieren zu können, muß der Reinertrag entsprechend aufgespalten werden: Während die Erträge R^+ die Größe für die Bestimmung des Brutto-Ertrags-Bedarfs darstellen, bilden die Aufwendungen R^- einen seiner Bestimmungsfaktoren. Um ein ausgeglichenes Ergebnis zu erzielen, muß eine Kapitalgesellschaft die im Reinertrag erfaßten Aufwendungen R^- und die Steuerbelastung S erwirtschaften. Soll daneben eine Rücklage T gebildet werden oder eine Ausschüttung A durchgeführt werden, so sind weitere Erträge notwendig. Da der Brutto-Ertragsbedarf ausschließlich durch die Größe R^+ gedeckt werden muß, gilt:

(27) $R^+ = R^- + S + T + A$

Wird in dieser Gleichung der Summand S durch die Gesamtbelastungsgleichungen ersetzt, und dividiert man beide Seiten der Gleichung durch $(1 - t_{k1})$ [1], so ergeben sich die jeweiligen Multifaktoren und Teilbedarfssätze.

2.1.3.1 Der Brutto-Ertragsbedarf der Finanzierungsalternativen unter den Bestimmungen des KStG 1975

Wie ausgeführt, bedürfen die teilsteuerlichen Gleichungen, die die Bemessungsgrundlagenteile B_u und M_{gku} betreffen, einer Modifikation. Diese Umformulierung, welche den Brutto-Ertragsbedarf, der über die Nettobetrachtung der Teilsteuerrechnung hinausgeht, darstellen soll, kann sich auf die bereits entwickelten Gleichungen (16), (17) und

1) der Multifaktor t_{k1} hat die Zusammensetzung: $S_{kn} + S_{ge} - S_{kn} S_{ge}$

(18) stützen. Ferner kann hier an die Ausführungen der Seiten 10 ff. angeknüpft werden. Die notwendige Modifikation wird in Anlehnung des in Punkt 2.1.3 zur Teilbedarfsrechnung ausgeführten durch einen Faktor vorgenommen, der aus dem jeweiligen Multifaktor des betroffenen Bemessungsgrundlagenteils und der Division durch $(1 - t_{k1})$ gebildet wird. Derart umgeformt, stellt sich die Gleichung (16) als Gleichung (28) dar:

$$(28)\quad S = (S_v + S_{gk} + S_{kn}\, S_{ge}\, S_{gk} - S_{ge}\, S_{gk} - S_{kn}\, S_{gk})\ \frac{1}{1-t_{k1}}\ B_u$$

Nach den Bestimmungen des KStG 1975 nimmt der Multifaktor t_{k1} (der körperschaftsteuerliche und gewerbeertragsteuerliche Einflüsse sowie die Ergänzungsabgabe berücksichtigt) den Wert von 0,58722 an [1]. Die modifizierte Gesamtbelastungsgleichung der Dividende bei Eigenkapitalfinanzierung unter Berücksichtigung ertrag- und substanzsteuerlicher Einflüsse lautet demnach analog zu Gleichung (17):

$$(29)\quad S = (S_{kn} + S_{ge} - S_{kn}\, S_{ge})\ 1{,}52429\ A + (S_{ka} - S_{kn})\ A + (S_v + S_{gk} + S_{kn}\, S_{ge}\, S_{gk} - S_{ge}\, S_{gk} - S_{kn}\, S_{gk})\ 2{,}42259\ B_u$$

In diese Gleichung ist für A der in Form der Dividende für das zugeflossene Kapital zu zahlende Zinsbetrag einzusetzen und für B_u der Nominalwert des zugeflossenen Kapitals. Die Berechnung der Gesamtbelastung ergibt sich durch das Einsetzen der entsprechenden Steuerfaktoren und Lösung der Gleichung (29):

$$S = (0{,}5253 + 0{,}13043 - 0{,}5253 \cdot 0{,}13043)\ 1{,}52429\ A + (0{,}1545 - 0{,}5253)\ A + (0{,}01 + 0{,}006 + 0{,}5253 \cdot 0{,}13043 \cdot 0{,}006 - 0{,}13043 \cdot 0{,}006 - 0{,}5253 \cdot 0{,}006)\ 2{,}42259\ B_u$$

---

1) Der sich errechnende Teilbedarfssatz beträgt 2,4225979 · 0,0124845 = 0,0302449

Unverändert ergibt sich eine Belastung der Ausschüttung mit 52,429 % Steuern wohingegen das der Ausschüttung entsprechende Eigenkapital einen Brutto-Ertragsbedarf von 3,025 % [1] erfordert. Wird die Annahme einer Verzinsung von 10 % beibehalten, so kosten die Unternehmung DM 1.000,- Eigenkapital DM 100,- Zinsen und DM 82,68 (52,429 DM + 30,25 DM) Steuern. Ferner fällt gemäß § 2 Abs. 1 Nr 1 KVStG einmalig zu zahlende Gesellschaftsteuer in Höhe von 1 % des eingelegten Kapitals an. Die Gesamtbelastung unter Beachtung des Brutto-Ertragsbedarfs des Bemessungsgrundlagenteils B_u summiert sich somit bei einem eingelegten Eigenkapital von DM 1.000,- auf DM 192,68.

Da im Rahmen der Fremdkapitalfinanzierung die auf das aufgenommene Kapital zu leistenden Zinszahlungen als Betriebsausgabe abzugsfähig sind und sich außerdem die Bemessungsgrundlage für die Substanzsteuern nicht erhöht, sind lediglich DM 100,- Zinsen zu erwirtschaften. Ist das aufgenommene Fremdkapital dagegen als Dauerschuld im Sinne des § 12 Abs. 2 Nr. 1 GewStG zu werten, so erhöht sich durch die Fremdkapitalfinanzierung die Bemessungsgrundlage der Gewerbekapitalsteuer. Der hieraus entstehende Brutto-Ertragsbedarf kann aus einer modifizierten Teilsteuerrechnung ähnlich der Gleichung (28) ermittelt werden. Der modifizierende Faktor hat ebenfalls die Form $\frac{1}{1 - t_{k1}}$, wodurch der Ausdruck (30) analog zur Gleichung (18) lautet:

$$(30)\quad (S_{gk} + S_{kn} \cdot S_{ge}\, S_{gk} - S_{ge}\, S_{gk} - S_{kn}\, S_{gk})\, \frac{1}{1 - t_{k1}}\, M_{gku}$$

Für M_{gku} wird hierbei der Nominalwert des zugeflossenen Fremdkapitals eingesetzt. Es errechnet sich ein Teilbedarfsatz von 0,006 (0,600 %) [2]. Falls das aufgenommene Fremdkapital als Dauerschuld anzusehen ist, führt dies zu

1) exakt aus multipliziert ergibt sich 3,02449

2) Dieser Teilbedarfssatz ermittelt sich aus der Multiplikation von t_{k6} = 0,0024766 mit 2,4225979 = $\frac{1}{1 - t_{k1}}$

einem Bruttobedarf von DM 6,00 in unserem Beispiel. Während DM 1.000,- Fremdkapital der Unternehmung einen Brutto-Ertragsbedarf von lediglich DM 106,00 verursacht, beträgt die Summe aus Zinsen und Brutto-Ertragsbedarf bei einem gleich hohen Eigenkapitalbetrag DM 182,68. Zudem fällt bei der Eigenkapitalfinanzierung einmalig Gesellschaftsteuer an (im gewählten Beispiel DM 10,-).

2.1.3.2 Der Brutto-Ertragsbedarf der Finanzierungsalternativen unter Berücksichtigung der Bestimmungen des geltenden Rechts

Hinsichtlich der formalen Darstellung zur Quantifizierung des Brutto-Ertragsbedarfs im Rahmen der zu betrachtenden Bemessungsgrundlagenteile B_u und M_{gku} mit Hilfe der Teilbedarfsrechnung ergeben sich keine Besonderheiten gegenüber den Bestimmungen des alten Körperschaftsteuerrechts. Lediglich die Veränderung der Steuersätze im Körperschaftsteuerrecht mit Wirkung vom 1.1.1977 erfordert eine Angleichung der Teilbedarfssätze [1]. Die Modifikation der Teilsteuerrechnung zur Teilbedarfsrechnung erfolgt über ähnlich den in den vorhergehenden Gliederungspunkten dargestellten Faktoren. Die Teilbedarfsrechnung für den Bemessungsgrundlagenteil B_u lautet dann:

$$(28)\quad S = (S_v + S_{gk} + S_{kn}\, S_{ge}\, S_{gk} - S_{gk}\, S_{ge} - S_{kn}\, S_{gk})\ \frac{1}{1 - t_{k1}}\ B_u$$

Wird der Steuersatz des KStG 1977 zugrundegelegt, ergibt sich für den Faktor ($\frac{1}{1 - t_{k1}}$) ein Wert von 2,61363 [2]. Die modifizierte Gesamtbelastungsgleichung für die Berechnung

1) Hierzu: Montag, Heinrich, a.a.O., S. 234.
2) exakter Wert: 2,6136274

des Ertragbedarfs der Ausschüttung bei Eigenkapitalfinanzierung mit Körperschaft-, Gewerbeertrag-, Vermögen- und Gewerbekapitalsteuer hat die Form:

(31) $S = (S_{kn} + S_{ge} - S_{kn}\, S_{ge})\ 1{,}79688\ A + (S_{kau} - S_{kn} - S_{kau}\, S_{kn})\ A + (S_v + S_{gk} + S_{kn}\, S_{ge}\, S_{gk} - S_{gk}\, S_{ge} - S_{kn}\, S_{gk})\ 2{,}61363\ B_u$

Durch Einsetzen der entsprechenden Steuerfaktoren entsteht die nachstehende Gleichung:

$S = (0{,}56 + 0{,}13043 - 0{,}56 \cdot 0{,}13043)\ 1{,}79688\ A + (0{,}5625 - 0{,}56 - 0{,}56 \cdot 0{,}5625)\ A + (0{,}01 + 0{,}006 + 0{,}56 \cdot 0{,}13043 \cdot 0{,}006 - 0{,}006 \cdot 0{,}13043 - 0{,}56 \cdot 0{,}006)\ 2{,}61363\ B_u$

Unverändert ergibt sich aus dieser Gleichung, daß im System des Anrechnungsverfahren die Barausschüttung mit 79,688 % Steuern belastet wird. Dagegen ergibt sich ein Ersatzbedarf von 3,21 v.H. für das für die Ausschüttung erforderliche Eigenkapital. Daraus errechnet sich in dem unserer Untersuchung zugrundeliegenden Modell unverändert eine absolute Steuerbelastung von DM 51,- (79,688 % von DM 64,-) [1]. Für das zur Ausschüttung notwendige Eigenkapital errechnet sich ein Brutto-Ersatzbedarf von DM 32,14, womit die Unternehmung für DM 1.000,- Eigenkapital bei einer Verzinsung von 10 % neben DM 100,- Zinsen einen Brutto-Ersatzbedarf von DM 83,14 erwirtschaften muß. Wie bei der bisherigen Finanzierung über zufließendes Eigenkapital ist einmalig Gesellschaftsteuer in Höhe von 1 v.H. des eingelegten Kapitals zu leisten [2]. Auch hinsichtlich der Bewertung des aufgenommenen Fremdkapitals als Dauerschuld im Sinne des § 12 Abs. 2 Nr. 1 GewStG ergibt sich keine Notwendigkeit die formale Darstellung im Vergleich zu den Bestimmungen des KStG 1975 zu ändern. Es wird lediglich die Veränderung

1) Bezogen auf die Bruttodividende entspricht diese Belastung 51 v.H.
2) gemäß § 2 Abs. 1 Nr. 1 KVStG.

der Teilbedarfssätze aufgrund der Tarifänderungen im KStG 1977 notwendig, sofern nicht ohnehin die für die Kapitalausleihung fälligen Zinsen als Betriebsausgaben abzugsfähig sind. Dies gilt auch für die Anwendung des die Teilsteuerrechnung modifizierenden Faktors:

$$(32)\quad (S_{gk} - S_{kn} S_{ge} S_{gk} - S_{ge} S_{gk} - S_{kn} S_{gk}) \frac{1}{1 - t_{k1}} M_{gku}$$

Werden die entsprechenden Steuerfaktoren eingesetzt, so ergibt sich nach geltendem Recht:

$$S = (0{,}006 + 0{,}56 \cdot 0{,}13043 \cdot 0{,}006 - 0{,}13043 \cdot 0{,}006 - 0{,}56 \cdot 0{,}006)\ 2{,}61363\ M_{gku}$$

Es errechnet sich hieraus ein Teilbedarfssatz von 0,006. Ist das aufgenommene Fremdkapital als Dauerschuld anzusehen, führt dies zu einem Ertragsbedarf von DM 6,- bei DM 1.000,- zugeführtem Kapital. Werden die laufenden Kosten von DM 1.000,- Eigenkapital im gewählten Beispiel DM 183,14 ausmachen, so erfordert ein gleich hoher Fremdkapitalbetrag einen Bruttobedarf von DM 106,-. Ferner löst die Eigenkapitalfinanzierungsalternative die einmalige Zahlung von Gesellschaftsteuer aus.

Das Ergebnis eines Belastungsvergleichs von Eigenkapital- und Fremdkapitalfinanzierung vor und nach der Körperschaftsteuerreform läßt sich in der folgenden Tabelle zusammenfassen:

Laufende Kosten bzw. laufender Ertragsbedarf einer Eigenkapital- bzw. Fremdkapitalfinanzierung bei einem Zinssatz von 10 % und der Annahme, daß das zugeflossene Fremdkapital Dauerschuld im Sinne des § 12 Abs. 2 Nr. 1 GewStG ist.

Finanzierungsalternative / Körperschaftsteuerrecht	Eigenkapitalfinanzierung		Fremdkapitalfinanzierung	
		Brutto-Ertragsbedarf		Brutto-Ertragsbedarf
KStG 1975 - Geltung bis zum 31.12.76	164,93	182,68	102,50	106,00
KStG 1977 Geltung ab 1.1.1977	163,30	183,14	102,30	106,-

Die Steuerbelastung der Aufnahme von Fremdkapital ist also sowohl nach altem Körperschaftsteuerrecht als auch im Rahmen der Anwendung der Bestimmungen des KStG 1977 wesentlich geringer als die der Eigenkapitalfinanzierung. Die Einführung des Anrechnungsverfahrens hat somit keinen nennenswerten Einfluß auf die Kostenstruktur von Eigen- und Fremdkapital [1]. Diese Aussage gilt sowohl für die partielle Nettobetrachtung, die die Ermittlung der effektiven Belastungseinflüsse aufgrund der Bemessungsgrundlagenteile B_u und M_{gku} in Hinblick auf den Gewinn "nach Steuern" bezweckt, als auch für die Bruttobetrachtung, die die Ermittlung eines Mindestgewinns anstrebt, der "vor Steuern" erwirtschaftet werden muß und die betriebswirtschaftliche Substanz unverändert lassen soll.

1) Es sei an dieser Stelle erneut darauf hingewiesen, daß dieses Untersuchungsergebnis ohne Berücksichtigung der Gesellschaftersphäre zustandegekommen ist, das Anrechnungsverfahren jedoch gerade in diesem Bereich zur Wirkung kommt.

2.2 Vergleich der Vorteilhaftigkeit von Rücklagenbildung und "Schütt'-aus-Hol' zurück"-Verfahren

2.2.1 Darstellung der Problematik

Der gespaltene Körperschaftsteuersatz und die Zweifachbelastung der Ausschüttung mit Körperschaftsteuer und Einkommensteuer [1)2)] war nach den Bestimmungen des KStG 1975 Ursache für den Interessengegensatz zwischen den Anteilseignern hinsichtlich der möglichen Finanzierungsalternativen

a) unmittelbare Rücklagenbildung im Unternehmensbereich
b) Anwendung des "Schütt'-aus-Hol'zurück"-Verfahrens.

Im Rahmen des "Schütt-aus-Hol'-zurück"-Verfahrens führen die Anteilseigner den Ausschüttungsbetrag der Unternehmung ganz oder teilweise wieder als Eigenkapital zu. Diese Transaktion ist Folge des deutschen Aktienrechts, das eine formale Trennung des wirtschaftlich zusammenhängenden Vorgangs in Dividendenausschüttung und deren anschließende Umwandlung in Grund- oder Stammkapital erforderlich [3)4)] macht. Die Anwendung dieses Verfahrens [5)] ist immer dann vorteilhafter als die unmittelbare Thesaurierung, wenn die Belastung des ausgeschütteten Betrages mit Körperschaftsteuer,

---

1) Zur Darstellung der Schwächen des alten Körperschaftsteuerrechts: Hansmeyer, K.H., Zur Diskussion um die Reform der Körperschaftsteuer, in: GmbH-Rundschau, Sonderdruck, 61. Jahrgang, Nr. 2, Köln 1970, S. 29 - 33.
2) Zur Doppelbelastung als dem Grundproblem der Körperschaftbesteuerung nach KStG 1975: Deutscher Bundestag, BuTaDrSa 7/1470, a.a.O., S. 323.
3) Im angelsächsischen Raum ist in Zusammenhang mit dem einperioden Ausschüttungsrückhol- bzw. Rücklagenumwandlungsverfahren der Begriff der "Stock-Dividende" üblich, der die Ausgabe einzahlungsfreier Aktien als Gewinnausschüttung beinhaltet.
4) Zu unterscheiden ist das einperiodige von dem mehrperiodigen Schütt'-aus-Hol'-zurück-Verfahren. Zur Gesamtproblematik: Büschgen, H.E., a.a.O., S. 77 ff; Wöhe, G., a.a.O., S. 417 f.
5) Wobei Gesellschafts- und Gesellschaftersphäre als ein Bereich angesehen werden.

Einkommensteuer und Gesellschaftsteuer insgesamt niedriger ist als die Belastung der sofortigen Rücklagenbildung mit Körperschaftsteuer zum Thesaurierungssteuersatz und Gesellschaftsteuer. Unter diesem Aspekt ist es möglich, einen Schwellenwert für einen durchschnittlichen Spitzenteilsteuersatz des Anteilseigners [1] zu berechnen, bis zu dessen Höhe die Durchführung des Schütt'-aus-Hol'-zurück-Verfahrens günstiger als die direkte Rücklagenbildung ist.

Die Anteilseigner werden aber nur unter gewissen Bedingungen zum skizzierten Verfahren zu bewegen sein. So werden sie etwa erwarten, daß ihnen die individuell anfallenden Steuern durch die Kapitalgesellschaft vergütet, d.h. ausgeschüttet werden. Wenn es sich - was die Regel sein dürfte - nicht nur um einen einzigen Gesellschafter handelt, wird die Bestimmung einer einheitlichen und alle Eigner zufriedenstellende Vergütung der individuellen Steuern problematisch [2]. Wenn eine Durchschnittsvergütung gewählt wird, so werden hierdurch in der Regel die individuellen Steuern der Eigner mit einem hohen Einkommensteuersatz nur teilweise gedeckt [3]. Hinzu kommt auch, daß Anteilseigner mit

---

1) Unter dem durchschnittlichen Spitzenteilsteuersatz des Anteilseigners soll der Steuersatz verstanden werden, mit dem der Ausschüttungsbetrag vom Anteilseigner durchschnittlich zu versteuern ist, wenn angenommen wird, daß der Ausschüttungsbetrag dem Anteilseigner zusätzlich zu seinem sonstigen Einkommen zufließt. Zur Ermittlung des Schwellenwertes: Lindeiner, H.Chr. von, Vergleich des bestehenden Körperschaft- und Einkommensteuersystems mit dem von der Steuerreformkommission vorgeschlagenen Anrechnungssystem, in: StuW 1971, S. 247 ff.

2) es sei denn, die Anteilseigner der betrachteten Gesellschaft stellen eine hinsichtlich der einkommensteuerlichen Belastung relativ homogene Gruppe dar. Zur Problematik der Berücksichtigung progressiver Tarife im System der Teilsteuerrechnung: Tischer, Frank, „Die modifizierte Teilsteuerrechnung als anforderungsgerechtes Verfahren der Steuerlastprognose, in: StuW 1975, S. 39 f.

3) Zu den grundsätzlichen Möglichkeiten der Berücksichtigung der individuellen Steuerbelastung im Rahmen des "Schütt'-aus-Hol'-zurück-Verfahrens: Rose, Gerd, Die Steuerbelastung der Unternehmung, a.a.O., S. 193 f, S. 257 - 271.

einem hohen Spitzensteuersatz häufig auch größere Beteiligungen halten, sich als Unternehmer verstehen und das Schütt'-aus-Hol'-zurück-Verfahren auch deshalb ablehnen werden, weil in Bezug auf den von ihnen zu erbringenden Betrag die Gesamtbelastung von Gesellschafts- und Gesellschafterebene mit Steuern bei unmittelbarer Thesaurierung geringer sein wird.

Das Anrechnungsverfahren beseitigte die Doppelbelastung des Ausschüttungsbetrages mit Körperschaftsteuer (Gesellschaftsebene) und Einkommensteuer (Gesellschaftersphäre). Der ausgeschüttete Betrag wird letztendlich nur mit dem individuellen Einkommensteuersatz des Anteileigners besteuert. Nach dem geltenden Körperschaftsteuerrecht ist das Schütt'-aus-Hol'-zurück-Verfahren so lange vorteilhafter als die Rücklagenbildung,wie der Durchschnitt der individuellen Einkommensteuerbelastung zuzüglich Gesellschaftsteuer geringer ist als die Thesaurierungsbelastung.

Auch hier läßt sich ein Schwellenwert für den durchschnittlichen Spitzenteilsteuersatz des Anteilseigners berechnen, bis zu dessen Höhe die Durchführung des "Schütt'-aus-Hol'-zurück-Verfahrens günstiger als die sofortige Bildung von Rücklagen ist.

2.2.2 Die Berechnung des Schwellenwertes für den durchschnittlichen Spitzenteilsteuersatz des Anteileigners, bis zu dessen Höhe die Anwendung des Schütt'-aus-Hol'-zurück-Verfahrens grundsätzlich günstiger als die sofortige Thesaurierung ist

2.2.2.1 Die Berechnung des Schwellenwertes nach KStG 1975

Der Teilsteuersatz nach altem Recht betrug für den Fall der vollständigen Thesaurierung (keinerlei Ausschüttung) 0,58722 [1]. Eine Kapitalgesellschaft, die eine Einheit Gewinn zu thesaurieren plant, muß durch diesen Sachverhalt einen um $\frac{1}{1 - 0{,}58722}$ größeren Rohgewinn, d.h. das 2,243fache der gewünschten Rücklagenbildung erwirtschaften. Um die gleiche Größe ausschütten zu können, braucht die Gesellschaft wegen des gespaltenen Körperschaftsteuersatzes entsprechend weniger zu erwirtschaften.

Bleibt der Nenner des Bruches bestehen, d.h. geht man davon aus, daß die Unternehmung bei maximaler Ausschüttung [2] einen absoluten Betrag von 1 - 0,58722 ausschütten kann, so erfordert dies wegen des gespaltenen Körperschaftsteuersatzes im alten Recht **entsprechend geringere erwirtschaftete Residualgröße.**

Nach den Bestimmungen des alten Körperschaftsteuerrechts bewirkt die Ausschüttung eine Belastungsminderung von 37,08 v.H..Beträgt die Ausschüttung in ihrer absoluten Höhe 1 - 0,58722, so erfordert diese Dividendenzahlung nur ein

1) Die Berechnung dieses Faktors erfolgt nach Gleichung (6) und wird von Rose als Multifaktor t_{k1} bezeichnet. Rose, Gerd, Die Steuerbelastung der Unternehmung, a.a.O., S. 207

2) Als maximal soll eine Ausschüttung verstanden werden, die in ihrer Höhe dem körperschaftsteuerlichen Einkommen entspricht.

Einkommen von 1 - 0,3708 (Minderung der Belastung wegen der Ausschüttung um 0,3708 A) [1]. Der Faktor zur Ermittlung des zu erwirtschaftenden Einkommens bei maximaler Ausschüttung lautet dann:

$$\frac{1 - 0{,}3708}{1 - 0{,}58722} \text{ bzw. } \frac{1 + t_{k3}}{1 - t_{k1}} = 1{,}5243 \quad ^{2)}$$

Der dem Bemessungsgrundlagenteil A zuzuordnende Teilsteuerfaktor wird mit t_{k3}, der R entsprechende Multifaktor wird mit t_{k1} bezeichnet [3]. Der ermittelte Faktor drückt aus, daß eine "allgemeine" Kapitalgesellschaft, die eine maximale Ausschüttung von DM 100,- vornehmen will, DM 152,43 erwirtschaften muß.

Da im Rahmen des Schütt'-aus-Hol'-zurück-Verfahrens die Anteilseigner der Gesellschaft den ausgeschütteten Betrag umgehend wieder zuführen, ist Gesellschaftsteuer zu berücksichtigen. Bei einem Gesellschaftsteuersatz (S_{gs}) von 1 v.H. des zugeflossenen Kapitals [4], könnte eine Erweiterung des Bruches $\frac{1 + t_{k3}}{1 - t_{k1}}$ mit $\frac{100}{99}$ diesen Tatbestand berücksichtigen. Da aber nur der Teil der Ausschüttung bzw. des wieder zugeflossenen Betrages von Bedeutung ist, der nach der Zahlung der Gesellschaftsteuer verbleibt, erübrigt sich der Rechenvorgang mit dem Faktor $\frac{100}{99}$.

---

1) Dieser Wert ist auch bei Herzig zu finden: Herzig, Norbert, Auswirkungen der Körperschaftsteuerreform auf das System der Teilsteuerrechnung, in: StuW 2/1977, S. 145.
2) exakt ausmultipliziert ergibt sich ein Wert von 1,5242986.
3) Rose, Gerd, Die Steuerbelastung der Unternehmung - Grundzüge der Teilsteuerrechnung -, a.a.O., S. 130
$t_{k3} = (S_{ka} - S_{kn})$; $t_{k1} = (S_{kn} + S_{ge} - S_{kn} S_{ge})$
Eine andere Möglichkeit der Darstellung drückt die angeführten Teilsteuersätze in Prozentzahlen aus und macht daher eine Erweiterung des Bruches mit 100 erforderlich
$\frac{100 + (-37{,}08)}{100 - 58{,}722} = 1{,}5243.$
4) § 9 Abs. 1 Nr. 2 KVStG.

Darüber hinaus muß aber beachtet werden, daß die Anteilseigner durch die Dividendenzahlung Einkünfte aus Kapitalvermögen erzielen, die nach den Bestimmungen des EStG im Rahmen des Einkommensteuerveranlagungsverfahrens zu versteuern sind. Die Überlegungen hinsichtlich der notwendigen einkommensteuerlichen Modifikation des Ausdrucks $\frac{(1 + t_{k3})}{(1 - t_{k1})} \cdot \frac{100}{99}$ knüpfen an die Diskussion der Erfassung der Gesellschaftsteuer an. Um die Steuerbelastung des Anteilseigners zu berücksichtigen, müßten Zähler und Nenner mit $\frac{1}{1 - S_e}$ multipliziert werden (S_e steht als Symbol für den kombinierten Einkommen- und Kirchensteuerfaktor, der u.U. noch um die Ergänzungsabgabe zu erweitern ist). Ebenso wie im Falle der Gesellschaftsteuer ist jedoch auch hier nur der Teil der Ausschüttung interessant, der nach Zahlung der Einkommensteuer (und der Gesellschaftsteuer) verbleibt. Aus diesem Grunde unterbleibt die Multiplikation mit $\frac{1}{1 - S_e}$.

Der Schwellenwert, d.h. der Wert des durchschnittlichen Spitzenteilsteuersatzes der Anteilseigner, bis zu dessen Höhe die Praktizierung des Schütt'-aus-Hol'-zurück-Verfahrens günstiger als die unmittelbare Thesaurierung ist, läßt sich durch Gleichsetzen und Auflösen nach S_e der ermittelten Gleichungen für das zu erwirtschaftende Einkommen bei sofortiger Rücklagenbildung und im Falle der Durchführung des Schütt'-aus-Hol'-zurück-Verfahrens berechnen [1]:

$$(33) \quad \frac{1}{1 - t_{k1}} = \frac{(1 + t_{k3})}{(1 - t_{k1})} \frac{1}{(1 - S_{gs})} \frac{1}{(1 - S_e)}$$

Nach Umformung und Auflösung nach S_e ergibt sich:

$$(34) \quad S_e = 1 - \frac{(1 + t_{k3})}{(1 - t_{k1})} \cdot 1$$

1) Zu diesem Problem nimmt Rose in der Finanzrundschau von 1976 Stellung, in: FR 1976, S. 1876 f.

Für t_{k3} = - 0,3708 und S_{gs} = 0,01 errechnet sich für S_e ein Wert von 0,3644 [1]. Diese Größe sagt aus, daß bis zu einem durchschnittlichen Spitzensteuersatz [2] des Anteilseigners von 36,44 v.H. die Anwendung des diskutierten Verfahrens günstiger als die sofortige Thesaurierung war.

2.2.2.2 Die Berechnung des Schwellenwertes unter dem Regime des Anrechnungsverfahrens (KStG 1977)

Die Belastung des Reinertrages (Bemessungsgrundlagenteil R) beträgt für den Fall der vollständigen unmittelbaren Rücklagenbildung (keine Ausschüttungen) nach geltendem Recht (KStG 1977) 61,739 v.H [3]. Die Unternehmung muß demnach das $\frac{1}{1 - 0,61739}$ = 2,613fache erwirtschaften, um 1 Einheit thesaurieren zu können [4]. Für eine vergleichbare Ausschüttung von 1 Einheit muß die Unternehmung allerdings aufgrund der Differenz zwischen dem Normal- und dem Bruttoausschüttungssteuersatz (§ 27 Abs. 1 KStG 1977 Minderung bzw. Erhöhung der Körperschaftsteuer; § 23 KStG Steuersatz) entsprechend weniger erwirtschaften. Wird der Nenner des Bruches nicht verändert, d.h. geht man von der Annahme aus [5], daß die Gesellschaft bei maximaler Ausschüttung

---

1) Das exakte Resultat lautet hier 0,3644445

2) Dieser durchschnittliche Spitzensteuersatz setzt sich zusammen aus dem Tarif der Einkommensteuer sowie aus dem Kirchensteuertarif. Ohne die Berücksichtigung der Kirchensteuer ergibt sich ein niedrigerer Schwellenwert, der bei einem Kirchensteuersatz von 9 v.H. und bei einem Kirchensteuersatz von 8 v.H.

3) Dieser Teilsteuersatz ergibt sich aus der Gleichung (19)

4) Zu diesem Ergebnis kommt auch: Montag, Heinrich, Die Ermittlung des Brutto-Ertragbedarfs ..., a.a.O., S. 234. Das exakte Resultat lautet 2,6136274

5) Der Berechnung des Schwellenwertes nach altem Recht lag dieselbe Annahme zugrunde. Siehe S. 12o

einen absoluten Betrag in Höhe von 1 - 0,61739 ausschütten kann, so braucht die Unternehmung dank der Minderung der Körperschaftsteuer im Falle der Ausschüttung weniger zu erwirtschaften. Wie erwähnt verursacht die Ausschüttung verwendbaren Eigenkapitals nach § 27 Abs. 1 KStG 1977 eine Belastungsminderung, die im Falle ungemildert mit Körperschaftsteuer belasteten verwendbaren Eigenkapitals $\frac{20}{64}$ A d.h. 31,25 v.H. ausmacht [1]. Für eine Ausschüttung in der absoluten Höhe von 1 - 0,61739 (DM) ist somit nur ein Einkommen von 1 - 0,3125 (DM) erforderlich. Der mathematische Ausdruck zur Errechnung des zu erwirtschaftenden Einkommens bei maximaler Ausschüttung unter der Annahme ungemildert mit Körperschaftsteuer belasteten verwendbaren Eigenkapitals lautet dann:

$$\frac{1 + t_{k3}}{1 - t_{k1}} \text{ bzw. } \frac{1 - 0{,}3125}{1 - 0{,}61739} = 1{,}769$$

Strebt demnach eine "allgemeine" Kapitalgesellschaft im geltenden Anrechnungsverfahren eine maximale Ausschüttung von DM 100,- an, so sind DM 179,69 zu erwirtschaften [2]. Es ist darüber hinaus allerdings zu beachten, daß die Belastungsminderung infolge der Ausschüttung im geltenden Recht völlig von der Regelung im KStG 1975 abweicht.

Während nach altem Recht die Ausschüttung grundsätzlich mit einer Belastungsminderung verbunden war, ist die Entlastung im Rahmen des Anrechnungsverfahrens von der Höhe der Belastung

---

1) Hierzu unter anderem die Ausführung von Herzig, Norbert, Auswirkungen der KSt-Reform ..., a.a.O., S. 151 Gleichung (7b); Deutscher Bundestag, Drucksache 7/1470, Entwurf eines Dritten Steuerreformgesetzes, a.a.O., S. 367; Zur Reform der Körperschaftsteuer 1977, a.a.O., S. 28 ff.

2) Dieses Resultat entspricht auch dem Teilbedarfssatz für den Bemessungsgrundlagenteil A in: Montag, Heinrich, Die Ermittlung des Brutto-Ertragsbedarfs ..., a.a.O., S. 234, Tabelle 5

des verwendbaren Eigenkapitals abhängig [1]. Unter Umständen kann sogar eine Belastung der Ausschüttung notwendig werden, um alle Ausschüttungen auf eine einheitliche Belastungshöhe zu bringen [2]. Das verwendbare [3] Eigenkapital wird in einer kontinuierlichen Nebenrechnung ermittelt. Mit dem geltenden Recht wurde auch die Möglichkeit geschaffen, in laufenden Perioden nicht verwendete Eigenkapitalteile auf zukünftige Perioden vorzutragen, um sie u.U. zeitversetzt auszuschütten. Die Möglichkeit der Minderung der Körperschaftsteuer wird durch eine derartige Verschiebung nicht tangiert [4].

Während im handelsrechtlichen und betriebswirtschaftlichen Sprachgebrauch für die Differenz zwischen den in einer Bilanz ausgewiesenen Aktiva und Passiva der Begriff "Eigenkapital" gebräuchlich ist, verwendet das Steuerrecht hierfür

---

1) Dabei war die Belastungsminderung nach altem Recht nur in der Periode möglich, in der das Einkommen erwirtschaftet worden war. Nach geltendem Recht ist dagegen auch eine Minderung verwendbaren Eigenkapitals möglich, das aus anderen Perioden herrührt. Hierbei führt selbst eine ertragsteuerlich grundsätzlich irrelevante Rückzahlung von Nennkapital insoweit zur Anwendung des Ausschüttungssteuersatzes, als zur Rückzahlung Mittel als verwendet gelten, pie aus einer Kapitalerhöhung aus Gesellschaftsmitteln stammen (§ 29 Abs. 3 KStG 1977). Eine Erhöhung der KSt-Belastung bzw. keinerlei Beeinflussung der Körperschaftsteuer tritt in den Fällen auf, in denen das verwendbare Eigenkapital nicht oder nur vermindert mit Körperschaftsteuer belastet ist. Zu dieser Fragestellung auch: Herzig, Norbert, Auswirkungen ..., a.a.O., S. 152 ff; Zur Reform der Körperschaftsteuer 1977, a.a.O., S. 31 ff.

2) Zu diesem Prozeß: Herzig, Norbert, Auswirkungen der Körperschaftsteuerreform auf das System der Teilsteuerrechnung, a.a.O., S. 149 ff.

3) Gleich ob gemildert, ungemildert oder mit einem Nullsatz körperschaftsteuerlich belastetes Eigenkapital, das für Ausschüttungen verwendet werden kann.

4) Aus diesem Sachverhalt folgt, daß, wenn genügend verwendbares Eigenkapital vorhanden ist, im Gegensatz zum alten Recht eine Minderung der Körperschaftsteuer über die Höhe der Steuerschuld hinaus zulässig ist. Dies ist schon in: Deutscher Bundestag, Drucksache 7/1470, Entwurf eines Dritten Steuerreformgesetzes, a.a.O., S. 365 vorgesehen.

den Begriff "Betriebsvermögen". Das Bindeglied zwischen den beiden Begriffen schafft der § 29 Abs. 1 KStG 1977, in dem als Eigenkapital im Sinne des Anrechnungsverfahrens der "Unterschiedsbetrag zwischen dem auf der Aktivseite und dem auf der Passivseite der Steuerbilanz ausgewiesenen Betriebsvermögen, das sich ohne Änderung der Körperschaftsteuer nach § 27 KStG 1977 ergeben würde" definiert. Somit ist dem Anrechnungsverfahren das nach handelsrechtlichem Begriffsinhalt zu bestimmende Eigenkapital einer nach den steuerrechtlichen Vorschriften aufgestellten Bilanz zugrundezulegen. Dieses Eigenkapital wird weiterhin aufgeteilt in die schon angesprochenen Kategorien des "verwendbaren" und des "nicht verwendbaren" Eigenkapitals. Das verwendbare Eigenkapital erhält man, indem vom körperschaftsteuerlichen Einkommen die nichtabziehbaren Ausgaben substrahiert [1]. War zu Beginn eines Wirtschaftsjahres noch kein verwendbares Eigenkapital vorhanden, kann das verwendbare Eigenkapital nicht genau so groß wie das körperschaftsteuerliche Einkommen sein. Die getroffene Annahme, daß die Ausschüttung gleich dem körperschaftsteuerlichen Einkommen sei, ist also nur dann möglich, wenn sich aus vorausgehenden Perioden genügend verwendbares Eigenkapital angesammelt hat. Längerfristig kann die Ausschüttung also keinesfalls gleich dem körperschaftsteuerlichen Einkommen sein.

Aus Gründen der Vergleichbarkeit soll dennoch die Annahme, daß die Ausschüttung gleich dem körperschaftsteuerlichen Einkommen sei, beibehalten werden und das Einkommen errechnet werden, das bei Gültigkeit dieser Prämisse für eine Ausschüttung von DM 100,- erwirtschaftet werden muß.

---

1) Nicht abziehbare Aufwendungen führt der § 10 KStG 1977 auf. Zum Vergleich der Gesetzesentwicklung: Deutscher Bundestag, Drucksache 7/1470, Entwurf ..., a.a.O., S. 367

Im Rahmen des Anrechnungsverfahrens erfolgt die Ermittlung der zu erwirtschaftenden Summe unter der diskutierten Prämisse sowie bei der Berücksichtigung der Anteilseignerbesteuerung und der Gesellschaftsteuer analog zu dieser Berechnung nach altem Recht. Zu beachten ist jedoch, daß der Anteilseigner die von der Kapitalgesellschaft auf die Ausschüttung gezahlte Körperschaftsteuer im Rahmen der Veranlagung bei der Einkommensteuer geltend machen kann. Die effektive Belastung beträgt daher nur:

$(1 + S_{kau})\, A \cdot S_e - (1 + S_{kau})\, A \cdot S_{ka} = (1 + S_{kau})\, A\, (S_e - S_{ka})$[1]

Diese Belastung der Ausschüttung wird der Anteilseigner bei Anwendung des Schütt-aus-Hol-zurück-Verfahrens von der Gesellschaft vergütet haben wollen.

Da beim Anrechnungsverfahren die durch die Ausschüttung bedingte Minderung der Körperschaftsteuer auch dann zulässig ist, wenn sie die Steuerschuld übersteigt, wird die gesamte Steuerschuld durch die Ausschüttung also stets um ($\frac{5}{16}$ = 0,3125) gemildert bzw. die Ausschüttung mit ($\frac{9}{16}$ = 0,5625) belastet [2].

Die Gleichung zur Ermittlung des Schwellenwertes, d.h. des durchschnittlichen Spitzenteilsteuersatzes des Anteilseigners, bis zu dessen Höhe das Schütt-aus-Hol-zurück Verfahren günstiger als die unmittelbare Thesaurierung ist, hat die folgende Form:

$$(35)\quad \frac{1}{(1 - t_{k1})\, A} = \frac{(1 + t_{k3})\, A \cdot \frac{1}{(1 - S_{gs})} \cdot \frac{1}{(1 - (1 - S_{kau})}}{(1 - t_{k1})\, A} \overline{S_e + (1 - S_{kau})\, S_{ka}}$$

1) Andere Schreibweise: $\frac{100}{64} A \cdot S_e - \frac{100}{64} A \cdot S_{ka} = \frac{100}{64} A\, (S_e - S_{ka})$

2) Dies gilt nur unter der Voraussetzung, daß der Ausschüttung ausschließlich ungemildert mit Körperschaftsteuer belastetes verwendbares Eigenkapital gegenübersteht. Ist dies nicht der Fall: Herzig, Norbert, Auswirkungen ..., a.a.O., S. 153 f.

Nach der Umformung und Auflösung nach S_e ergibt sich

$$(36)\ S_e = 1 - \frac{(1 + t_{k3})\ A}{(1 - S_{gs})}\ (1 - s_{ka})$$

Für S_{ka} = 0,36 und S_{gs} = 0,01 errechnet sich ein S_e-Wert von 0,5556.

Im Rahmen des Anrechnungsverfahrens ist damit bis zu einem durchschnittlichen Spitzenteilsteuersatz des Anteilseigners von 55,56 % die Anwendung des Schütt'-aus-Hol'-zurück-Verfahrens günstiger als die unmittelbare Rücklagenbildung [1]. Da die Spitzenbelastung mit Einkommen- und Kirchensteuer mit Wirkung vom 1. Januar 1975 58,11 v.H. des zu versteuernden Einkommensbetrages beträgt [2], wird für einen Teil der

---

1) Ohne die Berücksichtigung der Kirchensteuer errechnet sich ein rein einkommensteuerlich verursachter Wert von 53,41 % (9 % KISt) bzw. 53,64 % (8 % KISt).

2) Zur Entwicklung der Formel für die Ermittlung des kombinierten Einkommen- und Kirchensteuersatzes: Rose, Gerd, Die Steuerbelastung der Unternehmung - Grundzüge der Teilsteuerrechnung - a.a.O., S. 73 f. Die Bemessungsgrundlage der Kirchensteuer ist die Einkommensteuerschuld. Diese berechnet sich aus der folgenden Gleichung: ESt = e (zvE - KISt). In diesem Ausdruck steht e für den Einkommensteuerfaktor, zvE für zu versteuernder Einkommensbetrag und KISt für Kirchensteuer. Die Gleichung zur Errechnung der Kirchensteuer lautet dann KISt = k · e (zvE - KISt). Der Kirchensteuerfaktor ist in dieser Gleichung mit k bezeichnet. Wir dieser Ausdruck nach KISt aufgelöst, erhält man

$$KISt = \frac{k \cdot e}{1 + k \cdot e}\ zvE.$$

Setzt man diese Gleichung zur Errechnung der Kirchensteuerschuld in dem Ausdruck zur Ermittlung der Einkommensteuerschuld ein, so ergibt sich ESt + KISt =

$$\frac{e\ (1 + k)}{1 + e \cdot k}\ zvE.$$

Bei einem Kirchensteuersatz von 9 % der Einkommensteuer und einem Spitzensteuersatz der Einkommensteuer von 56 %, errechnet sich für den aus Kirchensteuer und Einkommensteuer zusammengesetzten Teilsteuersatz ein Spitzenwert von 58,11 %.

Anteilseigner die sofortige Thesaurierung vorteilhafter sein. Generell kann jedoch festgehalten werden, daß das Anrechnungsverfahren die Schütt'-aus-Hol'-zurück Methode begünstigt

Die Anwendung des Schütt'-aus-Hol'-zurück-Verfahrens ist jedoch insbesondere bei großen Publikumsgesellschaften problematisch, da nicht sichergestellt werden kann, daß die ausgeschütteten Beträge umgehend wieder aus der Gesellschaftersphäre in den Gesellschaftsbereich eingebracht werden.

Um dennoch beim Anrechnungsverfahren die Vorteile des Schütt'-aus-Hol'-zurück-Verfahrens zu erhalten, hatte die Steuerreformkommission in ihrem Gutachten vorgeschlagen, die Ausgabe von Gratisanteilen bei einer Kapitalerhöhung aus Gesellschaftsmitteln wie eine Ausschüttung zu behandeln. [1)] Dieser Vorschlag wurde aber schon im Entwurf eines Dritten Steuerreformgesetzes aus mehreren Gründen verworfen. [2)]

Obwohl also im Rahmen des Anrechnungsverfahrens die Anwendung des Schütt'-aus-Hol'-zurück-Verfahrens bis zu einem weitaus höheren durchschnittlichen Spitzenteilsteuersatz des Anteilseigners als nach altem Recht vorteilhafter als die unmittelbare Thesaurierung ist, kann von der Möglichkeit, Finanzierungskosten durch die Anwendung des Ausschüttungs-

---

1) Gutachten der Steuerreformkommission 1971, Schriftenreihe des Bundesministeriums der Finanzen, Heft 17, herausgegeben vom Bundesministerium für Wirtschaft und Finanzen, Abschnitt IV - Körperschaftsteuer, Bonn 1971, S. 365 f. Die Überlegungen der Steuerreformkommission orientierten sich wohl an dem im angelsächsischen Raum geläufigen Verfahren der "Stock-Dividende". Das dort gehandhabte Verfahren verlangt allerdings, daß die Anteilseigner anstelle einer Bardividende direkt einzahlungsfreie Aktien als Gewinnausschüttung erhalten. Wöhe, Günter, a.a.O., S.461 f.

2) Die Ablehnungsmotive zählt auf: Deutscher Bundestag, Drucksache 7/1470, Entwurf eines Dritten Steuerreformgesetzes, a.a.O., S. 332.

rückhol-Verfahrens zu sparen, bei großen Gesellschaften mit einer breiten Streuung ihres Kapitals nur in beschränktem Maße Gebrauch gemacht werden.

2.3 Die mögliche Rücklagenzuführung (Selbstfinanzierung) bei unterschiedlichen Ausschüttungsquoten (vom Gewinn vor Steuern)

Als Selbstfinanzierung ist die interne Beschaffung von Eigenkapital aus dem Betriebs- und/oder Umsatzprozeß der Unternehmung heraus definiert. Die Selbstfinanzierung aus erwirtschafteten Gewinnen wird unterschieden in die offene Selbstfinanzierung (offene Gewinnthesaurierung) und die stille (verdeckte) Selbstfinanzierung (stille Reservenbildung). Die Selbstfinanzierung aus Gewinnen erfolgt durch Zurückbehalten und Investieren erzielter Gewinne und ist nicht an eine bestimmte Unternehmungsform gebunden, d.h. steht prinzipiell allen offen, unabhängig von Betriebsgröße und Rechtsform [1]. Voraussetzung ist allerdings unter anderem, daß die Unternehmensleitung die Entscheidungsmacht über die Gewinnverwendung hat. Dieses ist bei Einzel- und Personengesellschaften grundsätzlich unproblematischer als bei Kapitalgesellschaften, insbesondere Aktiengesellschaften, bei denen die Identität von Kapitalgebern und Unternehmungsleitung meist nicht gegeben ist. Da das Selbstfinanzierungskapital keine Beschaffungskosten (z.B. Emissionsaufwendungen) bei Kapitalerhöhungen sowie keine laufenden Kapitalkosten durch Zins- und Tilgungsverbindlichkeiten verursacht, die Unabhängigkeit des Unternehmens erhält [2],

1) Büschgen, H.E., Grundlagen betrieblicher Finanzwirtschaft, a.a.O., S. 81 ff; Wöhe, Günter, a.a.O., S.413f;Müller, Gerhard und Löffelholz, Josef, Banklexikon-Handwörterbuch für das Bank- und Sparkassenwesen, Wiesbaden 1969, Spalte 1580

2) Die Diskussion der nachteiligen Folgen der Selbstfinanzierung für die Finanzwirtschaft der Unternehmen: Büschgen, H.E., a.a.O., S. 84

der Gesellschaft dauerndes von Rückzahlungsverpflichtungen und Kündigungsmöglichkeiten unbelastetes Kapital bringt, Liquiditätsvorteile beinhaltet sowie im allgemeinen die Kreditwürdigkeit einer Unternehmung verstärken wird, ist die Möglichkeit zur Selbstfinanzierung für die Unternehmungen von großer Bedeutung.
Hierin liegt der Grund für die nachfolgende Analyse der Einflüsse nach altem Recht und des Anrechnungsverfahrens auf die Selbstfinanzierungsmöglichkeiten.

Die mögliche Selbstfinanzierung läßt sich ermitteln, indem vom Handelsbilanzgewinn vor Abzug der steuerlich nicht abzugsfähigen Steuern der Ausschüttungsbetrag und die steuerlich nicht abzugsfähigen Steuern abgezogen werden. Problematisch bei einem solchen Vorgehen ist aber, daß auch die Vermögensteuer zu den nicht abzugsfähigen Betriebsausgaben zu zählen ist. Da jedoch die Höhe der Vermögensteuer unabhängig von den ertragsteuerlichen Gegebenheiten ist [1], könnte für die Vermögensteuer entweder ein fiktiver Wert angenommen werden, oder das zugrundeliegende Rechenbeispiel müßte wesentlich erweitert werden. Aus Gründen der Vereinfachung soll jedoch stattdessen von einem Handelsbilanzgewinn vor Steuern ausgegangen werden, der lediglich um die Körperschaftsteuer noch nicht gekürzt wurde (H_{mod}).
Die Gleichung zur Ermittlung der möglichen Selbstfinanzierung lautet dann:

(37) $S_p = H_{mod} - A^{+} - K$

Die Symbole haben die folgende Bedeutung:

S_p = mögliche Selbstfinanzierung

H_{mod} = modifiziertes Handelsbilanzergebnis, d.h. Handelsbilanzergebnis vor Abzug der Körperschaftsteuer.

---

1) Der Vermögensteueraufwand ist jedoch ein Teil der körperschaftsteuerlichen Bemessungsgrundlage und löst dadurch in der Regel seinerseits Körperschaftsteuer aus. Eine Beeinträchtigung der Selbstfinanzierung wäre für den Fall denkbar, daß der KSt-Normalsatz des alten Rechts von dem des geltenden Rechts signifikant abweicht, was nicht zutrifft.

A^+ = Barausschüttung
K = Körperschaftsteuer [1]
Da von differierenden Ausschüttungsquoten vom Gewinn vor Abzug von Steuern ausgegangen wird, läßt sich auch formulieren:

(38) $A^+ = a\ H_{mod}$

Der Faktor a steht in dieser Gleichung für die Ausschüttungsquote vom Gewinn vor Abzug der Steuern. Der Ausdruck (37) verändert sich dann in:

(39) $S_p = H_{mod}(1 - a)\ K$

2.3.1 Berechnung der möglichen Rücklagenzuführung

2.3.1.1 Die Berechnung nach dem Körperschaftsteuergesetz 1975

Die Bestimmung der möglichen Selbstfinanzierung setzt die Berechnung der Körperschaftsteuerbelastung voraus. Nach den Bestimmungen des KStG 1975 ergibt sich die Körperschaftsteuer aus der Lösung der Gleichung

(40) $K_{1975}{}' = 0{,}1545\ A + 0{,}5253\ (E - A)$

Nach Umformen schreibt sich der Ausdruck (40):

(41) $K_{1975} = 0{,}5253\ E - 0{,}3708\ A$

Gleichung (41) in Gleichung (39) eingesetzt:

(42) $S_{p1975} = H_{mod}\ (1 - a) - 0{,}5253\ E + 0{,}3708\ A$

Gleichung (38) in den Ausdruck (42) eingesetzt, ergibt

(43) $S_{p1975} = H_{mod}\ (1 - a) - 0{,}5253\ A + 0{,}3708\ a\ H_{mod}$

Wird dieser Ausdruck umgeformt, erhalten wir als endgültige Gleichung:

---

1) nach altem Recht einschließlich der Ergänzungsabgabe.

(44) $S_{p1975} = H_{mod} - 0{,}5253\ E - 0{,}6292\ a\ H_{mod}$

Berechnungsbeispiele für die mögliche Rücklagenzuführung bei einem bestimmten Gewinn und variierenden Ausschüttungsquoten enthält die Tabelle 1 (Anhang).

2.3.1.2 Die Berechnung nach geltendem Recht

Unter der Prämisse, daß der Ausschüttung genügend ungemildert mit Körperschaftsteuer belastetes, verwendbares Eigenkapital gegenübersteht, errechnet sich die Belastung mit Körperschaftsteuer im Anrechnungsverfahren nach der folgenden Gleichung:

(45) $K_{1977} = 0{,}56\ E - 0{,}3125\ A$

Der Ausdruck für die Ermittlung der möglichen Selbstfinanzierung ergibt sich aus der Verbindung der Gleichungen (37) und (45)

(46) $S_{p1977} = H_{mod} - A - 0{,}56\ E + 0{,}3125\ A$

Setzt man Gleichung (38) in den letzten Ausdruck ein, so lautet dieser

(47) $S_{p1977} = H_{mod} - 0{,}56\ E - 0{,}6875\ a\ H_{mod}$

Nach dem Ausklammern von H_{mod} hat der Ausdruck seine endgültige Form:

(48) $S_{p1977} = H_{mod}\ (1 - 0{,}6875a) - 0{,}56\ E$

Berechnungsbeispiele enthält ebenfalls die Tabelle 1 im Anhang.

2.3.1.3 Die Berechnung nach geltendem Recht unter der Voraussetzung, daß die Bardividende gegenüber der Ausschüttung nach altem Recht um den Wert der Steuergutschrift vermindert wird (modifiziertes Anrechnungsverfahren S^{mod}_{p1977})

Ein realitätsentsprechender, exakter Vergleich der möglichen Selbstfinanzierung zwischen KStG 1975 und dem Anrechnungsverfahren muß berücksichtigen, daß nach KStG 1977 die von der Unternehmung gezahlte Körperschaftsteuer bei der Ermittlung der Steuerschuld des Anteilseigners angerechnet wird. Sollen die Anteilseigner im geltenden Recht einen gleich hohen Betrag (brutto) wie nach altem Recht als Dividende erhalten, so genügt hierzu beim Anrechnungsverfahren eine niedrigere Ausschüttungsquote als nach KStG 1975 [1].

Geht man wieder von der Annahme aus, daß der Ausschüttung genügend ungemildert mit Körperschaftsteuer belastetes verwendbares Eigenkapital gegenübersteht [2], so lautet die Gleichung zur Ermittlung der Körperschaftsteuerbelastung:

(49) $K_{1977} = 0,56\ E - 0,3125\ A^{mod}_{1977}$

A^{mod}_{1977} entspricht der um die Steuergutschrift verminderten Dividende des alten Rechts (Bardividende).

(50) $A^{mod}_{1977} = 0,64\ A_{1975}$

1) Die Ausschüttungsquote sei hier definiert als das Verhältnis von Barausschüttung zu Handelsbilanzgewinn vor Abzug von Steuern (A/H_{mod}).

2) Steht der Ausschüttung ungemildert, gemildert und nicht belastetes verwendbares Eigenkapital gegenüber, so wird eine Modifizierung der teilsteuerlichen Gleichungen erforderlich. Entsprechende Ausführungen bei: Herzig, Norbert, Die Auswirkungen ..., a.a.O., S. 152 ff.

Da im Rahmen des nicht modifizierten Anrechnungsverfahrens die Ausschüttung bei gleichen Ausschüttungsquoten und gleichem Handelsbilanzgewinn vor Steuern gleich der Ausschüttung nach altem Recht ist, ergibt sich durch das Einsetzen von Gleichung (50) in den Ausdruck (49):

(51) $K = 0{,}56\ E - 0{,}2\ A$

Die Gleichung für die Ermittlung der möglichen Selbstfinanzierung folgt aus der Verbindung der Ausdrücke (37), (38), (50), (51)

(52) $S_{P1977}^{mod} = H_{mod} - 0{,}56\ E - 0{,}44\ a\ H_{mod}$

Die endgültige Gleichung lautet nach dem Zusammenfassen der H_{mod} betreffenden Faktoren:

(53) $S_{p1977}^{mod} = H_{mod}\ (1 - 0{,}44\ a) - 0{,}56\ E$

Entsprechende Berechnungsbeispiele sind der Tabelle 1 zu entnehmen.

2.3.2 Komparative Untersuchung der unterschiedlichen Selbstfinanzierungsmöglichkeiten

2.3.2.1 Vergleich: KStG 1975 - Anrechnungsverfahren (KStG 1977)

Der Vergleich der Selbstfinanzierungsmöglichkeiten erfolgt durch Subtraktion der entsprechenden für die Ermittlung der möglichen Selbstfinanzierung entwickelten Gleichungen (44) und (47). Für die Gegenüberstellung der Selbstfinanzierungsmöglichkeiten nach altem Recht (S_{p1975}) und dem geltenden System des Anrechnungsverfahrens (S_{p1977}) gilt:

$S_{p1975} = H_{mod} - 0{,}5253\ E - 0{,}6292\ a\ H_{mod}$

$S_{p1977} = H_{mod} - 0{,}56\ E - 0{,}6875\ a\ H_{mod}$

(54) $S_{p1975} - S_{p1977} = 0{,}0347\ E + 0{,}0583\ a\ H_{mod}$

Bei gleichen Ausschüttungsquoten ist die Möglichkeit zur Selbstfinanzierung nach altem Recht also grundsätzlich größer als im geltenden System des Anrechnungsverfahrens [1].

Diese Aussage leuchtet schon deshalb unmittelbar ein, weil im KStG 1977 der Thesaurierungs- und der Ausschüttungssteuersatz höher als im alten Recht sind.

Bei diesem Vergleich ist die Dividende allerdings beim Anrechnungsverfahren und nach **altem** Recht als gleich angenommen worden; der mit dem Anrechnungsverfahren verbundene Vorteil einer Steuergutschrift blieb daher unberücksichtigt.

2.3.2.2 Vergleich: Anrechnungsverfahren - modifiziertes Anrechnungsverfahren

In der Differenz zwischen den Ausdrücken (47) und (52) drücken sich die unterschiedlichen Selbstfinanzierungsmöglichkeiten aus:

$$S^{mod}_{p1977} = H_{mod} - 0{,}56\ E - 0{,}44\ a\ H_{mod}$$

$$S_{p1977} = H_{mod} - 0{,}56\ E - 0{,}6875\ a\ H_{mod}$$

(55) $S^{mod}_{p1977} - S_{p1977} = 0{,}2475\ a\ H_{mod}$

Die Möglichkeit zur Selbstfinanzierung ist beim modifizierten Anrechnungsverfahren durchweg größer als unter der Annahme Bardividende = Dividende nach altem Recht [2].

---

1) Dies geht auch aus der Tabelle 1 (Anhang) hervor

2) Lediglich bei einer Ausschüttungsquote von 0 ist die Selbstfinanzierung in beiden Fällen gleich hoch. Siehe auch Tabelle 1 (Anhang)

Dieses Vergleichsergebnis beruht auf der um die Steuergutschrift verringerten Bardividende des modifizierten Anrechnungsverfahrens und der insofern größeren Selbstfinanzierungssubstanz, die der Unternehmung verbleibt.

2.3.2.3 Vergleich: KStG 1975 - modifiziertes Anrechnungsverfahren

Die unterschiedlichen Selbstfinanzierungsmöglichkeiten beim alten Recht und beim modifizierten Anrechnungsverfahren errechnen sich durch Subtraktion der Gleichung (52) von Ausdruck (44).

$$S_{p1975} = H_{mod} - 0{,}5253\ E - 0{,}6292\ a\ H_{mod}$$

$$S_{p1977}^{mod} = H_{mod} - 0{,}56\ E - 0{,}44\ a\ H_{mod}$$

$$(56)\quad S_{p1975} - S_{p1977}^{mod} = 0{,}0347\ E - 0{,}1892\ a\ H_{mod}$$

Eine allgemeingültige Aussage darüber, ob die Selbstfinanzierungsmöglichkeiten nach altem Recht günstiger sind als beim modifizierten Anrechnungsverfahren ist nicht möglich. Dies hängt vielmehr davon ab, in welcher Relation die Ausschüttung und das körperschaftsteuerliche Einkommen zueinander stehen. Es ist aber möglich, einen Schwellenwert für den Ausschüttungssatz zu ermitteln, bis zu dessen Höhe die Selbstfinanzierungsmöglichkeiten beim geltenden Recht größer als beim modifizierten Anrechnungsverfahren sind. Zur Berechnung dieses Schwellenwertes müssen die Gleichungen zur Ermittlung der Selbstfinanzierungsmöglichkeiten im alten Recht und im System des Anrechnungsverfahrens einander gleichgesetzt und nach a aufgelöst werden:

$$H_{mod} - 0{,}5253\ E - 0{,}6292\ a\ H_{mod} = H_{mod} - 0{,}56\ E - 0{,}44\ a\ H_{mod}$$

$$0{,}1892\ a\ H_{mod} = 0{,}0347\ E$$

Die Lösung der Gleichung wird dadurch erschwert, daß Daten und Informationen über das körperschaftsteuerliche Einkommen fehlen. Da H_{mod} als Handelsbilanzgewinn vor Abzug der Körperschaftsteuer definiert wurde, ergibt sich E aus H_{mod} durch Berücksichtigung einkommensteuerlicher (M_e^+) und körperschaftsteuerlicher (M_k) Modifikationen. Wenn diese Überlegungen durch die Gleichung erfaßt werden sollten, müßte die Gleichung lauten:

$$0{,}1892\ a\ H_{mod} = 0{,}0347\ H_{mod} + 0{,}0347\ (M_e^+ + M_k)$$

Da die zur Berücksichtigung der einkommensteuerlichen und körperschaftsteuerlichen Modifikationen nötigen Informationen fehlen, soll aus Vereinfachungsgründen H_{mod} mit E gleichgesetzt werden. Unter dieser einschränkenden Annahme lautet die Gleichung:

$$0{,}1892\ a\ H_{mod} = 0{,}0347\ H_{mod}$$

$$a = 0{,}1834$$

Solange also die Ausschüttungsquote [1] kleiner als 18,34 v.H. ist, sind die Selbstfinanzierungsmöglichkeiten nach dem alten Recht größer als nach dem modifizierten Anrechnungsverfahren. Liegt dagegen die Ausschüttungsquote über diesem Schwellenwert, so sind die Möglichkeiten der Selbstfinanzierung im Rahmen des modifizierten Anrechnungsverfahrens größer [2]. Es scheint jedoch plausibel, daß der Schwellenwert etwas höher liegen wird als 18,34 v.H., da

1) Arbeitsdefinition dieses Begriffs auf S.134 Fußnote 1
2) Diese Aussage ist nur dann richtig, wenn sich durch das Einsetzen des für a errechneten Wertes in die Gleichungen (52) und (44) jeweils ein positiver Wert für die mögliche Selbstfinanzierung nach altem Recht und beim modifizierten Anrechnungsverfahren ergibt. Dies trifft zu: Für a = 18,34 errechnet sich für die Bestimmungen des KStG 1975 und 1977 unter der vereinfachenden Annahme, daß E mit H_{mod} gleichzusetzen sei, eine mögliche Selbstfinanzierung in Höhe von 35,93 v.H. des Handelsbilanzgewinns vor Steuern. Hierzu auch Tabelle 1 (Anhang)

die vernachlässigten Modifikationen in der Regel positiv sind und positive Einflüsse dieser Art zu einer Erhöhung des Schwellenwertes führen. Auf diese Weise kommt die auf mangelnde Informationen zurückzuführende Vernachlässigung der Modifikationen zumindest in ihrer Wirkungstendenz zum Ausdruck.

2.4 Die mögliche Ausschüttung bei unterschiedlichen Thesaurierungsquoten (vom Gewinn vor Steuern)

Die mögliche Ausschüttung bei unterschiedlichen Thesaurierungsquoten (vom Gewinn vor Steuern) läßt sich ermitteln, indem vom Handelsbilanzgewinn vor Abzug der steuerlich nicht abzugsfähigen Steuern der Thesaurierungsbetrag und die steuerlich nicht abzugsfähigen Steuern abgezogen werden. Erneut ist zu beachten, daß auch die Vermögensteuer zu den nicht abzugsfähigen Betriebsausgaben gehört [1]. Wie schon im Rahmen der Analyse der möglichen Rücklagenzuführung, soll auch hier aus Gründen der Vereinfachung von einem Handelsbilanzgewinn vor Steuern ausgegangen werden, der lediglich noch um die Körperschaftsteuer zu kürzen ist.

Unter dieser Prämisse lautet die Gleichung zur Ermittlung der möglichen Ausschüttung:

(57) $A = H_{mod} - T - K$

Für die Thesaurierungsquote ($t = T/H_{mod}$) gilt:

(58) $T = t \cdot H_{mod}$

---

1) Hierzu die Ausführungen auf S.131

Gleichung (58) in Gleichung (57) eingesetzt ergibt

(59) $A = H_{mod} - t \cdot H_{mod} - K$

2.4.1 Berechnung der möglichen Ausschüttung

2.4.1.1 Berechnung nach dem Körperschaftsteuergesetz 1975

Nach altem Recht ergibt sich die Körperschaftsteuerbelastung aus der Gleichung (41). Der mathematische Ausdruck zur Ermittlung der möglichen Ausschüttung ergibt sich dann durch das Einsetzen von Gleichung (41) in Gleichung (59):

(60) $A_{1975} = H_{mod} - t.H_{mod} - 0{,}5253\ E + 0{,}3708\ A_{1975}$

Nach Zusammenfassen der H_{mod} betreffenden Faktoren:

(61) $A_{1975} = 1{,}5893\ H_{mod}\ (1-t) - 0{,}8349\ E$

Berechnungsbeispiele für die mögliche Ausschüttung bei einem bestimmten Gewinn und variierenden Thesaurierungsquoten sind der Tabelle 2 im Anhang zu entnehmen.

2.4.1.2 Die Berechnung nach geltendem Recht

Im System des Anrechnungsverfahrens basiert der Ausdruck zur Berechnung der möglichen Ausschüttung auf den Gleichungen (57), (58) und (45):

(62) $A_{1977} = H_{mod} - t \cdot H_{mod} - 0{,}56\ E + 0{,}3125\ A_{1977}$

Werden die den modifizierten Handelsbilanzgewinn betreffenden Faktoren zusammengefaßt:

(63) $A_{1977} = 1{,}4545\ H_{mod}\ (1 - t) - 0{,}8145\ E$

Entsprechende Berechnungsbeispiele sind in der Tabelle 2 im Anhang zu finden.

2.4.2 Komparative Untersuchung der unterschiedlichen Ausschüttungsmöglichkeiten

2.4.2.1 Vergleich: KStG 1975 - Anrechnungsverfahren (KStG 1977)

Die unterschiedlichen Ausschüttungsmöglichkeiten werden nach der Subtraktion der Gleichung (63) von der Gleichung (61) deutlich.

$$A_{1975} = 1{,}5893\ H_{mod}\ (1 - t) - 0{,}8349\ E$$

$$A_{1977} = 1{,}4545\ H_{mod}\ (1 - t) - 0{,}8145\ E$$

$$(64)\ A_{1975} - A_{1977} = 0{,}1348\ H_{mod}\ (1 - t) - 0{,}0204\ E$$

Die Gleichung (58), die die Differenzen zwischen den Ausdrücken (61) und (63) enthält, läßt keine allgemeingültige Aussage darüber zu, ob die Ausschüttungsmöglichkeiten nach altem Recht günstiger wären als beim Anrechnungsverfahren. Da jedoch im System des Anrechnungsverfahrens sowohl der Thesaurierungs- als auch der Ausschüttungssteuersatz höher liegt als im alten KStG, müssen zwangsläufig die Ausschüttungsmöglichkeiten nach altem Recht größer sein als nach den Bestimmungen des KStG 1977. Nach Einsetzen des errechneten Schwellenwertes für t in die Gleichungen zur Ermittlung der möglichen Ausschüttung nach altem Recht und im Rahmen des Anrechnungsverfahrens ergeben sich zwar gleich hohe, aber jeweils negative Werte für die mögliche Ausschüttung.

Mittels Gleichsetzen der Ausdrücke (63) und (61) bei anschließendem Auflösen nach t ergibt sich ein Schwellenwert von 84,87 v.H..Setzt man diese Größe in die Gleichungen (63) und (61) ein, errechnet sich als Resultat der möglichen Ausschüttung - 0,5944 E [1]. Dieses Ergebnis ist unsinnig, da eine negative Ausschüttung wenig der Realität entsprechen dürfte.

Als Ergebnis bleibt festzuhalten, daß die Ausschüttungsmöglichkeiten bei unterschiedlichen Thesaurierungsquoten (vom Gewinn vor Steuern) nach altem Recht unabhängig von der Höhe der Thesaurierungsquote größer als nach den Bestimmungen des reformierten Körperschaftsteuerrechts sind.

2.4.2.2 Vergleich: KStG 1975 - modifiziertes Anrechnungsverfahren

Der im vorhergehenden Gliederungspunkt durchgeführte Vergleich der Ausschüttungsmöglichkeiten nach KStG 1975 und nach KStG 1977 berücksichtigt nicht, daß der Anteilseigner beim Anrechnungsverfahren die von der Unternehmung für den Ausschüttungsbetrag gezahlte Körperschaftsteuer bei der Ermittlung seiner Einkommensteuerschuld berücksichtigen lassen kann. Um zu vergleichbaren Aussagen zu kommen, muß daher noch der Wert der Steuergutschrift bei der Ermittlung der Ausschüttungsmöglichkeiten im Rahmen des Anrechnungsverfahrens berücksichtigt werden. Da die Steuergutschrift eine spezielle Art der Ausschüttung darstellt, sind die Ausschüttungsmöglichkeiten beim Anrechnungsverfahren generell höher als dies die jeweilige maximale Bardividende anzeigt (modifiziertes Anrechnungsverfahren) [2]. Zur Ermitt-

---

1) Es wurde hierbei wieder von der vereinfachenden Annahme ausgegangen, daß der Handelsbilanzgewinn vor Steuern gleich dem körperschaftsteuerlichen Einkommen sei.

2) Bruttodividende' = Bardividende + Steuergutschrift

lung der tatsächlich möglichen Ausschüttung ist der Ausdruck (63) daher mit dem Faktor 1,5625 [1] zu multiplizieren:

(65) $(1 + S_{kau})\ A = (1 + S_{kau})\ [1{,}4545\ H_{mod}\ (1 - t) - 0{,}8145\ E]$

Setzt man

(66) $(1 + S_{kau})\ A = A^{+}_{1977}$

so ergibt sich

(67) $A^{+}_{1977} = 2{,}2727\ H_{mod}\ (1 - t) - 1{,}2727\ E$

Entsprechende Berechnungsbeispiele enthält die Tabelle 2 (Anhang).

Die unterschiedlichen Ausschüttungsmöglichkeiten im System des Anrechnungsverfahrens (unter Berücksichtigung des Wertes der Steuergutschrift) und nach altem Recht ergeben sich dann aus der Subtraktion der Gleichung (61) von der Gleichung (67):

$A^{+}_{1977} = 2{,}2727\ H_{mod}\ (1 - t) - 1{,}2727\ E$

$A_{1975} = 1{,}5893\ H_{mod}\ (1 - t) - 0{,}8349\ E$

(68) $A^{+}_{1977} - A_{1975} = 0{,}6834\ H_{mod}\ (1 - t) - 0{,}4378\ E$

Auch für diesen Vergleich ist eine allgemeingültige Aussage über die Vorteilhaftigkeit der Ausschüttungsmöglichkeiten im einen oder im anderen Falle nicht möglich. Die Art der Aussage hängt vielmehr von der Thesaurierungsquote und der Relation zwischen modifiziertem Handelsbilanzergebnis und körperschaftsteuerlichem Einkommen ab.

---

1) Dieser Faktor hat die teilsteuerliche Form $(1 + S_{kau})$

Es ist jedoch erneut möglich, einen Schwellenwert für den Thesaurierungssatz zu ermitteln, bis zu dessen Höhe die Ausschüttungsmöglichkeiten nach altem Recht günstiger sind als beim modifizierten Anrechnungsverfahren. Zur Berechnung dieses Schwellenwertes müssen die Gleichungen zur Ermittlung der Ausschüttungsmöglichkeiten bei altem Recht und beim modifizierten Anrechnungsverfahren gleichgesetzt und nach t aufgelöst werden:

$$2{,}272\ H_{mod}\ (1 - t) - 1{,}2727\ E = 1{,}5893\ H_{mod}\ (1 - t) - 0{,}8349\ E$$

Aus den schon diskutierten Gründen (S.52) soll E wieder gleich H_{mod} gesetzt werden. Der Ausdruck schreibt sich dann:

$$2{,}272\ H_{mod}\ (1 - t) - 1{,}2727\ H_{mod} = 1{,}5893\ H_{mod}\ (1 - t) - 0{,}8349\ H_{mod}$$

Nach t aufgelöst ergibt sich:

$$t = 0{,}3593$$

Solange demnach die Thesaurierungsquote kleiner als 35,93 v.H. ist, sind die Ausschüttungsmöglichkeiten beim modifizierten Anrechnungsverfahren größer als nach den Bestimmungen des alten Körperschaftsteuerrechts. Liegt dagegen die Thesaurierungsquote über 35,93 v.H., so sind die Ausschüttungsmöglichkeiten nach altem Recht größer [1].

---

1) Auch diese Aussage ist nur dann richtig, wenn sich durch das Einsetzen des für t errechneten Wertes in Gleichung (61) und (67) jeweils ein positiver Wert für die mögliche Ausschüttung ergibt. Dies trifft zu: Für t = 35,93 v.H. errechnet sich nach KStG 1975 und beim modifizierten Anrechnungsverfahren unter der vereinfachenden Annahme, daß $E = H_{mod}$ sei, eine mögliche Ausschüttung in Höhe von 18,34 v.H. des Handelsbilanzgewinns vor Steuern.
Siehe hierzu auch die Tabelle 2 (Anhang) und die entsprechenden Werte in Tabelle 1 (Anhang) für eine Ausschüttungsquote von 18,34 v.H.

2.5 Die mögliche Selbstfinanzierung bei einer Politik konstanter Dividenden

Vielfach wird von Kapitalgesellschaften eine Politik konstanter Dividenden betrieben, d.h. die Ausschüttungspolitik ist darauf gerichtet, die Relation zwischen Dividende und Grundkapital konstant zu halten. Unverändertes Grundkapital führt so langfristig zu gleich hohen Ausschüttungsbeträgen.

Die Gleichungen zur Ermittlung der möglichen Selbstfinanzierung wurden bereits bei der Erörterung der möglichen Rücklagenzuführung für unterschiedliche Ausschüttungsquoten entwickelt. Der Unterschied bei der zu erstellenden Tabelle besteht jedoch darin, daß im Gegensatz zu den aufgestellten Gleichungen (bei denen H^{*}_{mod} konstant gehalten wurde und a variierte) H_{mod} und a variieren, während das Produkt aus beiden Größen (A) konstant ist (Inhalt der Politik konstanter Dividenden). Die entsprechenden Gleichungen lauten jeweils:

Körperschaftsteuergesetz 1975 [Gleichung (44)]

$$S_{1975} = H_{mod} - 0{,}5253\ E - 0{,}6292\ H_{mod}$$

Körperschaftsteuergesetz 1977 [Gleichung (47)]

$$S_{1977} = H_{mod} - 0{,}56\ E - 0{,}6875\ H_{mod}$$

modifiziertes Anrechnungsverfahren [Gleichung (52)]

$$S^{mod}_{1977} = H_{mod} - 0{,}56\ E - 0{,}44\ H_{mod}$$

Berechnungsbeispiele zu den angeführten Gleichungen enthält die Tabelle 3 (Anhang)

2.6 Die steuerliche Gesamtbelastung des auf den einzelnen Aktionär entfallenden Gewinnanteils durch die Zusammenfassung der Gesellschafts- und Gesellschafterebene

Die Analyse der steuerlichen Gesamtbelastung der Dividende nach altem Recht und im System des Anrechnungsverfahrens geht von bestimmten Gegebenheiten auf Seiten der Kapitalgesellschaft und ausgewählten durchschnittlichen Einkommensteuerspitzensätzen der Anteilseigner aus. Im einzelnen wird die steuerliche Gesamtbelastung der Dividende in Abhängigkeit von bestimmten Ausschüttungsquoten (vom Gewinn vor Steuern), von bestimmten Thesaurierungsquoten (vom Gewinn vor Steuern) und von bestimmten festen Dividendensätzen (vom Grundkapital) bei jeweils ausgewählten durchschnittlichen Einkommensteuerspitzensätzen untersucht.

Als Methode zur Errechnung der Gesamtbelastung der Dividende mit Steuern bietet sich wieder die Teilsteuerrechnung an [1]. Es kann hierbei auf die beim Belastungsvergleich von Eigen- und Fremdkapital entwickelten mathematischen Ausdrücke zur Entwicklung der Gesamtbelastung der Dividende mit Steuern zurückgegriffen werden. Im Zusammenhang mit dem Belastungsvergleich von Eigen- und Fremdkapitalfinanzierung wurde die Belastung der Dividende mit persönlichen Steuern des Anteilseigners vernachlässigt. Die Analyse war an dieser Stelle deshalb nicht erforderlich, weil die Dividende als Verzinsung des eingebrachten Eigenkapitals in der Sphäre des Anteilseigners steuerlich so behandelt wird wie die Zinsen für das der Gesellschaft alternativ zur Verfügung gestellte Fremdkapital. Die Untersuchung der Gesamtbelastung der Dividende mit Steuern soll jedoch neben

---

1) Zu den Vorzügen der Teilsteuerrechnung: Wacker, Wilhelm, Teilsteuerrechnung - ein neues Instrument der betriebswirtschaftlichen Steuerlehre, Besprechung von Gerd Rose, Die Steuerbelastung der Unternehmung, in: StuW 1/1975, S. 78 ff.

deren Steuerbelastung aus der Gesellschaftssphäre, die Belastung der Dividende mit Einkommensteuer sowie die Belastung des entsprechenden Anteilsrechts durch die persönliche Vermögensteuer beinhalten. Die Erfassung der letzten Belastungskomponente erscheint sinnvoll, da der Besitz eines Anteilsrechts Voraussetzung für den Dividendenempfang ist.

Aus dem gleichen Grunde werden auch im Bereich der Kapitalgesellschaft bei der Analyse der Steuerbelastung der Ausschüttung die im Zusammenhang mit der Eigenkapitalfinanzierung anfallenden Substanzsteuern berücksichtigt.

2.6.1 Die Gesamtbelastung nach den Bestimmungen des KStG 1975

Sollen alle im Zusammenhang mit der Eigenkapitalfinanzierung anfallenden Steuern bei der Ermittlung der Gesamtbelastung der Dividende erfaßt werden, so müssen die bereits aufgestellten Gleichungen um die Belastung der Dividende mit Einkommensteuer und die Belastung des entsprechenden Anteilsrechts mit persönlicher Vermögensteuer erweitert werden. Um die Gesamtsteuerbelastung der Dividende wiederzugeben, muß die Gleichung (17) abgewandelt werden: [1)]

$$(69)\quad S = (S_{kn} + S_{ge} - S_{kn}\, S_{ge})\, 1{,}52429\, A + (S_e + S_{ka} - S_{kn})\, A + (1{,}7\, S_v + S_{gk} + S_{kn} \cdot S_{ge} \cdot S_{gk} - S_{ge} \cdot S_{gk} - S_{kn} \cdot S_{gk})\, B_u$$

1) Die Tatsache, daß mit Wirkung vom 1. Januar 1975 die Vermögensteuer nicht mehr als Sonderausgabe abzugsfähig ist, wird in Gleichung (69) beim Bemessungsgrundlagenteil B_u abweichend von der bis dahin geltenden Teilsteuergleichung durch den Wegfall des Gliedes "- $S_e S_v$" berücksichtigt.
Zur Entwicklung der Teilsteuergleichung (17) siehe: Rose, Gerd, Die Steuerbelastung der Unternehmung - Grundzüge der Teilsteuerrechnung -, a.a.O., S. 127 ff.

Der dem Bemessungsgrundlagenteil A zugeordnete Teilsteuersatz [1] in der Gleichung (69) unterscheidet sich also von dem A zugeordneten Teilsteuersatz in Gleichung (17) nur durch den Wert des jeweiligen kombinierten Einkommen- und Kirchensteuerfaktor (S_e).

Der den Bemessungsgrundlagenteil B_u betreffende Teilsteuersatz in der Gleichung (69) weicht dagegen von dem B_u betreffenden Teilsteuersatz in Gleichung (17) nur im Wert für die Vermögensteuer ab (1,7 S_v).

Da das Anteilsrecht des Gesellschafters in dessen Vermögensaufstellung nach anderen Bewertungsgrundsätzen bewertet wird als der dem Anteilsrecht entsprechende Teil des Grundkapitals bei der Kapitalgesellschaft, müßten Anteilswertmodifikationen vorgenommen werden, um das dem Anteilsrecht entsprechende unternehmenseigene Betriebsvermögen und die vermögensteuerliche Bemessungsgrundlage des Gesellschafters ihrer Differenziertheit entsprechend zu erfassen. Aus Vereinfachungsgründen soll jedoch auf die Vornahme von Anteilswertmodifikationen verzichtet werden. Berechnungsbeispiele zu dieser Fragestellung sind in den Tabellen 4 - 6 (Anhang) enthalten.

2.6.2 Die Gesamtbelastung im System des Anrechnungsverfahrens

Die Gleichung zur Ermittlung der Gesamtsteuerbelastung der Dividende ergibt sich im Anwendungsrahmen des Anrechnungsverfahrens analog zu der Entwicklung der Belastungsgleichung nach altem Recht. Basis für notwendige Veränderungen

---

1) Der Begriff Teilsteuersatz ist in diesem Zusammenhang als Spitzenteilsteuersatz zu verstehen.

ist hier allerdings der Ausdruck (26): [1]

(70) $S = (S_{kn} + S_{ge} - S_{kn}\, S_{ge})\, 1{,}79688\, A + (S_e + S_e\, S_{kau} - S_{kn} - S_{kn}\, S_{kau})\, A + (1{,}7\, S_v + S_{gk} + S_{kn}\, S_{ge}\, S_{gk} - S_{ge}\, S_{gk} - S_{kn}\, S_{gk})\, B_u$

Auch hier unterscheidet sich der Gesamtausdruck nur um die Erweiterung des den Bemessungsgrundlagenteil A betreffenden einkommensteuerlichen Teilsteuersatzes [2] und um den um den Faktor 1,7 erhöhten vermögensteuerlichen Teilsteuersatz, der an den Bemessungsgrundlagenteil B_u anknüpft. Aus den schon diskutierten Gründen entfällt auch hier die Berücksichtigung von Anteilswertmodifikationen.

2.7 Konsequenzen des Anrechnungsverfahrens und der Bestimmungen des alten Rechts für die Liquiditätsbelastung auf Gesellschafts- und Gesellschafterebene

2.7.1 Liquiditätsbelastung des Anteilseigners

Die bisherige vergleichende Analyse der Belastung von Eigen- und Fremdkapital ging von der Annahme einer gleichen Nettoverzinsung beim Kapitalgeber aus. Diese Prämisse berück-

---

1) Eine andere Formulierung des Sachverhalts:
$S = (S_{kn} + S_{ge} - S_{kn}\, S_{ge})\, 1{,}79688\, A + (S_{ka} - S_{kn})\, 1{,}5625\, A + S_e\, 1{,}5625\, A - S_{ka}\, 1{,}5625\, A + (1{,}7\, S_v + S_{gk} + S_{kn}\, S_{ge}\, S_{gk} - S_e\, S_{gk} - S_{kn}\, S_{gk})\, B_u$
oder
$S = (S_{kn} + S_{ge} - S_{kn}\, S_{ge})\, 1{,}79688\, A + (S_{kau} - S_{kn} - S_{kn}\, S_{kau})\, A + S_e\, (1 + S_{kau})\, A - S_{ka}\, (1 + S_{kau})\, A + (1{,}7\, S_v + S_{gk} + S_{kn}\, S_{ge}\, S_{gk} - S_e\, S_{gk} - S_{kn}\, S_{gk})\, B_u$

2) Bei Berücksichtigung der Anrechenbarkeit der von der Gesellschaft gezahlten Körperschaftsteuer $(S_e\, S_{kau})\, A$.

sichtigte grundsätzlich eine gleiche Verzinsung von Eigen- und Fremdkapital, beinhaltet darüber hinaus aber auch die sich aus dem System des Anrechnungsverfahrens ergebenden Modifikationen, so daß z.B. eine nach altem Recht ausgezahlte Dividende von DM 100,- im Anrechnungsverfahren (KStG 1977) einer Bruttodividende [1] von DM 100,- entspricht. Nicht berücksichtigt wurden bisher jedoch die verschiedenartigen Liquiditätswirkungen, die sich aus der Anwendung des alten Rechts und des Anrechnungsverfahrens ergeben. Zwar fließt unter der erläuterten Annahme dem Kapitalgeber nach geltendem Körperschaftsteuerrecht (Anrechnungsverfahren) letztlich ein gleich hoher Betrag als Verzinsung zu wie nach den Bestimmungen des alten Rechts. Eine unterschiedliche Liquiditätswirkung kommt aber dadurch zustande, daß im Anrechnungsverfahren ein Teil der Bruttodividende (die Steuergutschrift) erst im Zeitpunkt der Steuerzahlung des Anteilseigners zum Tragen kommt. [2]

Für die Zeit, um die der Empfang der Bardividende und die Zahlung der persönlichen Einkommensteuerschuld auseinanderfallen, erleidet der Anteilseigner im System des Anrechnungsverfahrens gegenüber den Bestimmungen des alten Rechts einen Zinsverlust.

---

1) Die Bruttodividende setzt sich zusammen aus der Bardividende ($\frac{16}{25}$ = 0,64) und der Steuergutschrift ($\frac{9}{25}$ = 0,36). Diese Fragestellung wurde schon auf S. 134+142 angesprochen.

2) Diese Verschiebung in der Berücksichtigung der Steuergutschrift wird mitverantwortlich gemacht für die reservierte Reaktion der Börse auf die Einführung des neuen Körperschaftsteuerrechts: "Hinzu kommt, daß die Steuergutschrift den einkommensteuerpflichtigen Bürger meist erst ein Jahr oder gar erst später zugute kommt" in: "Aktionäre fühlen sich geprellt. Warum die Steuergutschrift die Börsenkurse nicht beflügelt." (Süddeutsche Zeitung Nr. 64 vom 16.3.1979, Seite 33. Auch die Commerzbank AG geht in ihrer Veröffentlichung "Rund um die Börse 1978", Frankfurt am Main 1978 davon aus, daß "viele private Sparer das schwierige Reformwerk noch nicht ganz "verdaut" zu haben (scheinen)", Seite 16.

Dieser liquiditätsmäßig nachteilige Effekt des geltenden Körperschaftsteuerrechts wird durch die Tatsache, daß auf die Steuerschuld vierteljährliche Vorauszahlungen zu leisten sind [1], abgeschwächt. Da sich die Vorauszahlungen grundsätzlich nach der Steuerschuld bemessen, die sich nach Anrechnung der Steuerabzugsbeträge bei der vorausgehenden Veranlagung ergeben hat, vermindert sich bei gegenüber der Vorperiode unveränderten steuerlichen Verhältnissen und insbesondere gleich hohen empfangenen Dividendenzahlungen die im Verhältnis zum KStG 1975 höhere Liquiditätsbelastung des Anrechnungsverfahrens. Variieren aber die steuerlichen Verhältnisse und/oder insbesondere die empfangenen Dividendenzahlungen in ihrer Höhe, so kommt der beschriebene liquiditätsbezogen nachteilige Effekt des geltenden Rechts voll zur Wirkung. Der Zeitraum zwischen fiktivem Zufluß der angerechneten Körperschaftsteuer und dem Zeitpunkt der tatsächlich steuermindernden Steuergutschrift beträgt zumindest etwa 10 Monate, nämlich dann, wenn der Gewinnverteilungsbeschluß und somit die Dividendenzahlung sehr spät, die Zahlung der Einkommensteuerschuld für das entsprechende Veranlagungsjahr dagegen relativ frühzeitig erfolgt. In Extremfällen kann sich die Liquiditätsbeeinträchtigung durch das Anrechnungsverfahren jedoch über einen weitaus größeren Zeitraum, nämlich auf etwa 24 bis 36 Monate, erstrecken. Der Wert der Steuergutschrift kann sich durch diese Zeitverschiebung für den Anteilseigner unter Umständen erheblich mindern [2]. Es ist daher fraglich, ob die Steuergutschrift von den Anteilseignern überhaupt akzeptiert wird [3]. Bei der Untersuchung dieser Frage sind drei

---

1) Hierzu: § 35 Abs. 1 EStG 1974.

2) Das Ausmaß des negativen Zinseffekts hängt unter anderem von der Höhe des zu versteuernden Einkommens und von dem Ausmaß der Steuergutschrift ab.

3) Ein abschließendes Urteil über das Verhalten der Anteilseigner kann zum gegenwärtigen Zeitpunkt noch nicht abgegeben werden. Man wird das erste Jahr seit Einführung der reformierten Körperschaftsteuer wohl als Anlaufperiode werten müssen.

mögliche Einstellungen des Gesellschafters gegenüber der Steuergutschrift plausibel und damit von Interesse:

1. Der Anteilseigner akzeptiert die Steuergutschrift überhaupt nicht. Dies würde bedeuten, daß er für seine Kapitaleinlage im Rahmen des neueingeführten Anrechnungsverfahrens eine Bardividende erwartet, die in ihrer Höhe der ausgezahlten Dividende nach altem Recht entspricht.
2. Der Anteilseigner akzeptiert die Steuergutschrift in vollem Ausmaß, d.h. er begnügt sich nach geltendem Recht für sein eingelegtes Kapital mit einer Bruttodividende, die exakt der ausgezahlten Dividende nach altem Recht entspricht.
3. Der Anteilseigner akzeptiert die Steuergutschrift nur teilweise. Für diesen Fall gibt sich der Gesellschafter für das überlassene Kapital mit einer Bardividende zufrieden, die geringer ist als die ausgezahlte Dividende nach altem Recht war, aber höher ist als die Bruttodividende nach geltendem Recht abzüglich der anrechenbaren Steuergutschrift.

Diese möglichen Einstellungen des Anteilseigners geben an, wie sich bei ihm jeweils das zeitliche Auseinanderfallen des Empfangs der Bardividende und der Anrechnung der Steuergutschrift bei der Ermittlung der individuellen Einkommensteuerschuld in der Wertschätzung der Steuergutschrift niederschlägt. Von der Einstellung des Gesellschafters und deren Durchsetzbarkeit hängt andererseits die Liquiditätsbelastung der Unternehmung im System des Anrechnungsverfahrens ab.

2.7.2 Liquiditätsbelastung der Unternehmung

Wie sich die verschiedenen Einstellungen des Anteilseigners gegenüber der Steuergutschrift auf die Liquiditätsbelastung der Unternehmung auswirken, wurde bereits bei der Untersuchung des Umfangs der möglichen Rücklagenzuführung bei unterschiedlichen Ausschüttungsquoten (Gliederungspunkt 2.3) ermittelt.

Die Gegenüberstellung der möglichen Rücklagenzuführung nach altem Körperschaftsteuerrecht und nach dem nicht modifizierten Anrechnungsverfahren entspricht hierbei der ersten der genannten Einstellungen.

Die Selbstfinanzierungsmöglichkeiten, die der Unternehmung nach der Dividendenausschüttung und der Abführung der Steuern verbleiben, werden zum Maßstab für die Liquiditätsbelastung nach KStG 1975 im Vergleich zum nicht modifizierten Anrechnungsverfahren. Je höher das Selbstfinanzierungspotential ist, um so niedriger ist unter den gegebenen Bedingungen die Liquiditätsbelastung. Mit der Abnahme der Selbstfinanzierungsmöglichkeiten steigt demzufolge die Liquiditätsbelastung der Unternehmung.

Die zweite genannte Einstellung auf Gesellschafterebene und deren Auswirkungen auf die Liquiditätsbeeinträchtigung der Gesellschaft korrespondiert mit dem Vergleich zwischen der möglichen Rücklagenzuführung nach altem Recht und der Konzeption des modifizierten Anrechnungsverfahrens.

Die Analyse der Selbstfinanzierungsmöglichkeiten im KStG 1975 und bei Betrachtung des nicht modifizierten Anrechnungsverfahrens hat gezeigt, daß bei gleichen Ausschüttungsquoten das Selbstfinanzierungspotential unter den

Bestimmungen des alten Rechts generell größer, mithin die Liquiditätsbelastung generell kleiner als beim Anrechnungsverfahren ist. Die Einstellung eins bewirkt demnach bei sonst gleichen Bedingungen eine höhere Liquiditätsbelastung der Unternehmung als nach altem Körperschaftsteuerrecht.

Im Fall der Gegenüberstellung der Selbstfinanzierungsmöglichkeiten nach altem Recht und bei dem Konzept des modifizierten Anrechnungsverfahrens zeigte sich dagegen, daß bei keinem der beiden körperschaftsteuerlichen Vorschriften die Selbstfinanzierungsspielräume grundsätzlich größer sind als bei dem jeweils anderen. Vielmehr ist bis zu einer Ausschüttungsquote von 18,34 v.H. das Potential der Selbstfinanzierung nach altem Recht größer und damit die Liquiditätsbelastung geringer als beim modifizierten Anrechnungsverfahren. Eine Ausschüttungsquote von mehr als 18,34 v.H. bewirkt demgegenüber ein umgekehrtes Resultat.

Im Konzept des modifizierten Anrechnungsverfahrens fühlen sich also bei einer Ausschüttungsquote von über 18,34 v.H. nicht nur die Gesellschafter mit der zweiten Einstellung gleich gut gestellt wie nach der Dividendenzahlung bei altem Recht. Zusätzlich ist bei dieser Ausschüttungsquote die Selbstfinanzierungsmöglichkeit und damit die Liquiditätsbelastung der Unternehmung im Anrechnungsverfahren genau so groß wie beim KStG 1975.

Akzeptiert der Anteilseigner die Steuergutschrift nur partiell, d.h. vertritt er die dritte der genannten Einstellungen, so bedarf die Ermittlung der Liquiditätsbelastung der Unternehmung bestimmter Annahmen über den Grad der Zustimmung des Gesellschafters. Aus Gründen der Vereinfachung soll im Rahmen dieser Untersuchung auf derartige Annahmen verzichtet werden, da die Extremfälle in Einstellung eins und zwei diskutiert wurden und die entsprechenden Liquiditätsbelastungsvergleiche die mögliche Liquiditätsbeeinträchtigung der Gesellschaft bei der dritten Einstellung hinlänglich deutlich werden lassen.

2.7.3 Analyse der Abgangsregel des § 28 Abs. 2 KStG 1977 [1)]

Die Verbindung der handelsrechtlich determinierten Ausschüttungen mit dem aus der Steuerbilanz hergeleiteten verwendbaren Eigenkapital wird nach § 28 Abs. 2 KStG 1977 mit Hilfe einer Fiktion dargestellt. Danach ist der Zeitpunkt der Zuführung zum verwendbaren Eigenkapital für die Abgangsfolge unbedeutend, diese wird vielmehr alleine durch die Tarifbelastung der Teilbeträge des verwendbaren Eigenkapitals bestimmt. Hier wird die starke Analogie zu der aus dem Handelsrecht bekannten Hifo-Regel bei der Bewertung des Vorratsvermögens deutlich.

Der positive Zinseffekt für den Steuerpflichtigen wird erst im Rahmen einer differenzierten Betrachtung der Abgangsregel offensichtlich. Die eine Körperschaftsteuerminderung [2)] und damit eine Liquiditätsentlastung bewirkenden Eigenkapitalteile gelten jeweils zuerst als für Ausschüttungszwecke verwendet. Die eine Körperschaftsteuererhöhung [3)] und damit eine Liquiditätsbelastung verursachenden Eigenkapitalteile werden erst dann ausgekehrt, wenn keine Eigenkapitalteile mit einer höheren Tarifbelastung mehr vorhanden sind.

---

1) Liquiditätswirkungen der hier diskutierten Art werden nur dann möglich, wenn verwendbares Eigenkapital mit unterschiedlicher Tarifbelastung im Gesellschaftsbereich existiert und diese Teilbeträge aus unterschiedlichen Perioden stammen bzw. fortwährend ergänzt werden.

2)3) Ergibt sich jeweils aus § 27 Abs. 1 KStG 1977

Eine Analyse der Zinswirkungen läßt drei Wirkungsphasen unterscheiden.

1. Ausgehend von einer vollständigen Rücklagenbildung, die keine Zinseffekte verursacht, induziert die Ausschüttung von ungemildert belastetem Eigenkapital einen Zinsgewinn. Seinen Höhepunkt erreicht dieser positive Effekt, wenn das ungemildert belastete Eigenkapital vollständig zur Ausschüttung gelangt, aber keine weiteren Kapitalteile zur Deckung der Ausschüttung herangezogen werden.
2. In dieser Phase werden neben den **ungemildert** belasteten Teilen auch die ermäßigt belasteten Teile des verwendbaren Eigenkapitals ausgeschüttet. Hierdurch verändert sich der Zinseffekt nicht, da für diesen Teil des verwendbaren Eigenkapitals keine Erhöhungen oder Minderungen der Körperschaftsteuer anfallen.
3. Dagegen führt die Verwendung von steuerfreien Vermögensmehrungen für Zwecke der Ausschüttung zu einer Erhöhung der Körperschaftsteuer. Dieser Erhöhungsbetrag nimmt mit zunehmenden Auskehrungen steuerfreier Vermögensmehrungen zu und kompensiert die aus der Ausschüttung ungemildert belasteter verwendbarer Eigenkapitalteile resultierende Minderung der Körperschaftsteuer. Der zusammengefaßte Zinseffekt nimmt folglich mit zunehmender Verwendung von unbelastetem verwendbaren Eigenkapital ab und kann sogar negative Werte annehmen (d.h. eine zusätzliche Liquiditätsbelastung tritt auf), wenn die Erhöhung der Körperschaftsteuer deren Minderung aufwiegt und übertrifft. Die Zusammenhänge, die sich aus § 28 Abs. 2 KStG 1977 ergeben lassen sich grafisch in der folgenden Weise darstellen

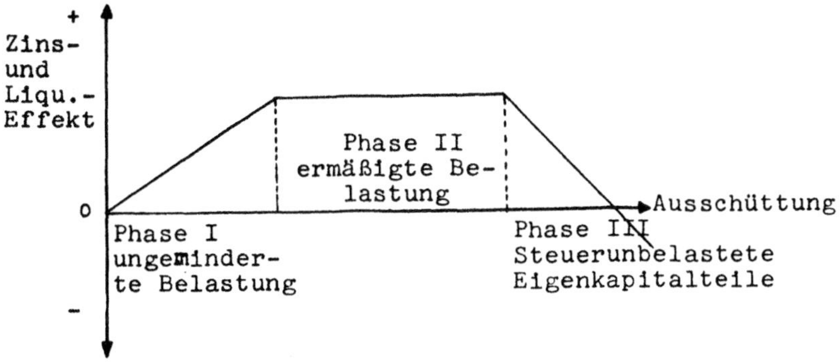

Abb. 4: Zins- und Liquiditätseffekte der Abgangsregelung nach § 28 Abs. 2 KStG 1977

Nach der Reihenfolge der zur Ausschüttung gelangenden Eigenkapitalteile ergeben sich die nachstehenden Liquiditätseffekte:

1. ungemildert mit Körperschaftsteuer belastete verwendbare Eigenkapitalteile

   $M = B \cdot \frac{11}{16} \longrightarrow \frac{5}{16}$ geringere Liquiditätsbelastung

2. ermäßigt mit Körperschaftsteuer belastete verwendbare Eigenkapitalteile

   $M = B \longrightarrow$ keine Liquiditätsent- oder-belastung

3. mit Körperschaftsteuer unbelastete Eigenkapitalteile

   $M = B \cdot \frac{25}{16} \longrightarrow \frac{9}{16}$ höhere Liquiditätsbelastung

M = Minderung des verwendbaren Eigenkapitals und damit Liquiditätsabfluß

B = Bardividende = Bruttoausschüttung ./. Steuergutschrift

Wird die isolierte Betrachtung der Abgangsregel aufgegeben, und ihre Stellung im System des Anrechnungsverfahrens untersucht, so erscheint der positive Zinseffekt in einem anderen Licht. Denn trotz der Herstellung der Belastung nach § 27 Abs. 2 KStG 1977 wird im Anrechnungsverfahren die Belastung mit Körperschaftsteuer regelmäßig <u>vor</u> der Entlastung (durch die Verwendung für Ausschüttungszwecke) erfolgen. Dieser im Anrechnungsverfahren zugunsten des Staates enthaltene Zinseffekt wird somit durch die in § 28 Abs. 2 KStG 1977 festgelegte Abgangsfolge des verwendbaren Eigenkapitals abgemildert.

3. Der Bedingungsrahmen finanzierungspolitischer Entscheidungen

Das letzte Kapitel versuchte den geänderten Datenkranz darzustellen, dem sich Kapitalgesellschaften nach der Reform der Körperschaftsteuer gegenübersehen. Wie sich die neuen steuerlichen Daten auf die Finanzierungsentscheidungen auswirken, läßt sich jedoch nicht unmittelbar und alleine aus der quantitativen Bedeutung der steuerlich verursachten Datenänderungen herleiten. Voraussetzung hierfür ist vielmehr neben einer Präzisierung des Untersuchungsgegenstandes "Finanzierung" eine Klärung der Frage, unter welchen Zielsetzungen Finanzierungsentscheidungen in Kapitalgesellschaften zustandekommen und welche sonstigen Bestimmungsfaktoren auf die finanzielle Sphäre der Unternehmen einwirken. Soweit die steuerlichen Datenänderungen diese Determinanten tangieren, sind Auswirkungen auf die Finanzierungspolitik zu erwarten.

3.1 Zur Finanzierung von Kapitalgesellschaften

3.1.1 Der Begriff der Finanzierung

Beim Studium der betriebswirtschaftlichen Literatur im Hinblick auf Definition und Wesen der "Finanzierung" kommt man zu der Feststellung, daß der Finanzierungsbegriff uneinheitlich gebraucht wird und im Laufe der Zeit tendenziell eine Ausweitung erfahren hat[1].

---

1) Dabei fällt auf, daß der Begriff "Finanzierung" in der betriebswirtschaftlichen Literatur häufig parallel zum Phänomen der "Investition" behandelt wird.
Vgl. Wöhe, Günter, Allgemeine Betriebswirtschaftslehre, a.a.O., S. 357 ff.

Die moderne Literatur subsumiert unter diesem Terminus praktisch alle finanziellen Vorgänge im Betrieb. Dabei bilden die finanziellen Vorgänge die Voraussetzung für den gesamtbetrieblichen Leistungsvollzug. Insofern umschließt die finanzielle Sphäre das Ganze des betrieblichen Geschehens, vom Eintritt der Sachgüter, Arbeits- und Dienstleistungen in das Unternehmen bis zu ihrer marktlichen Verwertung in veränderter oder unveränderter Form. In ständiger Abfolge werden Kapitalbeträge gebunden und wieder freigesetzt, ausgelöst durch Beschaffungs- und Veräußerungsakte, die den Beginn und die Beendigung der Prozesse bedeuten.

Ursprünglich wurde unter Finanzierung lediglich die Beschaffung von Eigenkapital, später auch die Aufnahme langfristigen Fremdkapitals verstanden. Schmalenbach ist über diese enge Fassung des Finanzierungsbegriffs hinausgegangen; er hat ihn auch auf "Rückerstattung und ..... Verlust des Kapitals sowie die sonstigen kapitalmäßigen Beziehungen zwischen der kapitalverwendenden Unternehmung und dem kapitalgebenden Kapitalisten" [1] ausgedehnt und die kurzfristigen Finanzdispositionen einbezogen.

---

1) Schmalenbach, E., Die Beteiligungsfinanzierung, 8. Auflage, Köln, Opladen 1954, S. 9

Die neuere betriebswirtschaftliche Theorie der Geld- und Kapitalwirtschaft befaßt sich neben den Vorgängen, die sich nur auf der Passivseite der Bilanz niederschlagen, auch mit den laufenden Kapitalbindungs- und Kapitalfreisetzungsvorgängen aus dem betrieblichen Umsatzprozeß, die lediglich zu einer Umschichtung auf der Aktivseite der Bilanz führen. [1] Die Verbindung von Kapitalbereich (Passivseite der Bilanz) einerseits, Zahlungs- und Investitionsbereich (Vermögenssphäre, Aktivseite der Bilanz) andererseits erfolgt durch den betrieblichen Umsatzprozeß, der im Gegensatz zu den bestandsorientierten älteren Auffassungen als eine ständige Abfolge von Investitionen und Desinvestitionen, d.h. eine dauernde, durch einen Strom von Ein- und Auszahlungen [2] gekennzeichnete Bindung und Freisetzung von Geldmitteln in bzw. aus Sachwerten, [1] und außerdem als ein Prozeß fortwährender Finanzierungsvorgänge verstanden wird.

---

2) Neben Barbewegungen sollen auch pagatorische Kontenbewegungen als Ein- und Auszahlungen betrachtet werden. Darüber hinaus sind die Begriffe so weit zu verstehen, daß sie auch Kreditvorgänge einschließen.

1) Ein derartiger Prozeß läßt sich im wesentlichen durch fünf Stationen charakterisieren:
   (1) Mittelbeschaffung von außen, die im Zahlungsbereich als Zahlungsmittel, im Kapitalbereich als Eigen- oder Fremdkapital erscheinen (Aktiv-Passivmehrung).
   (2) Beschaffung von Vermögensmitteln (Investition); Aktivtausch, - bei Investitionen in den Firmenwert: Aktiv-Passivminderung.
   (3) Umformung von Sachgütern, Arbeits- und Dienstleistungen in Halb- und Fertigfabrikate: Aktivtausch im Investitionsbereich bzw. zwischen Investitions- und Vermögensbereich.
   (4) Rückfluß von Geldmitteln durch den Absatz von Ertragsgütern: Aktivtausch.
   (5) Der Kapitalbereich wird nur bei einer Vermehrung oder Verminderung des Vermögensbereichs durch die betriebliche Leistungserstellung und -verwertung oder bei einer nicht aktivierbaren Investition berührt.

Hax faßt die unterschiedlichen Auffassungen über die Definitionsabgrenzung in zwei Finanzierungsbegriffe zusammen[1]. Er unterscheidet zwischen einem klassischen und einem erweiterten Finanzierungsbegriff[2]. Dabei deckt sich die Abgrenzung von Schmalenbach mit dem klassischen Finanzierungsbegriff. Er umfaßt somit nur diejenigen Erscheinungen in der finanziellen Sphäre einer Unternehmung, welche die Passivseite der Bilanz verändern. Hingegen schließt der erweiterte Begriff "sämtliche Arten der Kapitalbeschaffung" [3] ein. Dazu gehören nicht nur die Beschaffung von Eigen- und Fremdkapital von außen, sondern ebenso die Beschaffung von Eigenkapital aus dem betrieblichen Umsatzprozeß, beispielsweise durch das Zurückbehalten von Gewinnen, durch die Freisetzung von Mitteln aufgrund einer bestimmten Abschreibungspolitik[4], durch Steigerung der Kapitalumschlagsgeschwindigkeit oder durch Vornahme von Rationalisierungsmaßnahmen.

---

1) Hierzu Hax, K., Langfristige Finanz- und Investitionsentscheidungen, in: Handbuch der Wirtschaftswissenschaften, Band 1, herausgegeben von Hax, K., Wessels, Th., 2. Auflage, Köln, Opladen 1966, S. 416.

2) Hierzu auch Härle, D., Finanzierungsregeln und ihre Problematik, Wiesbaden 1961, S. 14.

3) Wöhe, G., Einführung in die Betriebswirtschaftslehre, a.a.O., S. 359.

4) Unter dem Begriff des "Lohmann-Ruchti" - oder "Marx-Engels" - Effekts ist beispielsweise die Finanzierung von Investitionen aus "verdienten" Abschreibungen in der Betriebswirtschaftslehre bekannt. Hax bezeichnet diese Art der Innenfinanzierung als "Kapazitätserweiterungseffekt".
Hax, K., Langfristige Finanz- und Investitionsentscheidungen, a.a.O.,
Wöhe, G., Einführung in die Allgemeine Betriebswirtschaftslehre, a.a.O., S. 423 f.
Büschgen, H.E., Grundlagen betrieblicher Finanzwirtschaft, a.a.O., S. 88 f.

Nicht alle Finanzierungsvorgänge zeigen sich damit an Veränderungen im Kapitalbereich; der erweiterte Begriff umfaßt offensichtlich auch Vermögensumschichtungen. Auch eine Beschaffung von Fremdkapital von innen ist möglich, wenn der Betrieb Rückstellungen bildet, die erst in späteren Perioden - beispielsweise im Falle von Pensionsrückstellungen - zu Ausgaben führen.

3.1.2 Die Finanzierungsformen

Entsprechend der Herkunft der Finanzierungsmittel unterscheidet man üblicherweise zwischen der "Außen-" oder "externen Finanzierung" und der "Innen-" oder "internen Finanzierung"[1]. Außenfinanzierung bedeutet, daß die erforderlichen Finanzmittel dem Unternehmen von außen zufließen, also nicht aus dem betrieblichen Umsatzprozeß stammen. Diese Zuführung kann in Form einer Einlagen- oder Beteiligungsfinanzierung (Überlassung von Eigenkapital durch den Unternehmer bzw. die Gesellschafter von Personengesellschaften oder durch den Erwerb von Anteilen an Kapitalgesellschaften) oder einer Kreditfinanzierung (Zuführung von Fremdkapital) erfolgen. Die Kredithergabe geschieht entweder kurz-, mittel- oder langfristig. Neues Beteiligungskapital wird bei Kapitalgesellschaften in der Form der Aktiengesellschaft durch Ausgabe neuer Aktien gegen entsprechende Einlagen eingebracht[2]. Darüber hinaus existieren einige Mischformen der Außenfinanzierung, die zwischen der Beteiligungs- und der Kreditfinanzierung anzusiedeln sind.

---

1) Hax, K., Langfristige Finanz- und Investitionsentscheidungen, a.a.O., S, 415 f.
Wöhe, G., Einführung in die Allgemeine Betriebswirtschaftslehre, a.a.O., S. 361.

2) §§ 182 ff. AktG.

Stammen die finanziellen Mittel dagegen aus dem Betrieb selbst, so wird der Vorgang als "Innenfinanzierung" bezeichnet. Hierbei handelt es sich zum einen um in Geldform zurückverwandeltes (freigesetztes) Kapital, zum anderen um Beträge, die in Form von Einzahlungen über das ursprünglich eingesetzte Kapital hinaus hereinkommen. Unter den Begriff Selbstfinanzierung faßt man die Beschaffung von Kapital mittels zurückbehaltener Gewinne (Rücklagenzuführung im Falle der zu betrachtenden Aktiengesellschaft). Nicht als Finanzierungsvorgang wird dagegen die spätere Umwandlung der Rücklagen in Aktienkapital betrachtet. Durch diese nominelle Kapitalerhöhung wird das bereits vorhandene Eigenkapital lediglich zwischen Grundkapital und Rücklagen umstrukturiert.

Ferner zählt zur internen Finanzierung auch die Bereitstellung von Geldmitteln für den Betriebsprozeß durch Freisetzung von Abschreibungsgegenwerten durch Vermögensumschichtungen, z.B. in Form außerordentlicher Umsatzerlöse bei einer Verminderung des betriebsnotwendigen Vermögens und beim Verkauf nicht betriebsnotwendigen Vermögens oder durch einen beschleunigten Kapitalumschlag.

Nach der Rechtsstellung des Kapitalgebers ist zwischen Eigenfinanzierung (Zuführung von Eigenkapital, das die Haftung für die Verbindlichkeiten trägt) und Fremdfinanzierung (Zuführung von Gläubigerkapital) zu unterscheiden, wobei spezielle Formen der externen oder der internen Finanzierung zugerechnet werden können.

Die folgende Darstellung[1] faßt mögliche Finanzierungsformen zusammen:

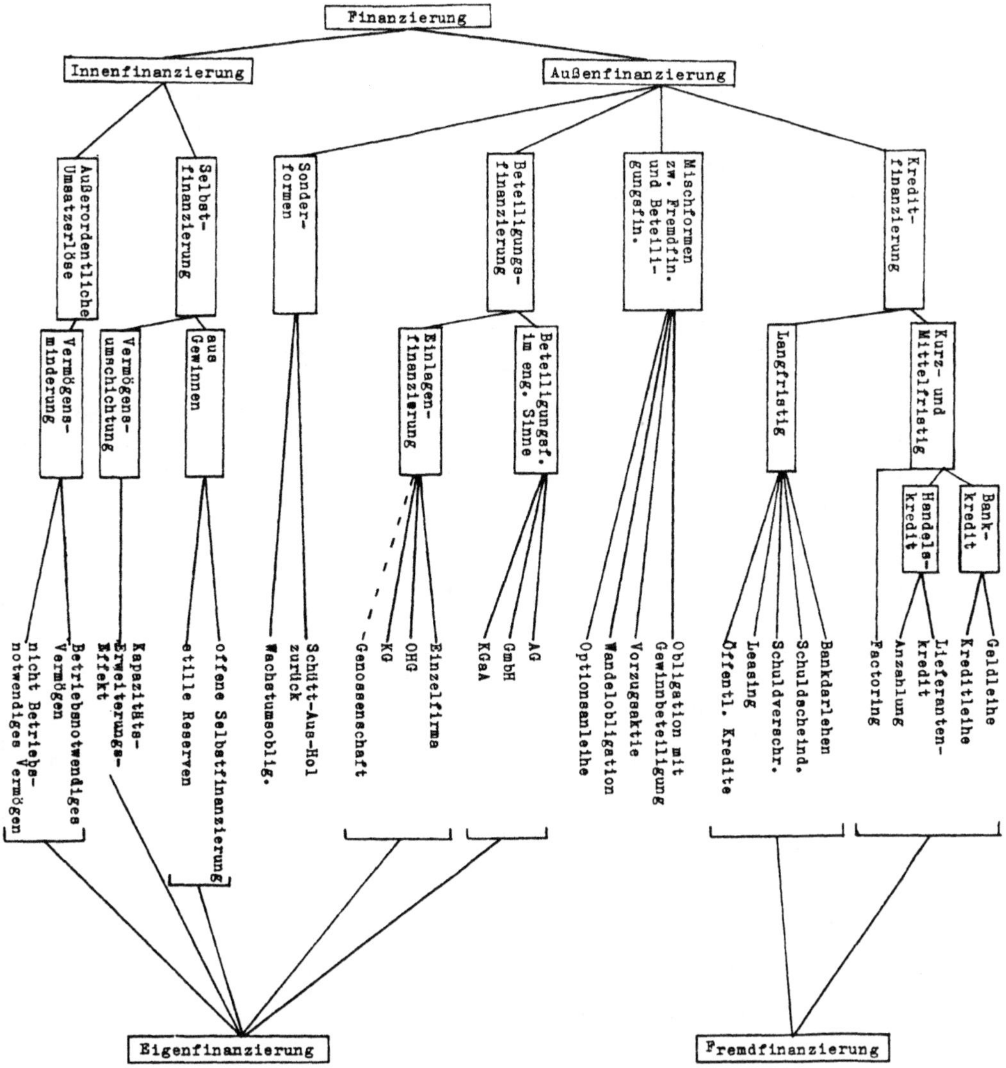

Abb. 5 : Das Spektrum der Finanzierungsformen

1) In Anlehnung an: Hax, K., Langfristige Finanz- und Investitionsentscheidungen, a.a.O., S. 415 f.; Schneider, D., Investition und Finanzierung, a.a.O., S. 139 f.; Büschgen, H.E., Grundlagen betrieblicher Finanzwirtschaft, a.a.O., S. 9 f.; Wöhe, G., Einführung in die allgemeine Betriebswirtschaftslehre, a.a.O., S. 357 - 488; Heubaum, H., Betriebswirtschaftslehre für Praktiker, a.a.O., S. 106 - 142.

Tabelle 3: Die Finanzierungsstruktur ausgewählter Aktiengesellschaften in den Jahren 1961 und 1977

Die nachstehende Übersicht[1] zeigt, in welchem Maße sich eine Anzahl ausgewählter Aktiengesellschaften der unterschiedlichen Finanzierungsmöglichkeiten bedienten. Im Jahre 1977 wurden etwa 79,3 v.H. des Kapitalbedarfs durch Abschreibungen und eigengebildetes Kapital und 20,7 v.H. durch Beteiligungs- und Kreditfinanzierung beschafft. Der Anteil der Außenfinanzierung hat sich zwischen 1961 und 1977 von rund 30,2 % auf etwa 20,7 v.H: verringert.

	1977 812 Aktiengesellschaften der Industrie		1961 1.171 Aktiengesellschaften der Industrie
	in Mio DM	v.H.	v.H.
I. Innenfinanzierung			
1. Abschreibungen	23.446,8	62,3	60,4
2. eigengebildetes Kapital	6.392,3	17,0	9,4
Innenfinanzierung insgesamt	29.839,1	79,3	69,8
II. Außenfinanzierung			
1. Kapitalerhöhungen incl.Agio	2.493,6	6,6	17,0
2. langfristige Verbindlichkeiten	4.684,3	12,5	13,2
3. empfangene Ertragszuschüsse	604,5	1,6	-
Außenfinanzierung insgesamt	7.782,4	20,7	30,2

1) Stat. Bundesamt, Wirtschaft und Statistik, Jahrgang 1978, Wiesbaden 1978, S. 785.

Das Feld der Finanzierungsmöglichkeiten einer Aktiengesellschaft [4].

1. Außenfinanzierung

1.1 Beteiligungsfinanzierung (Emission von Aktien gegen Einlagen).

1.2 Kreditfinanzierung (Bereitstellung von Finanzierungsmitteln durch Gläubiger).

1.2.1 Kapitalmarktkredite[1]: Obligationen, Wandelschuldverschreibungen, Optionsanleihen, Schuldscheindarlehen, Schuldverschreibungen mit Gewinnbeteiligung.

1.2.2 Bankkredite

a) Geldleihe[2] (Kontokorrentkredit, Diskontkredit, Realkredit, Lombardkredit, Rembourskredit, Konsortialkredit).

b) Kreditleihe[3] (Akzeptkredit, Avalkredit).

1.2.3 Handelskredite (Lieferantenkredit, Vorauszahlungen).

1.2.4 Kredite sonstiger Außenstehender (öffentliche Kredite).

1.2.5 Sonstige Fremdfinanzierungen (Factoring, Leasing).

---

1) Hierzu: Büschgen, H.E., Grundlagen betrieblicher Finanzwirtschaft, a.a.O., S. 38 - 54, 72 - 79.

2) Zu den Anforderungen der Kreditinstitute in Zusammenhang mit den verschiedenen Formen der Geldleihe: Büschgen, H.E., Bankbetriebslehre, Wiesbaden 1972, S. 340 - 410.

3) Zu den Problemen des Kreditleihgeschäfts: Büschgen, H.E., Bankbetriebslehre, a.a.O., S. 411 - 416.

4) Teilweise in Anlehnung an Hax, K., Langfristige Finanz- und Investitionsentscheidungen, a.a.O., S. 415 f. und Schneider, D., Investition und Finanzierung, a.a.O., S. 139 f.

2. Innenfinanzierung

2.1 Finanzierung aus ordentlichen Umsatzerlösen
2.1.1 aus verrechnetem Aufwand
a) Lohmann-Ruchti-Effekt
b) Rückstellungen
c) sonstige Aufwandsposten, soweit sie nicht unmittelbar zu Ausgaben führen
2.1.2 Selbstfinanzierung (Gewinnthesaurierung)
a) unternehmenserhaltende (substanzerhaltende) Selbstfinanzierung (nicht ausschüttungsfähiger Gewinn)
b) wachstumsfördernde Selbstfinanzierung (ausschüttungsfähiger Gewinn)
2.2 Finanzierung aus außerordentlichen Umsatzerlösen
2.2.1 Verminderung des betriebsnotwendigen Vermögens
2.2.2 Verkauf nicht betriebsnotwendigen Vermögens

Das dargestellte System der Finanzierungsformen enthält die möglichen Finanzierungsvorgänge, die unter den erweiterten Finanzierungsbegriff zu subsumieren sind. Diese Übersicht setzt gleichzeitig den instrumentellen und institutionellen Rahmen, in dem sich der Aufbau des Kapitalfonds vollzieht und in den hinein die Unternehmen gebunden sind, wenn sie vor der Aufgabe stehen, das für die betrieblichen Ziele erforderliche Kapital zu beschaffen. Die Finanzierungsmöglichkeiten, über die ein Unternehmen letztlich verfügt, sind allerdings nicht immer mit dem aufgezeigten weiten Rahmen potentiell gegebener Möglichkeiten der Kapitalbeschaffung identisch, sie rekrutieren sich vielmehr aus dem mehr oder weniger engen Feld betrieblich zulässiger Finanzierungsformen.

Darüber hinaus interessieren in Zusammenhang mit der Problemstellung dieser Untersuchung nicht alle aufgezeigten Formen der Finanzierung. So hat das mit der Körperschaftsteuerreform eingeführte Anrechnungsverfahren keinen Einfluß auf die Kapitalbeschaffung über verrechneten Aufwand und auf die

Finanzierung aus außerordentlichen Umsatzerlösen (reine Vermögensumschichtung; buchungstechnisch ein Aktivtausch). Im Vordergrund der Studie stehen vielmehr andere Finanzierungsformen: Die Außenfinanzierung mit Beteiligungs- und Kreditfinanzierung und aus dem Bereich der Innenfinanzierung die Selbstfinanzierung, die in enger Beziehung zur Ausschüttungspolitik steht. Ferner ist von einigem Interesse die Bedeutung der nicht exakt einordnenbaren Sonderform des Ausschüttungs-Rückhol-Verfahrens.

Die Themenstellung erlaubt somit die Ausrichtung am "klassischen" Finanzierungsbegriff, der durch Schmalenbach geprägt wurde.

3.1.3 Finanzierungsmittelmärkte

Die Märkte, auf denen sich der Handel mit Finanzierungsmitteln in Form von Angebot und Nachfrage vollzieht, sind nach einer zwar üblichen, aber groben und in mancher Hinsicht unzureichenden Charakterisierung der kurzfristige Geldmarkt und der langfristige Kapitalmarkt.

Die nachstehende schematische Darstellung verdeutlicht, daß das Unternehmen in die volkswirtschaftlichen und internationalen Geld- und Kapitalmärkte eingebettet ist.

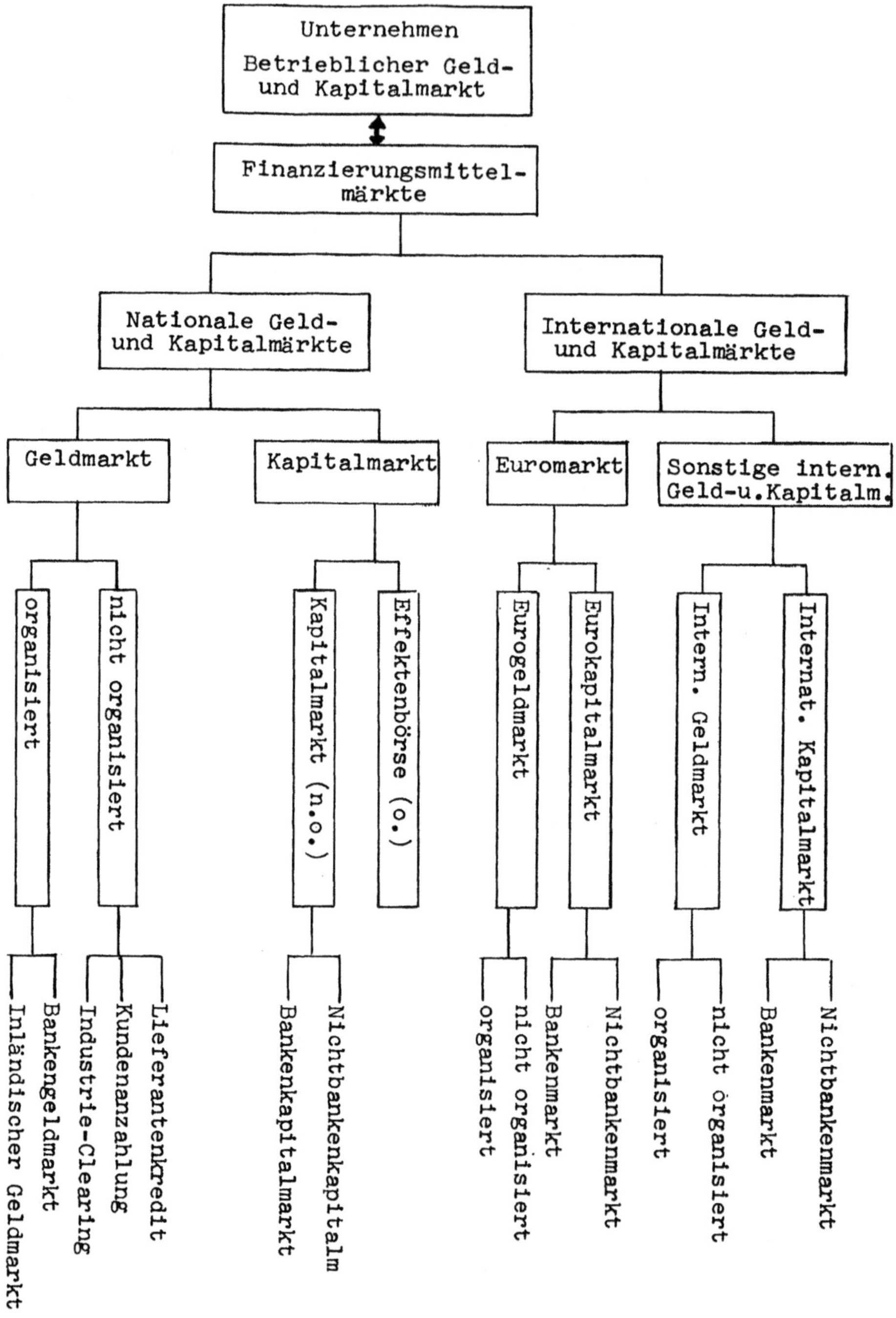

Abb. 6: Die Einbindung der Unternehmung in die Finanzierungsmittelmärkte

Innerhalb der einzelnen Märkte handeln die potentiellen Kapitalgeber aus einer bestimmten Interessenlage heraus, die von Risikobereitschaft, Sicherheitsüberlegungen, Liquiditätserfordernissen und Rentabilitätserwartungen jeweils individuell geprägt ist. Wie immer die Motivationen der Kapitalanleger beschaffen und die Akzente der Entscheidung gesetzt sein mögen, im Kapitalangebot sind sie als determinierende und reflektierende Größe enthalten. Nur wenn die Interessenlage der Kapitalgeber mit der der kapitalnachfragenden Unternehmungen in Einklang gebracht werden kann, lassen sich im konkreten Fall Kapitalbeschaffung und Kapitalüberlassung miteinander koordinieren.

Faßt man das Kapitalangebot als globale Größe auf, so zeigt es sich, daß es von Motivationsstrukturen vielfältiger Art durchzogen ist. Somit steht das durch die verschiedenartigsten Strukturen und Motivationen differenzierte Kapitalangebot dem kapitalnachfragenden Unternehmen gegenüber. Im derart komplexen System der Finanzierungsmittelmärkte müssen sich die Unternehmen um diejenigen bemühen, die unter bestimmten Bedingungen bereit sind, ihnen das Kapital zu überlassen, das sie für die Erfüllung ihrer betrieblichen Aufgaben benötigen. Institutionelle Besonderheiten und Schwächen einzelner Finanzmittelmärkte sind jedoch dafür verantwortlich zu machen, daß nicht jede Unternehmung in gleicher Weise von den Angeboten der spezifischen Märkte Gebrauch machen kann. Insbesondere kleine und mittlere Aktiengesellschaften sehen sich ebenso wie Einzelfirmen, Personengesellschaften und Gesellschaften mit beschränkter Haftung einem um die hochorganisierten Kapitalmärkte der emissionsfähigen Unternehmen verkürzten Finanzierungspotential zur Deckung der benötigten Mittel gegenüber. Damit ist es diesen Kapitalnachfragern verwehrt, die in der Mobilisierungs- und Substitutionsfunktion der Effektenbörse liegenden, aus der Sicht des Kapitalanbieters risikomindernden Vorteile zu nutzen[1].

---

1) Hierzu Büschgen, H.E., Grundlagen betrieblicher Finanzwirtschaft, a.a.O., S. 14 ff.; Gutenberg, Erich, Grundlagen der Betriebswirtschaftslehre, Dritter Band - Die Finanzen - , 6. Auflage, Berlin, Heidelberg, New York 1973, S. 137 ff.

Vor allem die Tatsache, daß die Beteiligungsakte auf hochorganisierten Kapitalmärkten vollkommen versachlicht und entindividualisiert sind[1], läßt große Aktiengesellschaften in einem unvergleichlich höheren Maße am gesamtwirtschaftlichen Kapitalangebot teilhaben - soweit es auf organisierten Kapitalmärkten in Erscheinung tritt - als es ihrem Anteil an der Produktion des Sozialprodukts entsprechen würde. Wie im Bereich der Beteiligungsfinanzierung gilt auch für die Fremdfinanzierung, daß den einzelnen Unternehmen jeweils nicht alle Möglichkeiten Kapitalbedarf durch Fremdkapital zu decken, offenstehen. Auch auf dem Gebiete der Kreditfinanzierung sind die großen und angesehenen, vor allem aber die emissionsfähigen Unternehmen erheblich besser gestellt als die kleinen und mittleren Unternehmen, was auch in den Kreditkonditionen zum Ausdruck kommt. Dieses Phänomen trifft mehr noch für die langfristigen als für die kurzfristigen Kreditaufnahmen zu. So haben etwa kleinere Unternehmen keine Möglichkeit, Schuldverschreibungen zu emittieren[2]. Auch von der Aufnahme eines Schuldscheindarlehens sind sie weitgehend ausgeschlossen.

---

1) Zwar sind auch die Anteile an einer Gesellschaft mit beschränkter Haftung fungibel, aber die Urkunde über die Beteiligung kann nicht auf den Inhaber oder an Order ausgestellt werden. Ferner bedarf es zur Abtretung eines Geschäftsanteils eines gerichtlichen oder in notarieller Form geschlossenen Vertrages. Kleineren oder mittleren nicht börsenfähigen Aktiengesellschaften steht in der Regel der organisierte Kapitalmarkt schon deshalb nicht offen, weil das Emissionsvolumen einen bestimmten Mindestbetrag nicht übersteigt. Die Gesellschafter einer GmbH befinden sich also, wenn sie ihr Eigenkapital ergänzen wollen, trotz der Fungibilität ihrer Gesellschaftsanteile in der gleichen Situation wie die Aktiengesellschaften, deren Aktien nicht vom Kapitalmarkt bewertet werden.

2) Dieses Finanzierungsdilemma kleinerer und mittlerer Unternehmen des gewerblichen Mittelstandes lieferte unter anderem die Begründung für die Entstehung dezentral organisierter Sparkassen und Kreditgenossenschaften, die als regional ausgerichteter Gegenpol zu den die großen Aktiengesellschaften finanzierenden Großbanken gedacht waren. Hierzu: Henze, Werner, Grundzüge der Geschichte des Sparkassenwesens, in: Henze-Schmidt [HRSG], Grundriß für die Sparkassenarbeit, Teil I, Stuttgart 1969, S. 55 ff.

Es zeigt sich also, daß den Unternehmen bei dem Aufbau und der Strukturierung ihres Kapitalfonds die Finanzierungsmittelmärkte in recht unterschiedlicher Weise zur Verfügung stehen. Dies gilt sowohl für Möglichkeiten der Beteiligungsfinanzierung als auch für Formen der Kreditfinanzierung. Der Ansicht, daß die Rechtsform der Aktiengesellschaft in besonderem Maße geeignet sei, den Gesellschaften den Zugang zum Kapitalmarkt zu öffnen, kann derart undifferenziert nicht zugestimmt werden. Vielen Aktiengesellschaften ist schon aufgrund ihrer geringen Größe dieser Zugang versperrt; sie müssen damit auf bestimmte Chancen der Kapitalbeschaffung verzichten. Ähnlich stellt sich die Situation im Bereich der Kreditfinanzierung dar. Mit abnehmender Unternehmensgröße verringern sich auch hier die institutionellen Möglichkeiten der Finanzierung.

3.2 Zur Willensbildung innerhalb einer Aktiengesellschaft

Die Willensbildung der Unternehmen in Form der Aktiengesellschaft wird entscheidend geprägt durch die Trennung des Eigentums an der Gesellschaft und deren Führung. Die Unternehmensleitung muß keine Anteile an der von ihr geführten Gesellschaft besitzen. Nur in Ausnahmefällen wird das Kapital einer Aktiengesellschaft von der Unternehmensleitung selbst gehalten (Ein-Mann-AG). Der Gedanke der Dritt- oder Fremdorganschaft ist gerade bei der Aktiengesellschaft stark ausgeprägt: Die Führung des Unternehmens liegt in erster Linie beim Vorstand, der die Gesellschaft in eigener Verantwortung leitet[1]; er kann nicht an Weisungen der anderen Gesellschaftsorgane gebunden werden. Jedoch kann der Aufsichtsrat einen erheblichen Einfluß auf die Willensbildung einer Aktiengesellschaft haben. Zwar kann er nicht unmittelbar in die Geschäftsführung eingreifen; dennoch ergibt sich dadurch, daß der Vorstand vom Aufsichtsrat bestellt wird, eine gewisse Abhängigkeit des leitungsbefugten Organs von seinem Aufsichtsrat, wodurch

1) § 76 Abs. 1 AktG.

Unternehmensentscheidungen unter Umständen beeinflußt werden können. In der Regel wird der Vorstand daher wichtige Entschlüsse nicht gegen die Meinung des Aufsichtsrates fällen. Darüber hinaus kann die Satzung einer Aktiengesellschaft für bestimmte Arten von Geschäften die Zustimmung des Beratungs- und Überwachungsorgans fordern[1]. Aus diesen Gründen soll hier der Aufsichtsrat auch zur Unternehmensführung im weiteren Sinne gerechnet werden.

Die Befugnisse der Hauptversammlung sind grundsätzlich sehr eingeengt und beschränken sich im wesentlichen auf Entscheidungen, die den rechtlichen und wirtschaftlichen Aufbau der Gesellschaft betreffen[2]. In welchem Ausmaß die Aktionäre Einfluß auf die laufende Geschäftsführung der Gesellschaft, die mit ihren Kapitaleinlagen betrieben wird, ausüben können, hängt überwiegend vom Ausmaß der Beteiligung an der Aktiengesellschaft ab. Im Falle einer wesentlichen Beteiligung werden sie selbst oder eine Person ihres Vertrauens im Aufsichtsrat Sitz und Stimme haben und so die Unternehmensentscheidungen mittelbar beeinflussen können. Für die übrigen Aktionäre ergeben sich dagegen nur geringfügige Einwirkungsmöglichkeiten, sofern kein Zusammenschluß der Anteilseigner mit geringfügigen Beteiligungen [Streubesitz] gelingt.

Im Rahmen dieser Untersuchung ist vor allem von Interesse, inwieweit bei wichtigen finanzierungspolitischen Entscheidungen die Unternehmensführung - also Vorstand und Aufsichtsrat - bzw. die Aktionäre ihre Vorstellungen durchsetzen können.

---

1) § 111 Abs. 4 Satz 2 AktG.
2) Aktienrechtlich haben die Aktionäre praktisch keinen Einfluß auf die Unternehmensleitung. Sie haften Dritten gegenüber überhaupt nicht, gegenüber der Gesellschaft haften sie nur in Höhe der von ihnen gezeichneten, noch nicht eingezahlten Aktienbeträge.

Weitgehend unabhängig von der Meinung der Anteilseigner ist der Vorstand bei der Aufnahme, Rückzahlung oder Umstrukturierung von Fremdmitteln aus Krediten[1]. Lediglich bei größeren Kreditfinanzierungsentscheidungen, etwa in Zusammenhang mit der Ausgabe von Schuldverschreibungen, wird sich die Unternehmensleitung mit dem Aufsichtsrat abstimmen. Eine Möglichkeit der Entscheidungsbeeinflussung haben in diesem Fall daher nur die Großaktionäre, die im Aufsichtsrat vertreten sind und die Banken, deren Vertreter in der Regel in die Aufsichtsräte gewählt worden sind[2].

Auch bei den Entscheidungen über die Gewinnthesaurierung (Selbstfinanzierung) und über die Beteiligungsfinanzierung, also die Ausgabe von Aktien gegen Einlagen, ist die Position der Aktionäre schwach, soweit sie nicht eine wesentliche Beteiligung halten. Zwar beschließt die Hauptversammlung über die Verwendung des Bilanzgewinns. Sie ist hierbei aber an

---

1) Eine Ausnahme bilden die Wandelschuldverschreibungen und die Gewinnschuldverschreibungen, die nach § 221 Abs. 1 AktG nur auf Grund eines Beschlusses der Hauptversammlung mit qualifizierter Mehrheit von 75 % des vertretenen Grundkapitals emittiert werden dürfen. Diese Finanzierungsformen wurden jedoch schon als Mischtypen zwischen der Beteiligungs- und der Kreditfinanzierung klassifiziert.

2) Die Wahl der Bankenvertreter in die Aufsichtsräte der meisten Publikumsaktiengesellschaften ist auf die Vertretung der Aktionäre mit kleineren Beteiligungen in den Hauptversammlungen durch die Depotbanken im Wege der Stimmrechtsvollmachten zurückzuführen. An dieser, durch das Depotstimmrecht begünstigten Machtausübung der Banken hat sich in den letzten Jahren eine weitreichende Auseinandersetzung entzündet. Hierzu Büschgen, H.E., Bankbetriebslehre, a.a.O., S. 467.

den festgestellten Jahresabschluß gebunden[1]. Der Jahresabschluß wird jedoch in der Regel vom Vorstand aufgestellt und gilt - wenn der Aufsichtsrat ihn gebilligt hat - als festgestellt[2]. Der ausgewiesene Bilanzgewinn macht regelmäßig nur einen Teil des von der Aktiengesellschaft insgesamt erwirtschafteten Gewinns aus, da Vorstand und Aufsichtsrat die im Aktienrecht zugelassenen Bewertungswahlrechte so nutzen können, daß der ausgewiesene Jahresüberschuß niedriger ausfällt, als dies betriebswirtschaftlich gerechtfertigt wäre. Die unternehmensführenden Organe können auf diese Weise einen Teil des Gewinns in Form von stillen Rücklagen in der Unternehmung zur Selbstfinanzierung (Innenfinanzierung) einbehalten. Darüber hinaus ist es in das Ermessen von Vorstand und Aufsichtsrat gestellt, Teile des Jahresüberschusses - höchstens jedoch die Hälfte - den freien Rücklagen zuzuführen[3].

Eine ähnlich schwache Stellung hat der normale Aktionär bei der Entscheidung über die Ausgabe neuer Aktien gegen Einlagen (Beteiligungsfinanzierung) inne. Die notwendige Kapitalerhöhung ist zwar von einer Mehrheit von mindestens drei Vierteln des in der Hauptversammlung vertretenen Grundkapitals abhängig[4]. Da bei der Beschlußfassung jedoch die

---

1) § 174 Abs. 1 AktG. Nach § 157 Abs. 1 AktG errechnet sich der Jahresüberschuß folgendermaßen: Jahresüberschuß + Gewinnvortrag (- Verlustvortrag) aus dem Vorjahr + Entnahmen aus den offenen Rücklagen - Einstellungen aus dem Jahresüberschuß in die offenen Rücklagen = Bilanzgewinn.
2) Allerdings kann der Vorstand und der Aufsichtsrat beschließen, daß die Feststellung des Jahresabschlusses der Hauptversammlung überlassen wird (§ 172 AktG).
3) § 58 Abs. 2 AktG
4) § 182 Abs. 1 AktG

meisten Aktionäre durch ihre Depotbanken vertreten werden, wird diese Entscheidung letztlich von diesen und den Großaktionären getroffen[1].

Als Ergebnis bleibt somit festzuhalten, daß über die im Rahmen dieser Untersuchung hauptsächlich interessierende Finanzierungspolitik der Aktiengesellschaften im wesentlichen unabhängig von den Anteilseignern[2] entschieden wird. Strategien der Kapitalbeschaffung, d.h. die Gewichtung von Beteiligungs-, Selbst- und Kreditfinanzierung sowie das Verhältnis von Außen- zu Innenfinanzierung, werden in der Regel vom Vorstand unter Konsultierung des Aufsichtsrates entworfen. Dabei entsenden die Kreditinstitute - häufig mit Hilfe des Depotstimmrechts - ihre Vertreter in den Aufsichtsrat und können auf diese Weise Einfluß auf die Finanzierungspolitik der Unternehmensleitung gewinnen.

Wesentlich für die Frage, wie sich eine steuerlich bedingte Datenänderung auf die Finanzierungspolitik der Aktiengesellschaften auswirkt, werden somit die Motive und Ziele der in den Vorständen und Aufsichtsräten entscheidenden Personen.

Empirische Untersuchungen[3] zeigen, daß das Handeln derartiger Individuen überwiegend von einem Zielkonglomerat bestimmt wird. Man muß davon ausgehen, daß in erster Linie private Motivation(en) die Antriebskraft für das unternehmerische Handeln bildet. Wichtige persönliche Ziele sind

---

1) Diese Situation wird, wie die Praxis zeigt, auch nicht durch die Möglichkeit der Erteilung von Weisungen an die stimmrechtsbevollmächtigten Banken und die Möglichkeit der Mitteilung von Gegenvorschlägen einzelner Aktionäre vor der Hauptversammlung durch die Depotbanken geändert. Die Absicht des Gesetzgebers, mit der Regelung des Bankenstimmrechts in § 135 AktG die früheren Mißstände vollständig zu beseitigen, war damit nur teilweise erfolgreich.
2) Großaktionäre können allerdings einen Vertreter in den Aufsichtsrat entsenden, um ihre Interessen in diesem Gremium artikulieren zu lassen.
3) Siehe hierzu insbesondere Heinen, E., Das Zielsystem der Unternehmung, Wiesbaden 1966, S. 59 ff.

in diesem Sinne das Streben nach Einkommen, Macht und Prestige, ferner auch ethische und soziale Zielsetzungen. Aus diesen zunächst privaten Zielen der Unternehmensführung leiten sich die Ziele der jeweiligen Unternehmung ab. Diese Beziehung läßt erkennen, das sich die Absichten der Anteilseigner der Aktiengesellschaften nur insoweit in den Zielen ihrer Unternehmung widerspiegeln, wie ihre Erfüllung als Mittel zur Verwirklichung der persönlichen Ziele der Unternehmensführung dient.[1] Eine Identität der

---

1) Diese Zusammenhänge entsprechen den in der ökonomischen Theorie der Politik diskutierten Überlegungen über das Verhalten der Politiker in der Demokratie. J.A. Schumpeter skizziert das Modell der Stimmenmaximierung: "Aber um zu verstehen, wie die demokratische Politik (den, d. Verfasser) sozialen Zielen dient, müssen wir vom Konkurrenzkampf um Macht und Amt ausgehen und uns klar werden, daß die soziale Funktion, ..., nur nebenher erfüllt wird - ..." Schumpeter, J.A., Kapitalismus, Sozialismus und Demokratie, 2. Auflage, Bern 1950, S. 448. Anthony Downs interpretiert den demokratischen Prozeß: "Folglich wird ihre (der Politiker, d. Verfasser) soziale Funktion - die darin besteht, Politiken zu entwerfen und auf Grund geeigneter Maßnahmen durchzuführen - erfüllt als Nebenprodukt ihre private Motivation: Letztere ist gekennzeichnet durch den Wunsch, Einkommen, Macht und Prestige der Amtsausübung zu erlangen." Downs, A., Eine ökonomische Theorie des politischen Handelns in der Demokratie, in: Finanztheorie, hrsg. von Recktenwald, H.C., Köln, Berlin 1969, S. 51. Zur Theorie der repräsentativen Demokratie ferner: Downs, A., Ökonomische Theorie der Demokratie, Tübingen 1968, insbesondere Kapitel 4 und 10; Musgrave, R.A., Musgrave, P.B., Kullmer, L., Die öffentlichen Finanzen in Theorie und Praxis, a.a.O., Kapitel 5, vor allem S. 138 ff.; Mackscheidt, Klaus; Steinhausen, J., Finanzpolitik II, Grundfragen versorgungspolitischer Eingriffe, Tübingen, Düsseldorf 1977, S. 49 ff.

Ziele der Anteilseigner und der Absichten der Unternehmensführung muß daher nicht notwendigerweise gegeben sein. Ferner weichen in der Regel die individuellen Ziele der jeweiligen Anteilseigner hinsichtlich der Kapitalgesellschaft, an der sie gemeinsam beteiligt sind, voneinander ab. Je heterogener die Zielstruktur der Aktionärsgesamtheit einer Gesellschaft ist, um so leichter kann die Unternehmensführung eigenständige Zielsetzungen verfolgen.

Im Hinblick auf die Abhängigkeit der Aktionen der Unternehmensführung von den Zielstrukturen ihrer Aktionäre lassen sich grundsätzlich drei Fälle unterscheiden:

(1) Verselbständigung der persönlichen Ziele der Unternehmensführung,

(2) Koppelung der Unternehmensführung an die Ziele der Anteilseigner,

(3) Mischform: partielle Abhängigkeit und partielle Autonomie der persönlichen Ziele der Unternehmensführung.

Die beiden Extremfälle dürften in der Praxis kaum vorkommen. Weder wird eine vollständige Unabhängigkeit der Unternehmensführung von den Interessen der Aktionäre zu beobachten sein, noch dürfte die Unternehmensführung gänzlich von den Zielen der Anteilseigner abhängen. Der Regelfall wird die Mischform sein, also die mehr oder weniger große Unabhängigkeit der Unternehmensführung. Das Ausmaß der Selbständigkeit hängt - wie dargestellt - von der Struktur des betroffenen Aktionärskreises ab. Die Entscheidungsfreiheit der Unternehmensführung wird grundsätzlich in einer Publikumsaktiengesellschaft mit breitgestreutem Aktionärskreis größer sein[1] als in einer Aktiengesellschaft mit einem privaten Großaktionär oder im Verhältnis AG als Tochtergesellschaft zur Muttergesellschaft als Großaktionär.

---

1) Diese Aussage unterstellt, daß im Aktionärskreis einer Publikumsaktiengesellschaft eine heterogenere Zielstruktur gegeben ist.

3.3 Die von der Unternehmensführung unmittelbar kontrollierten Bestimmungsfaktoren

Die Entscheidungen der Unternehmensführung einer Aktiengesellschaft über Selbstfinanzierung, Beteiligungs- und/oder Kreditfinanzierung hängen von einer Anzahl von Einflußfaktoren ab. Teilweise sind diese Einflußfaktoren in der Unternehmensführung selbst begründet, d.h. bewußt als Ziel verankert. Derartige Variablen lassen sich aus der Sicht der Unternehmensführung in gewissem Umfang steuern; sie erscheinen kontrollierbar.

Die finanzierungspolitisch relevanten Umweltbedingungen des Unternehmens bilden die andere Kategorie der Bestimmungsfaktoren. In diesen unternehmensexternen Bestimmungsfaktoren artikuliert sich z.B. auch die Reaktion der Kapitalgeber auf die Unternehmenspolitik. Diese können zwar nicht unmittelbar auf die Unternehmenszielsetzungen und -entscheidungen einwirken; ihr Verhalten muß von der Unternehmensführung jedoch in Rechnung gestellt werden, wenn sie ihre Ziele erreichen will. Beide Kategorien von Einflußfaktoren determinieren zusammengenommen die finanzierungspolitischen Entscheidungen, die von den Organen der betreffenden Aktiengesellschaft zu treffen sind. Die Kenntnis der Variablen und der jeweiligen Wirkungszusammenhänge ist die notwendige Voraussetzung für die Frage nach den Auswirkungen der von der Reform der Körperschaftsteuer ausgehenden Datenänderung auf die Finanzierungspolitik der Aktiengesellschaften.

Der nachfolgende Abschnitt behandelt zunächst nur die durch die Unternehmensführung unmittelbar kontrollierbaren Determinanten.

3.3.1 Finanzierungspolitisch relevante Ziele der Unternehmensführung

Die von einer Unternehmensführung verfolgten Absichten, welche die Finanzierungsentscheidungen maßgeblich bestimmen, lassen sich entweder den unternehmensbezogenen oder den aktionärsbezogenen Zielen zuweisen. Unternehmens- und aktionärsbezogene Ziele sind gleichzeitig als Vehikel anzusehen, das die privaten Ziele der Unternehmensführung transportiert. Wie bereits diskutiert, gelangen auf diese Weise persönliche Zielsetzungen, beispielsweise die Maximierung und/oder Sicherung des persönlichen Einkommens, die Erhaltung der eigenen Stellung im Unternehmen, die individuelle Machtausübung in den Bereich der finanzierungspolitisch relevanten Zielsetzungen.

3.3.1.1 Die unternehmensbezogenen Ziele

Neben der Ausrichtung am systemunabhängigen Prinzip der Wirtschaftlichkeit orientieren sich die Aktivitäten der Unternehmen in kapitalistischen Marktwirtschaften am erwerbswirtschaftlichen Grundsatz. Die Möglichkeit zur Selbstbestimmung des Wirtschaftsplans kennzeichnet Unternehmungen der marktwirtschaftlichen Wirtschaftsordung, wobei als wichtigstes Ziel das Streben nach größtmöglichem Gewinn gilt. Häufig wird der erwirtschaftete Gewinn als Erfolgsmaßstab für die Tätigkeit der Unternehmensführung herangezogen[1)].

---

1) Es muß hier betont werden, daß dieser Maßstab als alleiniges Beurteilungskriterium nicht zuverlässige Aussagen über die Güte einer Unternehmensführung liefern kann. Schon alleine die situativen Bedingungen der Umwelt, die durch die Unternehmensführung grundsätzlich nur perifer beeinflußt werden können, stehen einer derartigen monokausalen Bewertung entgegen. Dennoch wird dem erwirtschafteten Gewinn in der Realität häufig diese - in dieser Form nicht aufrechtzuerhaltende - Maßstabsfunktion übertragen.

Die Sicherheit der Position, das Ansehen und das Prestige insbesondere des Vorstands einer Aktiengesellschaft werden wesentlich vom erzielten Gewinn bestimmt. Darüber hinaus hat die Unternehmensführung ein unmittelbares persönliches Interesse an der Höhe des Gewinns, da die Tantiemen in der Regel hieran gekoppelt sind.

Das Gewinnstreben als Unternehmensziel kann in unterschiedlichen Ausprägungen auftreten. Derartige Strategien sind beispielsweise auf die langfristige Maximierung des Gewinns, auf die Maximierung des Periodengewinns (kurzfristige Gewinnmaximierung), auf die Erzielung eines unter bestimmten Kriterien optimalen Gewinns oder auf die Erwirtschaftung eines befriedigenden Gewinns, was dem Streben nach einem Mindestgewinn gleichkommt, gerichtet[1].

Der Gewinn als absolute Größe sagt allerdings nur wenig aus, so daß er in der betriebswirtschaftlichen Praxis meist zu anderen Größen ins Verhältnis gesetzt wird. Die rentabilitätsmäßige Wirtschaftlichkeit findet ihren Ausdruck gewöhnlich in der Eigenkapitalrentabilität[2], wobei der Prozeß der

---

1) Hierzu Härle, D., Finanzierungsregeln und ihre Problematik, a.a.O., S. 59 ff.; Heinen, E., Das Zielsystem der Unternehmung, a.a.O., S. 59 ff., S. 125 ff.; Bidlingmaier, J., Unternehmerziele und Unternehmerstrategien,

2) Je nachdem, welche Kapitalgröße in den Nenner und welche Gewinngröße in den Zähler der Rentabilitätsbeziehung eingesetzt wird, ergibt sich eine unterschiedliche Rentabilitätskennziffer. Am häufigsten verwendet man die folgenden Rentabilitätskennzahlen:

$$\text{Rentabilität des Eigenkapitals} = \frac{\text{Gewinn}}{\text{Eigenkapital}}$$

$$\text{Rentabilität des Gesamtkapitals} = \frac{\text{Gewinn+Zinsen auf Fremdkap.}}{\text{Gesamtkapital}}$$

$$\text{Rentabilität des betriebsnotwendigen Kapitals} = \frac{\text{Betriebsgewinn}}{\text{Betriebsnotwendiges Kapital}}$$

betrieblichen Leistungserstellung auf ein maximales, optimales bzw. befriedigendes Verhältnis von Gewinn zum Eigenkapital ausgerichtet sein kann. Verändert sich das Eigenkapital des Unternehmens nicht, richten sich Streben nach Gewinn und Eigenkapitalrentabilität nur auf eine Größe aus, da die Rentabilitätskennzahl definiert ist als das Verhältnis von Gewinn zu Eigenkapital. Der Versuch, eine bestimmte Eigenkapitalrentabilität zu erzielen, ist identisch mit der Absicht, eine bestimmte Verzinsung[1] des eingesetzten Eigenkapitals zu realisieren.

Die Zielsetzung, eine bestimmte bzw. maximale Rentabilität des eingesetzten Kapitals zu erwirtschaften, weicht allerdings von der Strategie einer bestimmten bzw. maximalen Gewinnrealisierung in den Fällen ab, in denen die Höhe der Bezugsgröße (etwa: Grundkapital + Rücklagen bei Aktiengesellschaften) nicht festliegt.

Da die Finanzierungspolitik eine Variation der Kapitalstruktur bei gegebenem Umfang des gesamten Kapitalfonds einschließt, erscheint es sinnvoll, im Rahmen der weiteren Untersuchungen vom Rentabilitätsstreben[2] der Aktiengesellschaften auszugehen. Dieser Entschluß läßt sich durch ein weiteres Argument unterstreichen. Die Leistung der Unternehmensführung wird von Außenstehenden häufig dann höher eingeschätzt, wenn eine höhere Eigenkapitalverzinsung erreicht wird [siehe oben] . Dies ist für die Unternehmensführung bedeutend, weil potentielle Kapitalgeber in dieser Situation eher bereit sein werden, weiteres Eigenkapital zur Verfügung zu stellen.

---

1) Zur Verzinsung wird hier auch der nicht ausgeschüttete Gewinn gerechnet.
2) Die Zielsetzung der Eigenkapitalrentabilität diskutiert auch Hax, K., Langfristige Finanz- und Investitionsentscheidungen, a.a.O., S. 418 f., Pack, L., Maximierung der Rentabilität als preispolitisches Ziel, in: Zur Theorie der Unternehmung, Festschrift zum 65. Geburtstag von Erich Gutenberg, Wiesbaden 1962, S. 73 ff.

Allerdings muß die Grenze des Rentabilitätsstrebens spätestens dort gezogen werden, wo die Unternehmensexistenz bedroht wird. Die allgemeine Voraussetzung aller finanzwirtschaftlichen Maßnahmen, welchem Wirtschaftssystem die Unternehmen auch immer angehören mögen, bildet die Aufrechterhaltung des finanziellen Gleichgewichts. Diese Zielsetzung, auch als "Sicherung der Liquidität" oder "Gewährleistung der jederzeitigen Zahlungsbereitschaft" definiert[1)], hat daher grundsätzlichen Vorrang vor dem Rentabilitätsziel[2)]. Mit anderen Worten, unterstellt man als oberste Zielsetzung der Unternehmung das erwerbswirtschaftliche Prinzip, so ist jene Zielsetzung im Finanzbereich als strenge, d.h. jederzeit unbedingt zu beachtende, Restriktion zur unternehmerischen Zielfunktion zu verstehen.

Finanzielles Gleichgewicht ist immer dann gegeben, wenn in jedem Zeitpunkt die finanziellen Mittel gleich dem Bedarf für die fälligen Verbindlichkeiten oder größer als dieser Bedarf sind. Man kann auch sagen, die Zahlungsmitteldeckung muß in jedem Augenblick größer sein als der

---

1) Siehe zur Diskussion des finanziellen Gleichgewichts: Gutenberg, Erich, Grundlagen der Betriebswirtschaftslehre, Band III, Die Finanzen, a.a.O., S. 272 ff.; Büschgen, H.E., Grundlagen der betrieblichen Finanzwirtschaft, a.a.O., S. 96 ff.; Wöhe, G., Einführung in die Allgemeine Betriebswirtschaftslehre, a.a.O., S. 361 f.

2) Siehe hierzu:Gutenberg, Erich, Einführung in die Betriebswirtschaftslehre, Wiesbaden 1958, S. 113; ders., Grundlagen der Betriebswirtschaftslehre, Band III, Die Finanzen, a.a.O.; Rittershausen, H., Die kurzfristigen Finanzdispositionen, in: Handbuch der Wirtschaftswissenschaften, Bd. 1, Köln, Opladen 1966, S. 346 ff.; Heinen, E., Das Zielsystem des Unternehmen, a.a.O., S. 74 ff.

Zahlungsmittelbedarf oder mindestens ihm gleich[1]. Die Einhaltung der Liquidität hängt davon ab, ob es der Unternehmensführung gelingt, Kapitalbindungs- und Kapitalüberlassungsfristen aufeinander abzustimmen. Das im Unternehmen investierte Kapital muß spätestens zu den Zeitpunkten jeweils in der Höhe freigesetzt sein, zu denen es benötigt wird oder zurückgezahlt werden muß. Bestimmend für die Erhaltung der Zahlungsbereitschaft ist daher die Anlage- und die Finanzierungspolitik des Unternehmens. Die Beziehungen zwischen Liquidität und Finanzierungspolitik werden noch diskutiert.

Das Interesse der Unternehmensführung richtet sich ferner darauf, die Position ihres Unternehmens mindestens zu halten, nach Möglichkeit jedoch auszubauen. Diese Zielsetzung läßt sich als "Sicherung des Unternehmenspotentials" bezeichnen[2], wobei das Bestreben des Managements dahin geht, das Kapital des Unternehmens zu erhalten. Zur Frage, was im

---

1) Gutenberg, Erich, Einführung in die Betriebswirtschaftslehre, a.a.O., S. 114; hierzu auch: Büschgen, H.E., Grundlagen betrieblicher Finanzwirtschaft, a.a.O., S. 96 ff. Das finanzielle Gleichgewicht ist ein Idealzustand, in dem die Unternehmung weder nicht zahlungsbereit ist, noch zur Erfüllung der Zahlungsbereitschaft nicht benötigte, die Rentabilität und damit die erwerbswirtschaftliche Zielsetzung negativ beeinflussende überschüssige Zahlungsmittel hält. Dieser Zustand kann somit nicht statisch aufgefaßt werden, sondern die Unternehmensführung versucht, durch ständige Planungen sich diesem Ideal zu jedem Zeitpunkt soweit wie möglich zu nähern.

2) Siehe hierzu: Heinen, E., Das Zielsystem der Unternehmung, a.a.O., S. 70 ff.

einzelnen als Kapitalerhaltung anzusehen ist und welche Maßnahmen dieser Absicht dienen, gehen die Auffassungen und Meinungen in der Literatur allerdings auseinander[1]. Im Rahmen einer inflationären Entwicklung stimmt man soweit überein, daß eine reine nominale Erhaltung des Eigenkapitals einen Abbau des Unternehmenspotentials bedeuten würde. Kapitalerhaltung wird damit als "reale Erhaltung" formuliert, wobei gefordert wird, daß das Eigenkapital des Unternehmens mit der allgemeinen Preissteigerungsrate zunimmt[2]. Andere Konzepte der Kapitalerhaltung sind die Substanz- oder Vermögenserhaltung und die Erfolgskapitalerhaltung. Das Ziel der Vermögens- oder Substanzerhaltung kann einmal darin bestehen, das mengenmäßige Vermögen, also die mengenmäßige Substanz und die Kapazität, zu erhalten (reproduktive oder auch absolute Substanzerhaltung)[3], zum anderen darin, die Leistungsfähigkeit des Unternehmens in der Weise zu sichern, daß sich dessen Produktivität proportional zur gesamtwirtschaftlichen Produktivität entwickelt (relative Substanzerhaltung)[4]. Darüber hinaus kann die Ausrichtung des Leistungspotentials am Maßstab der sektoralen Entwicklung angestrebt werden, wobei erst dann von Erhaltung der Unternehmenssubstanz gesprochen wird, wenn die Anpassung des Unternehmens an den technischen Fortschritt gelungen ist und der Marktanteil gehalten

---

1) Zu den Konzepten der Kapitalerhaltung: Busse von Colbe, W., Substanzerhaltung, in: Handwörterbuch der Betriebswirtschaft, Band III, Hax, K., Die Substanzerhaltung der Betriebe, Köln, Opladen 1957; Münstermann, H., Betriebswirtschaftliche Probleme der Kapitalerhaltung, in: Geschichte und Kapitalwirtschaft, Wiesbaden 1963, S. 298 ; Sieben, G., Prospektive Erfolgskapitalerhaltung, in: Zeitschrift für Betriebswirtschaft, Jahrgang 1964, Heft 10, S. 628 ff.

2) Kapitalerhaltung in dieser Form wird auch als Geldkapitalerhaltung bezeichnet.

3) Zu diesem Problem: Walb, E., Die Erfolgsrechnung privater und öffentlicher Betriebe, Berlin, Wien 1926,S.333

4) Hierzu Schmidt, F., Die organische Tageswertbilanz, unveränderter Nachdruck der 3. Auflage, Wiesbaden 1951, S. 139 ff.

werden kann (leistungsäquivalente Substanzerhaltung)[1]. Schließlich kann die Zielsetzung des Unternehmens am Wachstum ausgerichtet sein, so daß eine stagnierende Entwicklung als relativer Rückschritt in einem Zeitraum allgemeiner wirtschaftlicher Prosperität gewertet wird. Substanzerhaltung in diesem Sinne ist nur durch ausreichende Substanzmehrung erreichbar (qualitative Substanzerhaltung)[2].

Das Ziel der Kapitalerhaltung in der Interpretation der Erfolgskapitalerhaltung ist gleichbedeutend mit der Sicherung des Ertragswertes (= Zukunftserfolgswert) eines Unternehmens. Dieses wird als ein Fonds zukünftiger Gewinne angesehen, dessen Barwert, also die Ertragskraft, erhalten bleiben soll. Eine derartige Zielvorstellung dürfte für die Unternehmenspolitik allenfalls grundsätzliche theoretische Bedeutung haben. Konkrete Unternehmensentscheidungen können sich an derartigen Überlegungen schon deshalb nicht orientieren, weil eine Schätzung künftiger Gewinne kaum möglich sein wird.

Es bleibt festzuhalten: Die wichtigsten unternehmensbezogenen Ziele, von denen sich die Unternehmensführung einer Aktiengesellschaft bei finanzierungspolitischen Entscheidungen leiten lassen wird, sind das Streben nach Eigenkapitalrentabilität, die Erhaltung des finanziellen Gleichgewichts und die Sicherung des Unternehmenspotentials. Die gewählte Reihenfolge soll noch nichts über eine Priorität der einzelnen Ziele aussagen. Zur Intensität der Zielverfolgung läßt sich sagen, daß man früher allgemein

---

1) Hierzu beispielsweise:Hasenack, W., Selbstfinanzierung und Kapitalerhaltung, in: Der Betriebswirt, Jahrgang 1931, S. 130.
2) Siehe Sommerfeld, H., Dynamische Bilanz, in: Lexikon des kaufmännischen Rechnungswesens, 2. Auflage, Stuttgart 1955, Sp. 983.

Maximalziele anstrebte[1], während die neuere Betriebswirtschaftslehre lediglich befriedigende oder angemessene Zielrealisierungen ansteuert, deren Erreichen sich am jeweiligen Anspruchsniveau der Unternehmensführung orientiert[2]. Von welchem Anspruchsniveau die Unternehmensführung ausgeht, hängt von den subjektiven Angemessenheitsvorstellungen[3] der Entscheidungsgremien ab, darüber hinaus jedoch vor allem von den zur Verfügung stehenden Informationen über die Handlungsalternativen und deren Auswirkung auf die Ziele.

Das jeweilige Anspruchsniveau ist nicht fixiert. Die Ziele werden vielmehr in einem Ziel-Mittel-Rückkoppelungsprozeß ständig dem als realistisch und befriedigend empfundenen Niveau angeglichen (Anspruchsanpassungstheorie). Ein Überschreiten des anvisierten Zielerfüllungsgrades führt in der Regel zu einer Anhebung des befriedigenden Anspruchsniveaus, ein Unterschreiten zu einer entsprechenden Korrektur nach unten. In der unvollständigen Information, auf der die Entscheidungen der Unternehmensführung basieren müssen, liegt die eigentliche Ursache für die Orientierung der Entscheidungsgremien an ihrem Anspruchsniveau, daß einem ständigen Anpassungsprozeß unterliegt. Maximal- oder Optimalzielsetzungen kommen in diesem Zusammenhang keine Bedeutung mehr zu.

---

1) Wird etwa die Maximierung der Eigenkapitalrentabilität verfolgt, stellt sich notwendigerweise die Frage nach der Ausprägung des anzustrebenden Maximums, die kaum beantwortet werden kann.

2) Sauermann, H., Selten, R., Anspruchsanpassungstheorie der Unternehmung, in: Zeitschrift für die gesamte Staatswissenschaft, Band 118 (1962), S. 577 ff.; Sandig, C., Betriebswirtschaftspolitik, Stuttgart 1965; Heinen, E., Das Zielsystem der Unternehmung, a.a.O., S. 239 ff.

3) "Angemessenheitsvorstellungen wurzeln regelmäßig in der Idee der Gerechtigkeit." Sandig, C., Betriebswirtschaftspolitik, a.a.O., S. 83.

3.3.1.2 Die aktionärsbezogenen Ziele

Im Falle der großen Publikumsgesellschaften, bei denen der unmittelbare Einfluß der Aktionäre auf die Leitung der Gesellschaft nur gering ist, werden die unternehmensbezogenen Ziele im Vordergrund stehen. Dies muß jedoch nicht verhindern, daß sich der Vorstand einer derartigen Aktiengesellschaft auch spezielle Aktionärsziele vollständig oder teilweise zu eigen macht.

Wird zwischen Aktionärsinteressen und den Zielvorstellungen der Unternehmensführung einer großen Publikumsaktiengesellschaft häufig nur eine recht schwache Bindung bestehen, so nimmt im Gegensatz zu dieser Situation der Großaktionär einer Kapitalgesellschaft eine relativ starke Position ein. Das Gewicht der Beteiligung wird hier die Unternehmensführung zwingen, die Zielvorstellungen des Aktionärs zu beachten. Soweit es sich um einen Konzern handelt, werden die unternehmensbezogenen Ziele des herrschenden Unternehmens auch für die Finanzierungspolitik der Tochtergesellschaft maßgeblich sein. Zwar haben auch Mehrheitsaktionäre keinen unmittelbaren Einfluß auf die Geschäftsleitung, da die Führung einer Aktiengesellschaft beim Vorstand liegt, doch können sie in der Hauptversammlung die Besetzung von Verwaltungsposten (Vorstand, Aufsichtsrat) mit den Vertrauensleuten des herrschenden Unternehmens durchsetzen, wodurch dann doch die Leitung des Konzerns praktisch nach den Wünschen des herrschenden Unternehmens erfolgt. Dies dürfte sich vor allem auf die Ausschüttungspolitik der Tochtergesellschaft in der Weise auswirken, daß dieser die erzielten Gewinne nur insoweit zur Selbstfinanzierung belassen werden, als die Mittel nicht in einem anderen Unternehmen desselben Konzerns mit einer höheren Rentabilität eingesetzt werden können.

In den Fällen, in denen es sich nicht um eine Muttergesellschaft als Aktionär handelt, kann die Interessenlage der Aktionäre unterschiedlich sein[1]. Die Aktionäre könnten die Maximierung des von ihrer Aktiengesellschaft ausgeschütteten Einkommens anstreben, wobei sie gleichzeitig den Wert ihres Aktienvermögens erhalten möchten. Aktionäre dieses Typs haben das Ziel, selbst darüber zu entscheiden, ob sie die empfangenen Mittel zum Konsum oder zum Sparen in Form einer weiteren Beteiligung in derselben Aktiengesellschaft, einer Beteiligung in einer anderen Aktiengesellschaft oder in einer anderen Anlageform verwenden. Die Aktionäre könnten aber auch versuchen, den Wert ihres Vermögens zu maximieren. Eine derartige Einstellung würde eine gewinnthesaurierende Finanzierungspolitik präferieren, wenn die hierdurch erwartete Vermögenssteigerung größer wäre als die Vermögenszunahme, die der Anteilseigner nach Ausschüttung der Gewinne erzielen könnte. Eine Vermögensmaximierung durch Aktienkursverbesserungen infolge einer verstärkten Rücklagenbildung aus Gewinnen wird in der Regel besonders für die Aktionäre mit hohen marginalen Einkommensteuersätzen von Vorteil sein[2], da realisierte Aktienwertsteigerungen, abgesehen von Spekulationsgewinnen, nicht der Einkommensteuer unterliegen. Die Bedeutung der Körperschaftsteuer in diesem Zusammenhang wird noch zu diskutieren sein.

Zusammenfassend läßt sich sagen, daß die Ziele der Aktionäre unmittelbar mit der Ausschüttungspolitik verknüpft sind. Der Unternehmensführung einer Aktiengesellschaft wird es allerdings kaum möglich sein, die Zielsetzungen aller Aktionäre in jeder Einzelheit zu übernehmen. Ein Zielkonflikt wird schon alleine deshalb entstehen, weil sich die

---

1) Vgl. hierzu auch Schneider, D., Investition und Finanzierung, a.a.O., S. 152 ff.
2) Zum steuerlich verursachten Interessenkonflikt zwischen Groß- und Kleinaktionären unter anderem: Wöhe, G., Die Steuern des Unternehmens, a.a.O., S. 105 f.

beiden dargestellten Ziele der Einkommensmaximierung und der Vermögensmaximierung gegenseitig ausschließen. Sofern sich die Unternehmensführung einer großen Publikumsaktiengesellschaft Ziele der Aktionäre zu eigen machen will, kann sie dies streng genommen nur in Form eines relativ willkürlichen Kompromisses.

3.3.2 Die Bedeutung der Ziele für das Finanzierungsprogramm

3.3.2.1 Rentabilität und Finanzierungsprogramm

Auf die Höhe der Eigenkapitalrentabilität kann die Kapitalstruktur eines Unternehmens erheblichen Einfluß haben. Als Kapitalstruktur soll hierbei das Verhältnis von Kreditkapital (F) zu Eigenkapital (E) verstanden werden. Geht man davon aus, daß das im Unternehmen investierte Kapital eine interne Verzinsung r_i erbringt, und daß diese interne Verzinsung über dem Kostensatz **k** für Fremdkapital (= geforderter Fremdkapitalzins) liegt, so nimmt die Eigenkapitalrentabilität r_e durch den Einsatz von Fremdkapital zu[1]. Die Rentabilität des Eigenkapitals steigt so lange, wie eine positive Differenz zwischen der Rendite des Gesamtkapitals und dem Kostensatz des Fremdkapitals besteht.

---

1) Die Einleger von Beteiligungskapital profitieren so von Erträgen, die mit Kreditkapital erwirtschaftet wurden und die die fixen Fremdkapitalkosten übersteigen, da die positive Ertragsdifferenz dem Eigenkapital zufällt. Diese Erscheinung wird in der anglo-amerikanischen Literatur als (positiver) leverage-effect bezeichnet. Siehe Gutenberg, Erich, Grundlagen der Betriebswirtschaftslehre, Band III, Die Finanzen, a.a.O., S. 184

Unter den oben getroffenen Annahmen liegt der Wert der Eigenkapitalrentabilität über dem der internen Verzinsung r_i[1].

Die Erhöhung der Eigenkapitalrentabilität durch Veränderung der Fremdkapital-Eigenkapital-Relation gilt unter den obigen Prämissen sowohl

(1) für den Fall einer Erweiterung des insgesamt eingesetzten Kapitals als auch

(2) für den Fall der Umschichtung des Kapitalfonds bei konstant bleibendem Gesamtkapitaleinsatz.

Die Beziehung zwischen Eigenkapitalrentabilität und Kapitalstruktur läßt sich mit Hilfe folgender Ausdrücke erläutern und präzisieren[2]:

Für den Reingewinn R gilt (K = Gesamtkapital):

$$R = K \cdot r_i - F \cdot k$$

Diese Gleichung läßt sich umformen in

$$R = E \cdot r_i + F \cdot r_i - F \cdot k$$

$$R = E \cdot r_i + F (r_i - k)$$

---

1) Hierzu beispielsweise Lipfert, H., Optimale Unternehmensfinanzierung, a.a.O., S. 46; Gutenberg, Erich, Grundlagen der Betriebswirtschaftslehre, Band III, Die Finanzen, a.a.O., S. 184 ff.; Swoboda, P., Investition und Finanzierung, Göttingen 1971, S. 142.

2) In Anlehnung an Gutenberg, Erich, Grundlagen der Betriebswirtschaftslehre, Band III, Die Finanzen, a.a.O., S. 184 f. Grundsätzlich ist die Eigenkapitalrendite eine Funktion des Verhältnisses zwischen Fremd- und Eigenkapital $(\frac{F}{E})$, der internen Rendite (r_i) und des Marktzinses (k).

Die Gleichung muß weiter modifiziert werden, damit die Beziehung zur Eigenkapitalrentabilität hergestellt werden kann. Zu diesem Zweck ist der Reingewinn zum Eigenkapital ins Verhältnis zu setzen:

$$r_e = \frac{R}{E} = r_i + \frac{F}{E}(r_i - k)$$

Sollten die Größen r_i und k konstant sein, ist die Eigenkapitalrentabilität r_e eine lineare Funktion der Kapitalstruktur $\frac{F}{E}$. Gilt darüber hinaus die Annahme, daß die interne Verzinsung r_i größer als der Kostensatz k für Fremdkapital ist ($r_i > k$), so läßt sich der Zusammenhang wie folgt darstellen:

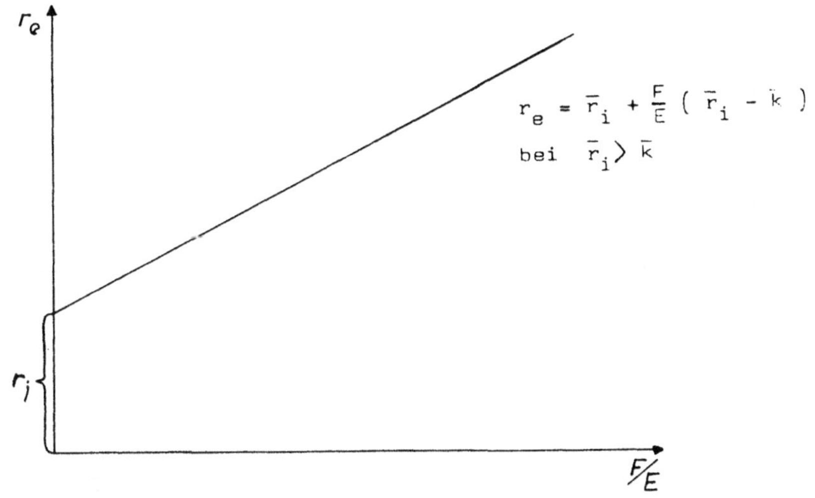

Abb. 7: Die Eigenkapitalrentabilität als lineare Funktion der Kapitalstruktur bei $r_i > k$

Der Anstieg der Funktion ist durch die Differenz ($\bar{r}_i$ - $\bar{k}$) bestimmt. Liegt die interne Verzinsung r_i unter dem Fremdkapitalkostensatz k, so ist an die Kreditgeber eine höhere Verzinsung zu entrichten, als mit dem Einsatz von Fremdkapital erwirtschaftet wird[1]. Dies führt zu einer Verschlechterung der Eigenkapitalrentabilität; bei hoher Verschuldung sogar zu einer teilweisen, durch Verluste verursachten Dezimierung des Eigenkapitals[2]:

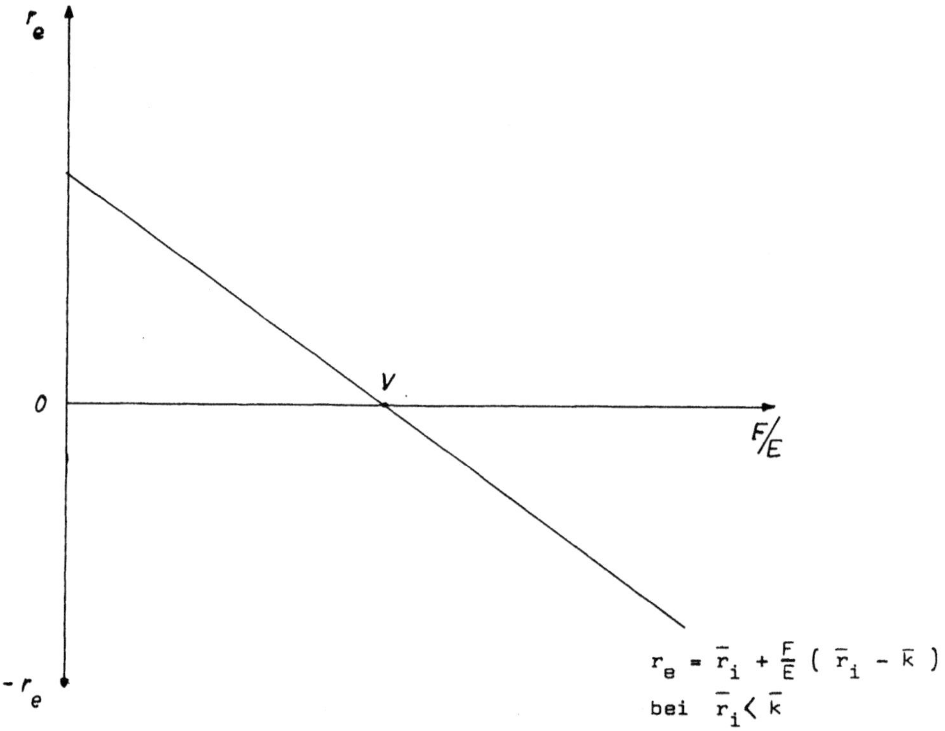

Abb. 8: Die Eigenkapitalrentabilität als lineare Funktion der Kapitalstruktur bei $r_i < k$

1) Wenn Fremdkapitalkosten zu Lasten der Eigenkapitalrentabilität zu zahlen sind, spricht man vom negativen "leverage-effect".

2) Ob ein Verlust entsteht, hängt von der Höhe der Differenz zwischen r_i und k ab. Die Höhe dieser Differenz bestimmt auch Zeitpunkt und Ausmaß des Verlusteintritts.

Da die Unternehmensführung ihre Entscheidungen in der Regel nicht auf vollkommener Information aufbauen kann, sondern mehr oder weniger fundierte Vermutungen über die zukünftige Unternehmensentwicklung zugrunde legen muß, ist die Ausnutzung des positiven (= eigenkapitalrentabilitätserhöhenden) "leverage effects" immer mit einem speziellen Risiko verbunden. Bei ausschließlichem Einsatz von Eigenkapital ist die mögliche Abweichung der künftigen Eigenkapitalrentabilität r_e von der erwarteten Höhe auf die Abweichung der internen Verzinsung r_i vom angenommenen Wert begrenzt. Mit Zunahme des Verschuldungsgrades (Anteil des Fremdkapitals am Gesamtkapital) - mit anderen Worten, je höher die feststehende Zinslast[1] aus aufgenommenem Fremdkapital ist - werden sich die möglichen Abweichungen der internen Verzinsung r_i vom geplanten Wert in entsprechend verstärkten Ausschlägen der Eigenkapitalrentabilität r_e auswirken, und zwar sowohl nach oben (Chance - positiver leverage-effect) als auch nach unten (Risiko - negativer leverage-effect). Erlaubt demnach die Unsicherheit der wirtschaftlichen Verhältnisse keine Darstellung der künftigen Entwicklung des Unternehmens in einer einzigen Ausprägung der Größe r_i, dann ist für r_i eine Vielzahl von Werten innerhalb bestimmter Grenzen anzunehmen, die mit einer nach Vorstellungen des Unternehmens unterschiedlichen Wahrscheinlichkeit eintreten können. Diese Erwartungsstruktur kann in einer Dichtefunktion dargestellt werden, die durch die kleinstmögliche, die wahrscheinlichste und die größtmögliche Rendite gekennzeichnet ist.

---

1) Es entsteht eine feste Belastung aufgrund der pünktlich zu zahlenden Fremdkapitalzinsen (stark ersatzbedürftige fixe Kosten) selbst in liquiditätsmäßig angespannten Zeiten.

Wenn der Faktor F/E den Wert 0 annimmt, d.h. wenn kein Fremdkapital verwendet wird, wird die Rendite auf das Eigenkapital r_e durch die gleiche Wahrscheinlichkeitsverteilung wie die interne Verzinsung r_i charakterisiert. Beide Wahrscheinlichkeitsverteilungen stimmen nicht mehr miteinander überein, wenn das Unternehmen mit Fremdkapital arbeitet. In der <u>Veränderung</u> der Dichtefunktion der Renditen auf das Eigenkapital r_e bei unveränderter Verteilung der Renditen auf das Gesamtkapital r^i kommt das besondere finanzielle Risiko zum Ausdruck, das auf die Verwendung von Fremdkapital zurückzuführen ist. Die Spannweite der Renditesätze wird dabei als Maß für das Risiko angesehen. Die nachstehende Zeichnung, die die Beeinflussung der Eigenkapitalrendite r_e bei einer für die interne Verzinsung r_i gegebenen Verteilung durch eine Zunahme des Fremdkapitalanteils darstellt, geht von den folgenden Annahmen aus:

r_i = wahrscheinlichster Wert 10 % (h), kleinstmöglicher Wert 5 % (a), größtmöglicher Wert 15 % (b)

k = 8 % ; Fremdkapitalanteil F/K = 0; 0,5; 0,75

F/K \ r_e	$a(F/K)$ $r_i < k$	$h(F/K)$ $r_i > k$	$b(F/K)$ $r_i > k$
0	5	10	15
0,5	2	12	22
0,75	-4	16	36

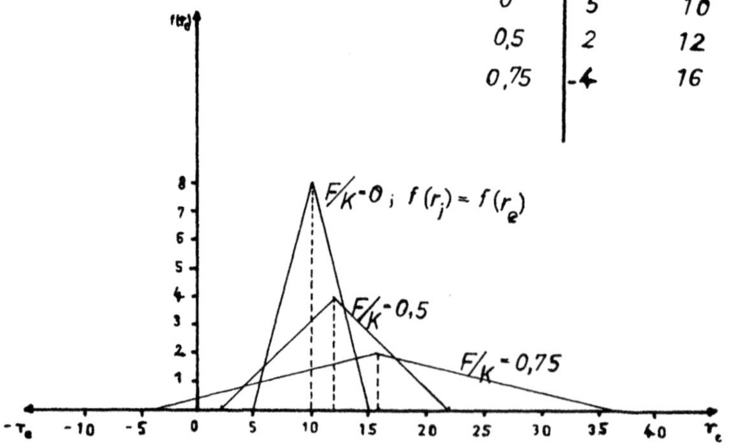

Abb. 9: Darstellung der finanziellen Chancen und Risiken

Das Risiko, das in der falschen Einschätzung der künftigen internen Verzinsung r_i des eingesetzten Kapitals liegt, wird auch als das allgemeine Existenzrisiko des Unternehmens bezeichnet im Gegensatz zum besonderen Kapitalstrukturrisiko, das aus den dargelegten Gefahren zunehmender Verschuldung resultiert[1]. Unter der Zielsetzung einer befriedigenden Eigenkapitalrentabilität wird die Unternehmensführung dann einen höheren Verschuldungsgrad anstreben, wenn sie das allgemeine existentielle Risiko niedrig einschätzt; dagegen wird ihre Bereitschaft zur Verschuldung gering sein, sofern das Existenzrisiko groß ist, d.h. die Ertragskraft des Unternehmens unsicher ist.

3.3.2.2 Sicherheitsstreben und Finanzierungsprogramm

Das Sicherheitsbedürfnis der Unternehmensführung kommt in den beiden Zielsetzungen "Aufrechterhaltung der jederzeitigen Zahlungsbereitschaft" und "Sicherung des Unternehmenspotentials" zum Ausdruck. Beide Ziele haben erheblichen Einfluß auf die Finanzierungspolitik einer Aktiengesellschaft, was insbesondere in Zusammenhang mit der Beachtung des finanziellen Gleichgewichts als strenger Restriktionsbedingung zur obersten Zielsetzung des Unternehmens gezeigt werden konnte. Gefahr für die Liquidität kann von der Finanzierung eines Unternehmens dann ausgehen, wenn diese zu regelmäßig wiederkehrenden festen und relativ hohen Zahlungen führt. Die rechtzeitige Bereitstellung der jeweils erforderlichen Finanzmittel ist nämlich davon abhängig, ob immer in entsprechendem Umfang Kapital freigesetzt werden kann, mit den Umsatzerlösen Gewinne hereinkommen oder neues Kapital beschafft werden kann. Je höher

---

1) Gutenberg, Erich, Grundlagen der Betriebswirtschaftslehre, Band III, Die Finanzen, a.a.O., S. 195, 198

die in regelmäßigen Abständen wiederkehrenden Zahlungen sind, um so größer wird das hieraus für die Liquidität entstehende Risiko, da relativ geringfügige Fehleinschätzungen der künftigen Umsatzentwicklung zu Liquiditätsengpässen führen können.

Gerade die Zinsen auf das Fremdkapital zählen zu derartigen regelmäßigen festen Zahlungen. Darüber hinaus wirken die je nach den Kreditbedingungen mehr oder weniger festen Kündigungs- bzw. Rückzahlungstermine (Tilgungsbeträge) liquiditätsbelastend. Aus diesem Grunde gelten die Zinsen als "stark ersatzbedürftige fixe Kosten" im Gegensatz zu den "schwach ersatzbedürftigen fixen Kosten", etwa den Abschreibungen. Da zur Liquiditätserhaltung normalerweise[1] die Preise auch kurzfristig mindestens die stark ersatzbedürftigen fixen Kosten decken müssen, besitzt das Unternehmen mit einer im Vergleich zu anderen Unternehmen geringeren Zinslast aus Fremdkapital gegenüber diesen einen Wettbewerbsvorteil, der sich insbesondere in konjunkturell angespannten Situationen als existenzerhaltend erweisen kann. Es ist daher weniger gefährdet[2]. Unter Liquiditätsgesichtspunkten wird die Unternehmensführung daher bestrebt sein, einen möglichst geringen Verschuldungsgrad zu verwirklichen. Zwar muß auch das Eigenkapital in Form von Dividendenzahlungen an die Aktionäre verzinst werden; aus Liquiditätsgründen kann aber vorübergehend die Ausschüttung gesenkt oder auch ganz gestrichen werden.

---

1) Wie bereits erwähnt, könnte möglicherweise die Zahlungsbereitschaft auch durch den Einsatz neuen Kapitals aufrechterhalten werden. In der Regel wird sich das Unternehmen jedoch kaum neues Kapital beschaffen können, wenn in den Erlösen nicht wenigstens die stark ersatzbedürftigen fixen Kosten hereinkommen.

2) Die kurzfristige Liquiditätspreisuntergrenze liegt durch den fehlenden Fixkostenblock (Liquiditätsbelastung durch Zins- und Tilgungsleistungen) niedriger und vergrößert somit in Phasen konjunktureller Abschwächung den preispolitischen Spielraum nach unten.

Aber auch andere Überlegungen werden die Führung einer Aktiengesellschaft dazu bewegen, eine Beteiligungs- oder Selbstfinanzierung der Fremd- bzw. Kreditfinanzierung zum Zwecke der Liquiditätssicherung vorzuziehen. Während eine Aktiengesellschaft nämlich über das Eigenkapital zeitlich grundsätzlich unbegrenzt[1] verfügen kann, ist eine Fremdkapitalfinanzierung immer mit Rückzahlungsfristen verbunden. Deshalb wird die Unternehmensführung beim Einsatz von Fremdkapital bestrebt sein, gewisse Finanzierungsgrundsätze einzuhalten[2]. So wird sie möglicherweise nach der sogenannten "goldenen" (Bank-) Finanzierungsregel kurzfristige Kredite nicht für langfristige Investitionen verwenden und somit langfristig binden[3]. Auch die Einhaltung derartiger Finanzierungsregeln, die zudem noch stark umstritten sind, kann das speziell aus der Fremdfinanzierung resultierende Liquiditätsrisiko nicht ausschalten. Wenn das Unternehmen nämlich nach dem jeweiligen Ablauf der Darlehensfristen im ursprünglichen Ausmaß weiter bestehen will, so wird es das Fremdkapital zur Finanzierung der Ersatzbeschaffungen erneut benötigen. Es reicht also nicht aus, daß aus den Erlösen,

---

1) Eine Ausnahme ist die Liquidation der Aktiengesellschaft oder eine auf Beschluß von Vorstand und Aufsichtsrat vorgenommene Auflösung von freien Rücklagen zum Zwecke der Ausschüttung.

2) Zur Problematik der Finanzierungsregeln siehe Härle, D., Finanzierungsregeln und ihre Problematik, Wiesbaden 1961; Finanzierungsregeln und Liquiditätsbeurteilung, in: Hanberg, H. (HRSG), Finanzierungshandbuch, 2. Auflage, Wiesbaden 1970, S. 89 ff., Gutenberg, Erich, Grundlagen der Betriebswirtschaftslehre, Band III, Die Finanzen, a.a.O., S. 277 ff.; Büschgen, H.E., Grundlagen betrieblicher Finanzwirtschaft, a.a.O., S. 98 f.

3) Hinsichtlich der Investitionsentscheidungen fußt ein Teil der betriebswirtschaftlichen Literatur immer noch auf den sogenannten "goldenen" Finanzierungs- und Bilanzregeln, obwohl deren theoretische und praktische Unbrauchbarkeit heute als nachgewiesen gelten sollte. Die betriebswirtschaftliche Praxis orientiert sich jedoch in noch stärkerem Maße an derartigen globalen Regeln. Hierzu Büschgen, H.E., Bankbetriebslehre, a.a.O., S. 352.

die aus dem Umsatz des Vermögens resultieren, die Verbindlichkeiten gegenüber den Gläubigern abgedeckt werden. Vielmehr erfordert die Aufrechterhaltung des Betriebsprozesses den weiteren Einsatz von Fremdmitteln. Die Aufrechterhaltung der Zahlungsbereitschaft im Falle der Fremdfinanzierung setzt trotz Einhaltung der Finanzierungsregeln voraus, daß das zurückzuzahlende Fremdkapital durch andere Kredite, durch Selbst- oder Beteiligungsfinanzierung substituiert werden kann, oder daß die betreffenden Kredite prolongiert werden. Eine derartige ständige institutionalisierte Prolongation besteht faktisch im Zusammenhang mit dem Bankenkontokorrentkredit, der trotz seines formal und juristisch kurzfristigen Charakters meist über viele Jahre läuft, sofern die eingeräumte Kreditlinie nicht aufgrund wesentlicher Verschlechterungen in der Situation des Kreditnehmers gekündigt wird[1]. Eine Fehleinschätzung der künftigen Prolongations- und Substitutionsmöglichkeiten kann daher zur Illiquidität des Unternehmens führen.

Der Fortbestand einer Aktiengesellschaft setzt jedoch nicht nur jederzeitige Zahlungsbereitschaft voraus, vielmehr muß darüber hinaus sichergestellt sein, daß eine Überschuldung vermieden wird, da diese bei einer Aktiengesellschaft zum Konkurs führen kann. Die Gefahr einer Überschuldung hängt von der Höhe der möglichen Verluste und dem Umfang des vorhandenen Eigenkapitals ab. Solange das Eigenkapital[2] den Verlust des Unternehmens übersteigt, liegt keine Überschul-

---

1) Büschgen spricht aus der Sicht der Banken von "temporär eingefrorenen Krediten", da es nicht möglich ist, ohne den Kunden in Liquiditätsschwierigkeiten zu bringen, diese Kredithergabe kurzfristig zu kündigen. Unter Umständen wäre bei einem derartigen Verhalten sogar der gewährte Kredit selbst gefährdet. Büschen, H.E., Bankbetriebslehre, a.a.O., S. 387.

2) Bei Aktiengesellschaften setzt sich das Eigenkapital aus den Komponenten Grundkapital und Rücklagen zusammen.

dung vor. Das Eigenkapital[1] hat somit unter anderem die Funktion eines Risikoträgers für den Fall eines Verlustes[2]. Unter der Zielsetzung "Sicherung des Unternehmensbestandes" wird die Unternehmensführung daher ein möglichst hohes Eigenkapitalpolster anstreben; sie wird daher die Beteiligungs- und Selbstfinanzierung der Aufnahme von Fremdkapital vorziehen und an einer weitgehenden Gewinnthesaurierung interessiert sein.

Auch das Streben nach Kapitalerhaltung in einer der erwähnten[3] Formen führt zu einer mehr oder weniger stark ausgeprägten Politik der Rücklagenbildung. Die Unternehmensführung wird mindestens in Höhe der von ihr errechneten Scheingewinne eine Ausschüttung etwaiger bilanziell ausgewiesener Gewinne verhindern. Sie wird jedoch darüber hinaus weitere Teile des Gewinns als nicht ausschüttungsfähig ansehen, soweit diese Mittel zur Erhaltung des Marktanteils oder zur Produktivitätssteigerung entsprechend dem Branchenmaßstab benötigt werden. Vor allem im Falle einer ausge-

---

1) Diese Größe kann sich bei Aktiengesellschaften zusammensetzen aus:
   (1) Innenfinanzierung: Selbstfinanzierung (Rücklagenzuweisung bei Gewinnthesaurierung) Vermögensumschichtungen einschließlich Abschreibungserlöse
   (2) Außenfinanzierung: Beteiligungsfinanzierung (Grundkapital soweit Nennwertanteil; Rücklagenzuweisung eines eventuellen Agios)
2) Das Eigenkapital übernimmt als Risikoträger eine Voraushaftungsfunktion gegenüber dem Fremdkapital. Dem Fremdkapitalgeber gibt diese Garantiefunktion eine gewisse Sicherheit. Deshalb spielt das Ausmaß des vorhandenen Eigenkapitals auch eine wichtige Rolle für die Höhe der Beteiligungsgrenzen im Rahmen der Kreditprüfung.
3) Siehe hierzu S. 186 f
   reale Kapitalerhaltung, reproduktive Substanzerhaltung, relative Substanzerhaltung, leistungsäquivalente Substanzerhaltung, qualitative Substanzerhaltung.

sprochen intensiven Wachstumspolitik der Unternehmensführung wird diese sich um eine weitgehende Thesaurierung von Gewinnen bemühen[1].

3.3.2.3 Aktionärsbezogene Ziele und Finanzierungsprogramm

Wie die Diskussion der aktionärsbezogenen Ziele "Einkommensmaximierung" und "Vermögensmaximierung" zeigte, wirken sich die Interessen der Anteilseigner unmittelbar auf die Ausschüttungspolitik aus, wenn sich die Unternehmensführung die Zielsetzungen ihrer Anteilseigner zu eigen macht. Verfolgt auch das Unternehmen die einkommensmaximierende Einstellung der Anteilseigner, so ist die Entscheidungssituation eindeutig: der maximal entziehbare Betrag ist auszuschütten[2]. Die Mittel für unternehmenspolitisch notwendige Investitionen können nicht auf dem Wege der Selbstfinanzierung, sondern müssen durch Beteiligungs- oder Fremdfinanzierung aufgebracht werden. Ob die Entscheidung zugunsten der Beteiligungs- oder Fremdfinanzierung ausfällt, hängt unter dem Gesichtspunkt der Einkommensmaximierung davon ab, welche der beiden Finanzierungsformen zu einer höheren Eigenkapitalrentabilität führt, da die erzielbare Rendite die Voraussetzung für die künftige Ausschüttung bildet.

Welche Ausschüttungspolitik bei einer vermögensmaximierenden Präferenzausrichtung der Anteilseigner betrieben wird, läßt sich eindeutig nicht beantworten,

---

1) Wie im weiteren noch gezeigt wird, stehen die verschiedenen möglichen Finanzierungsquellen in einem komplementären Verhältnis zueinander. Eine Ausdehnung des Kapitalfonds durch Ausnutzung lediglich einer dieser Quellen lassen die externen Bestimmungsfaktoren der Finanzierungspolitik nicht zu. Siehe hierzu auch den Abschnitt "Die unternehmensexternen Bestimmungsfaktoren".

2) Vgl. hierzu Schneider, D., Investition und Finanzierung, a.a.O., S. 400

da verschiedene Einflußfaktoren wirksam sind. Von Bedeutung sind die alternativen Anlagemöglichkeiten der Aktionäre, steuerliche Gesichtspunkte und die Einschätzung der Kurs- und Renditeentwicklung des betreffenden Unternehmens und der Alternativanlagen für den Planungszeitraum[1].

Bei Orientierung der Unternehmensführung an der vermögensmaximierenden Zielsetzung ihrer Anteilseigner müßten grundsätzlich dann die Gewinne ausgeschüttet werden, wenn die Aktionäre diese Beträge mit einer höheren Rendite anlegen können als das Unternehmen selbst im Falle der Gewinnthesaurierung für seine Aktionäre in Form von künftigen Dividenden und Aktienkurssteigerungen erzielen kann. Dieses Kriterium eignet sich jedoch nur unzulänglich für die Entscheidung über Ausschüttung oder Rücklagenbildung. So dürfte es der Unternehmensführung kaum möglich sein, sicher genug die künftige Rendite der Aktie ihres Unternehmens einmal bei Thesaurierung und zum anderen bei Ausschüttung der Gewinne zu prognostizieren. Daneben werden die Aktionäre je nach ihrer individuell geprägten Risiko- bzw. Sicherheitsstruktur unterschiedliche Renditen bei einer Anlage ausgeschütteter Gewinne außerhalb der betreffenden Aktiengesellschaft erzielen.

Ferner wirken sich die steuerlichen Belastungen der Vermögensmehrungen bei Rücklagenbildung und bei Gewinnausschüttung auf die verschiedenen Aktionäre - je nach dem marginalen individuellen Einkommensteuersatz - unterschiedlich aus. Die jeweils vorteilhafteste Finanzie-

---

1) Schneider, D., Investition und Finanzierung, a.a.O., S. 427

rungsstrategie im Sinne einer vermögensmaximierenden Zielsetzung der Aktionäre hängt von der steuerlichen Belastung der in der Gesellschaftssphäre verbleibenden Gewinne und von dem durchschnittlichen marginalen Einkommensteuersatz der Anteilseigner ab. Dabei muß beachtet werden, daß eine auf eine Gewinnthesaurierung zurückzuführende Aktienkurssteigerung (Vermögensmehrung des Aktionärs) bei der Realisierung nicht der Einkommensteuer unterliegt[1]. Die steuerliche Belastung des körperschaftsteuerlichen Einkommens, in Abhängigkeit von variierenden Thesaurierungs- und Ausschüttungsquoten unter der weiteren Annahme unterschiedlicher durchschnittlicher marginaler Einkommensteuersätze der jeweiligen Anteilseigner, wurde schon im zweiten Kapitel dieser Arbeit ausführlich analysiert. Die methodisch mit Hilfe der Teilsteuerrechnung geführte Argumentation läßt die Belastungsvariationen unter den jeweiligen Prämissen nach altem und nach neuem Körperschaftsteuerrecht erkennen[2]. Unter dem Aspekt des hier diskutierten Problems zeigen die vorgelegten Untersuchungsergebnisse, daß eine eindeutige Aussage über die Auslegung einer an der vermögensmaximierenden Aktionärseinstellung orientierten Finanzpolitik einer Aktiengesellschaft nicht möglich ist. Die maximale Vermögensmehrung eines Anteilseigners kann sowohl Folge einer Rücklagenbildung des Unternehmens als auch das Ergebnis einer weitgehenden Gewinnausschüttung sein. Eine weitergehende Beurteilung der Effekte der Datenänderung durch die Körperschaftsteuerreform auf eine an der vermögensmaximierenden Zielsetzung der Anteilseigner ausgerichtete Ausschüttungspolitik einer Aktiengesellschaft wird im letzten Kapitel versucht.

---

1) Einen Ausnahmefall bilden hier die kurzfristigen Spekulationsgewinne.
2) Ergebnisse der Analyse können den Tabellen 1 - 4 entnommen werden, die im Anhang enthalten sind.

Hält es die Unternehmensführung im Interesse der Vermögensmaximierung ihrer Anteilseigner für erforderlich, die Gewinne zur Selbstfinanzierung zu verwenden, so kann es unter steuerlichen Gesichtspunkten sinnvoll sein, die Gewinne zunächst auszuschütten, um diese Mittel dann anschließend durch die Ausgabe neuer Aktien gegen Einlagen wieder in das Unternehmen zurückzuholen (Schütt'-aus/Hol'-zurück-Politik)[1]. Im Rahmen des Anrechnungsverfahrens (geltendes Recht) errechnet sich ein Schwellenwert von 55,56 % (36,44 % nach altem Recht, als Folge des gespaltenen Körperschaftsteuersatzes) für den Spitzenteilsteuersatz[2] des Aktionärs, bis zu dem die Anwendung des skizzierten Verfahrens günstiger als die unmittelbare Rücklagenbildung ist.

---

1) Hierzu z.B. Rittershausen, H., Industrielle Finanzierung, Wiesbaden 1964, S. 119 ff.; Hax, K., Probleme der Aktienfinanzierung unter dem Einfluß des gespaltenen Körperschaftsteuersatzes, in: Zeitschrift für handelswissenschaftliche Forschung N.F., Jahrgang 15 (1963), S. 49 ff.; Büschgen, H.E., Wertpapieranalyse, Stuttgart 1966, S. 306 ff.; Schneider, D., Investition und Finanzierung, a.a.O., S. 442 ff.

2) Dieser Teilsteuersatz setzt sich aus dem Einkommensteuersatz und dem Kirchensteuersatz unter Berücksichtigung der Abzugsfähigkeit der Kirchensteuer von der Bemessungsgrundlage der Einkommensteuer zusammen.

Der Stellenwert einer derartigen Finanzierungsform ist somit zweifellos mit Verabschiedung der Körperschaftsteuerreform gestiegen. Da die Spitzenbelastung mit Einkommen- und Kirchensteuer mit Wirkung vom 1. Januar 1975 58,11 % des zu versteuernden Einkommensbetrages ausmacht, wird nur für einen zahlenmäßig kleinen Teil der Anteilseigner die sofortige Thesaurierung vorteilhafter sein. Ob die Unternehmensführung die Ausschüttungsrückhol-Politik unter der an der Vermögensmaximierung ausgerichteten Präferenzstruktur der Anteilseigner anwenden wird, hängt daher davon ab, welchen Einkommensschichten ihrer Meinung nach ihre Aktionäre vorwiegend angehören[1].

3.3.2.4 Zielkonflikte und Finanzierungsprogramm

Unternehmensbezogene und aktionärsbezogene Ziele stehen teilweise in Konfliktbeziehung zueinander. Die Art der Zielbeziehungen läßt sich aus der Interpretation des folgenden Schaubildes entnehmen.

Tabelle 4: Zielbeziehungen der unternehmens- und aktionärsbezogenen Ziele

	RENTABILITÄT	LIQUIDITÄT	SICHERUNG DES UNTERNEHMENSP.	EINKOMMENSM.	VERMÖGENSMAX.
RENTABILITÄT	—	1	2	3	4
LIQUIDITÄT	1	—	5	6	7
SICHERUNG DES UNTERNEHMENSPOT.	2	5	—	8	9
EINKOMMENSMAXIM.	3	6	8	—	10
VERMÖGENSMAXIM.	4	7	9	10	—

1) Das eigentliche Problem bei der Durchführung einer derartigen Finanzierungsstrategie entsteht allerdings auf anderer Ebene. Die Unternehmensführung muß vor der Durchführung des "Schütt'-aus/Hol'-zurück"-Verfahrens mit hoher Sicherheit davon ausgehen können, daß die Aktionäre tatsächlich wie gewünscht reagieren und die ausgeschütteten Gewinne zum Bezug neuer Aktien verwenden. Grundsätzlich kann von einer derartigen Reaktion, vor allem bei großen Publikumsgesellschaften, nicht ausgegangen werden.

Die schraffierten Felder geben an, welche Zielbeziehungen untersucht werden können. Zielkonflikte können in den Beziehungen (1), (6), (7), (8), (9) und (10) auftreten.

Während das Rentabilitätsziel verlangt, die eigenkapitalrenditeerhöhende Wirkung eines größeren Verschuldungsgrades auszunutzen (positiver "leverage effect"), erfordert die Erhaltung der Zahlungsbereitschaft gerade eine Einschränkung der Fremdfinanzierung. Die Ziele Liquidität und Einkommensmaximierung widersprechen sich, weil die aktionärsbezogene Einkommensmaximierung eine entsprechende Eigenkapitalrentabilität voraussetzt, diese jedoch unter Umständen dem Liquiditätsziel entgegensteht. Dagegen fordert das Ziel der Einkommensmaximierung eine höchstmögliche Ausschüttung und damit einen entsprechenden Liquiditätsentzug, der nicht mit dem Liquiditätsziel zu vereinbaren ist. Liquidität und Vermögensmaximierung widersprechen sich, wenn die maximale Vermögensmehrung eine entsprechende Ausnutzung des "leverage effects" und damit ein gewisses Liquiditätsrisiko verlangt. Sicherung und Steigerung des Unternehmenspotentials verlangen tendenziell eine Betonung der Gewinnthesaurierung. Dies konfligiert grundsätzlich mit dem aktionärsbezogenen Ziel einer maximalen Ausschüttung (Einkommensmaximierung). Darüber hinaus widerspricht die Absicht der Sicherung und Ausweitung des Unternehmenspotentials dem Ziel der Vermögensmaximierung, wenn die Ausrichtung an dieser Zielsetzung Ausschüttungen erfordert. Einkommens- und Vermögensmaximierung als Ziele der Anteilseigner schließen sich dann aus, wenn Vermögenshöchstwerte nur bei verstärkter Rücklagenbildung zu erwarten sind.

Die Diskussion der Zielkonflikte erlaubt die Aussage, daß die Finanzierungsstrategien einer Aktiengesellschaft nicht allgemeingültig festgelegt werden können. Vielmehr wird die Finanzierungspolitik in Abhängigkeit von der Bedeutung variieren, welche die Unternehmensführung den verschiedenen Zielen gibt bzw. geben muß.

3.4 Unternehmensexterne und sonstige Rahmenbedingungen der Finanzierungspolitik von Kapitalgesellschaften

In mehr oder weniger engem Zusammenhang mit den diskutierten unternehmens- und aktionärsbezogenen Zielen und der Kapitalbeschaffungspolitik der Unternehmung, die ihrerseits wieder mit den allgemeinen Zielen von Gesellschaft und Gesellschaftern verknüpft ist[1], stehen weitere Nebenbedingungen, welche die Unternehmung in sehr unterschiedlicher Weise in ihrem Handlungsspielraum beeinflussen.

3.4.1 Die nicht unmittelbar in der Einflußsphäre des Unternehmens bzw. der Unternehmensführung liegenden Bestimmungsfaktoren

Die unternehmensexternen Bestimmungsfaktoren, welche durch die Unternehmensführung unmittelbar nicht beeinflußbar sind, auf die sie vielmehr mit ihren finanzierungspolitischen Entschlüssen reagieren muß, wirken sich auf zweifache Weise aus:

(1) Die Kapitalkosten sind extern determiniert. Als Kapitalkosten wird die von den Anlegern geforderte effektive Verzinsung verstanden, zu der das betreffende Unternehmen Eigenkapital oder Fremdmittel beschaffen kann.

---

1) Siehe hierzu Abbildung Nr. 12 Seite 241

(2) Die betrieblichen Entscheidungsträger müssen sich auf die von außen gegebenen weiteren Rahmenbedingungen einstellen, von denen die Fremd- oder auch Eigenkapitalbeschaffung abhängt.

Die Kapitalaufnahme ist nämlich nicht nur eine Frage der Konditionen, die das Unternehmen gewillt ist zu zahlen, sondern auch der Möglichkeit, überhaupt finanzielle Mittel von Aktionären, Obligationären, Banken und sonstigen Kapitalgebern zu erhalten.

3.4.1.1 Die Geld- und Kapitalmarktbedingungen

Die formelle Organisation der verschiedenen Finanzierungsmittelmärkte und das Angebot an unterschiedlichen Finanzierungsarten resultiert aus den institutionellen Determinanten der Finanzierungsmöglichkeiten. In dieser Hinsicht sind für die kapitalnachfragende Unternehmung die Regelungen über die Möglichkeiten des Marktzugangs ebenso von Bedeutung wie das Problem der Markttransparenz, der Abwicklungstechnik sowie der Kapitalkosten[1] alternativer Finanzierungsformen. Strukturelle Faktoren betreffen den Wettbewerb auf den unterschiedlichen Teilmärkten für Finanzierungsmittel und sind insofern wesentliche Einflußgrößen bei der Analyse der Finanzierungsmöglichkeiten einer Kapitalgesellschaft.

---

1) Hinsichtlich der Kapitalkosten ist zwischen Eigen-, Fremd- und durchschnittlichen Kapitalkosten zu unterscheiden. Die Höhe der durchschnittlichen Kapitalkosten ist von erheblicher Bedeutung für das Ziel 'Sicherung und Wachstum des Unternehmenspotentials', das wohl in der Regel für die Unternehmensführung einer Aktiengesellschaft eines der wichtigsten Ziele ist. Soweit die unternehmensexternen Determinanten lediglich die Fremdkapitalkosten beeinflussen, wirken sich diese vor allem auf das Ziel der Eigenkapitalrentabilität aus. Betreffen die unternehmensexternen Faktoren dagegen die Eigenkapitalkosten, so wirkt sich dies insbesondere auf die Ziele Liquidität, Vermögensmaximierung der Aktionäre und Sicherung und Wachstum des Unternehmenspotentials aus.

Die Beschaffung von Eigenkapital und langfristigem Fremdkapital erfolgt über den Kapitalmarkt[1]. Von großer Bedeutung für finanzierungspolitische Entscheidungen sind daher die Bedingungen, zu denen hier Kapital aufgenommen werden kann. Die Kapitalmarktlage ihrerseits hängt von der konjunkturellen Entwicklung der Volkswirtschaft und der jeweiligen Geld-, Finanz- und Steuerpolitik ab.

Zinsniveau und Aufnahmefähigkeit des Kapitalmarktes bestimmen die Kosten und den Umfang bzw. die Struktur der Kapitalaufnahme[2]. Da aber Zinsniveau und Aufnahmefähigkeit des Marktes im Zeitablauf schwanken, kommt der richtigen Wahl des Zeitpunktes (Timing) bei finanzierungspolitischen Entscheidungen ein hoher Stellenwert zu.

In diesem Sinne ist die Emission einer Industrieobligation dann richtig getimt, wenn das Kapital in der Phase eines niedrigen Zinsniveaus, d.h. gegen Ende einer konjunkturellen Abschwächung, aufgenommen wird. In der Regel sind zu diesem Zeitpunkt aufgrund einer expansiven Geldpolitik Zinsniveau und Aufnahmefähigkeit des Kapitalmarktes günstig für die Emission von Anleihen.

Die Auswahl des richtigen Zeitpunktes der Emission einer Wandelanleihe gestaltet sich schwieriger, da nicht nur Zinsniveau und Kapitalmarktaufnahmefähigkeit im Emissionszeitpunkt, sondern auch die zukünftige Kursentwicklung, die Umtauschfrist und das Umtauschverhältnis in die Überlegungen einzubeziehen sind. Richtiges Timing im Falle der

---

1) Zur Gliederung der Finanzierungsmärkte siehe die Ausführungen zu Punkt 3.1.3 der Studie
2) Siehe hierzu auch: Raettig, Lutz, Qualitäten und Bestimmungsfaktoren der Finanzierung mit Eigenkapital, Dissertation Hamburg 1969, S. 358 ff.

Eigenkapitalfinanzierung liegt dann vor[1], wenn möglichst viel Eigenkapital bei einem relativ schwachen Anstieg der Dividendenzahlung in die Gesellschaftssphäre gelangt. Dies kann bei einem hohen Emissionskurs der Aktien (Zuführung des Aufgeldes zu den Rücklagen) und einer konstanten Dividendenpolitik erreicht werden. Als Zeitpunkt für eine Eigenkapitalerhöhung kommt unter diesen Gesichtspunkten in der Regel eine Aufschwungphase mit tendenziell ansteigendem Kursniveau in Frage.

Als Resultat der Analyse ergibt sich, daß insbesondere Zinsniveau, Zinstrend und die Aufnahmefähigkeit des Kapitalmarktes wichtige Bestimmungsfaktoren finanzierungspolitischer Entschlüsse sind, die außerhalb des Einflußbereichs der Kapitalgesellschaften liegen.

3.4.1.2 Sonstige Umweltbedingungen

Die weiteren Umweltdeterminanten der Kapitalbeschaffung beziehen sich vor allem auf die Stellung der Unternehmung in ihren Märkten. Die Wettbewerbssituation und damit verbunden die Möglichkeiten auf den Absatz- und Beschaffungsmärkten beeinflussen einerseits die Risikostruktur des zur Verfügung gestellten Kapitals, zum anderen wirken sie sich auf den potentiellen Umfang der Selbst- und Kreditfinanzierung aus. Außer diesen Marktfaktoren werden politische Faktoren wirksam, die aus gesellschafts-, wettbewerbs-, steuerpolitischen und ähnlichen Maßnahmen resultieren und unter Umständen ebenso wie Bestimmungen im Rahmen der Subventions-, Außenhandels- und Notenbankpolitik das Finanzierungspotential der Unternehmung modifizieren.

---

1) Aus Rentabilitätsanforderungen werden die Unternehmen grundsätzlich bestrebt sein, die Kapitalkosten möglichst gering zu halten. An dieser Zielsetzung richtet sich die richtige Auswahl des Zeitpunktes vor allem aus.

3.4.1.3 Die Kreditwürdigkeitsprüfung

Die Kreditwürdigkeit bestimmt weitgehend Ausmaß und Struktur der Fremdfinanzierung und wird bei einer Kapitalhergabe eines Kreditinstitutes im Rahmen einer Kreditwürdigkeitsprüfung[1], je nach Bonität des Kreditantragstellers, unterschiedlich intensiv ermittelt. Darüber hinaus versuchen auch unternehmensexterne Nichtbanken die finanzielle Lage einer Unternehmung zu beurteilen. Zu diesem Zwecke wurden sowohl in der Praxis als auch in der Theorie Finanzierungsregeln[2] entwickelt. Sie setzen sich im wesentlichen mit der Frage auseinander, wie das Passivkapital strukturiert sein muß, um bestimmte finanzierungspolitische Grundsätze zu erfüllen[3]. Die unternehmensexterne Beurteilung des finanziellen Status der Unternehmung unter Zuhilfenahme derartiger Regeln zwingt die Unternehmensführung zur Orientierung ihrer finanzierungspolitischen Entscheidungen an diesen Finanzierungsregeln, obschon deren Stellenwert in der Literatur äußerst umstritten ist. Insbesondere bestehen Meinungsverschiedenheiten zu den Fragen, ob die Regeln die an sie ge-

---

1) Zu einer derartigen Prüfung, die ein Kreditinstitut vor Krediteinräumung zur Beurteilung ihres potentiellen Kreditrisikos betreibt, sind die deutschen Banken nach dem Gesetz über das Kreditwesen grundsätzlich verpflichtet, wenn Kredite von mehr als 50.000,-- DM gewährt werden sollen. Hierzu: Büschgen, H.E., Bankbetriebslehre, a.a.O., S. 340 ff.

2) Dieser Abschnitt basiert hauptsächlich in Bezug auf die Problematik der Finanzierungsregeln auf den grundlegenden Arbeiten von Härle: Härle, Dietrich, Finanzierungsregeln und ihre Problematik, Wiesbaden 1961; ders., Die Problematik der Liquiditätsanalyse an Hand von Finanzierungsregeln, in: Wirtschaftsprüfung 1965, S. 504 ff.

3) Härle, Dietrich, Finanzierungsregeln und ihre Problematik, a.a.O., S. 16

stellten Forderungen erfüllen können bzw. ob ihre Befolgung überhaupt sinnvoll ist.

Als Voraussetzung für die Gültigkeit der Finanzierungsregeln sieht Härle die Beachtung der unternehmerischen Zielsetzung und der Prinzipien der Finanzierungspolitik an. Er geht dabei von sechs in die Finanzierungsregeln zu integrierende Grundsätzen aus:

(1) dem Prinzip der kurzfristigen Gewinnmaximierung,

(2) dem Prinzip der Liquidität,

(3) dem Prinzip der risikoentsprechenden Finanzierung,

(4) dem Grundsatz der finanziellen Elastizität,

(5) dem Prinzip der Unabhängigkeit und Dispositionsfreiheit,

(6) dem Prinzip der optimalen akquisitorischen Wirkung des Finanzierungsbildes[1)].

Bei der Prüfung der Regeln auf ihre Gültigkeit stellt Härle fest, daß die existierenden Formeln sich immer nur mit einzelnen finanzierungspolitischen Problemen beschäftigen, hauptsächlich mit den Grundsätzen der Liquidität und der Sicherheit[2)]. Gutenberg bezeichnet als primäre Aufgabe der Finanzierungsregeln die Überwachung und Erhaltung des finanziellen Gleichgewichts. Obschon er vom Prinzip der Fristenkongruenz ausgeht, muß dieser Grundsatz zur Wahrung der jederzeitigen Zahlungsbereitschaft nicht unbedingt und immer erfüllt sein[3)].

---

1) Härle, Dietrich, Finanzierungsregeln und ihre Problematik, a.a.O., S. 61 ff.
2) Härle, Dietrich, Finanzierungsregeln und ihre Problematik, a.a.O., S. 48 und S. 147
3) Gutenberg, Erich, Grundlagen der Betriebswirtschaftslehre, Band III, Die Finanzen, a.a.O., S. 272 ff.

Die Finanzierungsregeln lassen sich einteilen in Regeln für die Finanzierung ohne Berücksichtigung des Vermögens und in Regeln für die Finanzierung des Vermögens[1]. Die erstgenannte Kategorie beschäftigt sich insbesondere mit der Relation von Eigen- zu Fremdkapital, wobei die Vorstellungen über das wünschenswerte Verhältnis weit auseinandergehen. Obwohl von einigen Autoren eine Relation von 1:1 als erstrebenswert angesehen wird[2], herrscht in der Literatur überwiegend die Ansicht vor, daß das Verhältnis von Eigen- zu Fremdkapital ebenso wie das Verhältnis von Rücklagen zu Nominalkapital[3] von der Zusammensetzung des Vermögens sowie von Rentabilitäts-, Sicherheits-, Unabhängigkeits- und Elastizitätserwägungen bestimmt wird und sich daher zahlenmäßig fixierte Werte nicht allgemein angeben lassen[4].

---

1) Härle, Dietrich, Finanzierungsregeln und ihre Problematik, a.a.O., S. 23 f.
2) Nach Lohmann gilt jedoch ein Verhältnis von Eigen- zu Fremdkapital von 1:3, auch aus der Sicht der Kreditinstitute, noch als vertretbar. Hierzu: Lohmann, Martin, Zur Problematik der goldenen Bilanzregel, in: Wirtschaftsprüfung, 12. Jahrgang (1959), S. 141 ff.
3) Die Relation Rücklagen zu Nominalkapital ist neben dem Verhältnis Fremd- zu Eigenkapital Inhalt weiterer Finanzierungsregeln ohne Berücksichtigung des Vermögens und zählt somit auch zur erstgenannten Kategorie.
4) Härle, Dietrich, Finanzierungsregeln und ihre Problematik, a.a.O., S. 26

Ein weitaus größeres Gewicht haben daher Regeln für die Finanzierung des Vermögens. Die bekanntesten sind die "goldene" Finanzierungs- und die "goldene" Bilanzregel.

Die "goldene Finanzierungsregel" - auch als "goldene Bankregel" oder "klassische Finanzierungsregel" bezeichnet - fordert, daß Fremdkapital zeitlich nicht länger gebunden sein darf, als es zur Verfügung gestellt wurde[1]. Die "goldene Bilanzregel" geht hingegen über die globale Forderung nach Fristengleichheit hinaus und macht Vorschriften zur Finanzierung einzelner Vermögensarten. Hiernach sollte langfristig gebundenes Vermögen mit langfristigem Kapital und kurzfristig gebundenes Vermögen mit kurzfristigen Mitteln finanziert werden. Darüber hinaus verlangt die "goldene Bilanzregel" in ihrem engeren Sinne die Deckung des Anlagevermögens durch Eigen- und langfristiges Fremdkapital, während das Umlaufvermögen durch kurzfristiges Fremdkapital gedeckt sein müsse. Die weitergehende Ausprägung der "goldenen Bilanzregel" fordert nicht nur für das Anlagevermögen, sondern auch für das längerfristig gebundene Umlaufvermögen eine Deckung durch Eigen- und langfristiges Fremdkapital, lediglich dem restlichen Umlaufvermögen sollen kurzfristige Mittel gegenüberstehen[2].

Neben den Regeln, die die Beziehung zwischen Vermögen und Kapital betreffen, existieren noch Finanzierungsnormen, die sich auf das Verhältnis einzelner Bilanzpositionen oder Bilanzgruppen zueinander beziehen[3].

---

1) Für viele andere als ältere Quelle: Le Coutre, Walter, Praxis der Bilanzkritik, Band II, Berlin, Wien 1926, S. 147
2) Ferner existieren noch eine ganze Reihe von Regeln, die sich mit Gesamtbeziehungen zwischen Vermögen und Finanzierungsmitteln befassen. Im einzelnen kann auf diese Forderungen hier nicht eingegangen werden. Näheres hierzu bei Härle, Dietrich, Finanzierungsregeln und ihre Problematik, a.a.O., S. 41 ff.
3) Diese Regeln befassen sich vorwiegend mit der Relation der Barmittel zu den kurzfristigen Verbindlichkeiten, können aber hier auch nicht weiter verfolgt werden.

Eine kritische Analyse der Finanzierungsnormen kommt zu dem Ergebnis, daß die Regeln für die Finanzierung ohne Berücksichtigung des Vermögens keinen Anspruch auf Allgemeingültigkeit erheben können. Nach der Auffassung von Härle[1)] werden diese formelhaften Forderungen keinem der genannten Prinzipien der Finanzierungspolitik voll gerecht. Sofern die Regeln bezüglich der Relationen zwischen Eigen- und Fremdkapital bzw. zwischen Rücklagen und Nominalkapital von zahlreichen Unternehmen dennoch eingehalten werden, so geschieht dies deshalb, weil die Kapitalgeber und die Öffentlichkeit sich trotz der Bedenken gegen diese Finanzierungsregeln in bestimmten Situationen an diesen generellen und starren, aber traditionsreichen Verhältnissen orientieren.

Im allgemeinen sollte sich das Verhältnis von Eigen- zu Fremdmitteln und von Rücklagen zu Nominalkapital vordringlich an den Erfordernissen der Vermögensstruktur sowie an Rentabilitäts-, Sicherheits-, Unabhängigkeits- und Elastizitätserwägungen ausrichten.

Auch die Regeln für die Finanzierung des Vermögens werden größtenteils dem von Härle aufgestellten Prinzipienkatalog[2)] nicht gerecht. In den meisten Fällen wird die Erhaltung des finanziellen Gleichgewichts als Primäraufgabe angestrebt (etwa durch die Orientierung an der "goldenen Finanzierungsregel"). Da eine Unternehmung nur dann als liquide gilt, wenn die Zahlungsmitteldeckung zu jeder Zeit

---

1) Härle, Dietrich, Finanzierungsregeln und ihre Problematik, a.a.O., S. 141
2) Prinzip der kurzfristigen Gewinnmaximierung, der Liquidität, der risikoentsprechenden Finanzierung, der finanziellen Elastizität, der Unabhängigkeit und Dispositionsfreiheit, der optimalen akquisitorischen Wirkung. Siehe ebenda, S. 61 f.

größer oder wenigstens gleich groß dem Zahlungsmittelbedarf ist, wäre zuerst zu prüfen, ob die Einhaltung der klassischen Finanzierungsregel die fristgemäße Rückzahlung der aufgenommenen Mittel gewährleisten kann. Dies wäre dann der Fall, wenn die während des Investitionsvorgangs zurückfließenden Beträge mindestens so hoch wie die investierten Kapitalbeträge sind und so zurückfließen, daß sie die fristgerechte Tilgung des überlassenen Kapitals erlauben und außerdem nicht zur Aufrechterhaltung des laufenden betrieblichen Umsatzprozesses benötigt werden. Unter dynamischen Aspekten (Sicherung und Wachstum des Unternehmenspotentials) erlaubt die Orientierung an der "goldenen Bankregel" nicht schon dann die Erhaltung der jederzeitigen Zahlungsbereitschaft, wenn die fristgerechte Rückzahlung und Verzinsung der aufgenommenen Mittel sichergestellt ist, vielmehr muß darüber hinaus die Substitution fällig werdenden Kapitals durch neue Mittel und die Aufnahme zusätzlich benötigten Kapitals beachtet werden[1]. Wenn die "goldene Finanzierungsregel" auch in diesem Sinne die Erhaltung des finanziellen Gleichgewichts gewährleisten soll, müssen die folgenden Annahmen zutreffen:

a) Zur Deckung des wiederkehrenden Kapitalbedarfs kann ohne Schwierigkeiten neues Kapital aufgenommen werden.

b) Die Erlöse, die aus den eingelegten Mitteln erwirtschaftet werden, sind mindestens so hoch wie das investierte Kapital.

---

1) Härle ist daher der Ansicht, daß von einer konkreten Bindung zwischen Vermögen und Kapital abzusehen ist und Kapital jeder Fristigkeit zu jedem Zwecke verwendet werden kann, sofern die Unternehmung in der Lage ist, sich den zukünftigen Schwankungen des Kapitalbedarfs anzupassen. Härle, Dietrich, Finanzierungsregeln und ihre Problematik, a.a.O., S. 151

Gelten diese Prämissen nicht, kann die diskutierte Finanzierungsnorm weder die fristgerechte Rückzahlung des aufgenommenen Kapitals noch die Erhaltung des finanziellen Gleichgewichts garantieren. Die "goldene Finanzierungsregel" kann sogar als überflüssig angesehen werden, wenn die als notwendig bezeichnete erste Prämisse tatsächlich erfüllt ist, da zur Aufrechterhaltung des finanziellen Gleichgewichts die Forderung der "klassischen Finanzierungsregel", nach der Fremdkapital fristenkongruent eingesetzt werden muß, gar nicht erfüllt werden braucht[1].

Ebenso wie die "goldene Bankregel" basiert auch die "goldene Bilanzregel" auf dem Prinzip der Fristenparallelität. Analog lassen sich somit dieselben Einwände vorbringen wie gegen die "goldene Bankregel". Die "goldene Bilanzregel" geht jedoch in ihren Forderungen noch über die diskutierte Regel hinaus, indem sie die Finanzierung einzelner Vermögensarten regelt.

Basis der das Vermögen betreffenden Regeln bilden die Bilanzdaten. Da eine Vielzahl liquiditätsdeterminierender Faktoren aus der Bilanz nicht zu ersehen sind, bleibt eine an derartigen Normen ausgerichtete Finanzierungspolitik zwangsläufig mangelhaft[2]:

---

1) Härle, Dietrich, Die Problematik der Liquiditätsanalyse an Hand von Finanzierungsregeln, a.a.O., S. 505
2) Ebenda, S. 509

(a) Zukünftige Kapitalfreisetzungen durch Rationalisierung, nicht reinvestierte Abschreibungserlöse oder Verkäufe von Anlagevermögen werden nicht berücksichtigt.

(b) Die Liquiditätsbelastung durch ständig wiederkehrende Zahlungen kann nur unzureichend berücksichtigt werden (Löhne, Gehälter, Steuern).

(c) Zukünftig anfallender erhöhter Kapitalbedarf bleibt außerhalb des Kalküls (Erweiterungsinvestitionen, verlängerte Lagerdauer).

Alle aufgeführten Mängel resultieren aus dem statischen, d.h. zeitpunktbezogenen Charakter der Bilanz, die jeweils nur eine Momentaufnahme des vorhandenen Vermögens und seiner Finanzierung darstellt. Die "goldene Bilanzregel" unterstellt eine im Zeitablauf konstante Finanzierungsstruktur - eine Prämisse, die extrem unrealistisch ist. Erst eine dynamische Vorgehensweise kann die Erhaltung des finanziellen Gleichgewichts tatsächlich gewährleisten, da ex definitione die Unternehmung nur dann liquide ist, wenn sie innerhalb eines Zeitraums zu jedem Zeitpunkt den fälligen Zahlungsverpflichtungen nachkommen kann. Für eine dynamische Methodik eignet sich die Bilanz als Ausgangsbasis nicht. Neben den diskutierten Mängeln vernachlässigt die "goldene Bilanzregel" eventuelle Prolongationsmöglichkeiten der aufgenommenen Mittel.

Die "goldene Bilanzregel" ist daher nach Härle weder hinreichend noch notwendig zur Erhaltung des finanziellen Gleichgewichts[1]. Nicht hinreichend wegen ihres statischen Charakters (⟶ Bilanz) und nicht notwendig, weil die Erhaltung der ständigen Zahlungsbereitschaft nicht von statischen Deckungsrelationen, sondern von Kreditaufnahme- und Prolongationsmöglichkeiten abhängt.

---

1) Härle, Dietrich, Die Problematik der Liquiditätsanalyse ...., a.a.O., S. 506

Dennoch kommt auch dieser Relation in der Praxis eine gewisse Bedeutung zu, da sich trotz der erläuterten Bedenken die Kreditinstitute bei der Mittelvergabe in bestimmten Fällen an dieser Finanzierungsregel ausrichten.

Die Finanzierungsregeln erhalten so im Rahmen der Finanzierungspolitik der Unternehmen den Stellenwert von extern vorgegebenen, nicht beeinflußbaren Determinanten, die in das Kalkül der Unternehmensleitung einbezogen werden müssen.

Neben den Finanzierungsregeln haben auch die Kosten der Kapitalbeschaffung als Folge der spezifischen Kapitalstruktur einer Unternehmung den Charakter eines externen Bestimmungsfaktors der finanzierungspolitischen Entscheidungen und geraten somit in den Kreis der Nebenbedingungen.

Der Begriff "Kapitalstruktur"[1] bezeichnet das Verhältnis der einzelnen Kapitalarten zueinander. Das Kapitalgefüge läßt sich daher auch durch den Verschuldungsgrad, ausgedrückt durch das Verhältnis von Fremdkapital zu Gesamtkapital, charakterisieren[2].

---

1) Über die in diesem Abschnitt zu behandelnde Frage, ob die Kapitalstruktur die Kapitalkosten beeinflußt, existiert umfangreiche finanzierungstheoretische Literatur, auf die jedoch nicht weiter eingegangen werden kann, da hier nur eine knappe Erläuterung der Problematik erfolgen soll mit dem Ziel, die im zweiten Kapitel gewonnenen steuerlichen Aussagen in ihrer Bedeutung als Determinanten finanzierungspolitischer Entscheidungen zu relativieren.
Darstellungen des Zusammenhangs zwischen Kapitalkosten und Kapitalstruktur finden sich z.B. bei: Gutenberg, Erich, Grundlagen der Betriebswirtschaftslehre, Dritter Band, Die Finanzen, a.a.O., S. 184 ff.; Schneider, Dieter, Investition und Finanzierung, Opladen 1971, S. 445 ff.; Swoboda, Peter, Investition und Finanzierung, Göttingen 1971, S. 147 ff.

2) Gutenberg, Erich, Grundlagen der Betriebswirtschaftslehre, Dritter Band, Die Finanzen, a.a.O., S. 117; Seite192f dieser Studie.

Die Kapitalstruktur ist somit auch schon Untersuchungsgegenstand der Finanzierungsregeln, soweit diese Vorschriften bezüglich des Verhältnisses einzelner Bilanzpositionen oder Bilanzgruppen zueinander machen. Während jedoch die Finanzierungsregeln primär die Erhaltung des finanziellen Gleichgewichts anstreben, kommt der Kapitalstruktur auch unter Rentabilitätsaspekten Bedeutung zu.

Diese Beziehungen wurden bereits diskutiert und als "positiver" oder "negativer leverage-effect" bezeichnet[1].

Bei zunehmendem Verschuldungsgrad werden die Einleger von Beteiligungskapital als Äquivalent für das gestiegene Risiko eine höhere Verzinsung des Eigenkapitals, also höhere Dividenden, fordern. Wird der Forderung nach höheren Dividenden nicht stattgegeben, so kann auf breiter Basis ein Arbitrageprozeß einsetzen, d.h. die Anteilseigner werden die Aktien der betreffenden Kapitalgesellschaft abstoßen und Anteilsscheine einer Unternehmung erwerben, deren Dividende in einem angemessen erscheinenden Verhältnis zu ihrem Kapitalstrukturrisiko[2] steht. Die Abgabe von Aktien führt schließlich zu einer Kursreduzierung, die im Idealfall so ausfällt, daß das Verhältnis der Dividende zum Kurs einen Renditewert ergibt, der dem angestrebten wieder entspricht. Will die Unternehmung in der Zukunft ihre

---

1) Hierzu siehe Seite 191 der vorliegenden Studie. Liegt der Fremdkapitalzins unter der internen Verzinsung des eingesetzten Kapitals, bewirkt die Substitution von Eigen- durch Fremdkapital eine Erhöhung der Eigenkapitalrendite. Andererseits erhöht sich mit der Anhebung des Verschuldungsgrades das Risiko. Sinkt die interne Verzinsung unter den Fremdkapitalzins, so führt dies zu einer Verschlechterung der Eigenkapitalrentabilität und unter Umständen bei hoher Verschuldung zur Illiquidität.

2) Der Begriff "Kapitalstrukturrisiko" in seinem Verhältnis zum "allgemeinen Existenzrisiko" einer Unternehmung wurde auf Seite 197 erläutert.

Eigenkapitalbasis verbreitern, so kann aufgrund des gefallenen Kursniveaus neues Beteiligungskapital nur noch zu relativ schlechteren Konditionen in die Gesellschaftssphäre gelangen. Der Ausnutzung des "leverage-effects" sind demnach sowohl durch das steigende Risiko als auch unter dem Aspekt erhöhter zukünftiger Kapitalkosten Grenzen gesetzt.

Mit steigendem Verschuldungsgrad werden wegen des zunehmenden Risikos auch die Fremdkapitalgeber höhere Zinsen verlangen. Die Intensität der Beziehung zwischen Verschuldungsgrad und Kapitalkosten hängt vom Urteil der Kapitalgeber über Risiko und Ertragslage der kapitalnachfragenden Unternehmen ab. Letztlich läßt sich nur durch empirische Untersuchungen klären, ob und in welcher Weise die Kapitalgeber auf eine Veränderung des Verschuldungsgrades reagieren[1)].

Wenn zwischen dem Verschuldungsgrad und den Kapitalkosten eine Beziehung besteht, so stellt sich die Frage, ob ein optimaler Verschuldungsgrad existiert, d.h. ein Verhältnis zwischen Eigen- und Fremdkapital, welches bei gegebenen Kapitalmarktbedingungen die Bedürfnisse nach möglichst geringen Kapitalkosten einerseits und weitgehender Risikovermeidung andererseits zum Ausgleich bringt. Wird die von den Eigenkapitalgebern angestrebte Effektivverzinsung mit y'_e bezeichnet, die von den Fremdkapitalgebern erwartete Verzinsung mit k' und die sich aus diesen beiden Größen rein rechnerisch ergebende interne Verzinsung mit y'_i, so läßt sich die Existenz eines optimalen Verschuldungsgrades mit Hilfe der folgenden grafischen Darstellung nachweisen[2)]:

---

1) Gutenberg, Erich, Grundlagen der Betriebswirtschaftslehre, Dritter Band, Die Finanzen, a.a.O., S. 209. Auf die empirischen Untersuchungen des Zusammenhangs zwischen Verschuldungsgrad und Kapitalkosten wird im folgenden noch eingegangen werden.

2) Hierzu Gutenberg, Erich, Grundlagen der Betriebswirtschaftslehre, Dritter Band, Die Finanzen, a.a.O., S. 212

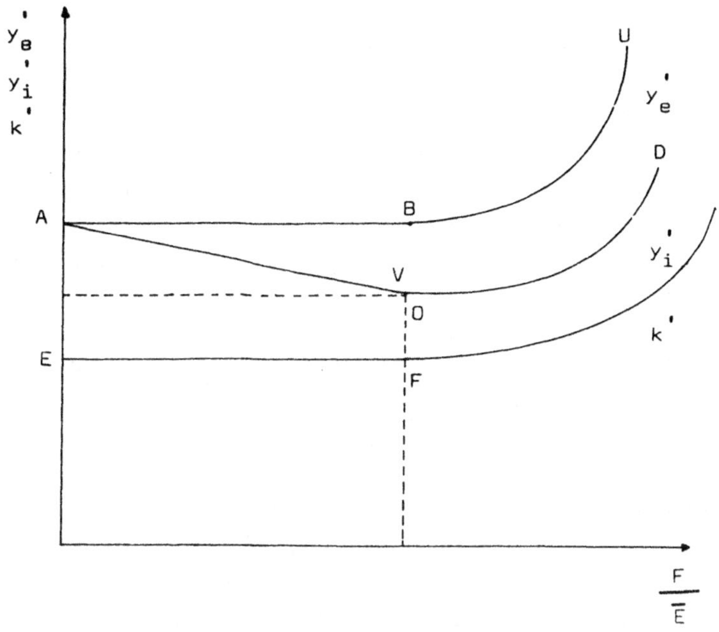

Abb. 1o: Die grafische Ableitung eines optimalen Verschuldungsgrades

Bei einem Verschuldungsgrad[1)] von 0 ist die erwartete Eigenkapitalverzinsung mit der rechnerisch ermittelten internen Verzinsung identisch (Punkt A in der Abbildung). Nimmt nun bei gleichbleibendem Eigenkapitalvolumen der Verschuldungsgrad durch Aufnahme weiteren Fremdkapitals zu, so erhöht sich bei sonst gleichen Bedingungen die Eigenkapitalrentabilität (leverage-effect), wenn die nachstehende Beziehung gilt: $y_e' > k'$ bzw. $y_i' > k'$ [2)].

1) Der Verschuldungsgrad wird in diesem Modell durch das zu Kurswerten bewertete Verhältnis des Fremdkapitals zum Eigenkapital ausgedrückt.
2) Solange der Fremdkapitalzins k' unter dem Eigenkapitalzins y_e' liegt, hat diese Beziehung Gültigkeit.

Es ist nämlich sehr wahrscheinlich, daß die Eigen- und Fremdkapitalgeber erst dann eine höhere Verzinsung ihres eingesetzten Kapitals fordern werden, wenn der Verschuldungsgrad und damit das Kapitalstrukturrisiko eine bestimmte Höhe überschreitet (Kurvenabschnitte AB bzw. EF in der Abbildung). Erst nachdem diese Grenze überschritten wird, fordern die Eigen- und Fremdkapitalgeber als Ausgleich für das erhöhte Kapitalstrukturrisiko eine höhere Verzinsung der eingesetzten Mittel.

Die Kurve der internen Verzinsung (y_i') in Abhängigkeit vom Verschuldungsgrad erhält man durch Addition der gewichteten Kostensätze[1]. Es ergibt sich der Kurvenverlauf AOD der zuerst fällt (AO) und später ansteigt (OD). Das Minimum der Kurve in Punkt O gibt gleichzeitig den optimalen Verschuldungsgrad an (V). Der Verlauf der internen Kapitalkostenkurve besagt also, daß bei Eigen- und Fremdkapitalkostensätzen, die innerhalb bestimmter Grenzen konstant sind, mit zunehmender Verschuldung das relativ billigere Fremdkapital zu einer fallenden Entwicklung der durchschnittlichen Kapitalkosten führt. Da sowohl Risiko- als auch Rentabilitätswirkungen die durchschnittlichen Kapitalkosten beeinflussen, läßt sich der optimale Verschuldungsgrad (V) als die Relation zwischen F und E interpretieren, bei der sich Risiko- und Rentabilitätseffekte von finanzierungspolitischen Entscheidungen gerade kompensieren.

---

1) Der Kostenfaktor y_e' wird mit dem Faktor E/K und der Faktor k' wird mit der Beziehung F/K gewichtet. Das Symbol K steht hierbei für das Gesamtkapital. Die interne Verzinsung y_i' errechnet sich demnach aus der folgenden Gleichung:

$$y_i' = \frac{E}{K} y_e' + \frac{F}{K} k'$$

Für die These vom gekrümmten Verlauf der Kurve der gewogenen Durchschnittskosten des Kapitals existiert noch eine Reihe weiterer Begründungen, die jedoch teilweise umstritten sind. Beispielsweise liegt der Inflationsthese folgender Zusammenhang zugrunde: Ein geldwertmindernder Prozeß begünstigt eine Ausweitung des Geschäftsvolumens, da die aufgenommenen Mittel später mit entwertetem Geld zurückgezahlt werden[1]. Sofern die für die Unternehmung positiven Wirkungen der Darlehensrückzahlung mit entwertetem Geld nicht durch einen gleichzeitigen Kostenanstieg überkompensiert wird und solange die Fremdkapitalzinsen nicht durch Gleitklauseln der Inflation ständig angepaßt werden, wächst die Renditespanne der Unternehmung mit der Steigerung des Preisniveaus. Eine Erhöhung des Verschuldungsgrades ist unter diesen Umständen vorteilhaft. Die Aktionäre werden die aus der Entwertung des Fremdkapitals resultierenden Gewinne als Ausgleich für das wachsende Strukturrisiko ansehen und sich, solange das Risiko nicht unangemessen hoch wird, mit der bisherigen Effektivverzinsung zufriedengeben.

Bei derartigen Verhaltensweisen der Fremd- und Eigenkapitalgeber hat die Kurve der gewogenen Durchschnittskosten der Gesamtmittel bei einer inflationären Entwicklung einen gekrümmten Verlauf.

Die neuere Finanzierungstheorie vertritt dagegen die Auffassung, daß die diskutierte Kurve (y_1') linear verläuft. Modigliani und Miller, die vor allem diese These vertreten, begründen diesen Verlauf mit der Unabhängigkeit der Zinsforderungen der Fremdkapitalgeber vom Ausmaß des Verschuldungsgrades. Dagegen orientieren die Eigenkapitalgeber ihre Renditeansprüche am Anstieg des Strukturrisikos

1) Siehe hierzu: Gutenberg, Erich, Grundlagen der Betriebswirtschaftslehre, Dritter Band, Die Finanzen, a.a.O., S. 214

und erhöhen ihre Forderungen proportional[1].

Unter diesen Prämissen gibt es keinen optimalen Verschuldungsgrad; die durchschnittlichen Kapitalkosten sind bei jedem Verschuldungsgrad konstant. Das Modigliani -Miller-Theorem impliziert also die Annahmen, daß nach Ansicht der Eigenkapitalgeber der Nachteil steigenden Risikos der zunehmenden Fremdfinanzierung durch den Vorteil einer größeren Rentabilität gerade kompensiert wird, wobei die Zinsforderungen der Fremdkapitalgeber vom Verhältnis E/F unabhängig sind. Zu dem Modell ist kritisch anzumerken, daß die von Modigliani und Miller gesetzten Hypothesen zum Verhalten der Eigen- und Fremdkapitalgeber keineswegs zutreffen müssen[2]. Neben der These vom linearen Verlauf der durchschnittlichen Kapitalkosten, die sie in zwei empirischen Untersuchungen zu untermauern versuchten[3], nach der ein optimaler Verschuldungsgrad[4] nicht

---

1) Modigliani, Franco und Miller, Merton H., The cost of Capital, Corporation Finance and the Theory of Investment, in : American Economic Review, Vol. 48, 1958, S. 261 ff.

2) Gutenberg, Erich, Grundlagen der Betriebswirtschaftslehre, Dritter Band, Die Finanzen, a.a.O., S. 216

3) Die erste Untersuchung erfolgte 1958 und wird von den Autoren selbst im Hinblick auf die methodische Zuverlässigkeit kritisch beurteilt. Die zweite Untersuchung fand im Jahre 1965 statt und bezog sich auf die Elektrizitätswirtschaft der USA. Miller, Merton H. und Modigliani, Franco, Some Estimates of the Cost of Capital to the Electric Utility Industry, 1954-1957, in: American Economic Review, Vol. 56, 1966, S. 333 ff.

4) Zum Problemkreis der Abhängigkeit der Kapitalkosten vom Verschuldungsgrad existieren neben Untersuchungen, die die These vom linearen Kapitalkostenverlauf stützen, auch Studien, deren Ergebnisse für die Existenz eines optimalen Verschuldungsgrades sprechen.

ermittelt werden kann, vertreten beide Autoren ferner die Auffassung, daß auch die Marktwerte der Unternehmen unabhängig vom Verschuldungsgrad seien. Unter den wenig realistischen Prämissen des vollkommenen Marktes und rationalem Verhalten aller Investoren müssen zwei Unternehmen, die den gleichen Ertrag erbringen und der gleichen Risikoklasse angehören[1], wegen des bei vollkommenem Markt gültigen Gesetzes der Unterschiedslosigkeit[2] auch den gleichen Kurs- oder Marktwert haben. Die Höhe des Verschuldungsgrades hat hierauf keinen Einfluß. Weichen die Kurs- und Marktwerte zweier Kapitalgesellschaften mit den geschilderten Merkmalen, aber unterschiedlich hohem Verschuldungsgrad, dennoch voneinander ab, so setzt ein Arbitragevorgang ein, der die Kurs- oder Marktwerte der beiden Unternehmen einander angleicht.

Im Gegensatz zu den Ergebnissen von Modigliani und Miller gelangt Barges in einer 1962 durchgeführten Untersuchung zu einer gekrümmt verlaufenden Kapitalkostenkurve[3]. Der

---

1) Der gleichen Risikoklasse gehören nur Unternehmen mit gleichem existentiellen Risiko an, d.h. Unternehmen, bei denen das allgemeine Existenzrisiko, dem jede wirtschaftliche Betätigung ausgesetzt ist, ähnlich geartet ist, also Unternehmen, die ähnliche Marktbedingungen, gleichartige Produktionsstrukturen und gleiche betriebstechnische Elastizitäten aufweisen. Modigliani, Franco und Miller, Merton H., The Cost of Capital, Corporation Finance and the Theory of Investment, a.a.O., S. 261 ff.

2) Nach dem Gesetz der Unterschiedslosigkeit müssen bestimmte Güter auf einem vollkommenen Markt einen einheitlichen Preis haben (sogenannte homogene Güter), d.h. es existieren weder räumliche, sachliche, zeitliche oder persönliche Präferenzen; außerdem gelten die Annahmen: vollkommene Markttransparenz, sehr viele Anbieter und Nachfrager und eine unendlich große Anpassungsgeschwindigkeit.

3) Barges, Alexander, The Effect of Capital Structure on the Cost of Capital, Prenetice-Hall, Englewood Cliffs, N.J. 1963, S. 52 ff.

Ansatz von Barges kann durch die Bildung homogener Unternehmensgruppen die spezifischen Bedingungen, die für einzelne Unternehmen gelten, besser berücksichtigen. Der tatsächlich realisierte Verschuldungsgrad weicht allerdings in vielen Fällen von dem für die jeweiligen Firmengruppen errechneten Verhältnis von Fremd- zu Gesamtkapital nach unten ab[1]. Die Erklärung scheint darin zu liegen, daß die Mehrzahl der Unternehmen sich bei ihren finanzierungspolitischen Entscheidungen an traditionellen Vorstellungen über die zu realisierende Kapitalstruktur und an kreditwirtschaftlichen Anforderungen [siehe oben] ausrichtet. Außerdem scheinen die Unternehmen darauf zu achten, daß ihre Finanzierungspolitik dem allgemeinen Unternehmensrisiko ihrer Klasse entspricht. Das allgemeine Unternehmensrisiko stellt nämlich eine wesentliche Determinante für das Ausmaß des Kapitalstrukturrisikos dar (Interdependenzen zwischen Kreditwürdigkeit, Unternehmensgegenstand, Umweltbedingungen, Unternehmensgröße, Rechtsform). Da das Kapitalstrukturrisiko seinerseits die Höhe der Kapitalkosten beeinflußt, ist somit indirekt eine Beziehung zwischen allgemeinem Unternehmenswagnis und dem Kapitalkostenverlauf gegeben. Je geringer nämlich das allgemeine Unternehmensrisiko ist, desto höher kann der Verschuldungsgrad sein. Der Wert des optimalen Verschuldungsgrades hängt darüber hinaus von der Höhe und dem Risikograd der Ertragserwartungen ab.

Trotz der bereits existierenden Untersuchungen zur traditionellen These vom gekrümmten Kapitalkostenverlauf und dem von Modigliani und Miller dargestellten linearen Kapitalkostenverlauf können die in beiden Ansätzen enthaltenen Annahmen über das Verhalten der Eigenkapitalgeber noch nicht als verifiziert angesehen werden[2]. Ferner unter-

---

1) Hierzu: Gutenberg, Erich, Grundlagen der Betriebswirtschaftslehre, Dritter Band, Die Finanzen, a.a.O., S. 220 ff.
2) Siehe auch: Der Volkswirt, Finanzierungstheorie I, Modelle, Modelle ...., Nr. 4 vom 23.1.1970, S. 29

stellen die Theorien zum optimalen Verschuldungsgrad ein gegebenes Investitionsprogramm. Neuere Ansätze der Investitionstheorie optimieren dagegen Finanzierungs- und Investitionsprogramm simultan.

3.4.1.4 Reaktionen auf die Ausschüttungs- und Selbstfinanzierungspolitik

Die Selbstfinanzierung[1)], die sowohl durch die Bildung offener als auch stiller Rücklagen erfolgen kann, stellt eine für die Unternehmung wichtige Eigenkapitalquelle dar. In speziellen Fällen bildet sie sogar die dominierende Finanzierungsquelle[2)].

---

1) Da in diesem Abschnitt lediglich die Bestimmungsfaktoren finanzierungspolitischer Entscheidungen als Rahmenbedingungen der körperschaftsteuerlichen Finanzierungsdeterminanten analysiert werden, kann hier nicht intensiver auf die gesamtwirtschaftliche Bedeutung der Selbstfinanzierung eingegangen werden.
Es wird mitunter behauptet, daß die Selbstfinanzierung gesamtwirtschaftliche Nachteile hätte, indem sie durch die Ausschaltung der Selektionsfunktion des Kapitalmarktes zu Fehlallokationen Anlage suchender Mittel führe. Zu einem Bestimmungsfaktor finanzierungspolitischer Entscheidungen wird dieser Sachverhalt jedoch erst dann, wenn die einzelnen Investoren wegen der der Selbstfinanzierung nachgesagten gesamtwirtschaftlich negativen Wirkungen mit staatlichen Maßnahmen gegen die Selbstfinanzierung rechnen und sich bei ihren finanzierungspolitischen Entschlüssen an den erwarteten staatlichen Maßnahmen ausrichten. Da dieser Fall jedoch relativ unwahrscheinlich ist, soll nicht weiter auf dieses Problem eingegangen werden.

2) Insbesondere für nicht emissionsfähige bzw. kleine und mittlere Unternehmen ist die Beschaffung von Fremdfinanzierungsmitteln zum Zwecke der Investition mit einem zu hohen Unsicherheitsfaktor behaftet. Hier stellt die Selbstfinanzierung nach Ausschöpfen der Bankkreditlinien häufig die einzige Finanzierungsmittelquelle dar, bei der sich zudem oft zeitraubende Verhandlungen mit potentiellen Kreditnehmern erübrigen.
Vgl. Gutenberg, Erich, Grundlagen der Betriebswirtschaftslehre, Dritter Band, Die Finanzen, a.a.O., S. 137 ff.

Bei der Untersuchung der Frage, in welchem Umfang der erwirtschaftete Gewinn zur Selbstfinanzierung verwendet werden soll, ergeben sich ähnliche Probleme wie bei der Strukturierung des Kapitalfonds. Unterstellt man nämlich, daß die Unternehmen bestrebt sein werden, ihre Kapitalkosten möglichst gering zu halten, ohne sich jedoch durch ihr Verhalten langfristig benötigter Finanzierungsmöglichkeiten zu begeben, so stellt sich die Frage, ob und wie die Anteilseigner auf die jeweilige Art der Gewinnverwendung reagieren. Kann eine derartige Reaktion nachgewiesen werden, muß weiter geprüft werden, ob ein optimales Verhältnis für die Aufteilung des Gewinns in Ausschüttungs- und Thesaurierungsteilbeträge existiert. Diese optimale Relation könnte auch als "optimaler Selbstfinanzierungsgrad" bezeichnet werden und würde voraussetzen, daß der sich in Abhängigkeit vom Gewinnaufteilungsverhältnis ergebende Kapitalkostenverlauf ein Minimum aufweist.

Im Hinblick auf das Problem einer optimalen Gewinnaufteilungsrelation werden kontroverse Ansichten vertreten, die unter den Stichworten Gewinn- und Dividendenthese in der Literatur diskutiert werden. Unter den einschränkenden Annahmen: vollkommener Kapitalmarkt, vollkommene Markttransparenz, rationales Verhalten der Anleger, sichere Erwartungen und gleiche Risikoklassenzugehörigkeit der Unternehmen formulieren Miller und Modigliani die Gewinnthese mit der zentralen Aussage, daß sich die Anteilseigner gegenüber der von der Unternehmensleitung vorgenommenen Gewinnverwendung indifferent verhalten[1)]. Die Anteilseigner interessieren sich nach dieser Theorie lediglich dafür, ob von der Kapitalgesellschaft überhaupt Gewinne erzielt werden; die Überschußverwendung sei den Aktionären hingegen gleichgültig. Modigliani und Miller begründen diese angebliche Indifferenz gegenüber der Ausschüttungs- und

1) Miller, Merton H. und Modigliani, Franco, The Cost of Capital, Corporation Finance and the Theory of Investment, a.a.O., S. 261 ff.

Thesaurierungspolitik damit, daß sich im Falle der Rücklagenbildung der Kapitalfonds der Unternehmung entsprechend erhöht, wodurch der innere Wert gestärkt wird, was sich nach außen in steigenden Kursen bemerkbar mache. Da von einem vollkommenen Kapitalmarkt ausgegangen wird, ist es dem Anteilseigner jederzeit möglich, den Wertzuwachs zu realisieren. In diesem Falle kann es dem Aktionär in der Tat gleichgültig sein, ob ihm der Ertrag seiner Kapitalanlage in Form von ausgeschütteten Gewinnen oder in Form jederzeit realisierbarer Kurswertsteigerungen zufließt.

Die Ansicht Modiglianis und Millers, daß die These von der Indifferenz der Anteilseigner gegenüber der Gewinnverwendung auch in der Realität zutreffen würde, kann jedoch nicht überzeugen, da die Prämissen ihres Ausgangsmodells in der Wirklichkeit wohl nie gegeben sein werden. Die empirische Verifizierung der Gewinnthese wird noch unwahrscheinlicher, wenn berücksichtigt wird, daß über die bereits genannten Prämissen hinaus die Verzinsung der einbehaltenen Gewinne der vom Anteilseigner geforderten Mindestverzinsung entsprechen muß.

Grundsätzlich ist es sehr problematisch, von einer Kurswertsteigerung von Aktien durch eine gewinnthesaurierende Finanzierungspolitik der Unternehmensleitung auszugehen. Die Rücklagenbildung aus einbehaltenen Gewinnen ist nämlich nur einer von vielen Faktoren, die den Börsenkurs einer Aktie beeinflussen[1]. Die Gültigkeit der Gewinnthese muß aus den dargestellten Gründen stark angezweifelt werden.

---

1) Gutenberg, Erich, Grundlagen der Betriebswirtschaftslehre, Dritter Band, Die Finanzen, a.a.O., S. 247

Im Gegensatz zur diskutierten Gewinnthese unterstellt die Dividendenthese Reaktionen der Anteilseigner auf die Gewinnverwendung. Unter den Annahmen dieser Theorie verläuft die Kurve der Kapitalkosten in Abhängigkeit von der Gewinnverwendung mit zunehmendem Selbstfinfnzierungsgrad zuerst fallend, erreicht ein Minimum und steigt anschließend wieder an (siehe Abbildung 11)[1].

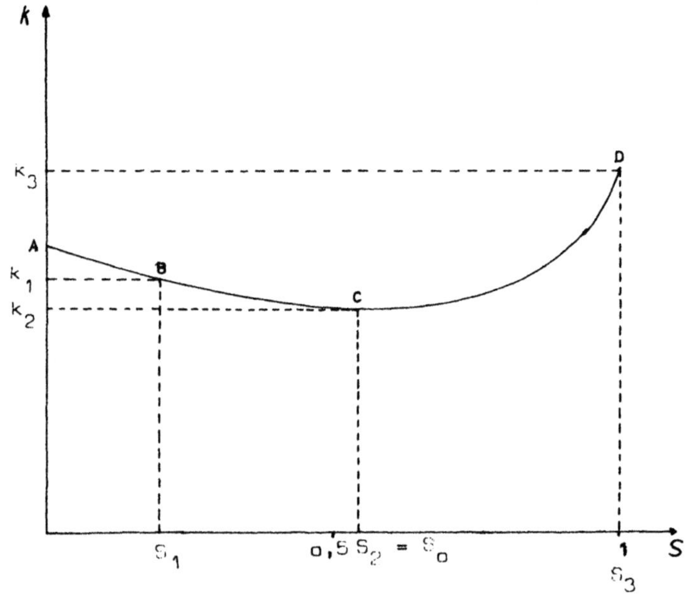

Abb. 11: Ableitung des optimalen Selbstfinanzierungsgrades bei von der Gewinnverwendung abhängigen Kapitalkosten

1) Gutenberg, Erich, Grundlagen der Betriebswirtschaftslehre, Dritter Band, Die Finanzen, a.a.O., S. 258

Dieser Kurvenverlauf beruht auf der Annahme, daß die Kapitalkosten nicht nur von der Höhe der Gewinnausschüttung, sondern auch von Sicherheitsüberlegungen der Anteilseigner bestimmt werden. Dies wird beispielsweise in Punkt A durch die relativ hohen Kapitalkosten (k) deutlich, die darauf zurückzuführen sind, daß hier der Selbstfinanzierungsgrad (S) - definiert als das Verhältnis von thesauriertem Gewinn zu Gesamtüberschuß - den Wert 0 annimmt, was bedeutet, daß der gesamte Gewinn ausgeschüttet wird. Eine Unternehmung, die ihren gesamten Gewinn ausschüttet, sorgt unter Umständen aber nicht in genügendem Umfang für die Sicherung ihrer Existenz vor (Verstoß gegen das Ziel der Sicherung und Ausdehnung des Unternehmenspotentials). Beurteilt ein gewichtiger Teil der Aktionäre die vollständige Gewinnausschüttung aus diesem Grund negativ, so werden zahlreiche Anteilseigner die Aktien dieser Gesellschaft abstoßen. Als Folge werden die Kurse nachgeben. Die Unternehmung kann dann in der Zukunft neues Kapital nur zu relativ schlechteren Konditionen aufnehmen, d.h., die Kapitalkosten liegen verhältnismäßig hoch[1].

Punkt D beschreibt hingegen eine Situation, in der der gesamte Gewinn einbehalten wird. Zumindest langfristig wird diese Politik der Unternehmensleitung keine Zustimmung bei der Mehrzahl der Aktionäre finden. Wenigstens ein Teil der Anteilseigner wird daher die Aktien zum Verkauf anbieten, was wiederum einen Kursdruck auslöst und zu relativ hohen Kapitalkosten bei zukünftiger Kapitalbeschaffung führt. In Punkt B liegen die Kapitalkosten unter denen des Punktes D, sind aber dennoch relativ hoch, da nach Ein-

---

1) Unterstellt man dagegen, daß den Anteilseignern und den potentiellen Kapitalgebern primär an einer möglichst hohen Gewinnausschüttung gelegen ist, so ergibt sich ein anderer Kapitalkostenverlauf.

schätzung zahlreicher Aktionäre die Gewinnausschüttung im Verhältnis zum Existenzrisiko zu hoch ist.

Punkt C umreißt demgegenüber eine Situation, in der die Bedürfnisse der Aktionäre nach angemessener Gewinnausschüttung und Existenzsicherung der Unternehmung in optimaler Weise befriedigt werden. In diesem Punkt nehmen die Kapitalkosten einen minimalen Wert an, der optimale Selbstfinanzierungsgrad S_o ist hier realisiert.

Obwohl auch die Dividendenthese auf Annahmen über das Verhalten der Anteilseigner beruht, die der empirischen Prüfung bedürfen, so ist die Argumentation zum gekrümmten Kapitalkostenverlauf in Abhängigkeit vom Selbstfinanzierungsgrad dennoch plausibler als der sich aus der Gewinnthese ergebende lineare Kapitalkostenverlauf.

Unterstellt man demzufolge einen gekrümmten Verlauf der Kapitalkostenkurve, so bedeutet dies, daß die Geber von Beteiligungs- und Fremdfinanzierungsmitteln auf die Gewinnverwendungspolitik der Unternehmensleitung reagieren. Da aber anzunehmen ist, daß die Unternehmensführung die erwarteten Reaktionen ihrer Anteilseigner in ihr Entscheidungskalkül einbeziehen wird, fließt das Aktionärsverhalten auf die Selbstfinanzierungs- und Ausschüttungspolitik als Bestimmungsdeterminante in die finanzierungspolitischen Entschlüsse ein.

3.4.2 Die Vervollständigung des Bedingungsrahmens finanzierungspolitischer Entscheidungen durch weitere (sonstige) Bestimmungsfaktoren

Neben den unternehmens- und aktionärsbezogenen Zielen und den unternehmensexternen Determinanten setzen weitere Faktoren, die sich in diese Gliederung nur schwer einordnen lassen, finanzierungspolitische Rahmendaten, welche bei der Beurteilung der Wirkungen körperschaftsteuerlicher Veränderungen auf die Finanzierungspolitik der Kapitalgesellschaften herangezogen werden müssen.

Obwohl diese Einflußfaktoren grundsätzlich in den Entscheidungsbereich der Unternehmensleitung fallen, erhalten sie - zumindest partiell - ihr finanzierungspolitisches Gewicht häufig erst aufgrund der ständigen Interaktionen mit den unternehmensexternen Entwicklungen bzw. durch die Einbindung in das Umfeld der Kapitalgesellschaft. Änderungen dieser Bestimmungsfaktoren, die im Einflußbereich der Unternehmensführung liegen, erfolgen oft als Reaktion auf außerhalb der betrieblichen Bestimmungssphäre liegende Entwicklungen.

3.4.2.1 Der Unternehmensgegenstand

Der Unternehmensgegenstand wird in der Literatur sowohl als Determinante des Finanzierungsbedarfs[1] als auch als Kriterium der Kapitalbeschaffung genannt. Er bestimmt Höhe und Struktur von Chancen und Risiken, die mit der Überlassung von Kapital verbunden sind. Die gegenwärtigen und zukünftigen Erträge werden in großem Umfang von dem Unternehmensgegenstand bestimmt, da er sowohl die Kosten- als

1) Oettle, K., Unternehmerische Finanzpolitik, Stuttgart 1966

auch Beschaffungs- und Absatzverhältnisse determiniert. Gerade die herausragende Bedeutung des Produktions- und Absatzprogramms für die Sicherung und Entwicklung der Unternehmung sind für Gutenberg der Hauptgrund, um diese Einflußgröße in seinen Katalog der Hauptdeterminanten des Kapitalbedarfs aufzunehmen[1]. Der Größenordnung des jeweiligen Kapitalbedarfs wird in Zusammenhang mit dem grundsätzlichen Gewicht dieses Faktors nur ein sekundärer Stellenwert eingeräumt. So wird der Unternehmensgegenstand zum Indikator für Ertragskraft, Stabilität und Wachstumsperspektiven und läßt aufgrund des vorhandenen Diversifizierungsgrades Rückschlüsse auf die Anpassungsfähigkeit der Gesellschaft an sich ändernde Marktbedingungen zu. Diese Erwägungen gehen als Entscheidungshilfe in die Risikoanalyse der potentiellen Kapitalgeber ein und bestimmen je nach Risikopräferenz bzw. -abneigung dieser Kapitalanleger die Fremd- und Eigenfinanzierungsmöglichkeiten der kapitalnachfragenden Unternehmung.

3.4.2.2 Die Unternehmensgröße

Die Finanzierungsmöglichkeiten werden über rentabilitätsdeterminierende Größen mitbestimmt, die sich als Folge von unterschiedlichen Unternehmensgrößen ergeben. Konkret handelt es sich bei diesen auch von der Unternehmensgröße abhängigen Faktoren etwa um die Leistungsfähigkeit der Unternehmensleitung, Möglichkeiten der Kostendegression sowie um Einflüsse der Auftragsgrößendegression. Kleine Unternehmen werden in der Praxis weitgehend auf die verschiedenen Selbstfinanzierungsmöglichkeiten beschränkt, zumal die Unternehmensgröße neben der Rechtsform der Unternehmung

---

1) Gutenberg, Erich, Grundlagen der Betriebswirtschaftslehre, Dritter Band, Die Finanzen, a.a.O., S. 14, S. 86

deren Kapitalmarktfähigkeit begrenzt und somit deren Möglichkeiten zur Beschaffung von Finanzierungsmitteln reduziert[1].

3.4.2.3 Das "Image" als Finanzierungsdeterminante

Der Begriff "Image" zählt heute zu jenen schillernden Vokabeln, deren Bedeutungsinhalt umstritten ist. Unstrittig ist jedoch, daß sich im Image Komponenten objektiver und subjektiver Herkunft beeinflussen, vermischen und aus der Konfrontation des Subjekts mit dem Objekt eine relativ stabile und dauerhafte Vorstellung von einem Gegenstand entsteht[2]. Barth formuliert das Phänomen als "das Gesamtbild, das sich der Mensch von einem Objekt macht, mit dem er sich in irgend einer Weise auseinandersetzt"[3]. Problematisch kann ein derartiges, stereotypes Erscheinungsbild für Finanzierungsentscheidungen dann werden, wenn die Vorstellungen der potentiellen Kapitalgeber - die nur langfristig zu beeinflussen sind[4] - vom mittelnachfragenden Unternehmen negativ geprägt sind. In derartigen Fällen kann sich ein bestimmter Kapitalbeschaffungsmarkt dem Unternehmen vollständig verschließen oder eine Beschaffung von

---

1) Gutenberg, Erich, Grundlagen der Betriebswirtschaftslehre, Dritter Band, Die Finanzen, a.a.O., S. 137 ff. Hierzu auch die Ausführungen zu den Kapitalmarktbedingungen in Gliederungspunkt 3.3.4.1.1
2) Aus der umfangreichen Literatur: Noelle, Elisabeth, Umfragen in der Massengesellschaft - Einführung in die Methoden der Demoskopie -, Hamburg 1963, 5. Auflage, S.284; Bergler, Reinhold, Psychologie des Marken- und Firmenbildes, Göttingen 1963; Nieschlag, Robert; Dichtl, Erwin; Hörschgen, Hans; Marketing, 4. Auflage, Berlin 1971, S. 385 ff.
3) Barth, R., Marktforschung zwischen Zahl und Psyche, Stuttgart 1959, S. 124
4) Ein einmal vorhandenes Erscheinungsbild verfestigt sich bald und ist nur langfristig zu verändern. Hierzu Bergler, R., Psychologie des Marken- und Firmenbildes, a.a.O., S. 20 ff.

Finanzierungsmitteln ist nur aufgrund rentabilitäts- und liquiditätseinschränkender Zusagen des Unternehmens möglich. Ein Unternehmen, das im Kapitalmarkt als "gute Adresse" gilt, hat dagegen erleichterte Außenfinanzierungsmöglichkeiten.

Ein in diesem Sinne vorteilhaftes "Image" kann nur langfristig aufgebaut und gefördert werden, indem die Kapitalgesellschaft als "guter Schuldner" bei nachhaltig steigendem Kapitalmarktzins den Nominalzinssatz seiner Obligation heraufkonvertiert, eine gute Kurspflege und/oder eine den Anlegerinteressen entgegenkommende stetige Ausschüttungspolitik betreibt. Grundsätzlich sind alle Aktionen einer Unternehmung, die in irgendeiner Weise nach außen dringen, imagebeeinflussend. Zu nennen sind vor allem der Einsatz des absatzpolitischen Instrumentariums, die Art der Gewinnverwendungspolitik, die Sozial- und Personalpolitik und die Publizitätspolitik. In diesem Zusammenhang sind ferner die Unternehmensbeziehungen zu Geldkapitalgebern und -vermittlern als qualitative und quantitative Determinanten von Bedeutung. Vorteilhaft wirken sich innerhalb dieser Sphäre eine über das übliche Maß hinausgehende Publizitätspolitik, ein in der Satzung ausdrücklich formulierter Minderheitenschutz und eine Unterrichtung der Kapitalgeber über grundsätzliche Entwicklungs- und Planungstendenzen der Unternehmung aus.

3.4.2.4 Die Rechtsform als Finanzierungsdeterminante

Für die Wahl der Rechtsform sind neben steuerrechtlichen Faktoren wirtschaftliche und rechtliche Überlegungen maßgebend. Häufig stehen diese Faktoren miteinander in Konkurrenz.

Die handelsrechtlich vorgesehenen Rechtsformen lassen sich vertraglich oder durch die Satzung abändern und sind von großer Bedeutung für die Haftung für Unternehmensverbindlichkeiten und somit für die Kreditwürdigkeit, die als finanzierungspolitische Determinante schon diskutiert wurde. Vorschriften über Mindestkapital, dessen Kündbarkeit und Mobilisierbarkeit, die Höhe der Kapitalkosten, steuerliche Bestimmungen, Art und Umfang der Mitbestimmungs- und Kontrollmöglichkeiten sind je nach der gewählten Rechtsform unterschiedlich. Darüber hinaus beeinflussen Gesetzesvorschriften bzw. Satzungsbestimmungen weitgehend die Bilanz- und die Selbstfinanzierungspolitik, so beispielsweise durch steuerliche Sonderbelastung des nicht ausgeschütteten Gewinns[1)] oder durch den Zwang zur Selbstfinanzierung für nicht kapitalmarktfähige Unternehmen.

Zudem stellt sich die Frage nach der unter wirtschaftlichen Aspekten zweckmäßigsten Rechtsform eines Betriebes nicht nur in der Gründungsphase, sondern sie muß immer wieder von neuem geprüft werden, sobald sich wesentliche persönliche, wirtschaftliche, rechtliche oder steuerliche Faktoren ändern, die zuvor bei der Wahl der Rechtsform den Ausschlag gegeben haben. Ein Wechsel der Rechtsform, eine Umwandlung, wird immer dann notwendig, wenn die bestehende Rechtsform aufgrund von Datenänderungen ökonomisch unzweckmäßig geworden ist.

Die über die (körperschaft)steuerliche Determinante hinaus in diesem Abschnitt dargestellten und analysierten Zielsetzungen und Bestimmungsfaktoren vervollständigen den

---

1) Schardt, Anne, Die Körperschaftsteuerreform 1977 und ihre belastungsmäßigen Auswirkungen, in: Beiträge zur Mittelstandsforschung Heft 46, Göttingen 1978, S. 231 ff.

Rahmen, in dem sich die finanzierungspolitischen Entscheidungen der Unternehmensführung einer Kapitalgesellschaft vollziehen. Eine steuerliche Datenänderung (wie sie die Körperschaftsteuerreform 1977 darstellt), die immer im interdependenten Gefüge der anderen Steuergesetze, welche erst in ihrer Gesamtheit das Steuersystem einer Volkswirtschaft ergeben, gesehen werden sollte, variiert somit primär immer nur ein - wenn auch wichtiges - Element aus dem Kranz der finanzierungspolitischen Entscheidungsbedingungen. Insofern relativiert sich die Bedeutung der Steuerkomponente in Zusammenhang mit der Finanzierungspolitik.

Eine - isoliert betrachtet - finanzierungspolitisch relativ bedeutungslose steuerrechtliche Variation erhält aber dann ein größeres Gewicht, wenn sie eine oder mehrere der diskutierten Determinanten tangiert und auf diese Weise die Nebenbedingungen, die bei der Beschaffung finanzieller Mittel zu beachten sind, umfassend verändert[1)].

Die nachstehende Abbildung versucht, die Interdependenzstruktur der bereits diskutierten finanzierungspolitischen Bestimmungsfaktoren in ihren wesentlichen Beziehungen ohne die Beachtung der jeweiligen quantitativen und qualitativen Bedeutung darzustellen.

---

1) Einen Versuch, die Beziehungen zwischen unternehmens- und aktionärsbezogenen Zielsetzungen, den unternehmensexternen Faktoren, den sonstigen Determinanten der Finanzierungsbeschaffung und einer steuerlichen Datenänderung aufzuzeigen, unternimmt der sich anschließende Abschnitt.

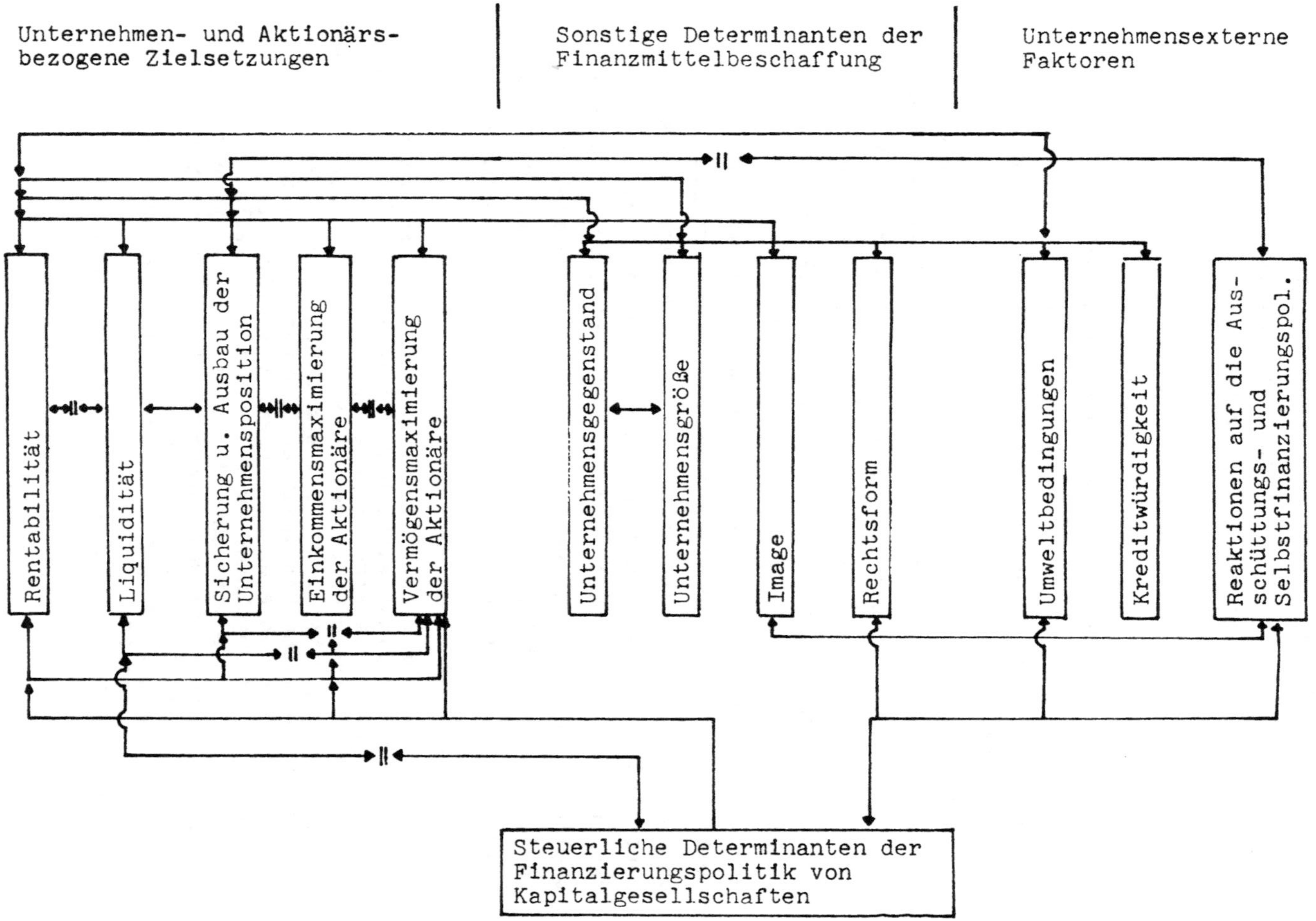

Abb. 12: Körperschaftsteuerreform im Interpendenzgefüge der finanzierungspolitischen Bestimmungsfaktoren

4. Der Einfluß der Steuern und steuerlicher Datenänderungen auf die Finanzierungspolitik unter Berücksichtigung des Bedingungsrahmens finanzierungspolitischer Entscheidungen

Wenn das (körperschaft)steuerliche Element[1)] der Finanzierungspolitik stets im Umfeld der sonstigen Parameter unternehmerischer Finanzierungsentscheidungen gesehen werden muß (eine Diskussion der wichtigsten Bestimmungsfaktoren der betrieblichen Finanzierungspolitik enthält das vorhergehende Kapitel), so wird ihm doch vielfach ein herausragender Stellenwert, zumindest im Rahmen der exogenen Determinanten, zugewiesen. Die Bedeutung für den betrachteten Bereich wird etwa dann deutlich, wenn "die Beseitigung der (zweifachen) steuerlichen Diskriminierung der Finanzierung der Kapitalgesellschaften mit Eigenkapital"[2)] als das vorrangige Ziel der Körperschaftsteuerreform bezeichnet wird. Die unterschiedliche steuerliche Belastung des Eigen- und Fremdkapitals bzw. der jeweiligen Erträge beeinflußt einerseits die Kapitalstruktur der Gesellschaften und bestimmt andererseits die Angebotsstruktur potentieller Anleger in der Weise, daß der Eigenkapitalanteil in den Bilanzen der Kapitalgesellschaften in der Vergangenheit immer stärker zurückgegangen ist, da selbst in Zeiten

---

1) Die körperschaftsteuerlich verursachte Belastung als Determinante finanzwirtschaftlicher Entscheidungen kann aufgrund der steuerrechtlichen Interdependenzen nicht isoliert betrachtet werden. Eine körperschaftsteuerliche Datenänderung tangiert vielmehr häufig auch andere steuerrechtliche Bestimmungen und führt so im Ergebnis zu einer aus mehreren Einflüssen resultierenden komplexen Belastungsänderung einer Kapitalgesellschaft. Diesem Sachverhalt versuchte die sich der teilsteuerlichen Berechnungsmethode bedienende quantitative Analyse [zweites Kapitel] Rechnung zu tragen.
Hierzu auch: Wöhe, Günter, Die Steuern des Unternehmens, a.a.O., S. 56 ff.

2) Wöhe, Günter, Die Steuern des Unternehmens, a.a.O., S. 101

starker Geldentwertung festverzinsliche Gläubigerpapiere den steuerlich benachteiligten Beteiligungspapieren vorgezogen wurden. Daneben hat die unterschiedliche steuerliche Belastung der Selbstfinanzierung bei Kapital- und Personengesellschaften in der Vergangenheit einen unmittelbaren Einfluß auf die Wahl der Rechtsform ausgeübt.

Die Reform des Körperschaftsteuergesetzes, die ursprünglich mit dem Anspruch in Angriff genommen worden war, alle bestehenden Benachteiligungen weitestgehend abzubauen, bewirkte trotz der Reduzierung des Anspruchs im politischen Willensbildungsprozeß steuerrechtliche Datenänderungen mit den mannigfaltigsten Ausstrahlungen auf Rentabilität, Liquidität, Erhaltung und Wachstum des Unternehmenspotentials; beeinflußte die Vermögens- und Einkommensmaximierungserwartungen der Aktionäre und steuert somit die Reaktionen der Anteilseigner auf die Ausschüttungs- und Selbstfinanzierungspolitik der Unternehmensleitung seiner Gesellschaft. Nahezu alle maßgeblichen finanzierungspolitisch bedeutsamen Determinanten wurden durch die körperschaftsteuerliche Datenänderung tangiert und veränderten damit den Kranz der Nebenbedingungen, dem sich die Unternehmensleitung bei Finanzierungsentscheidungen gegenübersieht, umfassend. Erst die Gesamtheit der Einzeleffekte aus einer durch eine derartige steuerliche Belastungsvariation angestoßenen Wirkungskette führt letztlich zu einer - somit multikausalen - Veränderung der Finanzierungspolitik einzelner Gesellschaften. Eine Aussage über den endgültigen Einfluß der Körperschaftsteuerreform auf die Kapitalbeschaffungspolitik der betroffenen juristischen Personen erscheint vor diesem Hintergrund nur schwer möglich zu sein.

Aus dem Konglomerat der Wirkungszusammenhänge greift der nachfolgende Abschnitt eher beispielhaft die Strukturierung des betrieblichen Kapitalfonds und die Gewinnverwendungspolitik von Kapitalgesellschaften heraus, um an diesen Beispielen theoretisch den steuerlichen Einfluß zu erläutern. Darüber hinaus wird der konkrete Anlaß der Körperschaftsteuerreform vom 1. Januar 1977 benutzt, um einige von der steuerlichen Datenänderung tangierte Nebenbedingungen aufzuzeigen, mit denen die Unternehmensleitung einer Kapitalgesellschaft seither konfrontiert wird.

4.1 Die Beziehungen zwischen steuerrechtlichen Bestimmungen und der Finanzierungspolitik in Kapitalgesellschaften

4.1.1 Die Strukturierung des Kapitalfonds unter dem Einfluß der steuerlichen Belastung

Die bisherige Diskussion[1] des Kapitalkostenverlaufs und damit der Struktur des Kapitalfonds beruhte auf der Annahme, daß die Unternehmen, deren Anteile auf den Kapitalmärkten bewertet werden, ihren Gewinn nicht versteuern, und daß die Anteilseigner auf die von den Unternehmen bezogenen Gewinne ebenfalls keine Steuern zu zahlen haben. Diese Prämissen erwiesen sich dort als notwendig, wo die Einflüsse einer wachsenden Kreditfinanzierung auf die Kapitalkosten und die Kurswerte der Anteile analysiert werden sollten. Die Frage nach der Existenz eines optimalen Verschuldungsgrades stellt sich jedoch erneut, wenn berücksichtigt wird, daß sowohl die kapitalnachfragenden Unternehmen als auch ihre Beteiligungs- und Kreditmittelgeber Steuern aufzubringen haben.

---

1) Hierzu Seiten 191 - 2o2 der vorliegenden Untersuchung
220 - 234

Aus diesem Grunde soll zunächst allgemein gefragt werden, wie die Körperschaftsteuer den Verlauf der Kapitalkostenfunktion beeinflußt.

Wenn angenommen wird, daß sich die im Unternehmen investierten Finanzierungsmittel mit einer durchschnittlichen internen Rendite r_i verzinsen, so beträgt das Ertragspotential

$$G_p = K\, r_i$$

In diesem Zusammenhang ist es unerheblich, ob die Erträge von Kreditmitteln oder Beteiligungskapital erwirtschaftet werden. Wenn der gesamte Kapitalfonds ohne Rücksicht auf seine Struktur zur Deckung des gesamten Kapitalbedarfs verwendet wird, erübrigt sich ohnehin der Versuch, einzelnen Vermögensteilen bestimmte Finanzierungsquellen zuzuordnen.

Steuergegenstand im Sinne des Körperschaftsteuerrechts ist aber nicht das Ertragspotential [G_p], sondern der Gewinn des Unternehmens[1]. Bei der Ermittlung des körperschaftsteuerpflichtigen Einkommens behandelt die Steuergesetzgebung Eigen- und Fremdkapital unterschiedlich: Während die Zinsen auf Fremdkapital steuerlich als abzugsfähige Betriebsausgabe gewertet werden, unterliegen die Gewinnausschüttungen trotz ihres Kapitalkostencharakters der Körperschaftsteuer [diese differenzierte Behandlung wurde auch unter quantitativen Aspekten bereits erörtert]. Wird ein proportionaler Körperschaftsteuersatz (k) unterstellt, so unterliegt nur der nach Abzug der Fremdkapitalzinsen verbleibende Gewinnbetrag der Besteuerung.

$$E = G_p - Fi$$

1) Zur Ermittlung und Abgrenzung des steuerrechtlich als "körperschaftsteuerliches Einkommen" bezeichneten Residuums im Rahmen dieser Studie siehe Seite 87ff, 92

Zur Verfügung der Unternehmensleitung bleibt nach Abzug der Steuern

$$E_v = (G_p - Fi)\ (1 - k)$$

Verändert sich die Struktur eines konstanten Kapitalfonds zugunsten der Kreditfinanzierung und liegt der Analyse die angenommene Rendite auf das Gesamtkapital (r_1) zugrunde, dann erhalten immer mehr Einheiten des erwirtschafteten Gewinns den Charakter von Fremdmittelzinsen. Damit verringert sich aber auch das Einkommen der betrachteten Kapitalgesellschaft und demzufolge die durch das Einkommen determinierte Steuerlast. Diese Eigenart der steuerlichen Behandlung übt auf die Unternehmensführung einen Anreiz aus, in stärkerem Maße von bestehenden Kreditaufnahmemöglichkeiten Gebrauch zu machen. Soll ein bestimmtes Ertragspotential angestrebt werden, leistet zwar eine Einheit fremder Mittel nach ihrer Investition den gleichen Beitrag zum Ertragspotential wie eine Einheit Eigenkapital, hierbei wird aber nicht berücksichtigt, daß Fremdkapitalzinsen, wie geschildert, die Steuerlast senken, während die Kosten des Eigenkapitals bei der steuerlichen Einkommensermittlung unberücksichtigt bleiben. Die Eigenart der körperschaftsteuerlichen Belastung von Kapitalgesellschaften bedingt demnach, daß mit zunehmendem Fremdkapitalanteil Steuerersparnisse auftreten, die die durchschnittlichen Kosten des gesamten Kapitaleinsatzes senken.

Bedenkt man, daß das Ertragspotential starken existentiellen Risiken ausgesetzt ist, daß also keine Sicherheit darüber besteht, wie groß es in der Zukunft sein wird, dann entscheidet ein bestimmter Steuersatz darüber

- in welchem Maße die Partizipation des Staates am Unternehmensgewinn dem Strukturrisiko der Verschuldung ausgesetzt ist und ferner
- in welchem Maße der Staat am allgemeinen Unternehmensrisiko beteiligt wird.

Das Ausmaß, in dem die steuerliche Abzugsfähigkeit von Schuldzinsen über die Minderung der durchschnittlichen Kapitalkostenbelastung den Verlauf der Kapitalkostenfunktion beeinflußt, hängt einmal von der Höhe des Steuersatzes zum anderen von der unterschiedlichen Behandlung der ausgeschütteten und thesaurierten Gewinne ab. In jedem Fall hängen die durchschnittlichen Kapitalkosten vom Verschuldungsgrad ab, sofern die Annahmen zur abweichenden steuerlichen Behandlung unterschiedlicher Kapitalkosten zutreffen.

4.1.2 Die Gewinnverwendungspolitik unter dem Aspekt des steuerlichen Zugriffs

Bislang blieb auch der Einfluß steuerrechtlicher Vorschriften auf die Gewinnverwendung emissionsfähiger Kapitalgesellschaften außerhalb des Untersuchungsansatzes, da die Beziehungen zwischen den Renditeerwartungen der Kapitalgeber und den Kapitalkosten ansonsten nicht dargestellt werden konnten. Die Selbstfinanzierungsmaßnahmen der Unternehmen können aber letztlich nicht ohne das bestehende Einkommen- und Körperschaftsteuersystem analysiert und begriffen werden. Diese Aussage gilt insbesondere für die seit Anfang der fünfziger Jahre in der Bundesrepublik Deutschland geltenden körperschaftsteuerlichen Regelungen. Aus wirtschaftspolitischen Überlegungen sollte das Steuerrecht vor allem die großen emissionsfähigen Aktiengesellschaften zu einer verstärkten Ausschüttung der erzielten Gewinne bewegen. Von einer derartigen Entwicklung versprach sich der Gesetzgeber eine vorteilhaftere Verteilung des gesamtwirtschaftlichen Kapitalfonds. Ausfluß dieser Zielsetzung war die Spaltung des Körperschaftsteuersatzes, die in ihrer Belastungswirkung für ausgeschüttete und thesaurierte Gewinnanteile im Vergleich zum geltenden Körperschaftsteuerrecht bereits untersucht wurde[1]. Im alten wie im geltenden Körperschaftsteuerrecht ergibt sich bei Betrachtung der Gewinnverwendungsalternativen unter steuerlichen Gesichtspunkten die vorteilhafte [d.h. steuersparende] Möglichkeit, eine für notwendig gehaltene Erhöhung des Eigenkapitals statt durch Einbehaltung von Gewinnen (Rücklagenbildung) unter Umständen günstiger durch volle Ausschüttung der erzielten Gewinne und anschließender Emission von Aktien (Erhöhung des Beteiligungskapitals) zu erreichen. Während im alten wie im geltenden Körperschaftsteuerrecht die Vorteilhaftigkeit dieses Verfahrens grundsätzlich von der Höhe der Steuerbelastung der Ausschüttungen bei den Gesellschaftern abhängig war bzw. ist, begünstigt die nach gegenwärtigem Recht mögliche Anrechnung der in der Gesellschaftssphäre für das zur Ausschüttung verwendete Eigenkapital gezahlten Körperschaftsteuer auf die Einkommensteuerschuld des Anteilseigners die Durchführung des "Schütt'-aus/Hol'-zurück"-Verfahrens als Instrument der Finanzierungspolitik. Allerdings kann auch diese Verbesserung der Durchführungsvoraussetzungen den Erfolg einer derartigen Operation nicht garantieren, da neben der Intensität der Verbindung zwischen Gesellschaft und Gesellschaftern zumindest auch der individuelle Einkommensgrenzsteuersatz des Anteilseigners und bestehende alternative Anlagemöglichkeiten eine Rolle spielen, sofern grundsätzlich die Praktizierung des Anrechnungsverfahrens beim Anteilseigner unterstellt werden kann. In den kaum zu kalkulierenden Unwägbarkeiten ist wohl auch der Grund zu sehen, weshalb Publikumsaktiengesellschaften wegen ihrer differenzierten Gesellschafterstruktur recht vorsichtig derartige Verfahren einzusetzen versuchen.

---

1) Quantitative Aussagen zu diesem Problem enthält das zweite Kapitel dieser Studie. Modellgestützte Aussagen zu den steuerlichen Belastungen unterschiedlicher Gewinnverwendungsmöglichkeiten im System des gespaltenen Körperschaftsteuersatzes enthält: Gutenberg,Erich, Grundlagen der Betriebswirtschaftslehre, Dritter Band, Die Finanzen, a.a.o. S. 262 ff

Kann die Unternehmensleitung einer Kapitalgesellschaft ihre Selbstfinanzierungsentscheidungen ohne Rücksicht auf ihre Anteilseigner und ohne Rücksicht auf die Ausschüttungspolitik (Emissionskurs) treffen, dann ist auch im geltenden Körperschaftsteuersystem die vollständige Thesaurierung die Finanzierungspolitik, die im Augenblick die größte und sicherste Rücklagenbildung gestattet. Eine derartige finanzierungspolitische Entscheidung muß sich jedoch unter Umständen vorwerfen lassen, daß sie zumindest vorübergehend zuviel Körperschaftsteuer abführt. Dieser Vorwurf, der in ähnlicher Weise bis zum Jahre 1977 in Zusammenhang mit einer von der Unternehmensleitung verfolgten konstanten Dividendenpolitik gültig war[1], wurde durch die Vorschriften des geltenden Körperschaftsteuerrechts insofern entschärft, als eine Entlastung von ursprünglich mit vollem Steuersatz belasteten Gewinnanteilen bei einer späteren Ausschüttung nunmehr grundsätzlich möglich ist [Vorschriften zur Minderung bzw. Erhöhung der Körperschaftsteuer §§ 27 ff. KStG 1977 und Gliederung des verwendbaren Eigenkapitals § 30 KStG 1977]. Bestehen bleibt allerdings weiterhin der liquiditätsmäßige Nachteil einer vorläufigen Rücklagenbildung im Interesse einer konstanten Dividendenpolitik.

Eine allgemeine und eindeutige Aussage über die Bedeutung steuerlicher Vorschriften für die Gewinnverwendungspolitik der Kapitalgesellschaften ist nur schwer möglich. Gutenberg kommt in Zusammenhang mit der Einführung des gespaltenen Körperschaftsteuersatzes zwar zu der Überzeugung,

---

1) Hierzu: Gutenberg, Erich, Grundlagen der Betriebswirtschaftslehre, Dritter Band, Die Finanzen, a.a.O., S. 264

daß sich Wirkungen der steuerlichen Datenänderung auf die Ausschüttungspolitik und das Dividendenniveau empirisch nachweisen lassen[1]. Der Effekt der Änderung der körperschaftsteuerlichen Vorschriften auf die Dividendenhöhe bewegt sich jedoch seiner Ansicht nach nur innerhalb gewisser Grenzen, nachdem sich das Dividendenniveau einmal auf die veränderte Situation eingestellt hat. Gutenberg führt zu diesem Problem weiter aus:
"Informationen, die über diesen Gegenstand eingeholt wurden, lassen zwar erkennen, daß alle in Frage kommenden Dividendenvorschläge auf ihre steuerlichen Konsequenzen hin durchdacht werden, daß aber hierdurch die große Bedeutung kapitalmarkt- und emissionspolitischer Überlegungen für die Ausschüttungspolitik der Unternehmen nicht beeinträchtigt wird."[2]
Als wesentlich wichtigere Faktoren im Rahmen der Gewinnverwendungspolitik wertet er das Ertragspotential, die Unternehmensziele, die Emissionsabsichten, die finanziellen Alternativen, die dem Unternehmen zur Verfügung stehen, und das dividendenpolitische Verhalten der Konkurrenzunternehmen. Neben diesen Determinanten der Dividendenhöhe kommt den "steuerlichen Vorteilsberechnungen" nur eine vergleichsweise marginale Bedeutung zu. Insgesamt schätzt Gutenberg das Gewicht steuerlicher Vorschriften in Zusammenhang mit der Gewinnverwendung von großen emissionsfähigen Unternehmen als tendenziell gering ein. Eine ähnliche Beurteilung der Wirkungen der Körperschaftsteuerreform auf die Gewinnverwendungspolitik von Kapitalgesellschaften, die sich auf empirische Daten stützen kann, ist gegenwärtig in der Literatur nicht festzustellen.

---

1) Hierzu: Gutenberg, Erich, Grundlagen der Betriebswirtschaftslehre, Dritter Band, Die Finanzen, a.a.O., S. 265
2) derselbe, a.a.O., S. 265

Wird die Gewinnverwendung der Kapitalgesellschaften aus der Sicht der Anteilseigner betrachtet, so läßt sich feststellen, daß die Präferenzen für bestimmte Arten und Strukturen der Gewinnverwendungspolitik nicht allein von den bereits analysierten Risikoüberlegungen abhängen, sondern daß auch - wie angedeutet - die individuelle einkommensteuerliche Situation von Bedeutung ist. Ist die steuerliche Belastung von durch Aktienverkauf realisierten Wertsteigerungen geringer als die entsprechende Belastung der den Anteilseignern direkt zufließenden Ausschüttungen, werden wenigstens Aktionäre mit einem hohen marginalen Einkommensteuersatz der Thesaurierung erzielter Gewinne den Vorzug geben. Diese Bevorzugung einer unmittelbaren Rücklagenbildung hat u.U. den Effekt, daß Anteilseigner mit einer hohen persönlichen Besteuerung angesichts der steuerlichen Vorteile, die ihnen eine zukünftige Realisierung der aus der Rücklagenbildung resultierenden Wertzuwächse bietet, die Gefahren aus der späteren Mobilisierung der erzielten Gewinne niedriger einschätzen, als es bei geringerer Besteuerung des Dividendeneinkommens der Fall sein würde.

4.2 Die Bedeutung der körperschaftsteuerlichen Datenänderung für die weiteren finanzierungsrelevanten Rahmenbedingungen

Es wurde bereits deutlich, daß mit der Reform des Körperschaftsteuersystems die Grundlagen der Finanzierungspolitik für die Kapitalgesellschaften erheblich verändert wurden. Die spezielle Bedeutung der körperschaftsteuerlichen Datenänderung fürddie betrieblichen Finanzierungsentscheidungen ist unter anderem auf die enge Koppelung der maßgebenden finanzwirtschaftlichen Einflußgrößen zurückzuführen.

Schon die quantitative Analyse zeigte, daß die Reform weitreichende Auswirkungen auf Maßgrößen wie Rentabilität und Liquidität der betroffenen Unternehmen haben kann. Auch aus diesen Gründen sahen sich die Unternehmensleitungen zu einer Revision und Neubewertung der verschiedenen bekannten Finanzierungsstrategien[1] genötigt. Diese durch die Systemänderung verursachte Entwicklung entsprach zumindest partiell der Absicht des Gesetzgebers. Wenn die ursprünglichen Ziele des Reformvorhabens nur teilweise erreicht wurden[2] und bestimmte vor dem Gesetzgebungsverfahren postulierte Effekte im Rahmen der Interdependenz zwischen den finanzierungsdeterminierenden Faktoren nicht oder nur unvollkommen erreicht wurden, so ist dafür die Reduzierung des Anspruchs im politischen Willensbildungsprozeß verantwortlich zu machen.

Unter diesem Gesichtpunkt erscheint es sinnvoll, die Auswirkungen der körperschaftsteuerlichen Datenänderung auf die weiteren finanzierungsrelevanten Rahmenbedingungen, ausgehend von den auch durch die Reform vom 1. Januar 1977 nicht beseitigten Mängeln, darzustellen. Aus der Vielzahl der Wirkungszusammenhänge, die sich infolge des geänderten Körperschaftsteuerrechts ergeben, werden in diesem Kapitel nur einige eindeutige Beziehungen herausgegriffen. Dabei basieren die nachstehenden Aussagen im wesentlichen auf Plausibilitätsüberlegungen, die sich aus dem veränderten

---

1) Als grundsätzliche finanzierungspolitische Verhaltensweisen lassen sich aufzählen:(1) Vollständige Gewinnthesaurierung, (2) vollständige Ausschüttung, (3) Ausschüttung und Thesaurierung zu gleichen Teilen, (4) "Schütt'-aus/Hol'-zurück"-Verfahren, (5) Ausgabe von Gratisaktien.

2) Zur mittlerweile recht umfangreichen Diskussion der Zielsetzung und Zielrealisierung in Zusammenhang mit dem geltenden Körperschaftsteuerrecht: Wöhe, G., Die Steuern des Unternehmens, a.a.O., S. 65 ff., S. 98 ff.; Hansmeyer, K.H., Zwischenbilanz der Steuerreform, a.a.O., S. 126-134; Schardt, A., Die Körperschaftsteuerreform 1977 und ihre belastungsmäßigen Auswirkungen, a.a.O., S. 257-266.

System und den bestehenden Rahmenbedingungen ableiten lassen. An dieser Stelle kann allerdings noch nichts Abschließendes über die Gültigkeit dieser Folgerungen gesagt werden. Die endgültige Bestätigung muß vielmehr einem weiteren Schritt überlassen werden, der sich empirischer Methoden bedienen müßte.

Auch das neue Körperschaftsteuersystem konnte die steuerliche Gleichbehandlung von Beteiligungs- und Kreditfinanzierungsformen [Außenfinanzierung mit Eigen- bzw. Fremdkapital] nicht vollständig herstellen[1]. Der steuerliche Einfluß auf die Kapitalstruktur der Unternehmen und auf die Wahl alternativer Anlageformen von Kapital besteht somit

---

1) Auch gegenwärtig existiert eine doppelte Diskriminierung:
   a) Bereits dargestellt wurde der Nachteil, der sich für die Finanzierung mit Beteiligungskapital aus der Behandlung der Fremdkapitalzinsen als Betriebsausgaben [Minderung des steuerpflichtigen Gewinns] ergibt. Zudem unterliegt das Eigenkapital der Kapitalgesellschaften der Vermögensteuer, die bei der Gewinnermittlung nicht abzugsfähig ist und folglich noch einmal mit Körperschaftsteuer belastet wird.
   b) Die Innenfinanzierung mit Eigenkapital unterliegt auch weiterhin dem Normaltarif der Körperschaftsteuer. Bei Personengesellschaften dagegen wird der Gesamtgewinn - ob entnommen oder thesauriert - dem individuellen Einkommensteuersatz der Gesellschafter unterworfen. Zwar ergibt sich dieser Effekt langfristig gesehen auch für die Kapitalgesellschaften. Dies gilt allerdings nach geltendem Körperschaftsteuerrecht nur dann, wenn die gesamte Existenz des Unternehmens betrachtet wird. Kurzfristig ergibt sich eine Benachteiligung mit Auswirkungen auf Liquidität, Sicherung und Ausbau des Unternehmenspotentials, Vermögensmaximierung der Aktionäre und sekundär für Rentabilität und einkommensmaximierende Anteilseignererwartungen.

weiter. Zwar schwächt das geltende Steuerrecht die Benachteiligung der Außenfinanzierung durch Beteiligungskapital etwas ab, aber trotz der Anrechnung der Körperschaftsteuer ist die Eigenfinanzierung immer noch aufwendiger als eine alternative Mittelbeschaffung durch die Aufnahme von Krediten. So könnte eine Kapitalgesellschaft ihre Barausschüttung um 36 v.H. reduzieren, da die Anteilseigner in dieser Höhe eine Steuergutschrift erhalten. Bei einer angenommenen Kapitalverzinsung von insgesamt 8 % müssen demnach nur noch 5,12 Prozentpunkte ausgeschüttet werden, die restlichen 2,88 Punkte werden den Anteilseignern entweder direkt erstattet [NV-Bescheinigung] oder auf die Einkommensteuerschuld angerechnet. Trotz dieser vorteilhaften Entwicklung zeigt ein Vergleich der Bruttoergebnisse [Gewinn vor Steuern], die erforderlich sind, um entweder bei der Beteiligungsfinanzierung eine Dividende oder bei der Kreditfinanzierung Zinsen in gleicher nomineller Höhe zuzüglich der jeweils anfallenden Steuern bereitzustellen, daß die Eigenfinanzierung noch erheblich teurer ist[1].

Der Grund liegt in der Belastung des Eigenkapitals durch die Vermögensteuer sowie durch die Wirkung der körperschaftsteuerlich nicht abzugsfähigen Vermögensteuer, die Wöhe als "Definitiv-Körperschaftsteuer"[2] bezeichnet. Die steuerliche Neutralität bezüglich der Wahl der Finanzierungsform scheitert weniger am Leistungsvermögen des Anrechnungsverfahrens als vielmehr an den geschilderten steuerlichen Interdependenzen, die im Rahmen der Körperschaftsteuerreform nicht berücksichtigt wurden.

---

1) Seiten 115 f dieser Untersuchung; vgl. auch Wöhe, G., Die Steuern des Unternehmens, a.a.O., S. 103; Schardt, Anne, Die Körperschaftsteuerreform 1977 ......, a.a.O., S. 258. Hierbei wird allerdings lediglich die Entscheidung über die unter steuerlichen Aspekten sinnvollste Finanzierungsform untersucht.

2) Wöhe, G., Die Steuern des Unternehmens, a.a.O., S. 103

Aus einer steuerlich fortbestehenden Diskriminierung der Finanzierung mit Beteiligungskapital muß sich unter den gegebenen Bedingungen dort ein Einfluß ergeben, wo die Alternative Fremd- zu Eigenkapitalfinanzierung aufgrund der weiteren Entscheidungsdeterminanten unentschieden ist. Auf diese Weise kommt der steuerlichen Benachteiligung als Marginalfaktor eine-die bestehende Tendenz unterstützende-Funktion zu, die unter Umständen langfristig die Erhaltung und den Ausbau des Unternehmenspotentials gefährdet. Die steuerlich aufwendigere Finanzierung mit Beteiligungskapital hat zumindest langfristig kapitalstrukturverändernde Wirkungen mit den bereits analysierten Folgen für unternehmens- und aktionärsbezogene Ziele, die notwendigerweise in ein Finanzierungskalkül einfließen müssen. Eine mögliche Beeinträchtigung der Grundsätze der Liquidität und der Sicherung und Erhaltung des Unternehmenspotentials, was gleichzeitig einem Verstoß gegen vermögensmaximierende Vorstellungen auf der Anteilseignerseite gleichkommt, kann jedoch bei der Existenz eines positiven Leverageeffekts das Streben nach Rentabilität und-infolge der Zielbeziehungen-die einkommensmaximierende Erwartung der Gesellschafter fördern. Die letztliche finanzierungspolitische Wirkung hängt von der Bewertung der einzelnen finanzierungsrelevanten Determinante durch die Führung des jeweils betroffenen Unternehmens ab. Ein limitierender Faktor ist in diesem Zusammenhang in der Frage der Kreditwürdigkeit und des finanzierungspolitischen Images zu sehen. Ferner ziehen die Umweltbedingungen eine Grenze für die steuerlich verstärkte Tendenz zur Fremdfinanzierung.

Die Innenfinanzierung der Kapitalgesellschaften durch Thesaurierung von Gewinnen bleibt im Verhältnis zur Selbstfinanzierung der Personengesellschaften benachteiligt[1]. Die Anhebung des normalen Körperschaftsteuersatzes von 50,47 bzw. 52,53 % auf 56 % hat die schon vor 1977 bestehende Diskriminierung noch verschärft[2]. Im Falle der Vollthesaurierung verbleibt nach geltendem Körperschaftsteuerrecht nur noch ein Selbstfinanzierungsvolumen von 44 v.H. des körperschaftsteuerpflichtigen Einkommens. Die Körperschaftsteuerrichtlinien 1977 erlauben jedoch ausdrücklich die Möglichkeit, durch Ausschüttung aller Gewinne und Wiederanlage der zur Selbstfinanzierung benötigten Gewinnanteile die Körperschaftsteuer auf die Ausschüttung anzurechnen bzw. zu vergüten, um derart die Belastung der Selbstfinanzierung derjenigen von Personengesellschaften anzugleichen. Da der Durchführung des "Schütt'-aus/Hol'-zurück"-Verfahrens verschiedene praktische Probleme im Wege stehen[3], kann die theoretische Möglichkeit aber nur begrenzt angewendet werden. Die Steuerbelastung läßt sich nur dann herunterschleusen, wenn die Belastung des ausgeschütteten und wieder angelegten Gewinns mit Einkommensteuer, Kirchensteuer bzw. mit Körperschaftsteuer und Gewerbe- und Gesellschaftsteuer unter 56 % liegt. Rechnerisch muß der Einkommensteuersatz des Anteilseigners demnach wesentlich unter 50 % bzw. bei Gewerbesteuerpflicht der Beteiligungserträge erheblich unter 44 % liegen, wenn das skizzierte Verfahren für das Unternehmen von Vorteil sein soll. Darüber hinaus beeinflussen noch andere Determinanten die Entscheidung über eine derartige Finanzierungsstrategie:

---

1) Die Finanzierung durch Gewinnthesaurierung führt bei Kapitalgesellschaften aufgrund des Normaltarifs dann zu einer Benachteiligung gegenüber Personengesellschaften, wenn bei diesen das gewogene arithmetische Mittel der Einkommensteuerbelastung der Gesellschafter unter dem Körperschaftsteuersatz liegt.

2) Auch die auf die nicht abzugsfähige Vermögensteuer zu entrichtende Definitiv-Körperschaftsteuer ist aufgrund des höheren Steuersatzes größer geworden.

3) Diese Probleme wurden bereits auf Seite117 der vorliegenden Untersuchung eingehend behandelt.

a) Das Verfahren scheitert bei anonymem Anteilsbesitz [technische Probleme].

b) Bei Unternehmen mit namentlich bekannten Anteilseignern ist das Verfahren nur durchführbar bei Zustimmung der Gesellschafter.

c) Die Zustimmung der Aktionäre ist unter anderem abhängig von

- der Höhe der Gesamteinkünfte des Gesellschafters;
- der liquiditätsbestimmten Möglichkeit des Anteilseigners, eine Wiedereinlage vorzunehmen, obschon die Steuergutschrift erst im Rahmen der Veranlagung zur Einkommensteuer wirksam wird [liquiditätsmäßig zu überbrückender time-lag] ;
- vom subjektiven Gewicht des Vorteils, der dem Anteilseigner durch die Gewinnausschüttung erwächst im Vergleich zur Erwartung potentieller Gewinne aus zurückgegebenen Gewinnanteilen.

Vergleicht man die Thesaurierungsquote, die Nettoausschüttung und die Bruttodividende im Anrechnungssystem mit vergleichbaren Werten nach dem alten Körperschaftsteuerrecht, dann bewegt sich der Ertrag des Anteilseigners incl. der Steuergutschrift unter dem Stand nach KStG 1975, wenn die Kapitalgesellschaft 35,93 und mehr Prozent des Steuerbilanzgewinns thesauriert. Höhere Gesamterträge der Gesellschafter sind nach KStG 1977 nur bei geringeren Thesaurierungsquoten zu erwarten. Dieser Effekt der Steuerreform ergibt sich dadurch, daß bei Thesaurierungsquoten von mehr als 35,93Prozent der angehobene Normalsatz der Körperschaftsteuer, der für eingehaltene Gewinne und für nicht abzugsfähige Aufwendungen maßgebend ist, stärker wirksam wird als die Entlastung der Ausschüttungen von der Körperschaftsteuer. Nach der Ansicht von Wöhe[1)] "wird c.p. trotz der höheren Steuerbelastung einer gegebenen Selbstfinanzierungsquote das sich durch Ausschüttung ergebende verfügbare Einkommen nach Steuern in der Regel noch größer sein als im alten Recht".

Grundsätzlich führt eine steuerliche Behinderung der Selbstfinanzierung zu Einflüssen auf die Kapitalstruktur und zu einer Veränderung des Verschuldungsgrades. Für nicht emissionsfähige Kapitalgesellschaften kann eine derartige Restriktion sogar zu einer Beschneidung des gesamten Kapitalfonds führen. Damit gefährdet die durch die Anhebung des Normalsteuersatzes noch verschärfte Diskriminierung der Innenfinanzierung aus Gewinnen insbesondere bei nicht emissionsfähigen [d.h. vor allem kleineren] Kapitalgesellschaften den Grundsatz der Erhaltung und des Ausbaus des Unternehmenspotentials und tangiert wohl die wichtigste diesem Kreis verbleibende Finanzierungsmittelquelle. Gleichzeitig verschlechtert die verminderte Selbstfinanzierungsmöglichkeit die Kreditwürdigkeit einer Unternehmung, da eine hohe Thesaurierungsquote die Fähigkeit der Unternehmung dokumentiert, eventuelle Verluste mit hoher Wahrscheinlichkeit "aus eigener Kraft" überwinden zu können. Daneben erschwert ein steuerlich beschnittenes Selbstfinanzierungsvolumen die Möglichkeit, den Verschuldungsgrad zu verbessern. Die Bedeutung der nicht beseitigten Selbstfinanzierungsbenachteiligung für die einzelwirtschaftlichen Prinzipien Rentabilität und Liquidität entsteht aus der Beeinträchtigung des Potentials, dem Unternehmen dauernde, von Rückzahlungsverpflichtungen und Kündigungsmöglichkeiten unbelastete finanzielle Mittel zur Verfügung zu stellen. Das betriebsnotwendige Kapital muß un-

---

1) Wöhe, G., Die Steuern des Unternehmens, a.a.O., S. 105

ter Umständen durch eine verstärkte Fremdkapitalaufnahme beschafft werden, was mit Folgen für die liquiditätsmäßige Preisuntergrenze aufgrund der Beschaffungskosten und der laufenden Kapitalkosten verbunden ist. Die finanzierungspolitisch notwendige Inanspruchnahme von Eigen- und/oder Fremdkapitalgebern beeinträchtigt zudem die Unabhängigkeit der Gesellschaft. Die spezielle Wirkung der Körperschaftsteuerreform kann unter Umständen bei einer gegebenen Thesaurierungsquote, die den vermögensmaximierenden Erwartungen der Anteilseigner entspricht, zu einer verstärkten Berücksichtigung der einkommensmaximierenden Vorstellungen der Aktionäre beitragen. Schließlich geht von der Behinderung der Selbstfinanzierung ein weiterer steuerlicher Einfluß auf die Wahl der Rechtsform aus. Ohnehin bleibt die Rechtsform der GmbH & Co. KG auch nach der Körperschaftsteuerreform in vielen Fällen steuerlich vorteilhafter. Während beispielsweise die GmbH nicht nur ihr gesamtes Reinvermögen der Vermögensteuer unterwerfen muß, sondern auch infolge der Nichtabzugsfähigkeit der Vermögensteuer bei der Gewinnermittlung eine Definitivkörperschaftsteuer anfällt, begrenzt die GmbH & Co. ihre Vermögensteuerbelastung durch das in der Regel möglichst niedrig gehaltene Vermögen der Komplementär-GmbH. Die negativen Einflüsse der Besteuerung auf die Wahl der Rechtsform bleiben aufgrund der schlechten Abstimmung der Reformmaßnahmen [Körperschaftsteuer-Vermögensteuer-Gewerbesteuer-Gewinnermittlungsvorschriften] weiter bestehen. Die unter steuerlichen Gesichtspunkten vorteilhafte Entscheidung für die GmbH & Co. KG gilt selbst dann, wenn die GmbH durch Totalausschüttung der Gewinne die Anrechnung der auf den Ausschüttungen lastenden Körperschaftsteuer sofort ermöglicht. Der Einfluß verstärkt sich, wenn Gewinnanteile zur Selbstfinanzierung thesauriert werden müssen und die Strategie des "Schütt'-aus/Hol'-zurück" nicht angewendet werden kann. In solchen Situationen wird die Attraktivität der GmbH & Co. KG sogar noch zunehmen, da der geringere Gewinnanteil der Komplementärgesellschaft in der Regel entnommen werden kann[1], was zu einer Anrechnung der Körperschaftsteuer führt. Die zur Selbstfinanzierung benötigten Gewinnanteile sind dann nur um die individuelle Einkommensteuer gekürzt, während bei der GmbH der Normalsteuersatz angewendet wird.

Der Interessengegensatz zwischen Groß- und Kleinaktionären, dem nach altem Körperschaftsteuerrecht eine große Bedeutung zukam, konnte durch die Angleichung des Körperschaftsteuersatzes an den Einkommensteuerspitzensatz nur abgeschwächt werden. Auch nach geltendem Recht kann die Belastung aus Einkommensteuer und [als Sonderausgabe abzugsfähiger] Kirchensteuer höher als 56 v.H. sein[2].

Eine verringerte Benachteiligung der Selbstfinanzierung der Kapitalgesellschaften, die durch eine von der Steuerreformkommission vorgeschlagene Regelung der Kapitalerhöhung aus Gesellschaftsmitteln[3] mit Hilfe von Gratis-

---

1) Nach altem Körperschaftsteuerrecht unterlag ein vergleichbarer Gewinnanteil entweder im Falle der Ausschüttung der Doppelbelastung oder im Falle der Thesaurierung dem höheren Thesaurierungssteuersatz.

2) Im Vergleich zum alten Körperschaftsteuersystem wurden diese Fälle allerdings auf einen anzahlmäßig wenig umfangreichen Kreis von Einkommensbeziehern mit sehr hohen marginalen Steuersätzen beschränkt, so daß die Bedeutung des Interessenkonflikts stark zurückgegangen ist.

3) Als Kapitalerhöhung aus Gesellschaftsmitteln wird die Überführung von versteuerten offenen Rücklagen in Nenn- oder Grundkapital verstanden.

aktien[1] hätte erreicht werden können, sieht das KStG 1977 nicht vor. Die Ausgabe von Gratisaktien hätte den Interessengegensatz insofern entschärfen können, als eine Umwandlung von offenen Rücklagen in Grundkapital bei den Anteilseignern eine Steueranrechnung und bei der Gesellschaft eine Steuerminderung verursachen würde, die nach geltendem Recht erst bei der Liquidation oder Kapitalherabsetzung eintreten kann[2]. Die nicht realisierte Idee der Steuerreformkommission zielte auf eine erhöhte Aktienrendite, ohne daß daraus für die Gesellschaft eine Liquiditätsbelastung resultiert.

Hier wird erneut deutlich, daß der Gesetzgeber die ursprüngliche Absicht einer möglichst vollständigen Beseitigung der Mängel des alten Körperschaftsteuersystems zugunsten einer weniger weitreichenden Milderung der nachteiligen Wirkungen aufgegeben hat. Die finanzierungspolitisch interessante Idee der Gratisaktie hätte für Kapital-

---

1) Die Ausgabe von Gratisaktien erhöht das Vermögen der Anteilseigner nicht. Es erfolgt lediglich eine Umschichtung. Durch die Umwandlung von Rücklagen in Nennkapital sinkt der Kurs der Aktie. Die Gratisaktie gleicht die eintretende Vermögensminderung aus, da das Produkt aus Nennwerten multipliziert mit dem Kurs rechnerisch nicht verändert wird.

2) Nach § 29 Abs. 3 KStG 1977 wird Nennkapital, das nicht durch Einlage, sondern durch Umwandlung von Rücklagen entstanden ist, die nach dem 31.12.1976 aus dem Gewinn gebildet worden sind, zum verwendbaren Eigenkapital gezählt. Begründet wird dies mit der Tatsache, daß die in Nennkapital umgewandelten Rücklagen bei ihrer Bildung um Körperschaftsteuer gekürzt wurden, auf die im Falle einer Ausschüttung ein Anrechnungsanspruch bestünde. Die Einbeziehung in das Konstrukt des verwendbaren Eigenkapitals stellt sicher, daß im Falle der Rückzahlung dieses Nennkapitals der Anrechnungsmechanismus ausgelöst wird. So bestimmt § 41 Abs. 2 KStG 1977, daß bei der Rückzahlung von Nennkapital die Teile, die zum verwendbaren Eigenkapital gehören, als zuerst für die Rückzahlung verwendet gelten. Für vor dem 1.1.1977 gebildete Rücklagen wird der Anrechnungsmechanismus nicht wirksam [§ 41 Abs. 3 KStG 1977] .

gesellschaften mit anonymen Anteilseignern ein technisch durchführbares Verfahren gebracht, das mit der "Schütt'-aus/Hol'-zurück"-Strategie zu vergleichen ist. Damit wären insbesondere Publikumsaktiengesellschaften unter rentabilitäts- und liquiditätsorientierten Aspekten einer rascheren Anrechnung den Unternehmen gleichgestellt worden, bei denen dieses Verfahren durch Gesellschafterbeschluß angewendet werden kann. Für den Entschluß des Gesetzgebers, durch den die Anrechnung und Vergütung umfangreicher Körperschaftsteuerbeträge ohne technische Notwendigkeit hinausgezögert wird, scheint das fiskalische Motiv verantwortlich zu sein. Insgesamt gesehen konnte das KStG 1977 den Konflikt zwischen vermögens- und einkommensmaximierenden Vorstellungen der Anteilseigner weitgehend entschärfen. Die Konstruktion des Anrechnungssystems ist jedoch für einen Liquiditätsnachteil verantwortlich, der aus dem Zeitbedarf der Anrechnung bei der Einkommensteuerveranlagung resultiert.

Hinweise auf die Einflüsse der steuerlichen Systemänderung auf die sonstigen finanzierungspolitisch bedeutsamen Determinanten und damit auf die Finanzierungsentscheidungen der Kapitalgesellschaften im Falle von ausländischen Anteilseignern lassen sich aus der im Rahmen der Körperschaftsteuerreform geänderten Behandlung ausländischer Gesellschafter gewinnen. Wie bereits festgestellt wurde[1], schwächte das neue Körperschaftsteuerrecht den sogenannten positiven "Ausländereffekt" ab. Entsprechend der Funktionsweise des Systems ergibt sich eine Ausschüttungsbelastung von insgesamt 52 v.H.[2] gegenüber einer Thesaurierungsbelastung von 56 v.H.

---

1) Seiten 68 ff
2) Ausschüttungsbelastung 36 v.H. zuzüglich 25 % Kapitalertragsteuer auf die Bardividende [Quellenabzug].

Die Ausschüttungsbelastung von 36 % wird zur Definitivsteuer, weil nach § 50 Abs. 2 Ziff. 2 KStG und § 50 Abs. 5 EStG die Körperschaftsteuer und Einkommensteuer auf Dividenden, die an ausländische Anteilseigner gezahlt werden, durch den Steuerabzug vom Kapitalertrag abgegolten sind. Eine Anrechnung erfolgt nicht[1]. Die verbleibende steuerliche Besserstellung ausländischer Muttergesellschaften besteht aber auch im neuen Recht nur unter der Annahme, daß die von der inländischen Tochtergesellschaft empfangenen Dividenden nicht weiter ausgeschüttet werden. Der Umstand, daß im Falle von Gewinnausschüttungen die Körperschaftsteuer den Charakter einer Einkommensteuervorauszahlung der Gesellschaft für ihre Anteilseigner hat, während sie bei ausländischen Gesellschaftern zur Definitivsteuer wird, läßt die bei Durchführung des "Schütt'-aus/Hol'-zurück"-Verfahrens zwischen Tochter- und Muttergesellschaft bestehende Besserstellung der ausländischen Muttergesellschaft in einen Nachteil umschlagen, wenn die empfangenen Gewinne nicht thesauriert, sondern an die Anteilseigner der Muttergesellschaft weitergegeben werden. Da eine Körperschaftsteuererstattung an ausländische Anteilseigner nicht in Betracht kommen kann, bleibt als eine denkbare Lösung der Weg einer reduzierten Kapitalertragsteuer zur Abschwächung der steuerlichen Nachteile dieser Anteils-

---

1) Bei der Ausschüttung an die Anteilseigner einer inländischen Muttergesellschaft wird die Körperschaftsteuer angerechnet, so daß sich die Dividende aus einer Bardividende und einer Steuergutschrift zusammensetzt. Das Anrechnungssystem kann dagegen den Anteilseignern einer ausländischen Muttergesellschaft keine Körperschaftsteuergutschrift gewähren. Will diese Gesellschaft ihren Gesellschaftern eine Dividende in gleicher Höhe zukommen lassen wie eine inländische Muttergesellschaft, so muß sie eine um die inländische Steuergutschrift höhere Bardividende ausschütten. Soll die im alten Recht gezahlte Dividende nach Einführung des Anrechnungssystems beibehalten werden, reduziert sich aufgrund der Erhöhung der Steuerbelastung um etwa 9 Prozentpunkte entsprechend das Thesaurierungspotential.

eigner. Dieser Weg ist aber aus zwei Gründen problematisch:

a) Das Anrechnungssystem regelt die Besteuerung inländischer Anteilseigner. Die Besteuerung ausländischer Anteilseigner ist ein Problem des ausländischen Steuerrechts. Die Vorbelastung mit Körperschaftsteuer und Kapitalertragsteuer ist für ausländische und inländische Kapitalgesellschaften gleich. Wie diese Gesellschaften hinsichtlich der empfangenen Dividenden steuerlich weiterbehandelt werden, ist eine Angelegenheit des jeweiligen nationalen Steuerrechts.

b) Wenn die Ausschüttung durch die ausländische Muttergesellschaft wieder-eingelegt würde, würde sich der Vorteil gegenüber inländischen Muttergesellschaften noch vergrößern. Damit würde die wettbewerbsverzerrende Wirkung des Ausländereffekts verstärkt.

Für den ausländischen Anleger ist aber - unabhängig von diesen Überlegungen - die Rendite aus seinem Anteil nach Steuern ein bedeutsames Entscheidungskriterium, auch wenn es Fälle gibt, in denen wettbewerbs- oder auch machtpolitische Gründe bei der Entscheidung für eine Beteiligung dominieren können.

Es muß abgewartet werden, welchen Einfluß die Begünstigung der Anteilseigner inländischer Konzerne, für welche die Steuergutschrift im Vergleich zum ausländischen Anteilseigner wie eine zusätzliche Dividende wirkt, auf die Entwicklung der ausländischen Beteiligungen hat.

Von geringerer Bedeutung ist die steuerliche Behandlung ausländischer Anteilseigner mit Streubesitz. Besteht mit einem Staat ein Doppelbesteuerungsabkommen, so beträgt die Kapitalertragsteuer im alten wie im neuen Recht 15 %, ansonsten ist der Steuersatz auf 25 % festgesetzt. Da die empfangenen Dividenden bei den ausländischen Anteilseignern der Einkommen- oder Körperschaftsteuer ihres Wohnsitzlandes unterliegen, ist eine generelle Aussage über eine Besser- oder Schlechterstellung gegenüber inländischen Anteilseignern nicht möglich. Die Mehrbelastung im neuen Recht führt jedoch im Vergleich zum bisherigen Recht tendenziell zu einer höheren Belastung ausländischer Gesellschafter [was die Rendite der Gesellschaft in den Augen der Anteilseigner schmälert], wenn bei ihnen die in der Bundesrepublik Deutschland einbehaltenen Steuern nicht auf ihre Steuerschuld im Wohnsitzland angerechnet werden.

Grundsätzlich wurden schon in einer Anhörung vor dem Finanzausschuß des Deutschen Bundestages die möglichen negativen Folgen einer derartigen Benachteiligung ausländischer Anteilseigner vorgetragen. Nach Ansicht des BDI, des DIHT und verschiedener ausländischer Handelskammern könnte die angehobene Belastung für ausländische Anteilseigner die Neigung zu Investitionen in deutsche Aktien stark beeinträchtigen[1]. Ob sich die in den Jahren 1968 - 1974 zu beobachtende ständig zunehmende Tendenz der Auslandsbeteiligungen nach der Reform der Körperschaftsteuer weiter fortgesetzt hat, kann gegenwärtig noch nicht übersehen werden. Einige spektakuläre Reaktionen auslän-

1) Dritter Bericht des Finanzausschusses zu dem von der Bundesregierung eingebrachten Entwurf eines Dritten Steuerreformgesetzes, Bundestags-Drucksache 7/5310, S. 3

discher Anteilseigner[1] deuten jedoch eher auf eine Beeinträchtigung ausländischer Beteiligungen hin.

Die Bedeutung der Diskriminierung ausländischer Anteilseigner durch das Anrechnungssystem für die Finanzierungsentscheidungen der Kapitalgesellschaften ist evident aber nicht eindeutig. Das Argumentationsgewicht dieses Bereichs hängt unter anderem von dem jeweiligen Umfang der ausländischen Beteiligung an einer Kapitalgesellschaft, aber auch von der Nationalität des jeweiligen Anteilseigners ab [DBA] . Daneben spielen die situativen Bedingungen in den Beziehungen zwischen Gesellschaft und Gesellschaftern eine Rolle, wobei generell unklar bleibt, in welchem Maße die Unternehmensleitung über die Zusammensetzung ihrer Anteilseigner informiert ist. Sicherlich lassen sich aus der Sicht ausländischer Anteilseigner im geltenden Körperschaftsteuersystem Konstellationen denken, in denen Determinanten wie Sicherung des Unternehmenspotentials, Rentabilität, Liquidität, einkommensmaximierende Einstellung des Anteilseigners und Unternehmensimage durch die steuerliche Änderung tangiert werden. In solchen Fällen ist ein verstärkter Einfluß auf die Finanzierungsentscheidungen zu vermuten, sofern der Unternehmensleitung Umfang des ausländischen Anteilsbesitzes und Haltung der Gesellschafter bekannt ist. Qualitative und quantitative Aussagen dürften jedoch global kaum möglich sein, zumal selbst die Wirkungsrichtung ohne Kenntnis des Einzelfalls kaum angegeben werden kann.

---

1) Hierzu beispielhaft: Liquidation wegen Reform der Körperschaftsteuer? in: Süddeutsche Zeitung vom 25.5.1978

Festzuhalten bleibt, daß die körperschaftsteuerliche Systemänderung im Zusammenwirken mit den weiteren finanzierungspolitisch bedeutsamen Variablen aus der Sicht ausländischer Anteilseigner eher eine belastungssteigernde Bedeutung gehabt haben dürfte. Hieraus ergibt sich ein entsprechender, individuell abweichender Einfluß auf die Finanzierungsentscheidungen. In das finanzierungspolitische Kalkül der Unternehmensleitung werden im Einzelfall sicherlich erwartete oder bereits manifestierte Reaktionen ausländischer Anteilseigner auf eine-wegen der steuerlichen Datenvariation-veränderte Ausschüttungs- bzw. Thesaurierungspolitik einfließen.

Zweifellos hat die Körperschaftsteuerreform neue Daten für die Finanzierungsentscheidungen in Kapitalgesellschaften gesetzt, die auf die Gesamtheit der in das jeweilige Kalkül einbezogenen Faktoren ausstrahlen.

Der Versuch, die Einflüsse des Anrechnungssystems im Beziehungsgefüge der finanzierungspolitischen Entscheidungsparameter mit Hilfe eines Prüfrasters überschaubar zu machen und derart wenigstens zu einer tendenziellen Aussage über die Art und die Konsequenzen der Beziehung zu gelangen, scheitert an der Komplexität der Wirkungszusammenhänge. Qualitativ und quantitativ unterschiedliche Einflüsse ergeben sich je nach Umfang und Zusammensetzung des Kapitalfonds, nach der Anzahl und Struktur der Gesellschafter, nach dem Wohnsitzland der Anteilseigner, der Verteilung der Gesellschaftsanteile und der Einstellung der Anteilseigner zu ihrer Gesellschaft. Darüber hinaus ist auch die Ausprägung der Beziehungen zwischen den einzelnen Gesellschaftsorganen - neben anderen generellen Faktoren - bedeutsam. Dabei können Variationen der von den Unternehmen nicht oder nur gering zu beeinflussenden Daten des Umfeldes [konjunkturelle Lage, Finanz- und Geldpolitik, Wirtschaftspolitik, außenwirtschaftliche Beziehungen] ständige Veränderungen einmal festgestellter Einflußstrukturen verursachen. Grundsätzlich lassen sich die Beziehungen zwischen den interdependenten steuerlichen Einflußfaktoren und den sonstigen Determinanten der Finanzierungspolitik als vielgestaltig und teilweise indifferent charakterisieren.

5. Die empirische Analyse der Finanzierungspolitik von Kapitalgesellschaften

5.1 Zur Ausgangslage

Nachdem sich die wesentlichsten Änderungen im Bereich der Körperschaftbesteuerung Mitte der siebziger Jahre herausgebildet hatten, wurde das neue System sowohl allgemein als auch bezüglich der Finanzierungsproblematik überwiegend als ein Beitrag angesehen, der die offenkundigen Mängel der alten Regelung weitgehend vermeiden helfen könnte [1]. Im Gegensatz zu dieser Einschätzung wird heute das reformierte System, zu dessen vorrangigen Zielen die Beseitigung der steuerlichen Diskriminierung

---

1) Eine Zwischenbilanz der Steuerreform beurteilt im Jahre 1976 die beabsichtigte Körperschaftsteuerreform:
"Immerhin beseitigt auch diese Form des Anrechnungsverfahrens weitgehend die Mängel des geltenden Körperschaftsteuersystems:
- Die Gewinne von größeren Kapitalgesellschaften und vergleichbaren Personengesellschaften werden gleich hoch besteuert ...
- Die steuerliche Benachteiligung der Eigenfinanzierung gegenüber der Fremdfinanzierung wird vermieden.
- Die Besteuerung der Ausschüttungen von Kapitalgesellschaften folgt vollständig dem im Einkommensteuertarif zum Ausdruck kommenden Leistungsfähigkeitsprinzip.
- Der steuerlich begründete Interessengegensatz zwischen Groß- und Kleinaktionären wird aufgehoben ...

Nach alledem ist klar, daß die Körperschaftsteuerreform die Attraktivität der Aktie aus mehreren Gründen erhöhen wird."
Hansmeyer, Karl-Heinrich, Zwischenbilanz der Steuerreform, a.a.O., S. 133
In ähnlicher Weise beurteilt das BDI den vorgelegten Gesetzentwurf: "Der vorgelegte Gesetzentwurf verwirklicht die mit der Körperschaftsteuerreform verfolgten Ziele und löst die mit dem Anrechnungsverfahren verbundenen steuertechnischen Probleme in einer im großen und ganzen akzeptablen Weise". Unveröffentlichte Mitteilung des BDI vom 26.11.1975 an die Mitglieder des Steuerausschusses, Köln 26.11.75, S. 3

der Kapitalgesellschaften zählte, weitaus differenzierter beurteilt [1].

So besteht nach Meinung verschiedener Autoren [2] auch gegenwärtig noch der Einfluß der Besteuerung auf die Kapitalstruktur der Unternehmen - wenn auch in einem verminderten Ausmaß - weiter.

Diese und ähnliche Aussagen zu den Effekten der Reform vom 1.1.1977 stützen sich hauptsächlich auf Analysen

---

1) Nach Wöhe hat die Körperschaftsteuerreform ihre ursprünglichen Ziele nur zu einem geringen Teil erreicht. Erkannte Mängel im alten System wurden seiner Ansicht nach im neuen System nur abgeschwächt. Dies gilt insbesondere für die steuerliche Diskriminierung der Finanzierung: Sowohl die steuerliche Gleichbehandlung der Außenfinanzierung mit Eigen- und Fremdkapital als auch die der Selbstfinanzierung der Kapitalgesellschaften im Vergleich zur Gewinnthesaurierung der Personengesellschaften wird nicht erreicht.
Wöhe G., Die Steuern des Unternehmens, 4. Auflage, a.a.O., S. 112, 103
Ähnlich bewertet auch Schardt das neue Körperschaftsteuersystem und kommt zu dem Ergebnis, daß die wirtschafts- und vermögenspolitischen Reformziele durch das KStG 1977 nur teilweise erreicht wurden.
Schardt, A., Die Körperschaftsteuerreform 1977 und ihre belastungsmäßigen Auswirkungen, a.a.O., S. 264 f
Vielfach wird die Vermutung geäußert, daß die Reform ihr Ziel hätte erreichen können, wenn sie - wie ursprünglich geplant - mit einer Reform der Vermögensteuer, der Gewerbesteuer und der Gewinnermittlungsvorschriften koordiniert worden wäre.
Wöhe, G., Die Steuern des Unternehmens, a.a.O., S. 112
"Keine Unternehmensflucht in die Totale GmbH", Betriebswirtschaftler-Tag 1979, in: Handelsblatt vom 5.10.1979, S. 6

2) Wöhe, G., Die Steuern des Unternehmens, a.a.O., S. 112
Schardt, A., Die Körperschaftsteuerreform 1977 und ihre belastungsmäßigen Auswirkungen, a.a.O., S. 265

der steuerlichen Normen [1], wobei teilweise die Interdependenzen im Steuersystem berücksichtigt werden. Auswirkungen auf die Finanzierungsentscheidungen innerhalb der Kapitalgesellschaften werden nur ansatzweise und häufig im Rahmen von Einzelfallanalysen dargestellt; eine umfassende Auswertung finanzierungsrelevanter Daten vor, während und nach der Körperschaftsteuerreform steht noch aus.
Es stellt sich somit die Aufgabe, sekundärstatistische Quellen unter finanzierungsbezogenen Kriterien auszuwerten, um derart empirisch fundierte Aussagen über die Reaktion der unternehmerischen Finanzierungsentscheidungen auf die steuerlich verursachte Änderung des Datenkranzes zu gewinnen.

5.2 Methodik und Datenbasis der Analyse

Da im Rahmen der Untersuchung eine Primärerhebung nicht möglich war, mußte die Analyse auf sekundärstatistisches Material zurückgreifen.

Die Suche nach geeignetem Material muß dabei auf Indikatoren gerichtet sein, welche die Finanzierungspolitik der Kapitalgesellschaften über einen möglichst langen Zeitraum charakterisieren können.

Die einzige bundesdeutsche Statistik, die gleichzeitig Auskunft über die Gewinne, die einzelnen Ertrags- und Aufwandsarten sowie über Investitionen und Finanzierung

---

1) Schardt versucht die Auswirkungen der Reform in einem Steuerbelastungsvergleich mit Hilfe der Teilsteuerrechnung zu erfassen. Schardt, A., Die Körperschaftsteuerreform 1977 und ihre belastungsmäßigen Auswirkungen, a.a.O.
Wöhe bedient sich zur Darstellung der Belastungseffekte eines veranlagungsorientierten Ansatzes: Wöhe, G., Die Steuern des Unternehmens, a.a.O., S. 103

der Unternehmen in Branchengliederung gibt, ist die seit der Währungsreform geführte Bilanzstatistik der Aktiengesellschaften des Statistischen Bundesamtes [1]. Verschiedene andere Bilanzstatistiken publizitätspflichtiger Unternehmen [2] oder Unternehmen aller Rechtsformen [3] wie auch die amtlichen Kostenstrukturstatistiken [4] enthalten die aufgeführten Merkmale nur

---

1) Jährlich ausgewiesen für die Industriebranchen: in Wirtschaft und Statistik, zuletzt "Jahresabschlüsse 1978 von Aktiengesellschaften der Industrie", Wirtschaft und Statistik Nr. 12/1979, S. 881 ff. und 827* ff., für alle Branchen: Fachserie 2 Reihe 2.1, zuletzt für 1976, Wiesbaden 1979.

2) Nach dem Gesetz über die Rechnungslegung von bestimmten Unternehmen und Konzernen vom 15. August 1969 (BGBl. I S. 1189 ff.). Vgl. Jahresabschlüsse 1977 von Unternehmen, für die das Publizitätsgesetz gilt, in: Wirtschaft und Statistik Nr. 8/1979, S. 565 ff. und 518* f., sowie Jahresabschlüsse 1977 von Konzernen, für die das Publizitätsgesetz gilt, in: Wirtschaft und Statistik, Nr. 10/1979, S. 746 ff. und 665* f.; ABER: keine Branchengliederung, für Personengesellschaften außerdem keine Ertrags-, Aufwands- und Gewinndaten, keine Anwendung aktienrechtlicher Bewertungsregeln; wie bei den Aktiengesellschaften Fehlen von Beschäftigungsdaten.

3) Jahresabschlüsse der Unternehmen in der Bundesrepublik Deutschland 1965 bis 1976. Sonderdrucke der Deutschen Bundesbank Nr. 5, 2. Aufl. Juli 1978. - Ertragslage und Finanzierungsverhältnisse der Unternehmen im Jahre 1978, in: Monatsberichte der Deutschen Bundesbank, November 1979, S. 16 ff.

4) Statistisches Bundesamt, Fachserie 4, Reihe 4.3, Kostenstruktur der Unternehmen im Bergbau und im Verarbeitenden Gewerbe. Mängel: keine Durchschnittsdaten für die Branchen insgesamt, keine Investitionsdaten, keine Bilanzdaten für Grundstücke/Gebäude, Forderungen, liquide Mittel, Eigen- und Fremdmittel, unterschiedliche Definition von "Kosten" (teils steuerlich absetzbare, teils kalkulatorische Kosten), Fehlen des Bereichs der nicht betriebsbedingten Erträge und Aufwendungen, so daß weder Finanz- noch Gewinnanalysen möglich sind.

teilweise. Da auch die volkswirtschaftliche Gesamtrechnung die Unternehmensgewinne und -finanzierung nicht ausweist, bleibt für Gewinn- und Finanzanalysen nur die Bilanzstatistik der Aktiengesellschaften übrig. Die branchenbezogene Repräsentativität dieses Datenmaterials ist allerdings nur in wenigen Bereichen gegeben; wo sie dennoch verwirklicht wird, können die meist großen Aktiengesellschaften untypisch für den Rest der Branche sein, so daß branchenbezogene Aussagen vorsichtig interpretiert werden müssen.

Eine für die unbedingt notwendige Verbesserung der Statistik erforderliche Voraussetzung könnte zudem gerade jetzt geschaffen werden, nämlich die Vereinheitlichung der Bilanzgliederungs- und Bewertungsvorschriften für Unternehmen aller Rechtsformen anläßlich der zur Zeit anstehenden Umsetzung der Vierten gesellschaftsrechtlichen EG-Richtlinie in das deutsche Handelsrecht [1]. Neben vergleichbareren Handelsbilanzstatistiken wären derart auch aussagefähigere Gegenüberstellungen aufgrund der Steuerbilanzstatistiken möglich. Aus der Sicht der Exaktheit der Ergebnisse wäre den letzteren Gegenüberstellungen schon wegen der strengeren Bewertungsregeln der Vorzug vor der Verwendung von Handelsbilanzstatistiken zu geben.

Erwartungsgemäß liefert die amtliche Statistik keine exakt der Fragestellung der Analyse entsprechende Daten. Strukturelle Verschiebungen zwischen den bereits als

---

1) Der mit Schreiben vom 8.2.1980 vom Bundesminister der Justiz herausgegebene "Vorentwurf eines Gesetzes zur Durchführung der Vierten Richtlinie des Rates der Europäischen Gemeinschaften zur Koordinierung des Gesellschaftsrechts (Bilanzrichtlinie-Gesetz)" zielt grundsätzlich - wenn auch nicht im Detail - auf eine Einbeziehung der Unternehmen aller Rechtsformen in vereinheitlichte Handelsbilanzregeln ab. Weitere Verbesserungen sind nach Verabschiedung der 7. EG-Richtlinie über den Konzernjahresabschluß zu erwarten.

idealtypisch skizzierten Finanzierungsstrategien als Reaktion auf die Datenänderung der Körperschaftsteuerreform lassen sich beispielsweise nur unvollständig mit Hilfe der statistisch nachweisbaren Informationen [etwa durch die Auswertung relativer Veränderungen der unter finanzierungsstrategischen Aspekten bedeutsamen Daten] belegen. Dagegen sind Aussagen über grundsätzliche Veränderungen der Ausschüttungs- und Thesaurierungspolitik anhand der vorliegenden Zeitreihen zur sektoral differenzierten Kurs-, Dividenden-, Rendite- und Selbstfinanzierungsentwicklung grundsätzlich möglich. Allerdings sind die der Analyse zugrundegelegten Zahlen weder von konjunkturellen noch von strukturellen Einflüssen bereinigt. Eine entsprechende Korrektur kann an dieser Stelle nicht vorgenommen werden. Werden diese relativierenden Kriterien und Unsicherheitsfaktoren beachtet, lassen sich aus der amtlichen Statistik Informationen zu den nachstehenden Untersuchungskomplexen entnehmen:

Statistische Quellen der empirischen Analyse

STATISTISCHE QUELLEN UND IHRE CHARAKTERISIERUNG / FINANZIERUNGSRELEVANTE ENTSCHEIDUNGEN	Zahl und Nominalkapital der Kapitalgesellschaften 19.. Wirtschaft und Statistik, Nr. 4/78 S. 215 ff; Nr. 4/79 S. 259 ff, Wiesbaden 1978; 1979 (JÄHRLICHE GLOBALE ZAHLEN FÜR AKTIENGESELLSCHAFTEN UND GmbH's)	Statistisches Bundesamt Fachserie 9 (Geld und Kredit) Reihe 2 - Aktienmärkte Textteil Gliederungspunkt 3: Zusammenfassende Übersichten (monatl. globale Zahlen) 3.1 Entwicklung von Zahl und Kapital der börsennotierten Aktiengesellschaften	3.2 Entwicklung der Dividendensätze	Statistisches Bundesamt, Fachserie 2 Reihe 2.1 Abschlüsse der Aktiengesellschaften 1976, Wiesbaden 1979 (Wirtschaftsbereichsspezifische Zahlen aller Wirtschaftsbereiche)	Statistisches Bundesamt, Fachserie 9 (Geld und Kredit) Reihe 2 - Aktienmärkte, Tabellenteil Punkt 5: Kapital, Kurs, Dividende und Rendite (monatliche wirtschaftsbereichsspezifische Zahlen aller Wirtschaftsbereiche)	Jahresabschlüsse 1978 von Aktiengesellschaften der Industrie, Wirtschaft und Statistik Nr. 12/79, S. 88 ff und 827 ff (jährliche branchendifferenzierte Zahlen der Industriebranchen)	Unternehmen und Arbeitsstätten, Dividende der Aktiengesellschaften 1978 Wirtschaft und Statistik Nr. 9/79 S. 661 ff, S. 596* (jährliche wirtschaftsbereichsbezogene Daten aller Wirtschaftsbereiche)
Selbstfinanzierungspolitik (Thesaurierungspolitik, Thesaurierungsquote)	X	X		X		X	
Beteiligungsfinanzierung	X	X		X		X	
Kreditfinanzierung				X		X	
Ausschüttungspolitik (Ausschüttungsquote)			X	X	X	X	X

Ferner läßt sich in Form von Einzelfallstudien das Finanzierungsverhalten spezieller Wirtschaftsbereiche und einzelner Kapitalgesellschaften nachzeichnen.

Naturgemäß erlaubt das verwendete statistische Material keine eindeutige Aussage zur isolierten Wirkung der Körperschaftsteuerreform auf das Finanzierungsverhalten der betrachteten Unternehmen. Vielmehr geben die statistischen Werte das Ergebnis der unternehmensspezifischen Finanzierungsentscheidungen in aggregierter Form wieder. Wie bereits gezeigt werden konnte [1], sind die individuellen Finanzierungsentschlüsse stets das Resultat aus dem Zusammenwirken verschiedener Faktoren. Einflüsse des geänderten Körperschaftsteuerrechts können deshalb erst dann vermutet werden, wenn die Statistik signifikante Reaktionen innerhalb eines als relevant betrachteten Zeitraums erkennen läßt.

Ein weiteres Problem ergibt sich aus dem relativ kurzen Zeitraum, der nach dem Inkrafttreten des geltenden Körperschaftsteuerrechts verstrichen ist. Es muß nämlich beachtet werden, daß die statistisch nachgewiesenen Daten für die Jahre 1976 und 1977 [d.h. Abschlüsse in den Jahren 1977 und 1978] aufgrund bestehender Übergangsregelungen [2] verzerrt bzw. untypisch sein dürften, da sich die finanzierungspolitischen Dispositionen insgesamt weder voll am alten Recht noch voll am neuen Recht ausgerichtet haben dürften. Von Wirkungen der Übergangsregelungen bereinigte Auswirkungen der Körperschaftsteuerreform können somit frühestens von Statistiken für das Geschäftsjahr 1978 [Datenbasis: Abschlüsse 1978 im Jahr 1979] erwartet

---

1) Hierzu insbesondere das dritte und vierte Kapitel der vorliegenden Arbeit.

2) Zu den Übergangsregelungen: Zur Reform der Körperschaftsteuer 1977, a.a.O., S. 47 - 54 und 206 - 213

werden. Die gesicherte Datenbasis für die durchzuführende Analyse ist demnach noch sehr schmal. Daneben müssen bei der Interpretation der verwendeten Daten extreme, einzelwirtschaftlich nicht oder nur partiell beeinflußbare Änderungen der situativen Bedingungen des Umfeldes /etwa konjunkturelle oder strukturelle Brüche/ mit möglichen und plausiblen Auswirkungen auf das Finanzierungsverhalten zumindest qualitativ berücksichtigt werden.

5.3 Der Versuch einer empirischen Betrachtung des Finanzierungsverhaltens der Kapitalgesellschaften unter dem Aspekt der Körperschaftsteuerreform

5.3.1 Die globale Beurteilung der Finanzlage und Vermögenszusammensetzung von 1966 - 1978 [1]

Scheibe-Lange [2] konstatiert in ihrer Analyse der industriellen Aktiengesellschaften hinsichtlich Wertschöpfung, Ertrags- und Finanzlage zwischen 1966 und 1978 ein abnehmendes Investitionsniveau bei steigender Kapitalproduktivität und einer guten Ertragslage der Verarbeitenden Industrie. Dieser Trend hat ihrer Ansicht nach zu einer verbesserten Finanzlage der Aktiengesellschaften geführt. Eine Betrachtung der Bilanzstruktur der Aktiengesellschaften der Verarbeitenden Industrie /nachstehende Tabelle/ zeigt zwar, daß der Anteil des Eigenkapitals an der Bilanzsumme ständig abnahm, macht jedoch auch deutlich, daß die sonstigen eigenerwirtschafteten Mittel [3]

---

1) Zur Methodik dieser Betrachtungsweise vgl. Gliederungspunkt 3.4 dieser Arbeit.

2) Scheibe-Lange, Ingrid, Wertschöpfung, Ertrags- und Finanzlage der industriellen Aktiengesellschaften bis 1978, in: WSI-Mitteilungen 5/1980 /33. Jahrgang/, Köln 1980, S. 280

3) Als sonstige eigenerwirtschaftete Mittel werden hier Sonderposten mit Rücklageanteil, Pauschalwertberichtigungen, Pensionsrückstellungen und Sozialverbindlichkeiten verstanden.

Zusammensetzung der Aktiva und Passiva der Aktiengesellschaften des Verarbeitenden Gewerbes zwischen 1966 - 1978

Geschäftsjahr	1966	1970	1976	1977	1978	Geschäftsjahr	1966	1970	1976	1977	1978
Vermögen in vH der Bilanzsumme:						Kapital in vH der Bilanzsumme:					
Sachanlagen und immaterielle Anlagegüter	37,5	32,3	24,7	24,2	23,4	Eigenkapital einschl. Gewinn	38,9	35,6	30,5	30,2	30,8
Finanzanlagen	9,9	12,5	12,3	12,8	12,7	Pensionsrückstellungen	6,8	6,3	9,7	10,7	11,4
Vorräte	23,9	23,4	26,7	26,4	25,7	sonstige Eigenmittel	2,8	2,8	2,9	2,9	3,0
Forderungen u.ä.	21,1	25,3	26,3	26,1	26,6	langfristige Verbindlichkeiten	14,0	15,5	12,4	12,1	10,2
liquide Mittel	7,6	6,5	10,0	10,5	11,6	sonstige Verbindlichkeiten	29,5	32,2	34,0	33,4	33,7
						sonstige Rückstellungen	8,0	7,6	10,5	10,7	10,9
Bilanzsumme	100	100	100	100	100	Bilanzsumme	100	100	100	100	100
Effektivverschuldung in vH der Bilanzsumme	22,8	23,6	20,6	19,6	16,6	Effektivverschuldung: Umsatzüberschuß	1,89	2,21	1,73	2,07	1,68

zwischen 1966 und 1978 auf 14,4 vH der Bilanzsumme [= + 50%] angestiegen sind. Bei Berücksichtigung der Position "andere Rückstellungen" ergibt sich eine Zunahme von 17,6 auf 25,3 v.H. Das es sich hierbei hauptsächlich um einen strukturellen Effekt gehandelt hat, zeigt die Gegenüberstellung der jeweils kumulierten Anteile eigenerwirtschafteter Mittel zu den Verbindlichkeiten. Hier haben sich die Anteile nur geringfügig verschoben, wobei die Verbindlichkeiten von 1966 bis 1970 anstiegen und anschließend wieder auf etwa den alten Wert zurückfielen bei einem gleichzeitigen Austauschprozeß zulasten der langfristigen Verbindlichkeiten. Dieser Umschuldungsvorgang ohne größere Auswirkungen auf die Finanzlage war möglich, weil die korrespondierende Aktivposition "Langfristig investiertes Vermögen" kontinuierlich - wenn auch seit 1976 mit verringerten Raten - zurückgegangen ist. Bei gestiegenem Anteil der Beteiligungen schwand die Bedeutung des Sachanlagevermögens sehr stark. Ein gleichzeitiger Anstieg des Anteils des Vorratsvermögens konnte diese Entwicklung allerdings nicht kompensieren, so daß eine Ausdehnung der liquiden Mittel und der Forderungen die Folge war. Wird dieses monetäre Umlaufvermögen von den Verbindlichkeiten und "anderen Rückstellungen" abgesetzt, ergibt sich die Effektivverschuldung, die von 22,8 v.H. der Bilanzsumme [1966] auf 16,6 v.H. stetig zurückging.

Auch unter der dynamischen Betrachtungsweise zeigt sich die Verbesserung der Finanzlage. Wird beispielsweise gemessen, in welchem Zeitraum der Saldo "Effektivverschuldung" vollständig durch erwirtschaftete Selbstfinanzierungsmittel abgetragen werden könnte, sofern diese Mittel weder zur Reinvestition noch für Gewinnausschüttungen verwendet würden. Die Länge dieses Zeitraumes ist bei den Aktiengesellschaften der Verarbeitenden Industrie von 1966 bis 1970 zunächst von 1,9 auf 2,2 Jahre angestiegen und danach mit jährlichen Schwankungen auf 1,7 Jahre in 1978 gesunken. Relativierend ist jedoch anzumerken, daß diese fiktive Größe ständig extreme kurzfristige Ausschläge sowohl nach oben als auch nach unten aufweist.

Ein Vergleich mit den Resultaten der Bilanzstatistik der Deutschen Bundesbank [1] für alle Unternehmen des verarbeitenden Gewerbes macht die relativ günstige Finanzlage der Aktiengesellschaften deutlich. Es zeigt sich, daß bei "allen Unternehmen" der Anteil der Verbindlichkeiten an der Bilanzsumme ständig höher war und seit 1970 nur geringfügig gesunken ist. Der Anteil der Effektivverschuldung an der Bilanzsumme war ebenfalls größer und die Unternehmen insgesamt würden einen längeren Zeitraum zur Tilgung der Effektivverschuldung aus dem Umsatzüberschuß benötigen. Die stärkere Verschuldung der Nichtaktiengesellschaften dürfte auf relativ höhere Entnahmen und zu geringe Eigenkapitalzuführungen seitens des Anteilseigner zurückzuführen sein. Eine Auswirkung der körperschaftsteuerlichen Änderungen zum 1.1.1977 auf die Finanzlage der Aktiengesellschaften lassen die im Rahmen der globalen Bilanzanalyse betrachteten Werte nicht erkennen.

---

1) Jahresabschlüsse der Unternehmen in der Bundesrepublik Deutschland 1965 bis 1976. Sonderdruck der Deutschen Bundesbank Nr. 5, 2. Auflage, Juli 1978.
Ertragslage und Finanzierungsverhältnisse der Unternehmen im Jahre 1978, in: Monatsberichte der Deutschen Bundesbank, November 1979, S. 16 ff.
Soweit die Bundesbankstatistik Steuerbilanzen auswertet, dürften die stillen Reserven, welche die Bilanzsummen und das Eigenkapital verkürzen, niedriger als bei den Aktiengesellschaften sein; wurden Handelsbilanzen zugrundegelegt, können die stillen Reserven erheblich höher sein. Der Umsatzüberschuß, zu dem die Effektivverschuldung in Beziehung gesetzt wird, umfaßt methodisch weniger Bestandteile und dürfte darum verglichen mit den Aktiengesellschaften zu niedrig gegriffen sein.

5.3.2 Die Ausschüttungspolitik der Aktiengesellschaften im Verlauf der Körperschaftsteuerreform

Die Bedeutung der Ausschüttungspolitik für die Finanzierung einer Kapitalgesellschaft wurde bereits dargestellt [1]. Im Rahmen der Finanzierungsstrategie des "Schütt - aus - Hol' - zurück" stellt die Ausschüttung erwirtschafteter Gewinne den ersten Schritt dar. Kontinuierliche Dividendenzahlungen festigen den Ruf der Unternehmung am Kapitalmarkt und begünstigen eine positive Kursentwicklung, die im Falle einer Kapitalerhöhung zu einer verstärkten Rücklagenbildung [Agio] genutzt werden kann. Allerdings entzieht jede Ausschüttung der Unternehmenssphäre Finanzierungsmittel, von denen sich nicht mit Sicherheit sagen läßt, ob sie zu einem späteren Zeitpunkt wieder dem betrieblichen Umsatzprozeß zugeführt werden können. Ausgeschüttete Mittel stehen also der Selbstfinanzierung nicht mehr zur Verfügung. Schon aus den wenigen hier geschilderten Gründen wird deutlich, daß das Ausschüttungsverhalten entscheidende Hinweise auf die Finanzierungsentscheidungen geben kann.

Nachfolgend wird sowohl die Dividende als auch das Dividendenverhältnis zum Kurs zur Beurteilung der unternehmerischen Ausschüttungspolitik herangezogen. Sicherlich ist von beiden Größen die Renditeentwicklung dem Zweck der Untersuchung dienlicher, da in ihr auch - möglicherweise auf die Körperschaftsteuerreformierung zurückführende - Kursveränderungen [etwa als Folge gleichbleibender (Bar) dividendenzahlung durch die tendenziell kurssteigende Wirkung der Steuergutschrift] zum Ausdruck kommen. Die Rendite verändert sich bei

a) konstantem Kurs und steigender [sinkender] Dividendenzahlung;
b) steigendem [sinkendem] Kurs und konstanter Dividendenzahlung;

---

1) Gliederungspunkte 3.3.2.3; 3.4.1.4; 4.1.2

c) steigendem [sinkendem] Kurs und relativ stärker [schwächer] steigender [sinkender] Dividendenzahlung.

Ein weiterer Grund für die größere Aussagekraft der Rendite liegt darin, daß für die Anlageentscheidung eines wirtschaftlich kalkulierenden Anteilseigners diese Relation weit bedeutsamer ist als die absolute Höhe der Dividendenzahlung.

Allgemein wurde nach Verabschiedung des Körperschaftsteuergesetzes angenommen, daß die Bardividende der Aktiengesellschaften überwiegend zurückgehen würde. Diese Aussage konnte sich auf folgende Überlegungen stützen:

a) durch die Anhebung des Steuersatzes für ausgeschüttete Gewinne von 24,55 v.H. auf 36 v.H. reduziert sich notwendigerweise selbst bei gleichbleibender absoluter Höhe der Gewinnauskehrungen einschließlich der in der Unternehmenssphäre zu zahlenden Steuer das verbleibende Ausschüttungsvolumen und damit auch die Bardividende je Anteil.
b) die erhebliche Steigerung [9/16] der Bruttodividende bietet den Unternehmen den Anlaß, die Bardividende gegenüber dem Vorjahr zu senken.
c) die Anhebung des Steuersatzes für thesaurierte Gewinne von 52,53 v.H. auf 56 v.H. schränkt das zur Selbstfinanzierung offenstehende Volumen ein und könnte bei Bemühungen um eine konstante Thesaurierungsquote zulasten des Ausschüttungsanteils gehen.

Die globale, qualitative Betrachtung der Dividendensatzentwicklung ohne Berücksichtigung der Steuergutschrift [Tabelle 7] für die Jahre 1974 bis 1977 verstärkt diese Vermutung. Bei einem Rückgang der Anzahl der Dividendenerklärungen von 454 [1974] auf 446 [1977] erhöhte sich der Anteil der im Vergleich zum Vorjahr gesunkenen Dividenden von 25,33 v.H. auf 51,57 v.H. Gleichzeitig verringerte sich der Anteil der im Vergleich zum Vorjahr gestiegenen Dividenden bei einem Rückgang der

Tabelle 7:

ENTWICKLUNG DER DIVIDENDENSÄTZE OHNE STEUERGUTSCHRIFT

Dividendenerklärungen für das Jahr...	Anzahl der Dividendenerklärungen			Dividende im Vergleich zum Vorjahr					
	Insgesamt	ohne Dividendenz.		Gestiegen		Gesunken		Unverändert	
			v.H.		v.H.		v.H.		v.H.
1974 1)	454	86	18,94	107	23,57	115	25,33	232	51,10
1975 2)	449	106	23,61	82	18,26	109	24,28	258	57,46
1976 3)	449	83	18,49	125	27,84	34	7,57	290	64,59
1977 4)	446	102	22,87	31	6,96	223	51,57	192	43,05

1) Ausgabe August 1975
2) Ausgabe September 1976
3) Ausgabe September 1977
4) Ausgabe September 1978

unveränderten Dividendensätze [290 Unternehmen in 1976, 192 Unternehmen in 1977] von ca. 24 v.H. auf 7 v.H. Da der Anteil der Gesellschaften ohne Dividendenzahlungen sich nur im Rahmen der üblichen Schwankungen verändert hat und die nachgewiesenen Dividendenerklärungen für das Jahr 1977 gelten liegt es nahe, an einen Einfluß des geänderten Körperschaftsteuersystems zu denken. Zwar hatte sich die Ertragslage der Industrieaktiengesellschaften 1977 im Vergleich zum Vorjahr verschlechtert. Es ist allerdings zu vermuten, daß die ausgewiesenen Ergebnisse von steuertaktischen Überlegungen der Unternehmen im Zusammenhang mit der Körperschaftsteuerreform geprägt worden sind. Bereits die Ergebnisse für 1976 waren durch die steuerliche Neuregelung beeinflußt worden.

Eine Analyse der durchschnittlichen Dividenden [Tabelle] zeigt allerdings nur eine relativ geringe Rücknahme dieser Größe, die Entwicklung ist aber seit dem zweiten Quartal 1978 [überwiegende Jahresabschlüsse nach dem neuen Körperschaftsteuerrecht] eindeutig und sprengt den Rahmen der üblichen Dividendensenkungen. Wird jedoch die Steuergutschrift berücksichtigt, zeigt sich eine Zunahme der durchschnittlichen Dividende im Vergleich zum langjährigen Wert um etwa 5,5 Prozentpunkte [39 %]. Der gewogene Durchschnittskurs der Aktien der untersuchten Unternehmen erhöhte sich zwar vom IV. Quartal 1976 bis zum III. Quartal 1978 kontinuierlich, zeigt jedoch keine die üblichen Amplituden wesentlich übersteigende Entwicklung. Die Rendite als Ausdruck des Kurs / Dividendenverhältnisses sinkt ohne Berücksichtigung der Steuergutschrift notwendigerweise ab [Kurssteigerung und Dividendensenkung] und entfernt sich im Extrem vom höchsten nachgewiesenen Wert [III/74 = 4,70] um 1,82 Prozentpunkte [III/78 2,88 = Rückgang um 39 %]. Wird die Steuergutschrift einbezogen, ergibt sich ein Wert, der um die

Tabelle 8:

Entwicklung von Grundkapital, Durchschnittskurs, durchschnittlicher Dividende, durchschnittlicher Rendite und die qualitative Veränderung der Dividendensätze in ausgewählten Aktiengesellschaften

Referenz-periode	Anzahl der untersucht. Unternehmen	Grundkapital in Mio DM	Gewogener Durch-schnitts-kurs	Durchschn. Dividende ohne Stgut.	Durchschn. Dividende mit Stgut.	Durchschn. Rendite ohne Stgut.	Durchschn. Rendite mit Stgut.	Dividendensätze gegenüber dem vorangegangenen Geschäftsjahr: vorliegend	gestiegen	gesunken	unverändert	Dividendenerklärungen nach neuem Körperschaftsteuerrecht: Anzahl	ØDividende Excl. Stg.	ØDividende Incl. Stg.	ØRendite Excl. Stg.	ØRendite Incl. Stg.	vorarg. Gesch.Jahr ØRendite	vorarg. Gesch.Jahr ØDividende
I/74	489	34.587,0	342,68	13,07	-	3,81	-	50	5	8	34							
II/74	487	34.591,5	325,73	13,43	-	4,12	-											
III/74	485	35.240,1	291,60	13,70	-	4,70	-											
IV/74	479	36.728,9	314,99	13,73	-	4,36	-											
I/75	477	37.209,7	373,7	13,80	-	3,69	-	138	32	21	85							
II/75	476	38.129,4	354,05	13,57	-	3,83	-	386	93	95	198							
III/75	475	38.982,2	350,86	13,62	-	3,88	-	457	106	118	233							
IV/75	471	39.177,2	388,98	13,67	-	3,52	-	471	108	119	244							
I/76	470	39.536,5	395,67	13,57	-	3,43	-	127	25	25	77							
II/76	469	40.321,7	371,99	12,60	-	3,39	-	388	80	101	207							
III/76	466	40.423,2	361,76	12,74	-	3,52	-	449	82	109	258							
IV/76	469	40.551,2	352,59	12,77	-	3,84	-	456	81	110	265							
I/77	468	40.866,1	353,76	12,85	-	3,63	-	131	28	9	94							
II/77	464	41.048,4	358,14	13,71	-	3,83	-	402	109	31	262							
III/77	465	41.427,4	370,24	13,78	-	3,72	-	449	125	34	290							
IV/77	465	42.019,1	376,18	13,87	15,28	3,69	4,06	457	123	54	280	43	14,11		3,75			
I/78	465	42.470,4	383,83	13,52	15,91	3,52	4,14	133	9	65	59	133	11,36	17,76	2,96	4,62	3,79	13,01
II/78	464	42.587,7	388,02	12,07	18,71	3,11	4.82	414	30	210	174	414	12,19	19,04	3,11	4,86	3,94	14,33
III/78	460	43.169,8	417,34	12,02	18,76	2,88	4,49	460	32	224	204	452						
IV/78	459	43.074,52	406,85	12,20	19,07	3,00	4,69	459	32	229	198							
I/79	456	43.219,54	393,43	12,22	19,09	3,11	4,85	120	22	19	79							

Quellen: Statistisches Bundesamt, Fachserie 9 (Geld und Kredit), Reihe 2 - Aktienmärkte, Tabellenteil Punkt 5, Kapital, Kurs, Dividende und Rendite

Statistisches Bundesamt, Fachserie 9 (Geld und Kredit), Reihe 2 - Aktienmärkte, Textteil Gleiderungspunkt 3: zusammenfassende Übersichten
3.1 Entwicklung von Zahl und Kapital der börsennotierten Aktiengesellschaften
3.2 Entwicklung der Dividendensätze

höchste nachgewiesene Größe im betrachteten Zeitraum schwankt. Insgesamt zeigt die Auswertung der durchschnittlichen Sätze, daß mit Anwendung des neuen Körperschaftsteuerrechts auf die Dividendenerklärungen sowohl die durchschnittlichen Dividendensätze als auch die durchschnittlichen Kurs / Dividendenverhältnisse [jeweils ohne Steuergutschrift] zurückgingen. Dagegen hebt die Berücksichtigung der Steuergutschrift beide Größen über die langfristig üblichen Sätze an.

Der mögliche Einfluß der Körperschaftsteuerreform wird noch deutlicher, wenn nur die Unternehmen analysiert werden, deren Dividendenerklärungen dem neuen System unterlagen. Im II. Quartal 1978 reduzierte sich bei 414 Unternehmen der Dividendensatz excl. Steuergutschrift um 2,14 Prozentpunkte [- 15%] und die durchschnittliche Rendite um 0,83 Prozentpunkte [- 21 %]. Die Steuergutschrift eingeschlossen, steigerten sich die entsprechenden Werte auf 19,04 [+ 33 %] bzw. 4,86 [+ 23 %].

Wird die Entwicklung des Aktienkursindex [1)] und der Rendite ohne Berücksichtigung der Steuergutschrift grafisch dargestellt, zeigt sich, daß die Renditeentwicklung im Jahre 1977 nahezu unverändert zum Vorjahr verlief [leicht erhöhtes Niveau], wogegen in 1978 ein nachgebener Trend zu beobachten ist, der jedoch auf das gestiegene Kursniveau zurückgeführt werden muß. Im wesentlichen bewegt sich die Entwicklung in den Jahren 1975 - 1979 zwischen 3,0 v.H. und 4,0 v.H., wobei eine eindeutige Entwicklung in den körperschaftsteuerlich relevanten Zeiträumen nicht beobachtet werden kann.

---

1) Diese Darstellung geht von einer größeren Grundgesamtheit aus. Sie umfaßt <u>alle</u> amtlich notierten Werte.

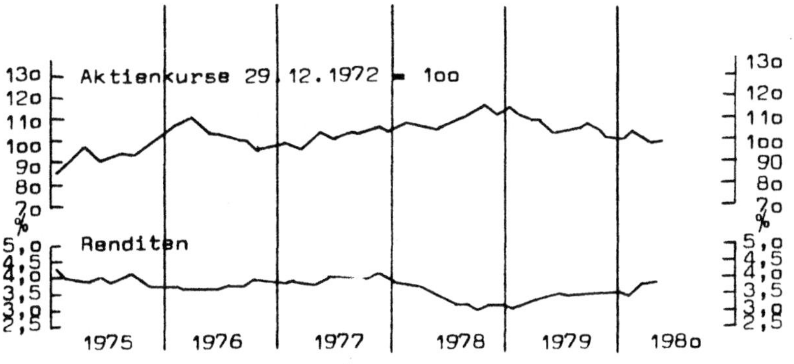

Abb. 13 : Entwicklung des Aktienkursindex und der Renditen zwischen 1975 und 1979 [1]

1) Handelsblatt Nr. 73 vom 15.4.1980, Seite 20
Quellen : Statistisches Bundesamt, Deutsche Bundesbank

Eine branchenspezifische Untersuchung der Durchschnittsrenditen von 1346 Aktiengesellschaften [1] für die Jahre 1976 und 1978 kommt zu dem Ergebnis, daß bei 45 statistisch erfaßten Branchen immerhin 33 Bereiche /73 %/ ihre Durchschnittsdividende gesenkt haben, während nur 10 Branchen /22 %/ diese Größe anhoben und bei 2 Branchen eine unveränderte Durchschnittsdividende festgestellt wurde.

Eine zeitraumbezogene, nach den wesentlichsten Branchen der bundesdeutschen Wirtschaft untergliederte Analyse der Dividendenzahlungen und der Renditen der Aktiengesellschaften kommt zu ähnlichen Ergebnissen /Tabelle Anhang/. Der langjährige von 1970 bis zum ersten Quartal 1979 durchgeführte Vergleich der Dividendensätze zeigt in quartalsmäßiger Untergliederung eine überwiegende Reduzierung der Dividendensätze. Die Betrachtung der analysierten Branchen stößt in noch geringerem Umfang auf gestiegene Renditen ausschließlich der Steuergutschrift nach dem Inkrafttreten des neuen Körperschaftsteuersystems. Zwar weisen die erfaßten Zeitreihen mehr oder weniger große Schwankungen auf, die im wesentlichen auf konjunkturelle oder strukturelle Einflüsse zurückgeführt werden müssen, jedoch ist der Trend zur reduzierten Ausschüttung im Verlauf der Körperschaftsteuerreform eindeutig zu erkennen. Eindeutig ist darüber hinaus die positive Abweichung der Ausschüttung je Anteil bzw. der auf den Kurs bezogenen Ausschüttung je Anteil bei berücksichtigter Steuergutschrift von 9/16 der Ausschüttung von den Werten vor der Körperschaftsteuerreform. Die Bruttodividende bzw. -rendite ist für den Anteilseigner durch die Körperschaftsteuerreform erheblich aufgewertet worden. Zu beachten ist allerdings

---

1) Wirtschaft und Statistik 9/79, Unternehmen und Arbeitsstätten, Dividende der Aktiengesellschaften 1978, S. 661 und 596*

Abb. 14 : Quartalsmäßige Entwicklung der durchschnittlichen Dividendenzahlungen je 1oo DM Aktie in ausgewählten Wirtschaftsbereichen (mit Beginn des ersten Quartals 1978 sind sowohl Brutto- als auch Bardividenden dargestellt)

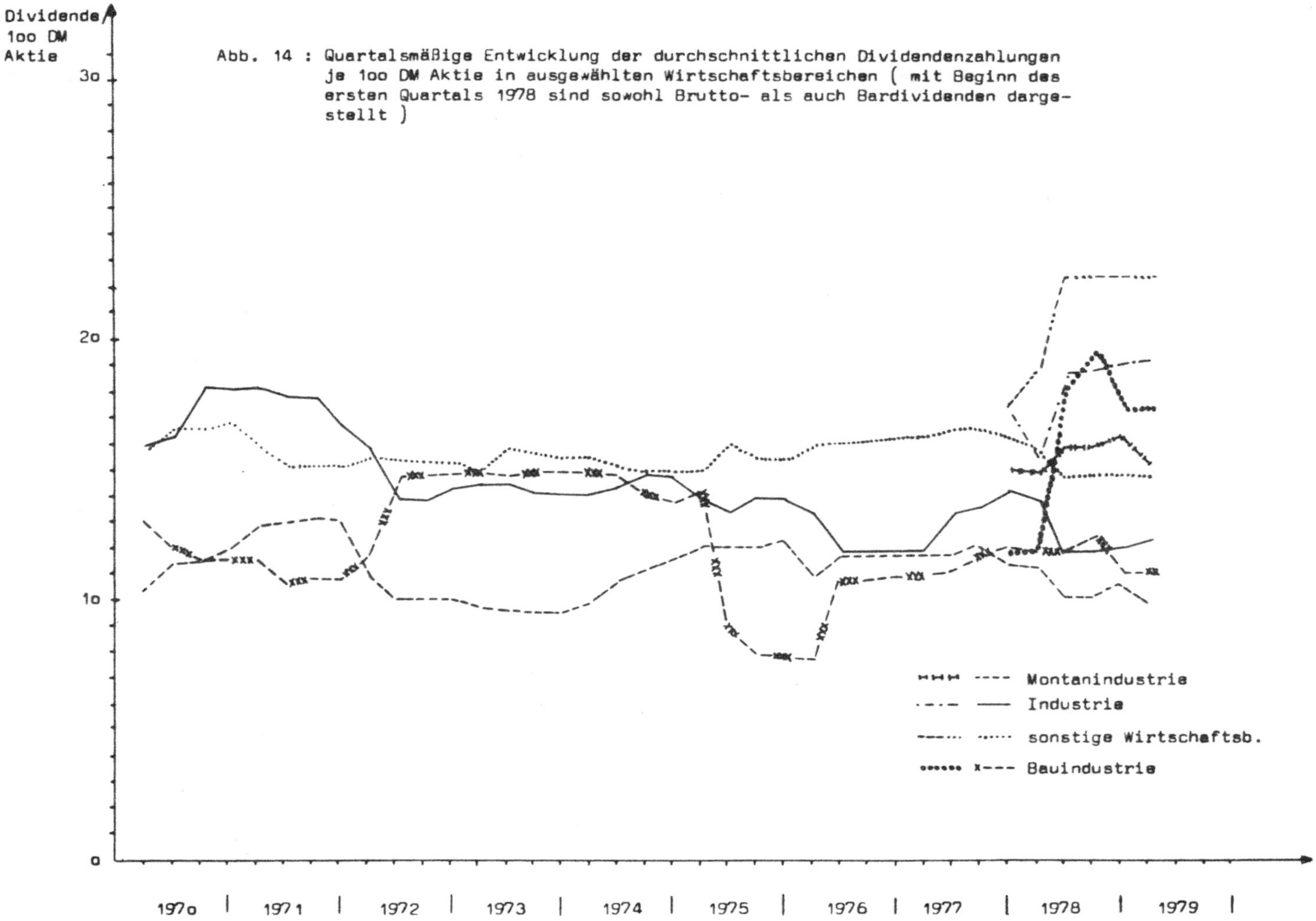

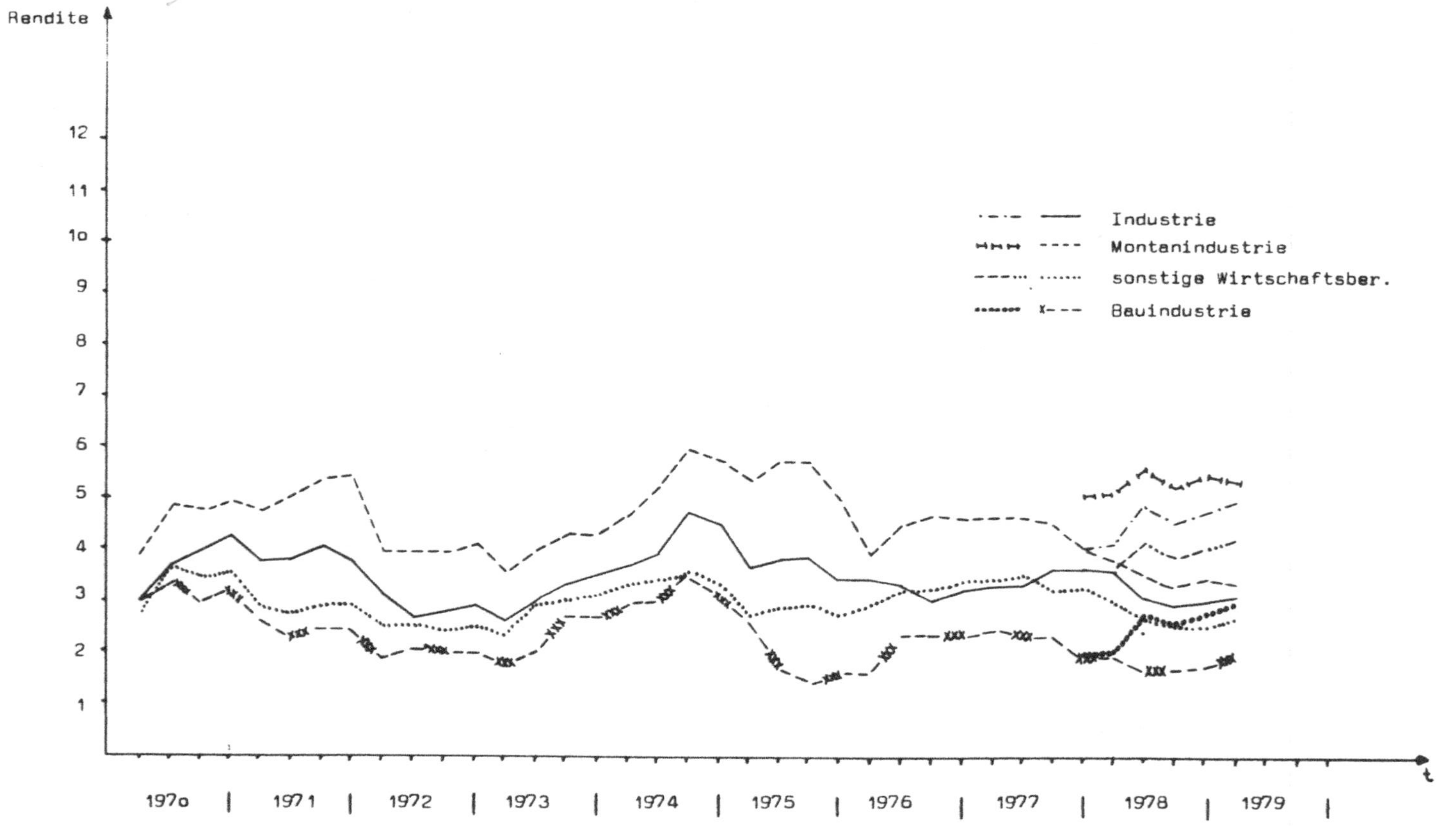

Abb. 15 : Quartalsmäßige Entwicklung der durchschnittlichen Renditesätze in ausgewählten Wirtschaftsbereichen (mit Beginn des ersten Quartals 1978 sind die Renditen einschließlich und ausschließlich der Steuergutschrift dargestellt.)

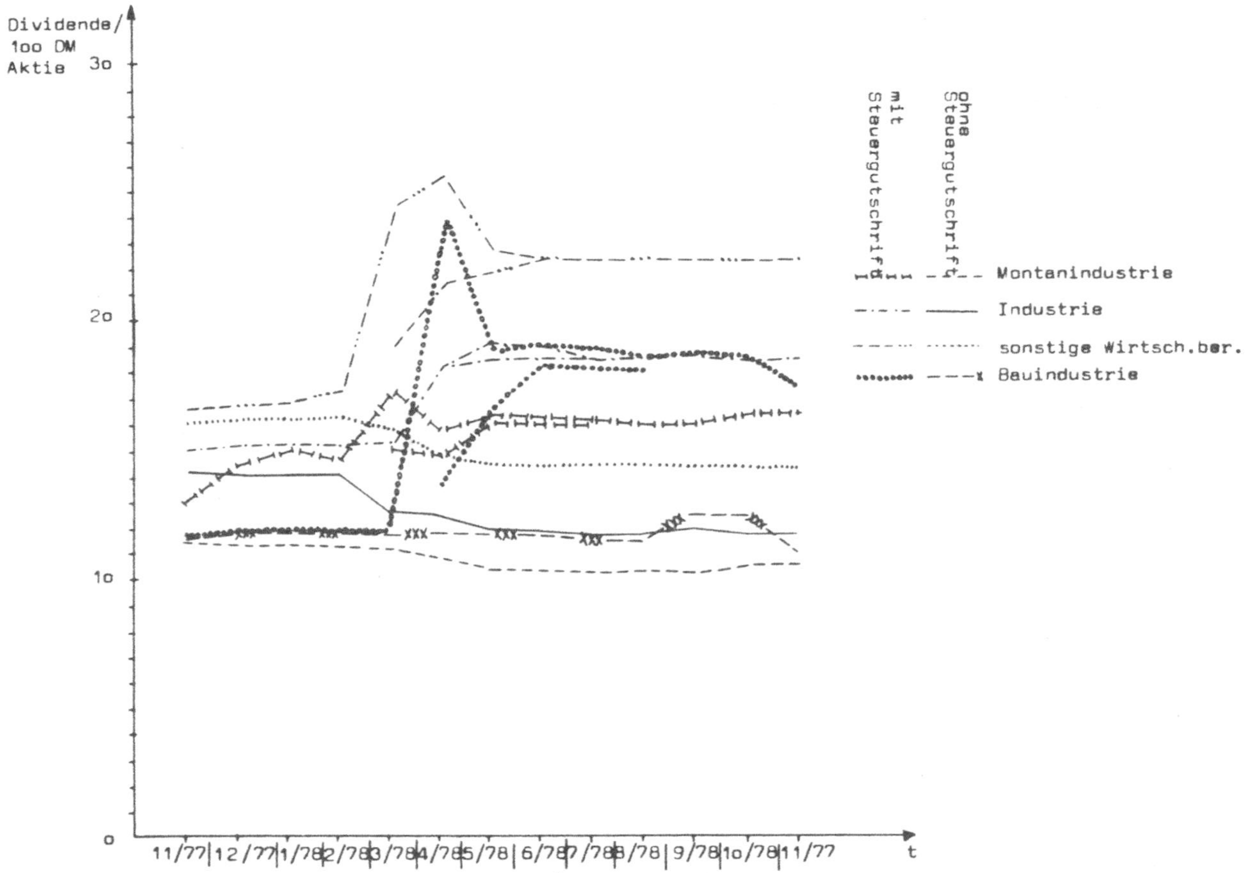

Abb. 16 : Monatliche Entwicklung der durchschnittlichen Dividendensätze zwischen November 1977 und November 1978 in ausgewählten Wirtschaftsbereichen (einschließlich und ausschließlich der Steuergutschrift)

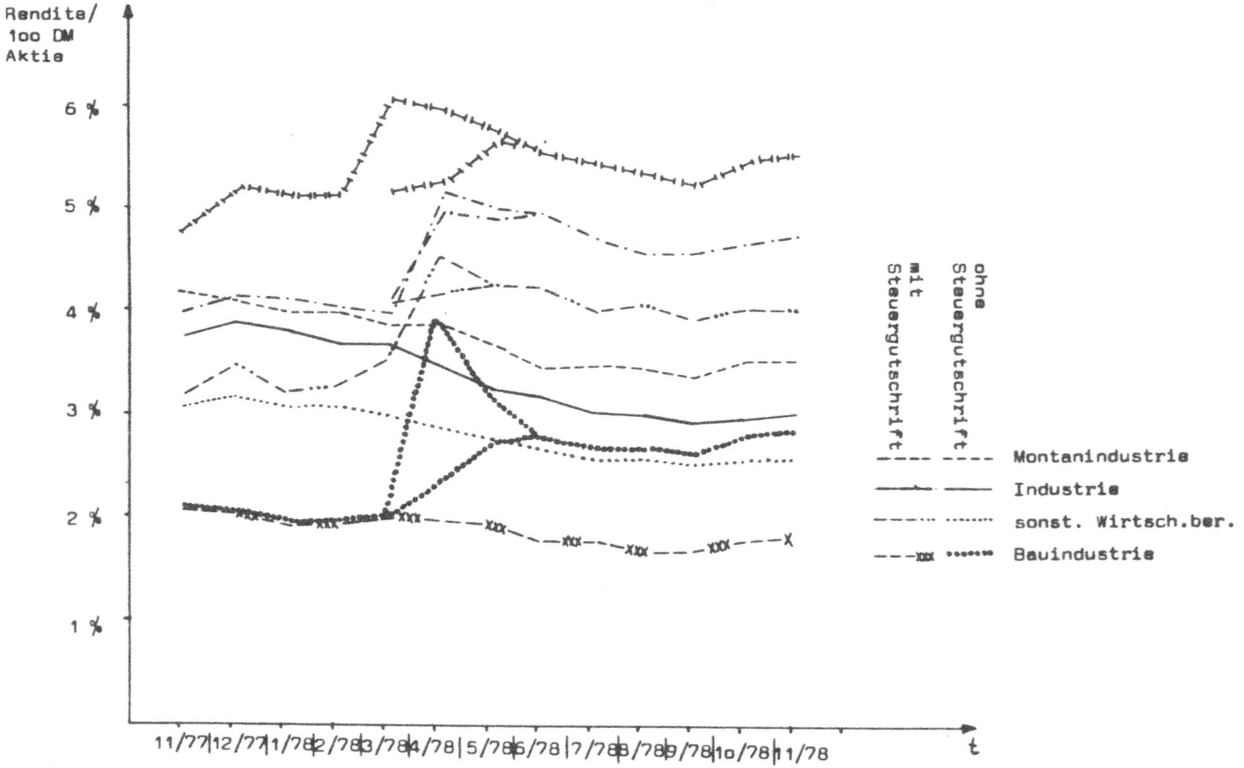

Abb. 17 : Monatliche Entwicklung der durchschnittlichen Renditesätze zwischen November 1977 und November 1978 in ausgewählten Wirtschaftsbereichen (einschließlich und ausschließlich der Steuergutschrift)

der time-lag zwischen der Steuergutschrift und deren veranlagungsmäßigen Berücksichtigung im Rahmen des Einkommensteuerrechts. Wird jeweils das erste Quartal 1975 und 1979 gegenübergestellt, so sind die erfaßten Branchen hinsichtlich ihrer Renditeentwicklung den folgenden Klassen zuzuordnen:

Abweichung der durchschnittlichen Renditen ausgewählter Branchen I/1975 und I/1979 in Prozent [Basis I/79]

1975 < 1979	≤ 30	13	21
	≤ 25	-	
	≤ 20	-	
	≤ 15	4	
	≤ 10	2	
	≤ 5	1	
	≤ 0	1	
1975 > 1979	≥ 0	-	6
	≥ 5	-	
	≥ 10	-	
	≥ 15	2	
	≥ 20	4	

Werden in gleicher Weise die branchenspezifischen durchschnittlichen Dividenden des ersten Quartals 1975 und des ersten Quartals 1979 gegenübergestellt, ergibt sich die nachstehende Tabelle:

1975 ≤ 1979	≤ 30	10	19
	≤ 25	2	
	≤ 20	3	
	≤ 15	3	
	≤ 10	1	
	≤ 5	-	
	≤ 0	-	
1975 ≥ 1979	≥ 0		8
	≥ 5	1	
	≥ 10	2	
	≥ 15	-	
	≥ 20	5	

Die grafische Darstellung der Dividendenentwicklung wichtiger Wirtschaftsbereiche in der Bundesrepublik Deutschland einschließlich und ausschließlich der Steuergutschrift verdeutlicht für den Bereich der industriellen Aktiengesellschaften ein Absinken der Werte im Jahre 1976, eine Stabilisierung in den ersten Quartalen des Jahres 1977, einen Anstieg bis zum vierten Quartal 1977 und einen kontinuierlichen Abstieg bis zum zweiten Quartal 1978 bei anschließender Stabilisierung auf einem niedrigeren Niveau im Vergleich zum Zeitraum vor Inkrafttreten des neuen Körperschaftsteuersystems. Einen ähnlichen Verlauf nehmen die Kurven der Dividendenentwicklung für die Montan- und die Bauindustrie. Abweichend von diesem typischen Kurvenverlauf steigt die Kurve der sonstigen Wirtschaftsbereiche bis zum vierten Quartal 1977 an und stabilisiert sich nach einem Abstieg auf etwa dem Niveau vor Wirksamwerden des neuen Körperschaftsteuersystems. Eine monatliche Betrachtung des Zeitraums zwischen November 1977 und November 1978 zeigt diese Entwicklung deutlicher. In den Monaten Februar bis April 1978 wird die Reduzierung der Ausschüttung in der gewerblichen Industrie und den sonstigen Wirtschaftsbereichen mit der anschließenden Stabilisierung offensichtlich. Ferner verdeutlichen die rot eingezeichneten Kurven die Wirkung der Steuergutschrift.

Der Kursanstieg, der im zweiten Quartal 1977 einsetzt und der nicht eindeutig auf die Einführung des neuen Körperschaftsteuersystems zurückgeführt werden kann, läßt die Kurve der Renditeentwicklung ohne die Steuergutschrift nach dem dritten Quartal 1977 in allen vier betrachteten Wirtschaftsbereichen von ihrem jeweiligen Niveau tendenziell absinken. Die Tendenz zu reduzierten Renditen nach der Reform des Körperschaftsteuerrechts ist über alle betrachteten Bereiche eindeutig und gleichgerichtet. Diesen fallenden Verlauf dokumentiert auch die ausschnitthafte monatliche Betrachtung. Die Wirkung der Steuergutschrift ist mit Hilfe der rot gezeichneten Linien nachzuvollziehen. Der Anstieg mit Beginn des März 1978 ist auf die zunehmende Zahl der Dividendenerklärungen nach dem neuen Körperschaftsteuerrecht zurückzuführen. Das im Laufe des Jahres 1978 erreichte Renditeniveau wird bis zum Ende des betrachteten Zeitraums in beiden dargestellten Fällen aufrechterhalten.

Als Ergebnis der branchenspezifischen Analyse zum Gewinnverwendungsverhalten der Aktiengesellschaften, die auf Quartalswerten basiert, kann zusammengefaßt festgehalten werden:

1. Nach dem Inkrafttreten des geltenden Körperschaftsteuerrechts lassen sich im wesentlichen gleichgerichtete Bewegungen feststellen.
2. Der insgesamt beobachtbare Rückgang der Bardividendenzahlung ist mit einer allgemeinen Zunahme der Bruttodividenden verbunden. Bezogen auf die durchschnittliche Bardividende kann vom vierten Quartal 1977 bis zum Ende des Betrachtungszeitraums eine durchgängige rückläufige Entwicklung konstatiert werden. Dies gilt für nahezu alle Bereiche, wobei in Einzelfällen durchschnittliche Reduzierungen der Bardividende um bis zu 7 DM / 100 DM Aktie festgehalten werden können.
3. Bezogen auf die Dividenden / Kursrelation läßt sich diese Tendenz ebenfalls feststellen, allerdings in abgemilderter Form. Dies ist die Folge einer anziehenden Kursbewegung, die jedoch aufgrund des ausgewerteten statistischen Materials nicht zwingend auf das geänderte Körperschaftsteuerrecht zurückgeführt werden kann. Das Niveau der Bruttorenditen nach Inkrafttreten der Reform erreicht etwa den Stand der

durchschnittlichen Renditen zwischen dem zweiten Quartal 1974 und dem vierten Quartal 1975. Da die Dividenden zwischen II/74 und IV/75 erheblich unter den Bruttodividenden zwischen I/78 und I/79 lagen, läßt sich auch hieraus auf ein gestiegenes Kursniveau schließen.

4. Eine monatliche Betrachtung des Zeitraums zwischen November 1977 und November 1978 zeigt nahezu gleichbleibende Bardividendenzahlungen [Rückgang zwischen Februar 1978 und Mai 1978 um ca. 2 DM / 100 DM Aktie] bei einem steilen Anstieg der Bruttodividendenzahlungen [Zunahme der Zahl von Gesellschaften, die nach neuem Recht bilanzierten und abschlossen] und Stabilisierung auf hohem Niveau.
5. Die langfristige Analyse kann eine kontinuierliche Reduzierung der Dividende / 100 DM Aktie seit dem Jahr 1970 konstatieren, so daß noch andere u.U. finanzierungsstrategische Faktoren hinsichtlich einer Renditenminderung wirksam zu sein scheinen. Der langfristige Vergleich zeigt ferner, daß sich die Kurse der deutschen Aktien nicht wesentlich verändert haben. Ende 1969 betrug der Aktienkursindex 112,2 Punkte, wohingegen Ende 1979 96,0 Punkte notiert wurden. Allerdings war die Entwicklung zwischen diesen Zeitpunkten äußerst uneinheitlich und von konjunkturellen und strukturellen Schwankungen stark geprägt [1].

Die Ausschüttungsquote [2] - ein weiterer Indikator für die Gewinnverwendungspolitik der Kapitalgesellschaften - hat sich in den zehn Jahren bis 1978 mehr als halbiert. Dies läßt sich anhand von Einzelbeispielen nachweisen:

---

1) Wird das "konjunkturelle Normaljahr" 1970 zugrundegelegt, ergibt sich bis Ende 1979 ein durchschnittlicher Kursgewinn von 6 bis 10 Prozentpunkten.

2) Als "Ausschüttungsquote" wird das Verhältnis zwischen Ausschüttungsvolumen und Nettogewinn einer Kapitalgesellschaft verstanden.

1. Der Anteil der Aktionäre an der Gesamtleistung der deutschen Aktiengesellschaften ist von 2,18% im Jahre 1968 auf 1,03% im Jahre 1977 zurückgegangen.
2. Für die drei IG-Farben Nachfolger ergaben sich folgende Ausschüttungsrelationen:
   Ein Unternehmen, das 1969 noch 63% seines Nettogewinns für Dividendenzahlungen verwendet hatte, brachte es 1978 nurmehr auf eine Quote von 50%; bei einer zweiten Gesellschaft hat sich die Ausschüttungsquote von 54% auf 44% zurückgebildet, bei der dritten ist sie von 57% auf 41% gesunken.
3. Schering konnte den Gewinn je Aktie um 56% steigern, während die Ausschüttungsquote von 50% auf 28% zurückging.
4. Die Daimler Benz AG hat ihren Gewinn innerhalb des betrachteten Zeitraums um 226% steigern können, die Dividende je Aktie [um Bezugsrechte bereinigt] jedoch nur um 84% angehoben, womit die Ausschüttungsquote von 36% auf 20% zurückging.
5. Die Volkswagen AG senkte ihre Ausschüttungsquote von 31% auf 14%. Dabei muß beachtet werden, daß in jenen 10 Jahren 4 Jahre nur geringe und zwei Jahre gar keine Ausschüttungen vorgenommen wurden. 1978 zahlte VW lediglich 4% mehr Dividende als 1969, obwohl der Gewinn den Vergleichswert um 126% übertraf.
6. Eine ähnliche Entwicklung ist bei der Siemens AG zu beobachten. Der Gewinn je Aktie stieg in der Referenzperiode um 136%, während die Dividende nur um 26% heraufgesetzt wurde. Damit fiel die Ausschüttungsquote kontinuierlich von 41% auf 21% zurück.

Insgesamt vermitteln diese Beispiele den Eindruck, als ob die Entscheidungen der Unternehmensführungen darauf ausgerichtet gewesen seien, über die insgesamt höhere Gesamtausschüttungen [Bardividende zuzüglich der Steuergutschrift] die Gesellschaften zu entlasten.

Die deutlich gewordene Tendenz muß zudem zumindest partiell als das Resultat einer Dividendenkontinuität anstrebenden Gewinnverwendungspolitik der Unternehmen angesehen werden. Ertragsbezogene Ansätze innerhalb der Ausschüttungsentscheidungen werden häufig bei kontinuierlicher Dividendenzahlung durch die Gewährung eines Bonus, der die außergewöhnliche Situation dokumentieren soll, deutlich. Verschiedentlich wird in diesem Zusammenhang der Eindruck geäußert, daß sich die Dividenden oft am Zinsniveau des Kapitalmarkts ausrichten würden [1], obschon die Ertragsentwicklung des Unternehmens die Richtschnur sein sollte.

Vor dem Hintergrund einer offensichtlich von zahlreichen Unternehmensleitungen bevorzugten Thesaurierungspolitik [2],

---

1) Zur Auseinandersetzung um die lange Jahre gepflegte konstante Dividendenpolitik bedeutender Aktiengesellschaften, die insbesondere in den letzten Monaten in das Kreuzfeuer der Kritik geriet:
Fritsch, Ulrich, Aktienfrühling läßt auf sich warten, in: Handelsblatt vom 14./15. März 1980 [Nr. 53], Seite 23;
Konstante Dividendenpolitik ist der Tod der Aktie, in: Handelsblatt vom 28.11.1979, Seite 14;
Dividendenkontinuität benachteiligt Aktionär, in: Handelsblatt vom 20. März 1980, Seite 12;
Schwarzer, Otto, Risiko ohne Chance, Mauerblümchen-Dasein der Aktionäre, in: Süddeutsche Zeitung vom 26. Januar 1980. Übereinstimmend wird kritisiert: Die Dividendenkontinuität pervertiere den Sinn der Aktie; der Anteil der Aktionäre am Gesamtergebnis gehe zurück; der übertriebene Dividendengleichschritt innerhalb der Branchen sei nicht gerechtfertigt.

2) Schwarzer sprichtin diesem Zusammenhang von der "Thesaurierungsgier der Unternehmensmanager", Schwarzer, Otto, Risiko ohne Chance, a.a.O.

die auch durch die Ausschüttungsstrategie der konstanten Dividendenzahlungen in der Vergangenheit möglich wurde, ist es verständlich, daß der Anlaß einer durch die Körperschaftsteuerreform erheblich gesteigerten Gesamtausschüttung zur Senkung der Bardividende im Vergleich zu den Vorjahren genutzt wurde.

5.3.3 Eigenkapitalbildungsprozesse der Kapitalgesellschaften

Der Eigenkapitalbestand der Kapitalgesellschaften kann aus zwei Quellen gespeist werden. Beteiligungskapital erhalten die Unternehmen von außen durch Einlagen der Gesellschafter in unterschiedlicher Form. Daneben stärken Selbstfinanzierungsvorgänge das Eigenkapital aus den im Unternehmen erwirtschafteten Gewinnen.

Die Zuführung von Beteiligungskapital berührt bei Aktiengesellschaften in jedem Fall die Bilanzposition "Grundkapital" [Nominalkapital] und verändert bei der Erhebung eines Aufgeldes auch die Rücklagenposition. Dagegen wird das innerhalb der Gesellschaftssphäre gebildete Kapital ausschließlich den Rücklagen zugeführt, wenn man von in anderen Bilanzpositionen enthaltenen stillen Reserven absieht.

5.3.3.1 Die Zuführung von Beteiligungskapital

Der Vorgang der Beteiligungsfinanzierung, durch den Mittel von außerhalb in den Verfügungsbereich der Gesellschaft gelangen, findet im ausgewerteten Material in verschiedenen statistischen Größen seinen Ausdruck. Zu dieser speziellen Art der Außenfinanzierung zählen:

a) Rücklagendotierungen aus dem Agio im Rahmen von Kapitalerhöhungen;
b) Kapitalerhöhungen durch Bareinlagen [Regelfall im Bereich der Aktiengesellschaften];
c) Kapitalerhöhungen durch Sacheinlagen [hauptsächlich im Bereich der Gesellschaften mit beschränkter Haftung anzutreffen];
d) Ausgabe von Belegschaftsaktien;
e) Umtausch von Wandelschuldverschreibungen [Substitution von Fremdkapital durch Beteiligungskapital].

Es ist nun zu prüfen, ob die vorliegenden Statistiken signifikante Veränderungen im Verlauf der Steuerreform aufweisen, aus denen auf eine steuerlich bedingte Verhaltensänderung geschlossen werden könnte.

Im Jahre 1969 betrug der Anteil der Eigenkapitalfinanzierung an dem Finanzierungsmittelzugang industrieller Aktiengesellschaften 11,7 v.H., wogegen 1978 nur noch 10 v.H. der Finanzierungsmittel aus Erhöhungen des Beteiligungskapitals stammten. Die Entwicklung der Anteilswerte ist allerdings uneinheitlich und bewegt sich bei vergleichbarer Grundgesamtheit zwischen 9,1 v.H. (1976) und 12,1 v.H. (1971/72) wobei eine Konzentration der Werte um 10 v.H. des Finanzierungsmittelzugangs festgestellt werden kann. Werden die für die Untersuchung interessanten Jahre 1976 bis 1978 betrachtet, scheint der Anteil des Eigenkapitals am Finanzierungsmittelzugang langsam zuzunehmen [Tabelle 11 Anlage]. Eine leicht steigende Entwicklung läßt sich auch an den absoluten Werten ablesen. Zu anderen Ergebnissen kommt die Analyse des Eigenkapitalanteils an der Bilanzsumme, die sich auf denselben Unternehmenskreis aus dem Bereich der Kapitalgesellschaften beschränkt. Von 1955 bis 1977 sind ständig abnehmende Anteile des Eigenkapitals an der Bilanzsumme festzustellen [Anlage Tabelle 12]. Dabei geht der Anteil des Grundkapitals von 23,4 v.H. (1955) auf 14,7 v.H. (1978) kontinuierlich zurück. Nur mit dem Anstieg des Rücklagenanteils zwischen 1977 (12,5) und 1978 (13,1 v.H.) ist eine zunehmende Entwicklung in diesem Zeitraum zu beobachten. Erwähnenswert ist zudem, daß der Rücklagenanteil an der Bilanzsumme, der allerdings nicht nur aus Finanzierungsvorgängen mit Beteiligungskapital stammt, erheblich geringer abnahm als dies für den Anteil des Grundkapitals gilt. Absolut nahm das Eigenkapital der Aktiengesellschaften des industriellen Bereichs um 65,9 v.H. zu, wobei die Zahl der Unternehmen von 909 (1969) auf 808 (1978) zurückging. Das Wachstum der aggregierten Bilanzsummen um 100,8 v.H. belegt die unterproportionale Entwicklung des Eigenkapitalanteils [65,9 v.H.].

Eine Ausdehnung der Analyse auf die Gesamtheit der Kapitalgesellschaften, die sich allerdings nur auf die Betrachtung des Grund- bzw. Stammkapitals beschränkt [Anhang, Tabelle 9], führt zu einer nach der Rechtsform differenzierten Betrachtung. Während nämlich das Grundkapital der AG + KGaA bei einer relativen Abnahme der Zahl der Gesellschaften um 7,1 v.H. um 52,4 v.H. anstieg, erhöhten sich Zahl und Stammkapital der Gesellschaften mit beschränkter Haftung um 165,8 v.H. bzw. um 117,1 v.H. . Hier wird der ungebrochene Trend zur haftungsgünstigeren Rechtsform der GmbH deutlich, die auch noch Vorteile im Bereich der Publizitätspflicht hat. Die der Körperschaftsteuerreform ursprünglich zugedachte Aufgabe der Bremsung bzw. Umkehrung dieser Entwicklung muß als gescheitert angesehen werden.

Aus der Sicht des reformierten Körperschaftsteuersystems lassen sich in dem zugrundegelegten Zeitraum [noch ?] keine Wirkungen erkennen, soweit das Grund- bzw. Stammkapital der Kapitalgesellschaften betrachtet wird. Die feststellbaren Amplituden der Zunahmen von Grund- bzw. Stammkapital bewegen sich im Rahmen des langjährigen Schwankungsbereichs und zeigen auch im Zeitraum zwischen 1976 und 1978 keine außergewöhnlichen Entwicklungen.

Als Zwischenergebnis läßt sich festhalten, daß der Eigenkapitalanteil industrieller Aktiengesellschaften global erheblich zurückgegangen ist, wobei die strukturelle Entwicklung aufgrund der unterschiedlichen Finanzierungsquellen aus denen die Rücklagen gespeist werden, unterschiedlich verläuft. Daneben ergab die Analyse eine rechtsformspezifisch differenzierte Entwicklung im Bereich des Nominalkapitals. Wird der Zuwachs der Finanzierungsmittel betrachtet [1], ergibt sich ein leichter Anstieg der Relation Eigenkapitalzuwachs / gesamte Zunahme der Finanzierungsmittel zwischen 1976 und 1978, die auch in den absoluten Werten deutlich wird, jedoch nicht den Wert des Jahres 1975 erreicht. Insgesamt wird die relativ geringe Bedeutung des Eigenkapitals für die Finanzierung der Kapitalgesellschaften deutlich. Auch unter den Gesichtspunkten eines internationalen Vergleichs ist ein derartiges Ergebnis nicht befriedigend. Die Untersuchung der einzelnen Elemente der Beteiligungsfinanzierung kommt zu dem folgenden Ergebnis:

a) Die relative Position des Versuchs der Gesellschaftssphäre durch ein Aufgeld [2] im Rahmen einer Kapitalerhöhung mehr Mittel zuzuführen, als es dem Nennwert der emittierten Anteile entspricht, hat sich weder über einen längeren Zeitraum /seit 1959/ noch in den letzten Jahren spektakulär verändert [3]. Selbst die Ausweitung des Anteils auf 6% im Jahre 1978, was ab-

---

1) Gilt nur für Aktiengesellschaften der Industrie. Die Kennzahlen anderer Kapitalgesellschaften wurden nicht ausgewertet.

2) Agio oder Aufgeld als die Bezeichnung der Differenz zwischen dem Nennwert und dem Bezugskurs eines im Rahmen einer Kapitalerhöhung emittierten Anteils.

3) Diese Aussage stützt sich auf Bilanzkennzahlen der industriellen Aktiengesellschaften von 1958 - 1978 /Anhang Tabelle 11/

solut ca. 670 Mio DM entspricht, liegt im Rahmen der üblichen Veränderungen des kurzfristig sowohl relativ als auch absolut stark schwankenden Bereichs. Es kann somit nicht gesagt werden, ob die allgemein angestiegene Bruttodividende den emittierenden Unternehmen eine Anhebung des Agio erlaubt bzw. erlaubt hat. Das geringfügig reduzierte Volumen des emittierten Nominalkapitals läßt vielmehr eher den Schluß zu, daß die im Vergleich zum Vorjahr um etwa die Hälfte gestiegene Rücklagendotierung auf Kapitalerhöhungen vergleichsweise "gesunder" Gesellschaften zurückgeführt werden muß, denen der Markt einen überdurchschnittlichen Bezugskurs zugestand [1]. Das ausgewertete statistische Material läßt demnach auch keine Aussage darüber zu, ob die Zunahme der aus dem Agio alimentierten Rücklagen die Folge einer verstärkt angewandten "Schütt-aus-Hol' zurück"-Strategie oder lediglich das Resultat nicht unbedingt steuerlich bedingter Kapitalerhöhungsanstrengungen der industriellen Aktiengesellschaften ist.

b) Der weitaus größte Teil des Kapitalzuwachses der Kapitalgesellschaften stammt grundsätzlich aus Kapitalerhöhungen /Anlage Tabelle 10 7. Der Anteil der kapitalerhöhenden Bareinlagen der börsennotierten Aktiengesellschaften bewegte sich zwischen 1970 und Mai 1979 zwischen 48,2 v.H. (1974) und 89,7 v.H. (1978) aller Kapitalerhöhungen, wobei der mittlere Wert etwa bei 76 v.H. liegt. Insbesondere nach 1975 scheint sich diese Quote auf einem sehr hohen Niveau zu stabilisieren. Die in den Jahren vor 1975 zu beobachtenden starken Schwankungen sind bislang nicht mehr aufgetreten. Ursache dieser Entwicklung ist der seit 1975 stark rückläufige Anteil der Kapitalerhöhungen aus der Umwandlung von Gesellschaftsmitteln, der in den

1) Global errechnet sich ein Bezugskurs von 247,8%, der beispielsweise im Rahmen der Kapitalerhöhung der Volkswagenwerk AG vom 1.9.1978 übertroffen wurde. Alleine im Verlauf dieses Finanzierungsvorgangs erfolgte die Ausgabe von 6.000.000 Aktien zum Nennwert von DM 50,-- und zu einem Bezugskurs von DM 150,-- /= 300%7. Diese Aktion repräsentierte etwa ein Fünftel aller statistisch erfaßten Grundkapitalerhöhungen der industriellen Aktiengesellschaften im Jahre 1978.

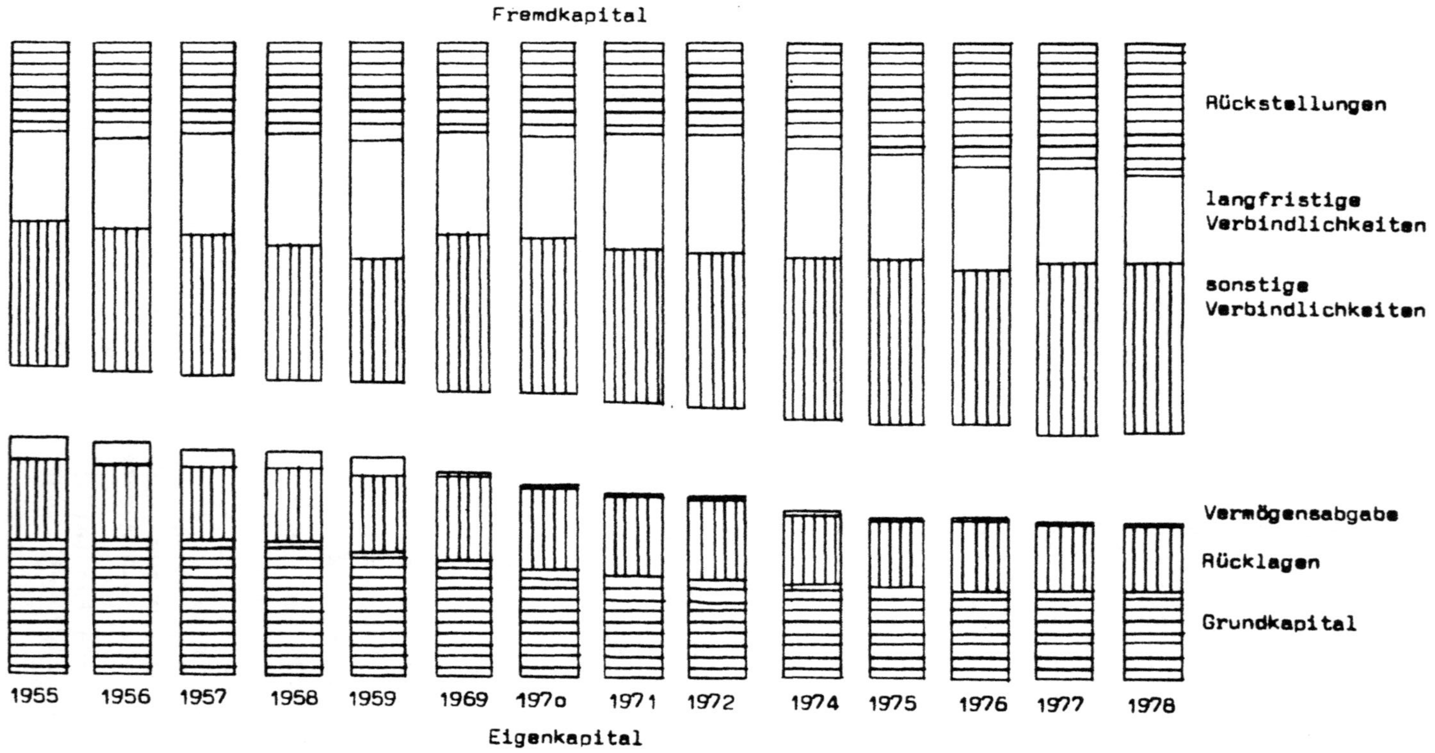

Abb. 18 : Finanzierungsstruktur von Aktiengesellschaften der Industrie von 1955 - 1978
(in v.H. der Bilanzsumme)

ersten fünf Monaten des Jahres 1979 nur noch 2,5 v.H. der gesamten Kapitalerhöhungen ausmachte [1974 47,5 v.H.]. Auch nach der Reform der Körperschaftbesteuerung hat sich an dem Volumen der Kapitalerhöhungen nichts wesentlich verändert. Die Gesamtheit der jährlichen Erhöhungen bewegt sich vielmehr auch nach 1976 in der Nähe des Durchschnittswerts aus den betrachteten zehn Jahren. Dabei muß darauf hingewiesen werden, daß Erhöhungen des Grundkapitals im Jahre 1978 lediglich 4 v.H. des Finanzierungsmittelzugangs ausmachte [Anhang Tabelle 11] und selbst bei Berücksichtigung des Rücklagenanteils aus dem Agio nicht über 10 v.H. hinaus kommt. Hier Abhilfe zu schaffen war ein weiteres Ziel der Körperschaftsteuerreform. Das nachgewiesene statistische Material läßt in den ersten Jahren nach der Reform keinen Schluß auf einen verbesserten Zielerreichungsgrad zu. Zu berücksichtigen bleibt, daß die zugrundeliegenden Statistiken nur einen Teil der Kapitalgesellschaften repräsentieren. Jedoch erlaubt eine Auswertung des wenig umfangreichen Materials zu den Gesellschaften mit beschränkter Haftung keine grundsätzlich gegenteilige Aussage.

Tabelle: Kapitalerhöhungen der Gesellschaften mit beschränkter Haftung zwischen 1970 und 1978 in Mio DM [1)]

Jahr	Bar- und Sacheinlagen		Umwandlung von Gesellschaftsmitteln		Gesamte Kapitalerhöhungen
	Absolut	v.H.	Absolut	v.H.	
1970	3957,2	91,2	380,0	8,8	4337,2
1972	4485,7	81,8	997,7	18,2	5483,4
1974	4552,6	81,9	1004,3	18,1	5556,9
1975	4426,8	90,5	465,0	9,5	4891,8
1976	4036,1	88,2	541,1	11,8	4577,2
1977	3966,8	70,8	1636,7	29,2	5603,5
1978	4460,5	82,8	926,1	17,2	5386,6

1) Zahl und Nominalkapital der Kapitalgesellschaften 19.. , in: Wirtschaft und Statistik verschiedene Jahrgänge

Die umfangreiche, weit über dem Durchschnitt liegende Umwandlung offener Rücklagen in Stammkapital fällt zwar in das Jahr der Einführung des neuen Körperschaftsteuersystems, kann allerdings aufgrund der ausgewerteten Zahlenreihen nicht unmittelbar auf die Steueränderung zurückgeführt werden.

c) Eine zunehmende Bedeutung kommt in den letzten Jahren den Kapitalerhöhungen aus der Ausgabe von Belegschaftsaktien zu. Diese Entwicklung beruht aber auf anderen Gründen und ist keine Folge des geänderten Körperschaftsteuerrechts. Allerdings verstärkt die durch die Steuergutschrift gestiegene Bruttodividende den Anreiz zum Erwerb von Belegschaftsaktien, der häufig schon durch einen günstigen Bezugskurs besteht. Unter diesem Aspekt mag die Körperschaftsteuerreform die wachsende Bedeutung dieses Elements der Eigenkapitalbildung der Aktiengesellschaften unterstützen, was auch dem Wunsch nach einer breiteren Streuung des Produktionsvermögens entsprechen würde.

d) Zu einer Substitution von Fremdkapital durch Beteiligungsmittel, mithin zu einem kapitalerhöhenden Vorgang, kommt es beim Umtausch von Wandelobligationen. Naturgemäß handelt es sich bei einem derartigen Prozeß der Finanzierungsmittelbeschaffung um einen äußerst langfristigen Vorgang, da die Laufzeit einer Wandelanleihe mehrere Jahrzehnte betragen kann. Hieraus folgt, daß die Reform der Körperschaftsteuer in Zusammenhang mit den augenblicklich am Markt gehandelten Wandelschuldverschreibungen keine Bedeutung haben konnte. Unter diesem Gesichtspunkt geben die Zahlen nur das Kalkül der Emittenten zum Zeitpunkt der Anleihenemission wieder. Unter Umständen kann aber auch hier das Anrechnungsverfahren den Anreiz zur Übernahme der Aktien erhöhen.

e) Der Anteil der Kapitalerhöhungen aus der Umwandlung von offenen Rücklagen ist seit 1975 absolut und relativ erheblich zurückgegangen. Nachdem im Vergleichszeitraum im Jahre 1974 mit 605,7 Mio DM oder 47,5 v.H. der Kapitalerhöhungen aller börsennotierten Aktiengesellschaften eine offensichtliche Extremsituation bestand, reduzierte sich die Quote in den folgenden Jahren bis auf 3.9 v.H. /absolut 60,01 Mio DM/ 1978. Bilanztechnisch ist der Vorgang lediglich ein Passivtausch, der zu einer Verminderung des Kontos "Freie Rücklagen" bei gleichzeitiger Erhöhung des Grundkapitals um denselben Betrag führt. Der ökonomische Sinn einer solchen nominellen Kapitalerhöhung liegt in der Anhebung des haftenden und dividendenberechtigten Nominalkapitals der Aktiengesellschaft. um ein angemesseneres Verhältnis von Grundkapital und Eigenkapital zu erreichen. Die Transaktion dient der wirtschaftlichen Stärkung der Gesellschaft, da die Entzugsmöglichkeit von Grundkapital gegenüber der von Rücklagen erschwert ist. Von dieser Möglichkeit haben die betrachteten Gesellschaften nach 1974 nur noch wenig Gebrauch gemacht, obwohl die Rücklagen nicht in vermindertem Ausmaß dotiert wurden /Anhang Tabelle 10/. Das von der Steuerkommission angestrebte Finanzierungsinstrument der "Gratisaktie" - vergleichbar der aus der im angelsächsischen Raum bekannten "Stock-Dividende" - [1] im Rahmen eines ein- bzw. mehrperiodigen Rücklagenumwandlungsverfahrens wird somit durch die Unternehmen ohne den vorgeschlagenen steuerlichen Anreiz nur noch in unbedeutendem Maße angewandt.

---

1) Hierzu: Bundestagsdrucksache 7/1470, a.a.O., S. 332

Insgesamt zeigen die ausgewerteten statistischen Zahlen zur Beteiligungsfinanzierung nur wenige Spuren der Körperschaftsteuerreform. Wo sich in den Jahren nach Inkrafttreten des Anrechnungsverfahrens bedeutende absolute oder relative Veränderungen aufzeigen lassen, kann eine unmittelbare Beziehung zur Steuerrechtsänderung nicht nachgewiesen werden. Die unterproportionale Entwicklung des Eigenkapitalanteils an der Bilanzsumme konnte auch in den letzten Jahren nicht aufgehalten bzw. umgekehrt werden. Ferner besteht die schon vor der Reform feststellbare Tendenz zur Rechtsform der GmbH ungebrochen weiter. Wird das Verhältnis von Eigenkapitalzuwachs zum Zuwachs der gesamten Finanzierungsmittel betrachtet, kann nach 1976 eine leichte Verbesserung dieser Relation, die auch in den absoluten Werten deutlich wird, festgehalten werden. Die Struktur der Kapitalerhöhungen hat sich seit 1975 zu Lasten der Umwandlung von offenen Rücklagen verschoben. Die wirtschaftlich u.U. sinnvolle Durchführung eines Passivtausches erfolgt nur noch in unbedeutendem Maße, nachdem eine geplante steuerliche Gleichstellung mit der Ausschüttung im Rahmen des Anrechnungsverfahrens nicht möglich ist. Der technischen Variante der "Gratisaktie", die eine heute unkalkulierbare Strategie des "Schütt" aus - Hol' zurück" für die Kapitalgesellschaften auf anderem Wege beherrschbar gemacht hätte, mangelt es somit an der notwendigen Attraktivität. Anzeichen für ein verstärkt praktiziertes, ein- oder mehrperiodiges Ausschüttungsrückhol-Verfahren ergeben sich aus dem ausgewerteten Material nicht. Die nachweisbare Zunahme des außenfinanzierten Eigenkapitals bei den untersuchten Aktiengesellschaften der Industrie muß wohl eher anderen Faktoren als der Einführung des neuen Körperschaftsteuersystems zugeschrieben werden.

5.3.3.2 Das Thesaurierungsverhalten

Dem Bereich der Innenfinanzierung ist die Kapitalbildung durch das Zurückbehalten erzielter Gewinne im Unternehmen zuzuordnen. Dies stellt eine Möglichkeit der internen Beschaffung von Eigenkapital aus dem Betriebs- und/oder Umsatzprozeß heraus dar. Im Rahmen des § 150 AktG wird die Selbstfinanzierungsbildung durch den Gesetzgeber im Interesse des Gläubigerschutzes innerhalb gewisser Grenzen erzwungen. Über diese gesetzlich geforderte Rücklagenbildung hinaus bestehen weitere Innenfinanzierungsmöglichkeiten im Rahmen der freien Rücklagenbildung.

Die Verwendung sekundärstatistischen Materials beschränkt die Aussagen zum Thesaurierungsverhalten auf die offenen Selbstfinanzierungsvorgänge, da nur die offenen Rücklagen aus der Bilanz unmittelbar für Außenstehende ersichtlich sind. Sogenannte "stille Reserven" [verdeckte Selbstfinanzierung], die insbesondere durch die Unterbewertung von Vermögensgegenständen oder die Überbewertung von Passiva entstehen, lassen sich im Rahmen der gewählten Methodik nicht feststellen. Zur Bedeutung dieser Position kann jedoch folgendes gesagt werden: Die stillen Reserven werden aus zwei Quellen gespeist

a) Zwangsreserven resultieren aus der gesetzlichen Bewertungsvorschrift nach dem Niederstwertprinzip;
b) Folge der Bewertungsmanipulationen der bilanzierenden Unternehmen sind die "Willkür-Reserven", deren Ausmaß allerdings durch das reformierte Aktiengesetz von 1965 stark eingeschränkt worden ist.

Die Analyse der Außenstehenden zugänglichen Daten der amtlichen Statistik machte deutlich, daß sich das jährliche absolute Rücklagenwachstum der Aktiengesellschaften der Industrie zwischen 1970 und 1978 nahezu verdoppelt hat [Anhang Tabelle 11]. Da die amtliche Statistik zwischen den Rücklagendotierungen aus dem Agio und dem Rücklagenzugang ohne Aufgeld aus Kapitalerhöhungen trennt, ist eine relativ exakte Erfassung der Selbstfinanzierungsquote möglich. Betrug der Anteil der Rücklagen am langfristigen Finanzierungsmittelzugang 1969 noch 10,3 v.H., so entwickelte sich diese Größe Anfang der siebziger Jahre zurück, um 1974 mit 14,9 v.H. einen erneuten Höhepunkt zu erreichen. Mit Ausnahme des Jahres 1976 [9,7 v.H.] betrug der Anteil der Thesaurierung am Finanzierungsmittelwachstum anschließend ca. 8,2 v.H.. Ursache für die erhöhte Quote im Jahr 1976 ist unter Umständen die Einführung des Anrechnungsverfahrens, da mit Beginn des Jahres 1977 der Normalsteuersatz für thesaurierte Gewinne von 52,53 v.H. auf 56 v.H. angehoben wurde. Obschon das Volumen der jährlichen Rücklagenzuweisungen von 1,5 Mrd. DM (1970) auf 3,1 Mrd. DM (1978) anstieg, verringerte sich der Anteil der offenen Rücklagen [ohne Posten mit Rücklagenanteil] an der Bilanzsumme im letzten Jahrzehnt ständig. Allerdings verlief die Abnahme in wesentlich engeren Bahnen als dies bei der Position "Grundkapital" der Fall war [Anhang Tabelle 1]. Dies läßt sich u.a. auch dadurch erklären, daß die Rücklagen hauptsächlich aus zwei Richtungen alimentiert werden:

a) aus der als Aufgeld erhobenen Differenz zwischen dem Nennwert und dem Bezugskurs der Anteile im Rahmen einer Kapitalerhöhung [außenfinanzierte Rücklagenbildung];
b) aus der Zuweisung erwirtschafteter Gewinne aufgrund der Thesaurierungsentscheidungen [innenfinanzierte Rücklagenbildung].

Zum Verhältnis beider Finanzierungsquellen kann für das vergangene Jahrzehnt ein Übergewicht des Selbstfinanzierungsanteils über die Rücklagendotierungen aus Kapitalerhöhungen festgestellt werden.

Der Anstieg des Rücklagenanteils an der Bilanzsumme ist auf die - im Vergleich zu den Vorjahren - überdurchschnittliche Zunahme der Eigenkapitalbildung aus dem Agio zurückzuführen. Insgesamt gesehen ist das Rücklagenwachstum hinter der Zunahme der Bilanzsumme zurückgeblieben. Für eine Reduzierung der innenfinanzierten Rücklagenbildung aufgrund des angehobenen Thesaurierungssteuersatzes lassen sich keine Indizien finden. Vielmehr bestätigen die vorliegenden Zahlen den Eindruck eines stabilisierten Wachstums dieser Bilanzposition.

Im Verlauf der Analyse wurde ein weiteres Aggregat gebildet, das zusätzliche Hinweise auf das im Unternehmen gebildete Kapital [1] ohne die Berücksichtigung der Abschreibungserlöse geben sollte. Werden die langfristigen Rückstellungen dem Rücklagenzugang zugeschlagen, ergibt sich das folgende Bild, das allerdings durch innerhalb der Referenzperiode verbesserte Rückstellungsmöglichkeiten verzeichnet wird:
Der Anteil des im Unternehmen gebildeten Kapitals betrug 1969 12,9 v.H. des langfristigen Finanzierungsmittelwachstums gegenüber 19,3 v.H. im Jahre 1978. Zwischen diesen Zeitpunkten entwickelte sich das Aggregat zunächst zurück, erreichte 1973 - 1976 einen sehr großen Umfang und verminderte sich nach dem Inkrafttreten der Körperschaftsteuerreform auf etwa ein Fünftel des

1) Da die Bildung von Rückstellungen aus völlig anderen Gründen erfolgt als die Eigenkapitalbildung, kann das jeweilige Unternehmen nur in einem beschränkten Umfang über derartige Mittel verfügen, sofern das Verfügungsmotiv nicht mit dem Grund der Passivierung übereinstimmt. In jedem Fall entsteht aber ein Liquiditätsvorteil, der allerdings wieder durch die häufige Ungewißheit über den Zeitpunkt der Inanspruchnahme der Vorsorgemaßnahme entwertet wird.

Finanzierungsmittelzuwachses. Diese ansteigende Entwicklung wird auch durch die Analyse der Finanzierungsmittelstruktur von Aktiengesellschaften der Industrie [Anhang Tabelle 12] bestätigt. Von 15,8 v.H. der Bilanzsumme (1969) entwickelten sich die Positionen "Rückstellungen, Sozialverbindlichkeiten u.ä." auf einen Anteil von 22,3 v.H. (1978). Unter dem Aspekt der Reform der Körperschaftbesteuerung ist eine derartige Betrachtung allerdings nur bedingt aussagefähig, da die Bildung von Rückstellungen primär von anderen Erfordernissen bestimmt wird.

Insgesamt lassen die vorliegenden statistischen Zahlen eine Auswirkung des geänderten Körperschaftsteuerrechts bislang nicht erkennen. Allerdings muß auch hier wieder auf die ausschnittsweise Betrachtung der Kapitalgesellschaften als möglichen Grund zur Relativierung der Aussagen hingewiesen werden. Ergebnisse der Rücklagenbildung durch Thesaurierung erwirtschafteter Gewinne in Zusammenhang mit der Rechtsform der GmbH können leider nicht vorgelegt werden, da die hierzu gesichteten statistischen Unterlagen nur sehr lückenhaft sind.

5.3.3.3 Die Finanzierung aus Abschreibungserlösen

Wird ein erweiterter Finanzierungsbegriff zugrundegelegt, zählt zu den wichtigsten Finanzierungsvorgängen aus Vermögensumschichtungen neben der Kapitalfreisetzung aus dem Verkauf nicht betriebsnotwendiger Vermögensteile eines Unternehmens deren Innenfinanzierungsmöglichkeiten aus den Abschreibungserlösen. Unter Liquiditätsaspekten kann diese Form der internen Beschaffung von Finanzierungsmitteln aus dem Umsatzprozeß heraus einen Kapazitätseffekt [1] beinhalten. Das Volumen dieser Finanzierungsquelle wird bestimmt vom Investitionsvolumen und der ökonomischen Nutzungsdauer, aber auch von der Möglichkeit, die Abschreibungsgegenwerte, die dem produktionsbedingten Werteverzehr der Investitionsgüter entsprechen, über die Marktpreise in die Sphäre der Gesellschaft zurückzuholen. Obwohl steuerliche Überlegungen in diesem Zusammenhang eine eher nachgeordnete Bedeutung haben, erfordert der überragende Beitrag, den die Abschreibungserlöse zur Finanzierung leisten, eine Betrachtung der Auswertungsergebnisse. Die Zeitreihen des Finanzierungsmittelzugangs industrieller Aktiengesellschaften weisen diesem Finanzierungspotential eindeutig den ersten Rang zu. Die statistisch nachgewiesenen Anteile an dem Finanzierungsmittelzugang bewegen sich zwischen 55,7 v.H. (1971) und 70,6 v.H. (1977), wobei zum Ende des vergangenen Jahrzehnts ein deutlicher Anstieg festgestellt werden kann. Verglichen mit dem Jahr 1970 [14 032,3 Mio DM] erhöhte sich der absolute Mittelzugang aus Abschreibungserlösen um etwa 80 v.H..Da der Umfang der Finanzierung aus dieser Quelle wesentlich von der langfristigen Unternehmensstrategie beeinflußt wird, reicht die nachgewiesene Referenzperiode seit dem Inkrafttreten des neuen Körperschaftsteuersystems nicht aus, um den Anstieg allein auf steuerliche Gründe zurückzuführen. Denkbar ist jedoch, daß ein vermindertes Wachstum anderer Finanzierungsquellen, das u.U. steuerlich verursacht wurde, die relative Bedeutung der Finanzierung aus Abschreibungen angehoben hat.

---

1) Zum Kapazitätserweiterungseffekt: Ruchti, H., Die Abschreibung, Stuttgart 1953; Hax, K., Langfristige Finanz- und Investitionsentscheidungen, a.a.O.

5.3.4 Das Fremdfinanzierungsverhalten der industriellen Aktiengesellschaften

Die Analyse des Fremdfinanzierungsverhaltens beschränkt sich - stellvertretend für die Kapitalgesellschaften - auf die vorliegenden Daten der Aktiengesellschaften der Industrie zwischen 1958 und 1978. Beurteilt man die Entwicklung des Fremdkapitals in den Bilanzen der industriellen Aktiengesellschaften global, so wird die Verschiebung der Finanzierungsmittelstruktur zu Lasten der Eigenmittel offensichtlich. Zwischen 1969 und 1978 veränderte sich die Summe des Fremdkapitals um 140,4 v.H. gegenüber einer vergleichbaren Steigerungsrate der zum Eigenkapital zu zählenden Bilanzpositionen von nur 65,9 v.H..Entsprechend vergrößerte sich der Anteil an den kumulierten Bilanzsummen von 59,1 v.H. auf 67,4 v.H. bei einer korrespondierenden Abnahme des Anteils der Eigenkapitalpositionen an den Bilanzen von 35,3 v.H. auf 27,8 v.H..Diese Zahlen spiegeln jedoch eine langfristige Entwicklungstendenz wider, die im Rahmen der Analyse der Kapitalstruktur der deutschen Aktiengesellschaften eine zunehmende Abhängigkeit von der Fremdfinanzierung konstatieren muß, wobei sich dieser Trend seit dem Jahre 1969 deutlich verstärkt hat. Bei steigenden Fremdkapitalzinsen [steuerlich als Betriebsausgaben absetzbar] und wachsendem Kapitalbedarf für Investitionen führt dies zu einer doppelten Beeinträchtigung der Eigenkapitalrentabilität: über die sinkende Gesamtkapitalrentabilität und die vermehrte Zinsbelastung.

Werden die vorliegenden statistischen Zahlen betrachtet, so haben sich die Anteile des Fremdkapitals an der Bilanzsumme in den letzten Jahren nur noch geringfügig - und zwar in beiden Richtungen - verändert. Ob dies das Ergebnis des umgestellten Körperschaftsteuerrechts ist oder nur der Ausdruck einer erreichten Grenze der Verschuldung, kann aufgrund der erst für 1977 und 1978 vorliegenden Zahlen nicht geklärt werden. Die Abschwächung der steuerlichen Diskriminierung der Eigenkapitalfinanzierung hat möglicherweise mit dazu beigetragen, daß ein langfristig negativ zu beurteilender Prozeß vorzeitig zum Stillstand gekommen ist. Ob die absolute Verschuldungsgrenze noch weit von diesem Punkte entfernt ist, läßt sich unter Umständen theoretisch diskutieren, kann aber an dieser Stelle schon aufgrund der schmalen empirischen Basis nicht beantwortet werden. Interessant ist allerdings, daß schon 1975 eine Analyse zur Entwicklung der Kapitalstruktur deutscher Unternehmen diese Grenze offensichtlich in greifbare Nähe gerückt sah: "Unter diesen Umständen erscheint es wahrscheinlicher, daß die Unternehmen in Zukunft ihre Investitionstätigkeit beschränken müssen, um das finanzielle Gleichgewicht aufrechtzuerhalten, als daß es gelingt, die Kapitalstruktur zu konsolidieren. Mit einer weiteren sinkenden Wachstumsrate der deutschen Aktiengesellschaften ist daher auf Grund der Analyse von Kapitalstruktur und Finanzstruktur zu rechnen" [1]. Im Jahre 1975 hatte der Anteil des Fremdkapitals an den Bilanzsummen von 836 industriellen Aktiengesellschaften einen Wert von 67,0 v.H. erreicht. Dieser Wert wurde 1977 um 0,9 Prozentpunkte und 1978 um 0,4 Prozentpunkte überschritten.

Eine Strukturanalyse zeigt darüber hinaus die starke Abnahme des Anteils der langfristigen Verbindlichkeiten nach 1975. Vergleichbare Größenordnungen wurden allenfalls Mitte der fünfziger Jahre beobachtet. Hier scheint eher ein Indiz für eine Wirkung des neuen Körperschaftsteuersystems zu existieren.

---

1) Albach, Horst, Zur Entwicklung der Kapitalstruktur deutscher Unternehmen, in: Zeitschrift für Betriebswirtschaft, 45. Jahrgang (1975) Nr. 1, S. 1 - 12

Gerade die langfristige Kreditaufnahme ist in der Lage, dem betrieblichen Umsatzprozeß Mittel zur Verfügung zu stellen, die von der Fristigkeit her mit denen aus der Eigenkapitalfinanzierung vergleichbar sind. Aus diesem Grund stellte auch die quantitative Analyse diese beiden Finanzierungsalternativen gegeneinander [1].

Die statistischen Zeitreihen belegen jedenfalls die große, wenn auch stark schwankende Bedeutung der langfristigen Verbindlichkeiten für die Deckung des jährlichen Finanzierungsbedarfs der Aktiengesellschaften. Zu berücksichtigen sind neben der nachgewiesenen steuerlichen Begünstigung dieser Art der Mittelbeschaffung auch konjunkturelle Effekte. In einer Boomphase ist auch der Refinanzierungsbedarf der Unternehmen, beziehungsweise ihre Nachfrage nach Fremdmitteln aller Art umfangreich. In einer günstigen konjunkturellen Situation sind eben auch die Spielräume zur Weitergabe der Finanzierungskosten in den Preisen größer als in einer rezessiven Phase. Der Anteil der langfristigen Verbindlichkeiten am Finanzierungsaufkommen eines Jahres erreichte 1975 mit 21,2 v.H. oder 7.457,1 Mio DM einen Höhepunkt. Im zweiten Jahr nach dem Inkrafttreten des Anrechnungsverfahrens reduzierte sich der Anteil plötzlich auf 9 v.H. oder 3.383,3 Mio DM. Dieser Rückgang könnte als ein Zeichen für eine weitgehend geglückte Beseitigung der steuerlichen Begünstigung der Fremdfinanzierung gewertet werden. Eine strukturelle Verschiebung des Anteils zu Gunsten der "Sonstigen Verbindlichkeiten" hatte nicht den voll kompensierten Effekt [Gegenüberstellung der Differenzen: + o,8 zu ./. 3,7 Prozentpunkte], so daß allenfalls als erklärender Faktor die zu Finanzierungszwecken nutzbare relative und absolute

---

1) Vgl. Seiten 91ff der vorliegenden Studie

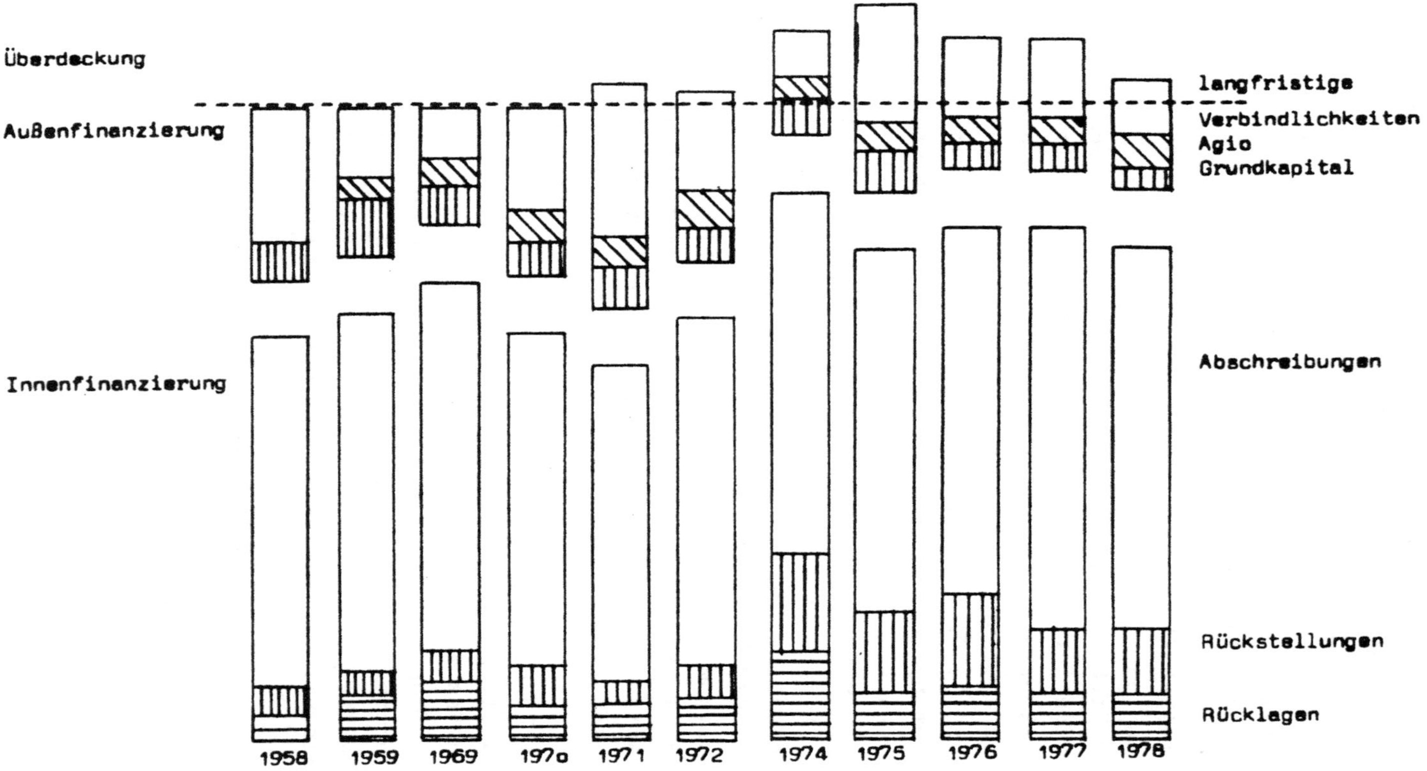

Abb.19 : Zusammensetzung des langfristigen Finanzmittelzugangs bei Aktiengesellschaften der Industrie von 1958 - 1978

Erweiterung der Rückstellungspositionen dienen könnte [1]. Ausgehend vom ausgewerteten Material unter Berücksichtigung der relativ kurzen Referenzperiode scheinen hier erste Anzeichen für eine finanzierungsrelevante Auswirkung der körperschaftsteuerlichen Systemänderung zu bestehen.

5.4 Zusammenfassung der empirischen Ergebnisse

Die deutlichsten Spuren der Reform des Körperschaftsteuersystems mit entsprechenden Auswirkungen auf das Finanzierungsverhalten der Kapitalgesellschaften lassen die ausgewerteten statistischen Zahlen im Bereich der Ausschüttungspolitik erkennen. Schon im Jahre 1977 lassen sich Indizien für ein im Rahmen der Steuerreform geändertes Ausschüttungsverhalten aufzeigen. Da sich nach dem Anrechnungsverfahren, das mit dem 1. Januar 1977 in Kraft trat, die Dividende aus zwei Komponenten zusammensetzt, gestattete die in der Gesellschaftersphäre zeitlich versetzt anzurechnende Steuergutschrift von 9/16 der Bardividende eine Reduzierung der Barausschüttung von seiten der Gesellschaften. Sicherlich liegt eine Ursache für eine gesunkene Bardividende in dem angehobenen Steuersatz für ausgeschüttete Gewinne [von 24,55 v.H. auf 36 v.H.], der als Vorauszahlung auf die Einkommensteuerschuld des Anteilseigner durch die Unternehmen zu zahlen ist. Jedoch zeigt die Auswertung der amtlichen Statistik eindeutig, daß die für den Anteilseigner gestiegene Bruttodividende von einer signifikanten Zurücknahme der

---

1) Die langfristig beobachtbare, kontinuierliche Zunahme dieser Bilanzposition ist auf andere Steuerrechtsänderungen zurückzuführen und hat nur sekundär finanzierungsbedeutsame Effekte, die zudem aufgrund der Charakteristik der Rückstellungen zu relativieren sind.

Bardividende begleitet war. Im Jahr 1978, dem ersten Jahr, dessen Dividendensaison ganz unter dem Vorzeichen der neuen Körperschaftsteuerregelung stand, flossen dem deutschen Aktionär unter Berücksichtigung der Steuergutschrift wesentlich höhere Erträgnisse zu. Im Zusammenwirken zwischen einer nachweisbaren Senkung der Bardividenden und einem Ansteigen des Kursniveaus ergaben sich branchenspezifisch Bruttorenditen, die partiell wesentlich über denen von festverzinslichen Papieren lagen. Die tendenziell steigende Entwicklung der Bruttorenditen wird durch das im Jahre 1978 angestiegene Kursniveau zwar abgeschwächt, bleibt aber in den Jahren nach Inkrafttreten des Anrechnungsverfahrens sowohl global als auch branchenbezogen eindeutig. Eine langfristige Analyse kommt zu dem Schluß, daß die Reform der Körperschaftsteuer offensichtlich eine Entwicklung des Ausschüttungsverhaltens unterstützt, die seit 1968 zu einer ständig verringerten Ausschüttungsquote geführt hat.

Dagegen läßt eine Analyse des vorliegenden Materials zur Beteiligungsfinanzierung nur wenige Veränderungen erkennen, die auf das reformierte Körperschaftsteuerrecht zurückzuführen wären. Die unterdurchschnittliche Entwicklung des Eigenkapitalanteils an den Bilanzsummen industrieller Aktiengesellschaften konnte auch in den letzten Jahren nicht aufgehalten bzw. umgekehrt werden. Der Trend zur Rechtsform der GmbH besteht weiter. Anzeichen für ein verstärkt praktiziertes, ein - oder mehrperiodiges Ausschüttungsrückhol-Verfahren läßt das ausgewertete Material nicht erkennen. Allerdings kann nach 1976 eine leichte Verbesserung der Relation des Eigenkapitalzuwachses zum Zuwachs der gesamten Finanzierungsmittel festgestellt werden. Die schmale statistische Basis verhindert jedoch noch einen Rückschluß auf Auswirkungen des geänderten Körperschaftsteuerrechts.

Die ausschnittsweise Betrachtung der Thesaurierungsentscheidungen vor und nach der Körperschaftsteuerreform kann signifikante und eindeutig radizierbare Veränderungen nicht aufzeigen, so daß eine durch das Anrechnungsverfahren beeinträchtigte Rücklagenbildung aus erwirtschafteten Gewinnen-u.U. aufgrund des zu kurzen Betrachtungszeitraums-nicht festgestellt werden kann.

Wird das Fremdfinanzierungsverhalten der Kapitalgesellschaften analysiert, so reduzierte sich der Anteil der langfristigen Verbindlichkeiten am jährlichen Finanzierungsaufkommen von industriellen Aktiengesellschaften im Jahre 1978 drastisch. Wenn auch eine strukturelle Verschiebung zu Gunsten der Position "Sonstige Verbindlichkeiten" in der Referenzperiode zu beobachten ist, können sich diese Effekte nicht kompensieren. Hier könnten erste Anzeichen für eine geglückte Abschwächung der steuerlich bevorzugten Fremdfinanzierung durch das Anrechnungssystem bestehen. Auch hier verbietet aber die schmale empirische Basis eine endgültige Aussage.

Insgesamt lassen sich trotz der noch relativ schmalen statistischen Basis Auswirkungen der Körperschaftsteuerreform mit Einflüssen auf das Finanzierungsverhalten der Kapitalgesellschaften insbesondere im Bereich der Ausschüttungspolitik nachweisen. Wesentlich weniger eindeutige Aussagen erlaubt die auf statistische Daten gestützte Analyse des Fremdfinanzierungsverhaltens, der Thesaurierungspolitik und der Eigenkapitalfinanzierung. Signifikante Veränderungen der amtlichen Statistiken, die eine Realisierung aller im Zusammenhang mit der Reform des Körperschaftsteuerrechts in Bezug auf die Finanzierung der Kapitalgesellschaften geäußerten Ziele anzeigen würden, sind demzufolge nicht festzustellen.

Damit kann auch die empirische Untersuchung den bereits geäußerten Eindruck einer relativen Verbesserung der Besteuerung von Kapitalgesellschaften durch das zum 1. Januar 1977 eingeführte Anrechnungsverfahren bestätigen und unterstützen. Allerdings kann auch festgestellt werden, daß eine vollständige Beseitigung aller Mängel des alten Systems - insbesondere auch im Zusammenhang mit dem Finanzierungsverhalten der Kapitalgesellschaften - wohl schnellere und deutlichere Spuren in der amtlichen Statistik hinterlassen hätte.

6. Schlußbetrachtung

Seit ihrer Einführung war die selbständige Besteuerung der Körperschaften umstritten. Sofern nicht die Tatsache der Besteuerung selbst den Anlaß zur Kritik bot, entzündeten sich kritische Diskussionen an dem immer wieder modifizierten Verfahren der Steuererhebung bzw. an der Einbindung in das gesamte Steuersystem. In Zusammenhang mit Bemühungen um eine umfassende Reform der "direkten" und "indirekten" Steuern sowie der Sparförderung wurde eine erneute Umgestaltung des damaligen Körperschaftsteuersystems in Angriff genommen. Zu diesem Zeitpunkt lagen bereits umfangreiche Diskussionsbeiträge vor, die sich aus unterschiedlichen Perspektiven mit der Neuordnung dieses wichtigen Bereichs auseinandersetzten. Verbindendes Merkmal aller Reformansätze war der Versuch, den als unbefriedigend empfundenen Zustand der Doppelbelastung ausgeschütteter Gewinne zu beseitigen. Auf diesen zentralen Tatbestand lassen sich letztlich alle ausdrücklich genannten Ziele der Körperschaftsteuerreform zurückführen.

Mit starken zeitlichen Abweichungen vom ursprünglich vorgesehenen Zeitplan wurde das Körperschaftsteuerreformgesetz am 31. August 1976 verabschiedet und trat zum 1. Januar 1977 in Kraft. Materiell konnte die Neuordnung des Körperschaftsteuerverfahrens als wichtigste und umfangreichste Komponente einer als "Jahrhundertwerk" apostrophierten Steuerreform den gestellten Ansprüchen nur teilweise gerecht werden. Keines der explizit formulierten Ziele der Reform wurde in vollem Umfang realisiert, da im Verlauf des politischen Willensbildungsprozesses zahlreiche Abstriche von den Idealvorstellungen zu dem mit umfangreichen Vorschußlorbeeren befrachteten Reformwerk vorgenommen wurden.

Herausstechendes Charakteristikum des gegenwärtig geltenden Körperschaftsteuerrechts ist das "Vollanrechnungsverfahren", das nach langen politischen Auseinandersetzungen aus dem breiten Spektrum der diskutierten Lösungsmöglichkeiten ausgewählt wurde. Dieses Konzept entspricht nicht in allen Punkten finanzwissenschaftlichen Idealvorstellungen und wird sich voraussichtlich auch im Rahmen der Steuerharmonisierungsbestrebungen innerhalb der Europäischen Gemeinschaft nicht ohne Abstriche durchsetzen lassen. Unter Umständen könnte somit das Ergebnis der Steuerreformanstrengungen schon bald neuen Modifikationen unterworfen sein.

Weitgehende Folgen hatte die Körperschaftsteuerreform für die Finanzierungspolitik der Kapitalgesellschaften. Bestimmte Wirkungen waren dabei beabsichtigt und sollten die im alten System bestehenden steuerlichen Einflüsse auf die Finanzierungsentscheidungen innerhalb der Unternehmen, die zu einer negativen Entwicklung der Kapitalstruktur beigetragen hatten, möglichst weitgehend beseitigen. Notwendige Voraussetzung, die durch die Einführung des Anrechnungsverfahrens erfüllt wurde, war die Beseitigung der Doppelbesteuerung von Ausschüttungen. Die quantitative Analyse der Finanzierungsalternativen mit Hilfe der Teilsteuerrechnung zeigt allerdings, daß die Einführung des Anrechnungsverfahrens keinen nennenswerten Einfluß auf die Kostenstruktur von Eigen- und Fremdkapital hatte. Diese Aussage gilt sowohl für die partielle Nettobetrachtung, die die Ermittlung der effektiven Belastungseinflüsse aufgrund der Bemessungsgrundlagenteile B_u und M_{gKu} in Hinblick auf den Gewinn "nach Steuern" bezweckt, als auch für die Bruttobetrachtung, die die Ermittlung eines Mindestgewinns anstrebt, der"vor Steuern" erwirtschaftet werden muß und die betriebswirtschaftliche Substanz unverändert lassen soll. Dabei ist allerdings zu berücksichtigen, daß dieses Ergebnis ohne Beachtung der Gesellschaftersphäre zustandegekommen ist, das Anrechnungsverfahren aber gerade in diesem Bereich zur Wirkung kommt.

Unter dem Aspekt des Selbstfinanzierungspotentials analysiert zeigt sich, daß bei gleichen Ausschüttungsquoten die Möglichkeiten zur Thesaurierung nach altem Recht grundsätzlich größer sind als im System des Anrechnungsverfahrens. Dieses Bild verschiebt sich allerdings sofort wenn das "modifizierte" Anrechnungsverfahren zum Vergleich herangezogen wird. Unter Berücksichtigung einer um die Steuergutschrift verringerten Bardividende verbleibt der Unternehmung eine größere Selbstfinanzierungssubstanz ab einem Schwellenwert von 18,34 Prozent (Ausschüttungsquote).

Eine weitere wichtige Größe für die Finanzierungsentscheidung stellt die Höhe der möglichen Ausschüttung dar. Die Analyse kam hier zu dem Ergebnis, daß eine allgemeingültige Aussage über die Vorteilhaftigkeit der Ausschüttungsmöglichkeiten nicht gemacht werden kann. Werden die Ergebnisse der Berechnungen nach den Bestimmungen des alten Rechts mit dem Ausschüttungspotential unter dem Regime des Anrechnungsverfahrens (unter Berücksichtigung des Wertes der Steuergutschrift) verglichen,hängt die Aussage von der Thesaurierungsquote und dem Verhältnis zwischen dem modifizierten Handelsbilanzergebnis und dem körperschaftsteuerlichen Einkommen ab. Der Schwellenwert für den Thesaurierungssatz, bis zu dessen Höhe die Ausschüttungsmöglichkeiten nach altem Recht ungünstiger sind als im modifizierten Anrechnungsverfahren, liegt bei 35,93 Prozent. Erst jenseits dieser Quote ist das Ausschüttungspotential eines zugrundeliegenden modifizierten Anrechnungsverfahrens geringer. Wird dagegen die Bardividende nicht um die Steuergutschrift gemindert, sind die Ausschüttungsmöglichkeiten unabhängig von der Höhe der Thesaurierung nach altem Recht durchweg größer als nach den Bestimmungen des reformierten Körperschaftsteuerrechts.

Als weitere finanzierungsrelevante Ausschüttungsstrategie wurde die konstante Dividendenpolitik unter den unterschiedlichen körperschaftsteuerlichen Bestimmungen gegenübergestellt. Unter den getroffenen Annahmen erwies sich das modifizierte Anrechnungsverfahren in Bezug auf die Höhe der möglichen Thesaurierung in jedem Falle dem alten Körperschaftsteuerrecht als überlegen, während mit einer ungekürzten Bardividende Thesaurierungsnachteile des geltenden Rechts einhergehen.

Bei diesen Aussagen muß allerdings berücksichtigt werden, daß der Anteilseigner im geltenden System für die Zeit, um die der Empfang der Bardividende und die Zahlung der persönlichen Einkommensteuerschuld auseinanderfallen, gegenüber den Bestimmungen des alten Rechts einen Zinsverlust erleidet, der nur unter bestimmten Bedingungen abgeschwächt wird. In Extremfällen kann der liquiditätsmäßige Nachteil über einen Zeitraum von zwei bis drei Jahren bestehen. Die aus der Körperschaftsteuerreform resultierende Liquiditätsbelastung der Unternehmung variiert mit den verschiedenen Einstellungsmöglichkeiten der Anteilseigner zum Wert der Steuergutschrift. Aussagen zu diesem Fragenkreis sind nur sehr differenziert möglich und entsprechen den Ergebnissen der Analyse des möglichen Rücklagenzuführungsumfangs bei unterschiedlichen Ausschüttungsquoten. In gleicher Weise kann die Frage nach der steuerlichen Gesamtbelastung des auf den einzelnen Anteilseigner entfallenden Gewinnanteils durch eine zusammengefaßte Gesellschafts- und Gesellschafterebene nicht generell beantwortet werden. Von Bedeutung sind im Falle dieses Untersuchungsabschnitts:

(a) die Beurteilung der Steuergutschrift durch den Anteilseigner, d.h. Anrechnungsverfahren versus modifiziertes Anrechnungsverfahren als Vergleichsgröße zum alten Körperschaftsteuersystem (Einfluß der Liquiditätsproblematik);
(b) die Höhe des durchschnittlichen Spitzensteuersatzes der Anteilseigner;
(c) das Verhältnis von Ausschüttungsquoten zu Thesaurierungsanteilen jeweils vom Gewinn vor Steuern;
(d) der Stellenwert einer konstanten Dividendenpolitik innerhalb der Finanzierungsstrategien der Kapitalgesellschaften.

Die Ergebnisse der quantitativen Analyse der steuerlich verursachten Datenänderungen lassen jedoch nicht unmittelbar einen Schluß auf die konkreten Finanzierungsentscheidungen der Kapitalgesellschaften zu. Vielmehr stellt die steuerliche Datenänderung lediglich einen Bestimmungsfaktor im finanzierungspolitischen Entscheidungskalkül der Unternehmensleitung dar. Die letzliche Auswirkung auf die Finanzierungsentschlüsse ergibt sich somit erst nach Ablauf eines Prozesses, der durch die körperschaftsteuerliche Datenänderung im interdependenten Gefüge der finanzierungsbedeutsamen Variablen angestoßen wurde. Dabei sind externe Faktoren von Determinanten zu unterscheiden, die mehr oder weniger stark dem Einfluß der Unternehmensführung unterliegen. Daneben existieren weitere Einflußgrößen. Die Diskussion der über die (körperschaft)steuerliche Determinante hinausgehenden Bestimmungsfaktoren kann nicht zu quantitativen Aussagen zur Beeinflussung der Finanzierungspolitik führen. Sie vervollständigt lediglich den Rahmen, in dem sich die finanzierungspolitischen Entscheidungen der Unternehmensleitung einer Kapitalgesellschaft vollziehen und kann somit der steuerlichen Komponente die ihr jeweils zukommende Bedeutung zuweisen. Der eher qualitative Ansatz ist demnach in der Lage, den Stellenwert der steuerlichen Datenänderung tendenziell auf- oder abzuwerten und kann - trotz relativer allgemeiner Aussagen - so Hinweise auf die letzliche Auswirkung der Steueränderung auf die Finanzierungspolitik geben. In diesem Zusammenhang kann festgehalten werden, daß die Körperschaftsteuerreform zweifellos neue Daten für die Finanzierungsentscheidungen der Kapitalgesellschaften gesetzt hat, die auf die Gesamtheit der in das jeweilige Kalkül einbezogenen Faktoren ausstrahlen.

Der Versuch, die Einflüsse des Anrechnungssystems im Beziehungsgefüge der finanzierungspolitischen Entscheidungsparameter mit Hilfe eines Rasters überschaubar zu machen und derart wenigstens zu einer tendenziellen Aussage über die Art und die Konsequenzen der Beziehung zu gelangen, muß an der Komplexität der Wirkungszusammenhänge scheitern.

Einflüsse qualitativ und quantitativ unterschiedlicher Art ergeben sich je nach Umfang und Zusammensetzung des Kapitalfonds, nach der Anzahl und Struktur der Gesellschafter, nach dem Wohnsitzland der Anteilseigner, der Verteilung der Gesellschaftsanteile und der Einstellung der Gesellschafter zu ihrem Unternehmen. Ferner ist die Ausprägung der Beziehungen zwischen den einzelnen Gesellschaftsorganen von Bedeutung. Zudem können Variationen der von den Unternehmen nicht oder nur teilweise zu beeinflussenden Daten des Umfeldes ständige Veränderungen einmal festgestellter Einflußstrukturen verursachen.

Drei Jahre nach Inkrafttreten des Reformwerkes versuchte die Studie empirisch fundierte Aussagen über die Reaktion der unternehmerischen Finanzierungsentscheidungen auf die steuerliche Änderung des Datenkranzes durch die Auswertung sekundärstatistischer Quellen zu gewinnen. Dabei lassen sich die deutlichsten Auswirkungen der Körperschaftsteuerreform auf das Finanzierungsverhalten im Rahmen der Ausschüttungspolitik erkennen. Alle zur Beurteilung herangezogenen statistischen Werte lassen eine überwiegende Zurücknahme der Barausschüttung erkennen. Das Ansteigen der Bruttodividende war von einer starken Reduzierung der Bardividende begleitet. Diese Entwicklung läßt sich in den Jahren nach 1977 sowohl global als auch branchenbezogen eindeutig feststellen. Insgesamt scheint die Reform der Körperschaftsteuer eine langfristig beobachtbare Entwicklung des Ausschüttungsverhaltens zu unterstützen, die zu einer ständig verringerten Ausschüttungsquote geführt hat. In Zusammenhang mit der durchgeführten quantitativen Analyse spricht diese Tendenz für eine stärkere Geltung des als "modifizierten Anrechnungsverfahrens" gekennzeichneten Modells mit den entsprechenden Auswirkungen auf das Thesaurierungsverhalten, die im einzelnen dargestellt wurden.

Die weitere Analyse des vorliegenden Materials erlaubt sowohl in Zusammenhang mit der Entwicklung des Eigenkapitalsanteils (Beteiligungsfinanzierung) als auch in Hinblick auf das Finanzierungsverhalten der Kapitalgesellschaften keinen eindeutigen Schluß auf Auswirkungen der Körperschaftsteuerreform. Anzeichen für ein verstärkt praktiziertes Ausschüttungsrückhol-Verfahren lassen sich nicht beobachten. Ebenso kann die ausschnittsweise Betrachtung der Thesaurierungsentscheidungen vor und nach Inkrafttreten der Reform keine signifikanten und eindeutig zuordnenbaren Veränderungen aufzeigen, so daß eine durch das Anrechnungsverfahren tangierte Rücklagenbildung aus erwirtschafteten Gewinnen - so sehr die empirischen Ergebnisse zum Ausschüttungsverhalten auch zu dieser Vermutung Anlaß geben könnten - nicht belegt werden kann. Insgesamt scheint die statistische Basis in verschiedenen Bereichen noch zu schmal bzw. der beobachtete Zeitraum zu kurz (Zeitverzug zwischen dem Abschluß des Geschäftsjahres und der Rechnungslegung der Unternehmen) zu sein.

Auch die empirische Untersuchung kann den bereits geäußerten Eindruck einer relativen Verbesserung der Besteuerung von Kapitalgesellschaften durch das zum 1. Januar 1977 eingeführte Anrechnungsverfahren bestätigen und unterstützen. Eine vollständige Beseitigung aller Mängel des alten Systems hätte jedoch deutlichere und schnellere Hinweise in der amtlichen Statistik hinterlassen.

Anlage

Verzeichnis der verwendeten Symbole

A	berücksichtigungsfähige Ausschüttungen gemäß § 19 Abs. 3 KSTG 1975
A_{1975}	Ausschüttung nach den Bestimmungen des KStG 1975
A^{+}	Bardividende definiert als um die Steuergutschrift geminderte Bruttodividende (A_{1977}^{mod})
A_{1977}	Ausschüttung nach den Bestimmungen des KStG 1977
a	Ausschüttungsquote vom Gewinn vor Abzug der Steuern (A/H_{mod})
A_{1977}^{mod}	Ausschüttung die im Vergleich zur Dividende nach altem Recht um die Steuergutschrift gemindert wurde (= 0,64 A_{1975})
b_{k3}	Multifaktor zur Ermittlung des Bruttoertragsbedarfs von A Zusammengesetzt aus : ($1 + t_{k3} : 1 - t_{k1}$)
B	Bardividende = Bruttoausschüttung ./. Steuergutschrift
B_u	unternehmenseigenes Betriebsvermögen : hier vereinfachend mit dem Nominalwert des zugeflossenen Kapitals gleichgesetzt
e	Einkommensteuerfaktor in der Nebenrechnung Fußnote 2 Seite 42
E	körperschaftsteuerliches Einkommen
EST	Einkommensteuer
GewESt	Gewerbeertragsteuer
H	Hebesatz der Gewerbesteuer
H_{mod}	modifizierter Handelsbilanzgewinn, d.h. Handelsbilanzgewinn, der lediglich um die Körperschaftsteuer noch nicht gekürzt wurde (wird aus Vereinfachungsgründen im Rahmen der Analyse mit E gleichgesetzt - z.B. S. 52)
K	Körperschaftsteuer (für KSTG 1975 einschließlich der Ergänzungsabgabe)
k	Kirchensteuerfaktor in der Nebenrechnung Fußnote 2 Seite 42
KiST	Kirchensteuer
K_{1975}	Körperschaftsteuer nach den Bestimmungen des KSTG 1975
K_{1977}	Körperschaftsteuer nach den Bestimmungen des KStG 1977

M	Gewerbesteuermeßzahl
M_e^+	einkommensteuerliche Modifikationen
M_{gk}	gewerbekapitalsteuerliche Modifikationen
M_{gku}	gewerbekapitalsteuerliche Modifikationen zu B_u
M_k	körperschaftsteuerliche Modifikationen
M_v	vermögensteuerliche Modifikationen
R	Reinertrag = der sich aus echten Aufwendungen und Erträgen ergebende Jahreserfolg der handelsrechtlichen Gewinn- und Verlustrechnung, jedoch vermehrt um als Aufwendungen berücksichtigte Leistungsvergütungen an die Unternehmensinhaber und alle einbezogenen Steuern
R_{mod}	Bruchteil des Reinertrages, der exakt A - vermehrt um die auf A entfallenden Steuern entspricht.
R^+	Reinertrag als saldierte Größe $R^+ = R^- + S + T + A$
R^-	Aufwendungen, die als negative Komponenten in den Reinertrag eingehen
S	Steuerbelastung der jeweils analysierten Unternehmung in ihrer Gesamtheit
S_{1975}	Selbstfinanzierung nach den Bestimmungen des Körperschaftsteuergesetzes 1975 in Anlehnung an Gleichung (44)
S_{1977}	Selbstfinanzierung nach den Bestimmungen des Körperschaftsteuergesetzes 1977 in Anlehnung an Gleichung (47)
S_{1977}^{mod}	Selbstfinanzierung nach den Bestimmungen des Körperschaftsteuergesetzes 1977 unter der Annahme einer um die Steuergutschrift geminderte Bruttodividende in Höhe der Ausschüttung nach KStG 1975 (Gleichung 52)
S_e	kombinierter Einkommen- und Kirchensteuerfaktor
S_{ge}	Gewerbeertragsteuerfaktor, der die Abzugsfähigkeit der Gewerbeertragsteuer bei der eigenen Bemessungsgrundlage berücksichtigt (0,13043)
S_{ge}^+	Gewerbeertragsteuerfaktor, der die Abzugsfähigkeit der Gewerbeertragsteuer bei der eigenen Bemessungsgrundlage <u>nicht</u> berücksichtigt (0,15)
S_{gk}	Gewerbekapitalsteuerfaktor (0,006)
S_{gs}	Gesellschaftsteuerfaktor (0,01)
S_{ka}	Körperschaftsteuerfaktor für berücksichtigungsfähige Ausschüttungen (für KSTG 1975 einschließlich der

	Ergänzungsabgabe) KSTG 1975 : 0,1545 KSTG 1977:0,36
S_{kau}	Nettoausschüttungs-Körperschaftsteuerfaktor (0,5625 der Bardividende = 0,36 der Bruttodividende)
S_{kn}	normaler Körperschaftsteuerfaktor (für KSTG 1975 einschließlich der Ergänzungsabgabe) KSTG 1975: 0,5253; KSTG 1977:0,56
S_p	mögliche Selbstfinanzierung
S_{p1975}	mögliche Selbstfinanzierung nach KStG 1975
S_{p1977}	mögliche Selbstfinanzierung nach den Bestimmungen des KStG 1977
S_{p1977}^{mod}	mögliche Selbstfinanzierung im Anrechnungsverfahren unter der Voraussetzung, daß die Bardividende gegenüber der Ausschüttung nach altem Recht (KStG 1975) um den Wert der Steuergutschrift vermindert wird
S_v	Vermögensteuerfaktor (0,01)
T	Thesaurierung, Rücklagenbildung
t	Thesaurierungsquote vom Gewinn vor Abzug der Steuern (T/H_{mod})
t_{k1}	aus S_{kn} und S_{ge} zusammengesetzter Multifaktor in der Form ($S_{kn} + S_{ge} - S_{kn}S_{ge}$) KSTG 1975:0,58722; KStG 1977:0,61739
t_{k3}^{+}	aus S_{kau} und S_{kn} zusammengesetzter Multifaktor in der Form ($S_{kau} - S_{kn} - S_{kn}\,S_{kau}$) = - 0,3125
t_{k3}	aus S_{ka} und S_{kn} zusammengesetzter Multifaktor (KStG 1975) in der Form ($S_{ka} - S_{kn}$) = - 0,3708
VGewE	vorläufiger Gewerbeertrag, d.h. vor Abzug der Gewerbeertragsteuer
zvE	zu versteuerndes Einkommen

Verzeichnis der Tabellen

Tabelle 1	Entwicklung von Zahl und Kapital der Kapitalgesellschaften	84
Tabelle 2	Der Bruttoertragsbedarf der Finanzierungsalternativen nach KStG 1975 und KStG 1977	116
Tabelle 3	Die Finanzierungsstruktur ausgewählter Aktiengesellschaften in den Jahren 1961 und 1977	166
Tabelle 4	Zielbeziehungen der unternehmensbezogenen und aktionärsbezogenen Ziele	206

Tabelle 5	Statistische Quellen der empirischen Analyse	275
Tabelle 6	Zusammensetzung der Aktiva und Passiva der Aktiengesellschaften des verarbeitenden Gewerbes zwischen 1966 - 1978	278
Tabelle 7	Entwicklung der Dividendensätze ohne Steuergutschrift	283
Tabelle 8	Entwicklung von Grundkapital, Durchschnittskurs, durchschnittlicher Dividende, durchschnittlicher Rendite und die qualitative Veränderung der Dividendensätze in ausgewählten Aktiengesellschaften	285
Tabelle 9	Abweichung der durchschnittlichen Renditen ausgewählter Branchen (Vergleich 1. Quartal 1975 mit dem 1. Quartal 1979)	293
Tabelle 1o	Abweichung der durchschnittlichen Dividenden ausgewählter Branchen (Vergleich 1. Quartal 1975 mit dem 1. Quartal 1979)	293
Tabelle 11	Kapitalerhöhungen der Gesellschaften mit beschränkter Haftung zwischen 197o und 1978 in Mio DM	3o6

Verzeichnis der Abbildungen

Abb. 1	Lösungsansätze zur Reform der Körperschaftsteuer	37
Abb. 2	Schematische Darstellung des Anrechnungsverfahrens nach KStG 1977 (Teilintregriertes System)	55
Abb. 3	Vergleichende Übersicht der Körperschaftsteuersysteme westlicher Industriestaaten	75
Abb. 4	Zins- und Liquiditätseffekte der Abgangsregelung nach § 28 Abs.2 KStG 1977	157
Abb. 5	Das Spektrum der Finanzierungsformen	165
Abb. 6	Die Einbindung der Unternehmung in die Finanzierungsmittelmärkte	17o
Abb. 7	Die Eigenkapitalrentabilität als lineare Funktion der Kapitalstruktur bei $r_i > k$	193
Abb. 8	Die Eigenkapitalrentabilität als lineare Funktion der Kapitalstruktur bei $r_i < k$	194

Abb. 9	Darstellung der finanziellen Chancen und Risiken in Abhängigkeit von variierender Kapitalstruktur, Eigenkapitalrendite und interner Verzinsung mit Hilfe von Dichtefunktionen	196
Abb. 1o	Die grafische Ableitung eines optimalen Verschuldungsgrades	223
Abb. 11	Ableitung des optimalen Selbstfinanzierungsgrades bei von der Gewinnverwendung abhängigen Kapitalkosten	232
Abb. 12	Körperschaftsteuerreform im Interdependenzgefüge der finanzierungspolitischen Bestimmungsfaktoren	241
Abb. 13	Entwicklung des Aktienkursindex und der Renditen zwischen 1975 und 1979	287
Abb. 14	Quartalsmäßige Entwicklung der durchschnittlichen Dividendenzahlungen je looDM Aktie in ausgewählten Wirtschaftsbereichen (mit Beginn des ersten Quartals 1978 Darstellung der Brutto- und Bardividenden)	289
Abb. 15	Quartalsmäßige Entwicklung der durchschnittlichen Renditesätze in ausgewählten Wirtschaftsbereichen (mit Beginn des ersten Quartals 1978 Darstellung der Renditen einschließlich und ausschließlich der Steuergutschrift)	29o
Abb. 16	Monatliche Entwicklung der durchschnittlichen Dividendensätze zwischen November 1977 und November 1978 in ausgewählten Wirtschaftsbereichen (einschließlich und ausschließlich der Steuergutschrift)	291
Abb. 17	Monatliche Entwicklung der durchschnittlichen Renditesätze zwischen November 1977 und November 1978 in ausgewählten Wirtschaftsbereichen (einschließlich und ausschließlich der Steuergutschrift)	292
Abb. 18	Finanzierungsmittelstruktur von Aktiengesellschaften der Industrie von 1955 - 1978 (in v.H. der Bilanzsumme)	3o4
Abb. 19	Zusammensetzung des langfristigen Finanzierungsmittelzugangs bei Aktiengesellschaften der Industrie von 1958 - 1978	318

Literaturverzeichnis

Abgabeordnung (AO 1977) vom 16.3.1976 BGBl 1976 I S. 613

Albach, Horst — Zur Entwicklung der Kapitalstruktur deutscher Unternehmen, in: Zeitschrift für Betriebswirtschaft 45. Jahrgang (1975) Nr. 1, S. 1 - 12

Barges, Alexander — The Effect of Capital Structure on the Cost of Capital, Prenetice-Hall, Englewood Cliffs, N.J. 1963

Bergler, Reinhold — Psychologie des Marken- und Firmenbildes, Göttingen 1963

Berth, R. — Marktforschung zwischen Zahl und Psyche, Stuttgart 1959

Betriebswirtschaftlicher Tag, Keine Unternehmensflucht in die "Totale GmbH", in: Handelsblatt vom 5.X.1979, S. 6

Bidlingmaier, J. — Unternehmerziele und Unternehmerstrategien

Bundesrat-Drucksache 700/73 vom 8.11.73, Entwurf eines Dritten Steuerreformgesetzes

Bundestag-Drucksache 7/1470, Gesetzentwurf der Bundesregierung, Entwurf eines Dritten Steuerreformgesetzes vom 9.1.1974

Büschgen, H. E. — Grundlagen betriebswirtschaftlicher Finanzwirtschaft, Frankfurt/Main 1973

ders., — Bankbetriebslehre, Wiesbaden 1972

ders., — Wertpapieranalyse, Stuttgart 1966

Bundesministerium der Finanzen — Gutachten der Steuerreformkommission von 1971, Schriftenreihe des BdF, Heft 17, Bonn 1971

Bundesministerium der Finanzen (Hrsg) — Wissenschaftlicher Beirat beim Bundesministerium der Finanzen, Gutachten zur Reform der Direkten Steuern (Einkommensteuer, Körperschaftsteuer, Vermögensteuer und Erbschaftsteuer) Schriftenreihe des BdF, Heft 9, Bad Godesberg 1967

Bundesverband der deutschen Industrie (BDI)
Bericht über die Anhörung zur Körperschaftsteuerreform vor dem Finanzausschuß am 3.12.1975, unveröffentliches Manuskript vom 5.1.1976

Bundesverband der deutschen Industrie (BDI)
Eingabe zur Anhörung vor dem Finanzausschuß des Deutschen Bundestages zur Körperschaftsteuerreform am 3.12.1975, unveröffentliches Manuskript vom 5.11.75

Busse von Colbe, W. Substanzerhaltung, in: Handwörterbuch der Betriebswirtschaft, Band III

Commerzbank AG Rund um die Börse 19.., herausgegeben von der Commerzbank AG, Frankfurt 1973 - 1979 (Jahrgänge 1972 - 1978)

Deutsche Bundesbank Jahresabschlüsse der Unternehmen in der Bundesrepublik Deutschland 1965 bis 1976, Sonderdruck der Deutschen Bundesbank Nr. 5, 2. Auflage, Juli 1978

Deutscher Sparkassenverlag
Kapitalmarkt und Börse 19.., herausgegeben vom Deutschen Sparkassenverlag, Stuttgart 1972 - 1979 (Jahrgänge 1971 - 1978)

Dividendenkontinuität benachteiligt Aktionär, in: Handelsblatt vom 2o. März 198o, Seite 12

Downs, A. Ökonomische Theorie der Demokratie, Tübingen 1968

ders., Eine ökonomische Theorie des politischen Handelns in der Demokratie, in: Finanztheorie Hrsg: Recktenwald, H.C. Köln, Berlin 1969

Dresdner Bank AG Kapitalmarkt und Börse 19.., herausgegeben von der Dresdner Bank AG, Frankfurt am Main 1973 - 1979 (Jahrgänge 1972 - 1978)

EG - Körperschaftsteuerharmonisierung, Deutsche Vollanrechnung ist weiter in Gefahr, in: Handelsblatt vom 19.7.79

Engels, W. und Stützel, W. Teilhabersteuer, Ein Beitrag zur Vermögenspolitik zur Verbesserung der Kapitalstruktur und zur Vereinfachung des Steuerrechts, Frankfurt/Main 1968

Ertragslage und Finanzierungsverhältnisse der Unternehmen im Jahre 1978, in: Monatsberichte der Deutschen Bundesbank, November 1979, S. 16 ff

Finanzierungstheorie I, Modelle, Modelle .... Der Volkswirt Nr. 4 vom 23.1.7o,S.29

Fritsch, Ulrich — Stellung des Wertpapiers, Aktienfrühling läßt auf sich warten, in: Handelsblatt vom 14./15.3.198o (Nr. 53) Seite 23

Gesetz über die Ergänzungsabgabe zur Körperschaftsteuer in der Fassung vom 17. Oktober 1974 Bundesgesetzblatt I, S. 2887

Gesetz zur Förderung der Stabilität und des Wachstums der Wirtschaft vom 8.6.1967, BGBl I. S. 582, geändert durch Artikel 12 Finanzanpassungsgesetz vom 3o.8.1971 BGBl I, S. 1426

Gutenberg, Erich — Einführung in die Betriebswirtschaftslehre, Wiesbaden 1958

ders., — Grundlagen der Betriebswirtschaftslehre, Dritter Band - Die Finanzen - 6. Auflage, Berlin, Heidelberg, New York 1973

Härle, Dietrich — Finanzierungsregeln und Liquiditätsbeurteilung, in: Hrsg: Hanberg, H. Finanzierungshandbuch 2. Auflage, Wiesbaden 197o, S. 89 ff

ders., — Finanzierungsregeln und ihre Problematik, Wiesbaden 1961

ders., — Die Problematik der Liquiditätsanalyse an Hand von Finanzierungsregeln, in: Wirtschaftsprüfung 1965, S. 5o4 ff

Haller, Heinz — Finanzpolitik, Grundlagen und Hauptprobleme, 5. Auflage, Tübingen 1972

Hansmeyer, K. H. — Zwischenbilanz der Steuerreform, in: Hamburger Jahrbuch für Wirtschafts- und Gesellschaftspolitik, Hrsg: Ortlieb, H.D.; Molitor, B.; Krone, W., Tübingen 1974, (19. Jahrgang)

ders., — Zur Diskussion um die Reform der Körperschaftsteuer, in: GmbH-Rundschau, 61. Jahrgang (197o), S.29 ff

Hasenack, W. — Selbstfinanzierung und Kapitalerhaltung, in: Der Betriebswirt Jahrgang 1931; S. 130

Hax, K. — Die Substanzerhaltung der Betriebe Köln, Opladen 1957

ders., — Langfristige Finanz- und Investitionsentscheidungen, in: Handbuch der Wirtschftswissenschaften, Band 1, Hrsg: Hax, K; Wessels, Th,; 2. Auflage, Köln, Opladen 1966

ders., — Probleme der Aktienfinanzierung unter dem Einflüß des gespaltenen Körperschaftsteuersatzes, in: Zeitschrift für handelswissenschaftliche Forschung N.F., Jahrgang 15 (1963), S. 49 ff

Heinen, E. — Das Zielsystem der Unternehmen, Wiesbaden 1966

Henze, Werner — Grundzüge der Geschichte des Sparkassenwesens, in: Henze-Schmidt (Hrsg), Grundriß für die Sparkassenarbeit, Stuttgart 1969

Herzig, Norbert — Auswirkungen der Körperschaftsteuerreform auf das System der Teilsteuerrechnung, in: Steuer und Wirtschaft 1977, S. 143 - 156

ders., — Die Zuordnung von Ausschüttungen zum verwendbaren Eigenkapital und die Interessen der Anteilseigner (I) in: Finanzrundschau 1977, S. 129-130

ders., — Die Zuordnung von Ausschüttungen zum verwendbaren Eigenkapital und die Interessen der Anteilseigner (II) in: Finanzrundschau 1977, S. 162-166

Höfer, Reinhold — Aspekte zur Dynamisierung der Teilsteuerrechnung, in: Steuer und Wirtschaft, 1971, S. 155-158

Jahresabschlüsse 1978 von Aktiengesellschaften der Industrie, Wirtschaft und Statistik Nr. 12/79, S. 881 ff und 827 ff

Körperschaftsteuergesetz vom 30.3.1920

Körperschaftsteuerreformgesetz vom 31.8.1976 Bundesgesetzblatt 1976 I. S. 2597

Körperschaftsteuer ohne negative Folgen, in: FAZ vom 9.8.1979

Körperschaftsteuer-Harmonisierung, Brüssel will die deutsche Vollanrechnung abschaffen, in: Handelsblatt vom 15.3.1979

Konstante Dividendenpolitik ist der Tod der Aktie, in: Handelsblatt vom 28.11.1979, Seite 14

Le Coutre, Walter — Praxis der Bilanzkritik, Band II Berlin, Wien 1926

Lindeiner, von, Hans-Christof — Vergleich des bestehenden Körperschafts- und Einkommensteuersystems mit dem von der Steuerreformkommission vorgeschlagenen Anrechnungssystem, Steuer und Wirtschaft 1971, S. 247 - 252

Lipfert, H. — Optimale Unternehmensfinanzierung

Liquidation wegen Reform der Körperschaftsteuer? in: Süddeutsche Zeitung vom 25.5.1979

Lohmann, Martin — Zur Problematik der goldenen Bilanzregel, in: Wirtschaftsprüfung 12. Jahrgang (1959), S.141ff

Lutz, Günther — Die "Schattenquote" - Ein Beitrag zum Verhältnis zwischen Steuersätzen und Bemessungsgrundlagen bei der Körperschaftsteuer, in: Steuer und Wirtschaft 4/1971,S.349 ff

Mackscheidt, Klaus und Steinhausen, J. — Finanzpolitik II, Grundfragen versorgungspolitischer Eingriffe Tübingen, Düsseldorf 1977

Meilicke — Steuerliche Erleichterungen der Umwandlung und Umgestaltung von Unternehmungen, in: Die Aussprache 1967, S. 213 ff

Mennel, A. — Die Steuersysteme in EWG-Staaten, EFTA-Staaten und den USA, 2. Auflage Herne/Berlin 1974

Miller, Merton H. Modigliani, Franco — Some Estimates of the Cost of Capital to the Electric Utility Industry 1954 - 1957, in: American Economic Review, Vol.56, 1966, S. 333 ff

Modigliani, Franco Miller, Merton H. — The cost of Capital, Corporation Finance and The Theory of Investment in: American Economic Review, Vol. 48, 1958, S. 261 ff

Montag, Heinrich — Die Ermittlung des Brutto-Ertragsbedarfs auf der Grundlage der Teilsteuerrechnung, in: Steuer und Wirtschaft 1977, S. 23o - 236

Münstermann, H. — Betriebswirtschaftliche Probleme der Kapitalerhaltung, in: Geschichte und Kapitalwirtschaft, Wiesbaden 1963

Musgrave, R.A.; Musgrave, P.B.; Kullmer, L. — Die öffentlichen Finanzen in Theorie und Praxis, Band 2 Tübingen 1975

Nieschlag, Robert; Dichtl, Erwin; Hörschgen, Hans — Marketing, 4. Auflage Berlin 1971

Noelle, Elisabeth — Umfragen in der Massengesellschaft - Einführung in die Methoden der Demoskopie - Hamburg 1963, 5. Auflage

Pack, L. — Maximierung der Rentabilität als preispolitisches Ziel, in: Zur Theorie der Unternehmung, Festschrift zum 65. Geburtstag von Erich Gutenberg, Wiesbaden 1962

Presse- und Informationsamt der Bundesregierung — Bulletin vom 23.6.1971, Steuerreform 1974, Die Beschlüsse der Bundesregierung vom 11.6.1971 über Eckwerte und Grundsätze

Preußisches Einkommensteuergesetz vom 2.6.1891 — Preußische Gesetzessammlung S. 175

Oettle, K. — Unternehmerische Finanzpolitik Stuttgart 1966

Raetting, Lutz — Qualitäten und Bestimmungsfaktoren der Finanzierung mit Eigenkapital Diss. Hamburg 1969

Der Rat der Europäischen Gemeinschaften — Zur Harmonisierung der Körperschaftsteuer, Vorbereitende Rechtsakte, Vorschlag einer Richtlinie des Rates zur Harmonisierung der Körperschaftsteuersysteme und der Regelung der Quellensteuer auf Dividenden, in: Amtsblatt der Europäischen Gemeinschaften vom 5.11.1975 Nr. C 253/2

Zur Reform der Körperschaftsteuer 1977 — Leitfa den für die Praxis, Köln 1977

Reichsgesetzblatt S. 335; S. 359

Reichsgesetzblatt I S. 2o8; S. 1o31

Rittershausen, H. Die kurzfristigen Finanzdispositionen, in: Handbuch der Wirtschaftswissenschaften Band 1 Köln, Opladen 1966

ders., Industrielle Finanzierung, Wiesbaden 1964

Rose, Gerd "Eckwerte" und betriebliche Steuerbelastung, in: Steuer und Wirtschaft, 1971, S. 229 - 234

ders., Die Steuerbelastung der Unternehmung Wiesbaden 1973

ders., Substanzbesteuerung nach der Körperschaftsteuer-Reform, in: Finanzrundschau 1976, S. 389 - 391

ders., Substanzbesteuerung und Substanzerhaltung, in: Mertens, Peter (Hrsg.) Die Untersuchung in ihrer gesell. Umwelt, Wiesbaden 1975, S. 3o1-319

Sächsisches Einkommensteuergesetz vom 2.6.1878 Gesetzes- und Verordnungsblatt S. 129 und hierzu: Gesetz vom 1o.3.1894 Gesetzes und Verordnungsblatt S.53

Sander, Alfred Betriebswirtschaftliche Analyse von Steuerbemessungsgrundlagen, in: Steuer und Wirtschaft 1971, S.32 - 37

Sandig, C. Betriebswirtschaftspolitik, Stuttgart 1965

Sauermann, H. und Selten, R. Anspruchsanpassungstheorie der Unternehmung, in: Zeitschrift für die gesamte Staatswissenschaft Band 118 (1962), S. 577 ff

Schardt, Anne Die Körperschaftsteuerreform 1977 und ihre belastungsmäßigen Auswirkungen, in: Beiträge zur Mittelstandsforschung, Heft 46, Göttingen 1978

Scheibe-Lange, Ingrid Wertschöpfung, Ertrags- und Finanzlage der industriellen Aktiengesellschaften bis 1978, WSI-Mitteilungen 33. Jahrgang, Mai - 5/8o, S.27o-28o

Schmalenbach, E. Die Beteiligungsfinanzierung, 8. Auflage, Köln, Opladen 1954

Schmidt, F. Die organische Tageswertbilanz, unveränderter Nachdruck der 3. Auflage, Wiesbaden 1951

Schmölders, Günter Permanente Steuerreform, in: Steuer und Wirtschaft, 48. Jahrgang (1971), S. 37

Schneider, Dieter Investition und Finanzierung Opladen 1971

Schumpeter, J.A. Kapitalismus, Sozialismus und Demokratie, 2. Auflage, Bern 1950

Schwarzer, Otto Risiko ohne Chance, Mauerblümchen-Dasein der Aktionäre, Süddeutsche Zeitung vom 26.1.1980

Schweizer Verärgerung über deutsche Körperschaftsteuer in: Handelsblatt vom 23.8.1979, S. 1

Schweizer wegen Körperschaftsteuer verärgert in: Süddeutsche Zeitung vom 24.3.1979

Sieben, G. Prospektive Erfolgskapitalerhaltung in: Zeitschrift für Betriebswirtschaft, Jahrgang 1964; Heft 10, S. 628 ff

Sommerfeld, H. Dynamische Bilanz, in: Lexikon des kaufmännischen Rechnungswesens, 2. Auflage, Stuttgart 1955, Sp.983

Statistisches Bundesamt, Fachserie 9 (Geld und Kredit) Reihe 2 - Aktienmärkte, Textteil Gliederungspunkt 3: Zusammenfassende Übersichten 3.1 Entwicklung von Zahl und Kapital der börsennotierten Aktiengesellschaften

Statistisches Bundesamt, Fachserie 9 (Geld und Kredit) Reihe 2 - Aktienmärkte, Textteil Gliederungspunkt 3: Zusammenfassende Übersichten 3.2 Entwicklung der Dividendensätze

Statistisches Bundesamt, Fachserie 9 (Geld und Kredit) Reihe 2 - Aktienmärkte, Tabellenteil Punkt 5 Kapital, Kurs, Dividende und Rendite

Statistisches Bundesamt, Fachserie 2 Reihe 2.1, Abschlüsse der Aktiengesellschaften 1976, Wiesbaden 1979

Statistisches Bundesamt Statistisches Jahrbuch 1976 Wiesbaden 1976

Statistisches Bundesamt
Statistisches Jahrbuch 1978
Wiesbaden 1978

Steuer und Wirtschaft 1949, Sp. 929 ff

Swoboda, P. — Investition und Finanzierung Göttingen 1971

Tipke, K. — Steuerrecht; Ein systematischer Grundriß, 4. Auflage, Köln 1977

Tischer, Frank — Die modifizierte Teilsteuerrechnung als anforderungsgerechtes Verfahren der Steuerlastprognose, in: Steuer und Wirtschaft 1977, S. 39 - 51

Uelner, Adalbert — Die Körperschaftsteuer und ihre Reform, in: Wisu, 7.Jahrgang (1978) S. 28o - 295, S. 239 - 242

Unternehmen und Arbeitsstätten, Dividende der Aktiengesellschaften 1978, Wirtschaft und Statistik Nr. 9/79, S. 661ff, S. 596*

Urteil des Bundesverfassungsgerichts vom 24.1.1962 BVerfG 13/331

Vodrazka, Karl — Die Körperschaftsbesteuerung der Kapitalgesellschaften - Argumente und Folgerungen, in: Steuer und Wirtschaft 1971, S. 235 - 246

Wacker, Wilhelm, H. — Teilsteuerrechnung- Ein neues Instrument der betriebswirtschaftlichen Steuerlehre, in: Steuer und Wirtschaft 1975, S. 78 - 81

Walb, E. — Die Erfolgsrechnung privater und öffentlicher Betriebe, Berlin, Wien 1926

Wendt, Kurt — Der Aktionär zahlt die Zeche, Die Anteilseigner stehen im Verteilungskampf auf der Seite der Verlierer, in: Die Zeit, Nr. 2 vom 4.1.198o

Wöhe, Günther — Die Steuern des Unternehmens, München 1972

ders., — Die Steuern des Unternehmens, 4. Auflage, München 1978

Zahl und Nominalkapital der Kapitalgesellschaften 19.. Wirtschaft und Statistik, Nr. 7/78 S. 215 ff; Nr. 4/79 S. 259 ff Wiesbaden 1978; 1979 verschiedene Jahrgänge

Anhang

Tabelle 1

Mögliche Rücklagenzuführung bei geltendem Recht, Anrechnungsverfahren und modifiziertem Anrechnungsverfahren bei einem Handelsbilanzgewinn vor Steuern von 100 und variierenden Ausschüttungsquoten [1)]

Ausschüttungsquote in % \ mögliche Rücklagenzuführung	KStG 1975	Anrechnungsverfahren	modifiziertes Anrechnungsverfahren [2)]
0	47,47	44	44,00
10	41,18	37,13	39,60
18,34	35,93	31,39	35,93
20	34,89	30,25	35,20
30	28,59	23,38	30,80
40	22,30	16,50	26,40
50	16,01	9,63	22,00
60	9,72	2,75	17,60
64	7,20	0	15,84
70	3,43	-	13,20
75,45	0	-	10,80
80	-	-	8,80
90	-	-	4,40
100	-	-	0

1) Bei der Berechnung der möglichen Rücklagenzuführung wird aus Vereinfachungsgründen wieder davon ausgegangen, daß Hmod gleich E sei.

2) Da beim modifizierten Anrechnungsverfahren auch die Steuergutschrift als Ausschüttung gilt, nehmen hier die Selbstfinanzierungsmöglichkeiten erst bei einer Ausschüttungsquote von 100 einen Wert von 0 an. Das körperschaftsteuerliche Einkommen setzt sich dann aus 64 Einheiten Nettodividende und 36 Einheiten Steuergutschrift zusammen.

Tabelle 2

Mögliche Ausschüttung bei geltendem Recht, Anrechnungsverfahren und modifiziertem Anrechnungsverfahren bei einem Handelsbilanzgewinn vor Steuern von 100 und variierenden Thesaurierungsquoten

Thesaurierungsquote in % / mögliche Ausschüttung	KStG 1975	Anrechnungsverfahren	modifiziertes Anrechnungsverfahren
0	75,44	64	100
10	59,55	49,46	77,28
20	43,65	34,91	54,55
30	27,76	20,37	31,83
35,93	18,34	11,74	18,34
40	11,87	5,82	9,09
44	5,51	0	0
47,47	0	-	-

Tabelle 3

Mögliche Rücklagenzuführung bei geltendem Recht, Anrechnungsverfahren und modifiziertem Anrechnungsverfahren bei einer Politik konstanter Dividenden und unterschiedlich hohen Gewinnen [1)]

mögliche Rücklagenzuführung			KStG 1975		Anrechnungsverfahren		modifiziertes Anrechnungsverfahren	
Handelsbilanzgewinn vor Steuern	Ausschüttungsquote	konstante Dividende	absolut	prozentual	absolut	prozentual	absolut	prozentual
250	48,00	120	43,17	17,27	27,50	11,00	57,20	22,88
260	46,15	120	47,72	18,35	31,90	12,27	61,60	23,69
270	44,44	120	52,67	19,51	36,30	13,44	66,00	24,44
280	42,86	120	57,41	20,50	40,70	14,54	70,40	25,14
290	41,38	120	62,16	21,43	45,10	15,55	74,80	25,79
300	40,00	120	66,91	22,30	49,50	16,50	79,20	26,40
310	38,71	120	71,65	23,11	53,90	17,39	83,60	26,97
320	37,50	120	76,40	23,88	58,30	18,22	88,00	27,50
330	36,36	120	81,15	24,59	62,70	19,00	92,40	28,00
340	35,29	120	85,89	25,26	67,10	19,74	96,80	28,47
350	34,29	120	90,64	25,90	71,50	20,43	101,20	28,91

1) In der Praxis wird eine Politik konstanter Dividenden nur dann betrieben werden, wenn der Gewinn im Zeitablauf nicht allzu stark schwankt.

Tabelle 4

Analyse der steuerlichen Gesamtbelastung der Dividende bei geltendem Recht und beim Anrechnungsverfahren bei einem Grundkapital von 400, einem Handelsbilanzgewinn vor Steuern von 100, variierenden Ausschüttungsquoten und unterschiedlichen durchschnittlichen Spitzensteuersätzen der Anteilseigner

		0					19					20				
		KStG 1975		Anrechnungs-verfahren			KStG 1975		Anrechnungs-verfahren			KStG 1975		Anrechnungs-verfahren		
einf.	modif.	abs.	proz.	abs.	prozentual einf.	prozentual mod.	abs.	proz.	abs.	prozentual einf.	prozentual mod.	abs.	proz.	abs.	prozentual einf.	prozentual mod.
0[3]	0	-	-	-	-	-	-	-	-	-	-	-	-	-	-	-
10	15,63	13,03	130,30	10,06	100,00	64,36	15,07	150,70	13,25	132,50	84,77	15,18	151,80	13,41	134,10	85,80
18,34	28,66	17,41	94,93	12,02	65,54	41,94	21,14	115,27	17,86	97,38	62,32	21,33	116,30	18,15	98,96	63,33
20	31,25	18,28	91,40	12,41	62,05	39,71	22,35	111,75	18,77	93,85	60,06	22,56	112,80	19,10	95,50	61,12
30	46,88	23,52	78,40	14,75	49,17	31,46	29,63	98,77	24,30	81,00	51,83	29,94	99,80	24,79	82,63	52,88
40	62,50	28,76	71,90	17,10	42,75	27,36	36,91	92,28	29,83	74,58	47,73	37,33	93,33	30,48	76,20	48,77
50	78,13	34,01	68,02	19,44	38,88	24,88	44,19	88,38	35,35	70,70	42,25	44,71	89,42	36,17	72,34	46,29
60	93,75	39,25	65,42	21,78	36,30	23,23	51,47	85,78	40,88	68,13	43,61	52,10	86,83	41,85	69,75	44,64
64	100,00	41,35	64,61	22,72	35,50	22,72	54,38	84,97	43,09	67,33	43,09	55,05	86,02	44,13	68,95	44,13
70	-	44,49	63,56	-	-	-	58,74	83,91	-	-	-	59,48	84,97	-	-	-
75,45	-	47,35	62,76	-	-	-	62,71	83,11	-	-	-	63,50	84,16	-	-	-

Tabelle 4 (Fortsetzung)

		22					30					40				
		KStG 1975		Anrechnungs-verfahren			KStG 1975		Anrechnungs-verfahren			KStG 1975		Anrechnungs-verfahren		
					prozentual					prozentual					prozentual	
einf.	modif.	abs.	proz.	abs.	einf.	mod.	abs.	proz.	abs.	einf.	mod.	abs.	proz.	abs.	einf.	mod.
0	0	-	-	-	-	-	-	-	-	-	-	-	-	-	-	-
10	15,63	15,39	153,90	13,74	137,40	87,91	16,22	162,20	15,04	150,40	96,23	17,24	172,40	16,61	166,40	106,46
18,34	28,66	21,72	118,43	18,76	102,29	65,46	23,25	126,77	21,14	115,27	73,76	25,12	136,97	24,08	131,30	84,02
20	31,25	22,98	114,90	19,75	98,75	63,20	24,65	123,25	22,36	111,80	71,55	26,69	133,45	25,56	127,80	81,79
30	46,88	30,57	101,90	25,77	85,90	54,97	33,07	110,23	29,68	98,93	63,31	36,14	120,47	34,48	114,93	73,55
40	62,50	38,17	95,43	31,79	79,48	50,86	41,50	103,75	37,00	92,50	59,20	45,60	114,00	44,00	110,00	70,40
50	78,13	45,76	91,52	37,81	75,62	48,39	49,93	99,86	44,31	88,62	56,71	55,05	110,10	52,31	104,62	66,95
60	93,75	53,36	88,93	43,82	73,03	46,74	58,35	97,25	51,63	86,05	55,07	64,50	107,50	61,23	102,05	65,31
64	100,00	56,39	88,11	46,23	72,23	46,23	61,72	96,44	54,56	85,25	54,56	68,28	106,69	64,80	101,25	64,80
70	-	60,95	87,07	-	-	-	66,78	95,40	-	-	-	73,95	105,64	-	-	-
75,45	-	65,09	86,27	-	-	-	71,37	94,59	-	-	-	79,10	104,84	-	-	-

Tabelle 4 (Fortsetzung)

		50					53					56				
		KStG 1975		Anrechnungs-verfahren			KStG 1975		Anrechnungs-verfahren			KStG 1975		Anrechnungs-verfahren		
einf.	modif.	abs.	proz.	abs.	prozentual einf.	prozentual mod.	abs.	proz.	abs.	prozentual einf.	prozentual mod.	abs.	proz.	abs.	prozentual einf.	prozentual mod.
0	0	-	-	-	-	-	-	-	-	-	-	-	-	-	-	-
10	15,63	18,25	182,50	18,21	182,10	116,51	18,55	185,50	18,68	186,80	119,51	18,85	188,50	19,14	191,40	122,46
18,34	28,66	26,97	147,06	26,96	147,00	94,07	27,52	150,05	27,82	151,69	97,07	28,06	153,00	28,67	156,32	100,03
20	31,25	28,71	143,55	28,70	143,50	91,84	29,31	146,55	29,64	148,20	94,85	29,90	149,50	30,57	152,85	97,82
30	46,88	39,17	130,57	39,20	130,67	83,62	40,04	133,53	40,60	135,33	86,60	40,95	136,50	41,99	139,97	89,57
40	62,50	49,62	124,05	49,69	124,23	79,50	50,82	127,05	51,56	128,90	82,50	52,01	130,03	53,41	133,53	85,46
50	78,13	60,08	120,16	60,18	120,36	77,03	61,58	123,16	62,52	125,04	80,02	63,06	126,12	64,84	129,68	82,99
60	93,75	70,54	117,57	70,67	117,78	75,38	72,33	120,55	73,48	122,47	78,38	74,12	123,53	76,26	127,10	81,34
64	100,00	74,72	116,75	74,87	116,98	74,87	76,64	119,75	77,86	121,66	77,86	78,54	122,72	80,83	126,30	80,83
70	-	81,00	115,71	-	-	-	83,09	118,70	-	-	-	85,17	121,67	-	-	-
75,45	-	86,70	114,91	-	-	-	88,95	117,89	-	-	-	91,19	120,86	-	-	-

1975 [5)]				1976				1977 [6)]						1978								1979	
I	II	III	IV	I	II	III	IV	I	II	III		IV		I		II		III		IV		I	
										EXCL	INCL	EXCL	INCL	EXCL	INCL	EXCL	INCL	EXCL	INCL	EXCL	INCL	EXCL	INCL
,27	12,31	12,33	12,47	10,88	11,70	11,67	11,69	11,73	11,88	12,12		11,30	15,10	11,13	14,89	10,29	16,04	10,22	15,97	10,51	16,42	9,92	15,50
,93	13,63	13,65	13,96	13,96	14,10	14,06	14,10	14,12	14,44	14,43		13,92	17,95	14,01	19,19	13,59	21,24	13,59	21,24	13,55	21,16	13,54	21,16
,01	12,20	12,20	12,20	11,66	10,78	10,78	10,80	10,80	10,79	11,24		9,96	14,39	9,87	13,10	8,45	13,21	8,45	13,21	8,44	13,19	7,22	11,28
,00	13,40	13,66	13,68	13,41	11,83	12,01	12,03	12,13	13,47	13,54		14,13	17,09	13,71	15,34	11,99	18,53	11,88	18,56	12,07	18,85	12,30	19,22
,35	17,34	17,36	17,36	17,31	14,01	14,01	14,01	14,01	16,33	16,33		16,34	16,34	16,34	16,34	11,99	18,74	11,99	18,74	11,99	18,74	11,99	18,74
,09	13,58	13,74	13,90	13,71	10,61	11,83	11,83	12,08	12,12	12,21		12,21	13,27	9,96	11,85	9,09	13,48	8,51	13,29	9,24	14,44	11,91	18,61
,73	1,73	1,73	1,73	1,74	1,52	1,51	1,36	1,36	0,93	0,93		0,93	10,48	0,93	1,37	0,88	1,37	0,88	1,38	3,66	5,72	3,68	5,75
,26	11,15	10,89	10,89	10,89	7,20	6,59	6,59	6,59	6,29	6,50		6,50	11,38	6,50	6,50	5,35	8,23	5,96	9,32	6,18	9,65	6,03	9,42
,61	9,97	9,97	9,97	6,35	5,64	4,79	3,69	4,47	8,82	8,35		8,35	13,37	8,24	8,62	8,33	12,94	7,93	12,38	7,93	12,38	7,83	12,23
,58	9,58	9,58	9,58	8,50	8,60	8,60	8,60	8,57	8,57	8,57		8,57	8,57	8,57	12,92	8,38	13,10	8,38	13,10	4,73	7,40	4,03	6,29
,07	11,64	12,62	12,77	12,77	12,27	11,90	12,12	12,21	12,34	12,54		12,10	15,53	12,05	14,90	11,17	17,26	11,15	17,42	11,34	17,71	11,82	18,46
,70	10,75	8,25	8,25	8,25	11,24	11,30	11,30	11,50	15,55	15,65		20,70	21,08	20,70	21,08	20,64	32,25	20,16	31,51	20,45	31,95	20,45	31,95
,00	25,08	25,40	25,40	24,06	23,75	24,64	24,64	24,64	17,68	19,92		18,49	22,22	16,46	25,32	16,18	25,27	16,57	25,90	16,57	25,90	2,84	4,44
,45	12,32	14,98	14,93	13,95	11,28	11,31	11,34	11,34	11,41	11,41		10,30	22,67	10,32	14,83	10,14	15,85	10,03	15,68	10,45	16,33	10,45	16,33
[illegible]	[illegible]	[illegible]	[illegible]	[illegible]	[illegible]	[illegible]	[illegible]	[illegible]	[illegible]	[illegible]		[illegible]	[illegible]	[illegible]	[illegible]	[illegible]	[illegible]	[illegible]	[illegible]	11,73	18,33	11,73	18,33

,72	14,63	15,30	14,45	15,57	15,59	16,30	17,70	18,09	18,33	18,38	15,97	20,92	15,97	20,66	14,19	22,05	14,09	22,02	14,09	22,02	14,09	22,02
,26	9,17	8,06	8,06	8,06	10,81	10,77	10,97	10,97	11,24	11,64	11,78	12,06	11,78	11,78	11,84	18,22	12,50	19,53	11,15	17,43	11,15	17,43
,10	15,88	15,32	15,34	15,86	15,93	16,18	16,23	16,30	16,61	16,51	16,22	17,57	15,83	18,89	14,34	22,33	14,35	22,38	14,34	22,41	14,38	22,46
,67	16,42	16,89	16,89	16,89	16,18	16,18	16,18	16,18	16,63	14,98	14,99	17,25	14,99	14,99	10,02	15,66	10,02	15,66	10,02	15,66	10,02	15,66
,88	11,99	10,91	10,91	10,91	10,81	11,07	11,22	11,36	11,03	9,88	10,03	14,36	10,03	12,79	9,59	14,22	9,31	14,54	9,32	14,56	9,40	14,69
,80	3,85	3,94	3,94	3,94	3,82	3,80	3,87	3,87	6,26	6,26	6,19	6,65	6,19	6,19	5,36	8,36	5,36	8,36	5,36	8,37	5,36	8,37
,87	13,74	14,07	14,07	14,07	12,41	12,44	12,44	12,51	12,21	12,19	11,92	11,96	9,17	9,53	7,03	10,98	7,02	10,98	6,85	10,70	6,85	10,70
,92	17,53	16,80	16,79	17,76	17,97	18,54	18,54	18,64	18,64	18,80	18,64	19,64	18,13	21,76	16,86	26,34	16,93	26,45	16,95	26,49	16,96	26,50
,22	18,21	18,21	18,21	18,59	18,60	18,57	18,58	18,58	18,81	18,81	18,81	18,81	18,50	24,90	18,34	28,66	18,32	28,63	17,78	27,78	18,31	28,61
,25	14,24	16,23	16,25	16,29	16,72	16,82	17,22	17,30	17,47	18,64	16,91	19,07	16,91	22,58	17,04	26,19	17,04	26,19	17,01	26,58	16,85	26,33
,65	10,47	10,76	11,26	11,25	12,83	12,90	12,18	12,18	12,77	12,74	13,13	15,70	12,11	16,12	11,54	18,03	10,41	16,27	9,47	14,80	9,49	14,82

achserienreihentitel | "Aktienmärkte"

Tabelle 5:

Dividenden aller bundesdeutschen Aktiengesellschaften zwischen 1) 1970 und 1) 1979 (jeweils zum Ende des Quartals)

	1970				1971				1972				1973				1974			
	I	II	III	IV 1)	I	II 2)	III	IV	I	II	III	IV	I	II	III	IV 3)	I	II	III	IV 4)
<u>Energie- bzw. Montanindustrie</u>	10,59	11,43	11,59	11,71	12,88	13,11	13,23	13,25	11,06	10,04	9,92	9,93	9,76	9,58	9,57	9,55	10,02	10,81	11,12	11,58
Energiewirtschaft	13,82	14,18	14,20	14,21	14,30	14,52	14,53	14,51	14,38	14,16	14,15	14,09	14,13	14,16	14,14	14,10	13,98	14,03	14,14	14,14
Eisen- und Stahlindustrie	8,92	10,28	10,62	10,89	13,22	13,36	13,63	13,63	9,01	7,82	7,81	7,81	7,77	7,30	7,27	7,27	8,18	8,82	9,49	10,66
<u>Industrie</u>	15,99	16,32	18,07	18,05	18,12	17,77	17,72	16,78	16,11	13,84	13,87	14,31	14,50	14,51	14,24	14,25	14,20	14,47	14,89	14,82
Farben	18,79	19,15	19,17	19,05	19,11	19,11	19,11	19,11	19,11	14,27	14,28	14,27	14,27	14,66	14,66	14,66	14,66	16,34	16,10	16,10
Chemische Industrie	15,75	15,69	15,78	15,78	15,72	16,17	16,19	16,19	15,14	15,57	15,63	15,63	16,37	14,36	14,42	14,41	13,85	14,33	14,33	14,33
Kunststoff	12,53	12,44	12,44	12,44	12,44	12,60	12,60	12,60	12,53	8,31	8,42	8,42	8,42	2,28	2,28	2,28	2,28	2,28	2,28	2,29
Steine und Erden	11,35	11,91	11,91	11,94	11,89	12,54	12,54	12,54	12,54	11,39	11,39	11,39	11,39	11,25	11,78	11,78	11,66	12,18	12,14	12,14
Glas	14,91	16,22	16,74	16,74	16,70	16,64	16,64	16,64	16,64	17,01	17,14	17,14	17,03	16,40	16,01	16,10	13,64	12,93	12,82	11,13
NE-Industrie	13,52	13,99	13,99	13,99	13,98	14,16	14,16	14,20	9,96	9,98	9,98	9,98	7,56	7,56	7,56	7,56	7,34	7,34	7,34	7,34
Maschinenbau	13,31	13,29	13,43	13,42	13,13	12,49	12,60	12,57	12,45	12,03	12,00	11,53	11,56	10,77	11,04	11,09	11,25	10,51	10,64	10,61
Straßenfahrzeugbau	16,57	17,61	26,00	26,00	26,00	25,37	25,37	19,41	19,41	15,76	15,84	15,86	15,86	16,50	14,95	14,95	14,95	15,29	18,29	18,29
Schiffbau	8,70	6,73	6,65	6,65	6,65	5,15	5,72	5,72	13,01	11,70	6,14	6,14	14,33	14,84	17,54	17,54	17,54	23,49	21,96	21,96
Elektrotechn. Industrie	16,31	16,47	18,76	18,76	19,25	18,24	18,24	17,31	13,68	13,46	13,57	16,24	17,11	16,89	16,68	16,68	16,70	15,73	15,37	15,37

Nahrungs- und Genußmittelind.	12,68	12,17	15,18	12,54	12,72	13,25	13,41	11,95	12,01	12,41	12,41	12,28	12,29	12,97	12,91	13,76	13,92	14,10	14,21	13,87
Bauindustrie	13,08	12,12	11,75	11,73	11,67	10,78	11,09	11,09	11,77	14,83	14,79	15,06	15,06	14,94	15,07	15,07	14,97	14,72	14,08	13,84
Übrige Wirtschaftsbereiche	15,70	16,67	16,69	16,83	15,85	15,16	15,16	15,12	15,59	15,40	15,42	15,43	15,04	15,69	15,56	15,44	15,39	15,18	14,91	15,04
Warenhaus	20,53	16,81	16,81	16,81	17,70	18,31	18,31	18,31	18,37	18,23	18,23	18,23	18,23	18,36	18,36	18,36	18,36	17,67	17,67	17,67
Handel	13,64	14,41	14,18	16,16	16,92	16,09	16,09	16,09	14,96	15,07	15,13	15,47	15,47	16,45	16,57	15,87	15,87	9,04	9,00	14,43
Verkahr	1,94	4,52	4,45	4,45	4,45	4,22	4,38	4,28	4,28	1,90	1,85	1,85	1,85	5,14	5,21	5,21	5,25	5,25	2,14	2,88
Schiffahrt	10,20	10,36	10,34	10,31	10,31	8,06	8,06	8,06	8,00	6,71	5,71	4,93	4,93	7,28	7,83	7,83	8,01	8,30	8,50	8,50
Kreditbanken	17,54	20,58	20,55	20,55	18,17	17,41	17,38	17,39	18,43	18,41	18,29	18,33	17,44	17,52	17,21	17,30	17,16	16,89	16,82	16,77
Hypothekenbanken	18,97	18,96	18,96	18,96	19,46	19,99	19,99	19,99	19,47	18,98	19,04	18,85	18,73	18,68	18,68	18,68	18,67	18,55	18,54	18,56
Versicherungsgewerbe	17,30	17,21	17,61	17,59	15,40	12,65	12,65	11,99	11,98	12,78	12,78	12,78	12,74	14,12	14,30	13,65	14,01	14,77	15,01	15,01
Sonstige	12,85	12,69	14,37	15,18	15,15	12,82	12,82	12,94	13,88	13,88	13,88	14,60	14,26	13,73	13,61	12,62	12,76	12,53	12,49	12,62

1) Ende November 1970
2) Ende Juli 1971
3) Ende November 1973
4) Ende November 1974
5) Mit Beginn des Jahres 1975 wurden die Fachserien Reihentitel I. "Index der Aktienkurse" und Reihentitel II "Kurs, Dividende und Rendite der Aktien" zusammengefaßt zu
6) Mit Beginn des Jahres 1977 wurde die Fachserie I unter demselben Titel als Fachserie 9 "Geld und Kredit" weitergeführt.

Quellen: Fachserie-Reihentitel I, "Index der Aktienkurse" und Reihentitel II, "Kurs, Dividende und Rendite der Aktien",
ab 1.1.1975 wurden die o.g. Fachserien-Reihentitel zusammengefaßt zur Fachserie-Reihentitel I, "Aktienmärkte"
ab 1.1.1977 wurde die Fachserie I als Fachserie 9, Geld und Kredit, Reihe 2 "Aktienmärkte" weitergeführt, die Daten wurden dem Tabellenteil, Punkt 5, "Kapital, Kurs, Dividende und Rendite" entnommen

ften in monatlicher und branchenspezifischer Gliederung

und November 1978

5/78			6/78			7/78			8/78		9/78		10/78		11/78	
1	2	3	1	2	3	1	2	3	1	2	1	2	1	2	1	2
10,36	16,04	16,23	10,29	16,04	16,20	10,29	16,04	16,21	10,29	16,04	10,22	15,9	10,49	16,39	10,49	16,40
13,62	21,11	21,29	13,59	21,24	21,24	13,59	21,24	21,24	13,59	21,24	13,59	21,24	13,50	21,10	13,50	21,10
8,60	13,43	13,43	8,45	13,21	13,21	8,45	13,21	13,21	8,45	13,21	8,45	13,21	8,45	13,21	8,45	13,21
12,01	18,47	19,09	11,99	18,53	18,98	11,85	18,49	18,53	11,85	18,49	11,88	18,56	11,80	18,43	11,84	18,49
11,99	18,74	18,74	11,99	18,74	18,74	11,99	18,74	18,74	11,99	18,74	11,99	18,74	11,99	18,74	11,99	18,74
9,09	13,46	14,58	9,09	13,48	14,56	8,45	13,20	13,22	8,48	13,25	8,51	13,29	8,39	13,11	8,39	13,11
0,91	1,34	1,24	0,88	1,37	1,38	0,88	1,37	1,38	0,88	1,37	0,88	1,38	2,75	4,29	3,66	5,72
5,41	8,05	7,83	5,35	8,23	8,11	5,96	9,32	9,32	5,96	9,32	5,96	9,32	6,18	9,65	6,18	9,65
8,35	11,81	12,89	8,33	12,94	13,43	8,63	13,49	13,49	8,63	13,49	7,93	12,38	7,93	12,38	7,93	12,38
8,38	12,94	12,96	8,38	13,10	13,10	8,38	13,10	13,10	8,38	13,10	8,38	13,10	4,73	7,40	4,73	7,40
11,18	17,20	17,74	11,17	17,26	17,51	11,13	17,38	17,46	11,09	17,33	11,15	17,42	11,08	17,32	11,34	17,71
20,64	32,24	32,29	20,64	32,25	32,25	20,55	32,11	32,11	20,55	32,11	20,16	31,51	20,45	31,95	20,45	31,95
16,18	25,27	28,20	16,18	25,27	28,20	16,18	25,27	25,27	16,18	25,27	16,57	25,90	16,57	25,90	16,57	25,90
10,14	15,82	15,92	10,14	15,85	15,85	10,14	15,85	15,85	10,14	15,85	10,03	15,68	10,19	15,92	10,19	15,92

14,19	21,79	22,90	14,19	22,05	22,40	14,19	22,05	22,40	14,11	22,03	14,09	22,02	14,09	22,02	14,09	22,02
11,86	16,56	18,72	11,84	18,22	18,91	11,84	18,22	18,91	11,50	17,97	12,50	19,53	12,50	19,53	11,15	17,43
14,40	22,18	22,86	14,34	22,33	22,49	14,36	22,39	22,47	14,42	22,47	14,35	22,38	14,30	22,30	14,32	22,38
10,02	15,66	15,6[illegible]	[illegible],02	15,66	15,66	10,02	15,66	15,66	10,02	15,66	10,02	15,66	10,02	15,66	10,02	15,66
9,53	14,28	16,17	9,59	14,22	16,17	9,56	14,94	15,78	9,56	14,94	9,31	14,54	9,32	14,56	9,32	14,56
5,36	8,31	9,09	5,36	8,36	8,39	5,36	8,36	8,39	5,36	8,36	5,36	8,36	5,36	8,37	5,36	8,37
9,17	9,68	4,59	7,03	10,98	11,01	7,02	10,98	10,98	7,02	10,98	7,02	10,98	7,02	10,98	7,02	10,98
16,87	26,35	26,39	16,86	26,34	26,34	16,87	17,64	17,64	16,90	26,41	16,93	26,45	16,93	26,45	16,93	26,45
18,32	28,62	28,62	18,34	28,66	2[illegible],66	18,33	26,36	26,36	18,33	28,64	18,32	28,63	18,32	28,63	18,32	28,63
17,07	25,83	26,92	17,04	26,19	26,72	17,04	28,64	28,64	17,04	26,19	17,04	26,19	16,84	25,90	16,98	26,53
11,76	17,30	18,21	11,54	18,03	18,29	11,54	26,19	26,72	11,80	18,44	10,41	16,27	9,57	14,95	9,49	14,83

"Kurs, Dividende und Rendite der

eihentitel I, "Aktienmärkte"
Aktienmärkte" weitergeführt,
ite" entnommen

Tabelle 6:

Dividendenzahlungen aller bundesdeutschen Aktiengesells

zwischen November 1

	11/77		12/77		1/78		2/78		3/78			4/78		
	1	2	1	2	1	2	1	2	1	2	3	1	2	3
Energiewirtsch.,Montanind.	11,38	13,01	11,30	14,46	11,30	14,48	11,30	14,60	11,13	14,89	17,31	10,83	14,78	15,
Energiewirtschaft	14,30	15,41	13,92	17,95	13,94	18,02	13,93	18,31	14,01	19,19	21,79	13,94	19,52	21,
Eisen und Stahl	9,81	12,28	9,96	13,15	9,96	13,15	9,96	13,15	9,87	13,10	15,05	9,30	12,53	12,
Industrie	14,25	15,10	14,13	15,17	14,10	15,26	14,09	15,27	13,71	15,34	15,29	12,55	17,79	18,
Farben	16,33	16,33	16,34	16,34	16,34	16,34	16,34	16,34	16,34	16,34	-	12,03	18,75	18,
Chemische Industrie	12,21	12,21	12,21	12,21	12,14	12,80	12,20	12,84	9,96	11,85	11,80	9,62	12,91	13,
Kunststoff	0,93	0,93	0,93	0,93	0,93	0,93	0,93	0,93	0,93	1,37	8,65	0,93	1,37	1,
Steine und Erden	6,50	6,50	6,50	6,50	6,50	6,50	6,50	6,50	6,50	6,50	-	6,50	6,52	15,
Glas	8,35	8,35	8,35	8,35	8,35	8,35	8,35	8,35	8,24	8,62	2,84	8,00	9,42	7,
NE-Metalle	8,57	8,57	8,57	8,57	8,57	8,57	8,57	8,57	8,57	12,92	14,03	8,38	12,94	12,
Maschinenbau	12,47	13,19	12,10	14,10	12,10	14,10	12,10	14,18	12,05	14,90	19,75	11,78	15,10	19,
Straßenfahrzeugbau	20,87	21,22	20,70	21,08	20,70	21,08	20,70	21,08	20,70	21,08	19,00	21,82	30,61	26,
Schiffbau	18,49	19,92	18,49	19,92	18,49	19,92	18,49	19,92	16,46	25,32	29,81	16,46	25,32	29,
Elektrotechnik	11,38	15,40	10,30	14,84	10,30	14,84	10,32	14,83	10,32	14,83	15,50	10,31	14,90	14,

Nahrungs- u.Genußmittel	16,07	20,49	15,97	20,66	15,97	20,66	15,97	20,66	15,97	20,66	25,55	15,58	22,25	24,
Bauindustrie	11,64	11,64	11,78	11,78	11,78	11,78	11,78	11,78	11,78	11,78	-	11,78	13,66	24,
Übrige Wirtschaftsber.	16,21	16,54	16,22	16,71	16,23	16,72	16,24	17,20	15,83	18,89	24,50	14,87	21,44	25,
Warenhaus	14,98	14,98	14,99	14,99	14,99	14,99	14,99	14,99	14,99	14,99	-	12,70	14,63	12,
Handel	9,88	9,88	10,03	12,45	10,03	12,45	10,03	12,45	10,03	12,79	14,22	10,03	13,86	16,
Eisenbahn	6,26	6,26	6,19	6,19	6,19	6,19	6,19	6,19	6,19	6,19	-	6,19	6,19	-
Schiffahrt	12,19	12,19	11,92	11,92	11,92	11.92	11.92	11,92	9,17	9,53	3,55	9,17	9,53	3,
Kreditbanken	18,60	18,82	18,64	18,86	18,65	18,87	18,65	18,87	18,13	21,76	26,75	16,90	26,33	27,
Hypothekenbanken	18,81	18,81	18,81	18,81	18,81	18,81	18,81	19,47	18,50	24,90	27,80	18,50	28,91	28,
Versicherungen	16,91	18,33	16,91	19,07	16,91	19,07	16,91	22,58	16,91	22,58	29,52	16,85	22,79	29,
Sonstige	13,17	15,38	13,13	15,39	13,14	15,39	13,17	15,39	12,11	16,12	20,70	11,81	16,93	18,

1 Alle Gesellschaften (ausschl. Steuergutschrift)

2 Alle Gesellschaften (einschl. Steuergutschrift)

3 Nur Gesellschaften mit Dividendenerklärungen nach KStG 1977 (einschl. Steuergutschrift)

Quellen: Fachserie-Reihentitel I, "Index der Aktienkurse" und Reihentitel I
Aktien"
ab 1.1.1975 wurden o.g. Fachserien-Reihentitel zusammengefaßt zur Fachserie-
ab 1.1.1977 wurde die Fachserie I als Fachserie 9, Geld und Kredit, Reihe 2
die Daten wurden dem Tabellenteil, Punkt 5, "Kapital, Kurs, Dividende und Ren

Leder- und Textilindustrie	2,95	3,95	3,82	4,18	3,61	2,81	2,68	2,75	2,30	2,04	2,09	1,91	1,72	2,43	2,82	3,01	2,95	2,91	3,18	3,01	2,6
Brauereien	2,12	2,40	2,25	2,26	2,02	2,04	2,03	2,06	1,91	1,80	1,88	2,04	1,82	2,02	2,20	2,40	2,66	2,84	3,20	2,95	2,5
Nahrungs- und Genußmittel	2,93	2,90	3,36	2,77	2,65	2,61	2,67	2,50	2,14	2,11	2,34	2,18	1,82	2,12	2,20	2,49	2,66	2,88	2,98	2,98	2,6
Bauindustrie	3,04	3,43	2,97	3,22	2,67	2,32	2,49	2,47	1,92	2,11	2,03	2,06	1,83	2,07	2,78	2,79	2,98	3,07	3,56	3,13	2,7
Übrige Wirtschaftsbereiche	2,78	3,70	3,54	3,59	2,90	2,85	2,99	2,96	2,60	2,64	2,51	2,61	2,41	2,98	3,10	3,18	3,40	3,50	3,62	3,38	2,7
Warenhausunternehmen	4,29	4,02	3,42	3,52	3,29	3,45	3,74	3,75	3,08	2,94	2,85	2,98	2,96	3,53	3,89	4,54	4,96	4,42	4,40	3,89	3,2
Handel	2,94	3,49	3,94	3,62	3,37	3,43	3,69	3,80	3,18	3,10	3,16	2,55	2,23	2,76	2,98	2,95	3,39	2,04	2,55	4,02	2,5
Verkehrsunternehmen	1,29	3,21	3,11	3,24	2,52	2,74	3,22	3,02	2,66	2,64	1,14	1,16	1,16	3,40	3,97	3,91	4,11	4,12	1,84	2,36	0,6
Schiffahrt	3,61	3,89	4,05	4,29	3,89	3,14	3,50	3,77	3,78	3,43	2,67	2,22	1,82	2,34	3,35	3,53	3,46	3,69	4,11	4,02	3,3
Kreditbanken	2,80	4,64	4,24	4,15	3,04	2,94	3,11	3,07	2,94	3,03	2,97	3,13	2,93	3,71	3,76	3,80	4,13	4,18	4,25	3,88	3,1
Hypothekenbanken	2,83	3,37	2,91	2,96	2,45	2,82	2,65	2,69	2,22	2,23	2,11	2,16	2,07	2,47	2,52	2,50	2,62	3,16	3,39	3,15	2,6
Versicherungen	1,66	1,90	2,38	2,66	2,20	1,86	1,88	1,78	1,40	1,38	1,30	1,42	1,24	1,51	1,54	1,61	1,80	2,05	2,31	2,21	1,7
Sonstige	2,04	2,45	2,68	2,79	2,59	2,22	2,24	2,24	1,60	2,35	2,45	2,36	1,95	2,16	2,33	2,12	2,45	2,44	2,86	2,83	1,9

1) Ende November 1970
2) Ende Juli 1971
3) Ende Mai 1972
4) Ende November 1973

Quellen:
Fachserie-Reihentitel I, "Index der Aktienkurse" und Reihe
ab 1.1.1975 wurden o.g. Fachserien-Reihentitel zusammengef
ab 1.1.1977 wurde die Fachserie I als Fachserie 9, Geld un
die Daten wurden dem Tabellenteil, Punkt 5, "Kapital, Kurs,

Tabelle 7:

Renditeentwicklung aller bundesdeutschen Aktiengesellschaften in quartalsmäßiger und branchenspezifischer Gliederung zwischen dem ersten Quartal 1970 und dem ersten Quartal 1979

	1970				1971				1972				1973				1974				
	I	II	III	IV 1)	I	II 2)	III	IV	I	II 3)	III	IV	I	II	III	IV 4)	I	II	III	IV	I
Energie- und Montanindustrie	3,89	4,90	4,75	4,93	4,77	5,06	5,43	5,53	4,08	3,95	3,98	4,16	3,61	4,07	4,33	4,35	4,71	5,27	6,01	5,83	5,38
Energiewirtschaft	3,53	4,15	3,70	3,80	3,49	3,53	3,78	3,86	3,56	3,69	3,84	4,06	3,70	4,38	4,46	4,44	5,03	5,30	6,17	5,86	4,85
Eisen- und Stahlindustrie	4,68	6,08	6,83	7,01	7,48	8,48	9,31	9,64	5,21	4,95	4,80	4,95	4,19	4,47	5,18	5,23	5,40	5,83	6,48	6,51	6,80
Industrie	3,02	3,68	4,03	4,28	3,78	3,79	4,08	3,83	3,17	2,73	2,81	2,95	2,66	3,13	3,40	3,59	3,68	4,01	4,75	4,60	3,73
Farben	4,94	6,20	6,31	6,79	5,91	6,46	7,00	6,71	5,85	4,44	4,93	4,88	4,65	5,87	6,18	6,62	6,47	6,71	7,03	7,05	5,89
Chemische Industrie	2,30	3,03	2,89	3,00	2,64	2,90	3,10	3,24	2,57	2,48	2,50	2,57	2,41	2,53	2,80	3,08	3,02	3,22	3,70	3,46	4,36
Kunststoffverarb. Industrie	4,21	4,18	4,13	5,22	4,51	4,94	5,39	5,63	4,77	5,07	3,78	3,85	3,38	1,03	1,24	1,48	1,55	1,56	1,85	1,85	1,01
Steine und Erden	4,04	4,67	4,85	5,25	4,25	4,76	4,93	5,04	4,11	3,73	3,43	3,19	2,44	2,84	4,03	4,14	3,86	4,35	5,06	4,84	4,23
Glas	2,85	3,82	3,58	4,02	3,05	3,16	3,52	3,63	2,88	2,94	2,98	2,94	2,74	3,15	3,57	3,81	3,74	3,47	4,37	4,21	2,93
NE-Metalle	1,86	2,44	2,30	2,49	2,30	2,62	3,07	3,40	1,94	2,09	2,16	2,28	1,73	2,12	2,32	2,21	2,07	2,32	2,42	2,45	2,59
Maschinenbau	3,16	3,79	3,76	4,10	3,47	3,33	3,73	4,02	3,29	3,09	3,30	3,36	2,91	3,23	4,03	4,15	4,16	3,98	4,37	4,13	3,53
Straßenfahrzeugbau	1,88	2,24	3,58	3,83	3,44	3,25	3,48	2,78	2,49	2,13	2,24	2,42	2,00	2,50	2,62	2,96	3,18	4,10	5,47	5,08	3,43
Schiff[illegible]	2,78	3,52	3,37	3,56	2,67	2,11	2,55	2,57	5,34	5,02	2,74	2,69	4,53	4,20	5,81	5,58	4,85	6,75	7,46	7,15	[illegible]

2,40	2,48	2,53	2,82	3,18	3,10	3,18	2,71	2,99	2,93	2,88	2,88	2,70	2,73	2,26	3,38	1,85	2,90	2,35	3,67	2,42	3,78
2,67	2,56	2,46	2,63	2,62	2,66	2,74	3,06	3,18	3,15	2,99	2,99	2,87	3,27	2,00	3,07	1,89	2,90	1,94	3,04	1,99	3,11
2,81	2,87	2,57	2,94	2,98	3,25	3,74	3,87	3,75	3,81	3,27	4,23	3,22	4,16	2,79	4,33	2,66	4,16	2,78	4,35	2,86	4,47
1,78	1,52	1,64	1,66	2,41	2,42	2,43	2,49	2,36	2,37	2,03	2,03	1,99	1,99	1,83	2,81	1,69	2,65	1,81	2,83	1,96	3,07
2,95	2,99	2,79	3,02	3,29	3,33	3,44	3,49	3,56	3,29	3,18	3,27	3,01	3,60	2,71	4,23	2,54	3,95	2,61	4,08	2,73	4,26
3,05	3,01	2,98	2,92	3,09	3,14	3,70	3,76	3,54	3,03	3,24	3,24	3,59	3,59	2,24	3,49	1,99	3,10	2,11	3,30	2,08	3,25
3,06	2,82	2,84	2,99	3,24	3,66	3,81	4,05	3,68	3,57	3,22	3,99	3,06	3,90	2,90	4,30	2,55	3,98	2,74	4,27	2,82	4,41
3,24	3,64	2,92	2,25	2,13	2,06	2,12	2,08	3,06	2,96	3,05	3,05	3,02	3,02	2,62	4,09	2,57	4,01	2,41	3,77	2,76	4,31
5,15	5,40	5,08	4,95	4,39	5,07	5,33	4,87	4,77	4,74	5,22	5,22	4,08	4,24	3,04	4,75	3,09	4,83	3,44	5,38	3,46	5,41
3,47	3,38	3,01	3,43	3,86	3,83	3,83	3,96	4,02	3,75	3,60	3,64	3,40	4,08	3,21	5,01	3,08	4,82	3,17	4,95	3,46	5,40
2,75	2,84	2,76	2,97	3,35	3,41	3,54	3,35	3,52	3,05	2,90	2,90	2,42	3,26	2,48	3,87	2,33	3,64	2,41	3,77	2,57	4,02
1,72	1,91	1,91	2,06	2,17	2,23	2,32	2,35	2,39	2,34	2,05	2,31	1,92	2,57	1,89	2,90	1,68	2,58	1,73	2,70	1,69	2,65
2,06	2,03	2,12	2,17	2,55	2,57	2,36	2,50	2,92	2,77	2,64	3,10	2,42	3,22	2,27	3,54	1,91	2,98	2,02	3,15	1,99	3,11

titel II, "Kurs, Dividende und Rendite der Aktien"
ßt zur Fachserie-Reihentitel I, "Aktienmärkte"
Kredit, Reihe 2 "Aktienmärkte" weitergeführt,
Dividende und Rendite" entnommen

1975			1976				1977						1978								1979	
II	III	IV	I	II	III	IV	I	II	III		IV		I		II		III		IV		I	
									EXCL	INCL	EXCL	INCL	EXCL	INCL	EXCL	INCL	EXCL	INCL	EXCL	INCL	EXCL	INCL
5,78	5,80	5,08	4,03	4,51	4,74	4,72	4,66	4,68	4,58		4,11	5,25	3,90	5,21	3,61	5,62	3,40	5,31	3,51	5,49	3,45	5,39
5,27	5,31	4,95	4,67	4,72	4,85	4,72	4,58	4,58	4,31		3,85	4,97	3,81	5,22	3,60	5,62	3,46	5,41	3,58	5,59	3,76	5,87
6,92	6,75	5,42	4,42	4,43	4,77	4,83	4,88	4,92	5,02		4,44	5,87	4,16	5,53	3,76	5,87	3,56	5,57	3,57	5,57	3,32	5,19
3,85	3,92	3,50	3,35	3,13	3,30	3,42	3,42	3,73	3,71		3,87	4,15	3,71	4,15	3,20	4,94	2,93	4,58	3,09	4,82	3,24	5,06
7,25	7,30	5,94	5,31	4,67	4,85	4,90	4,71	5,70	5,80		6,10	6,10	5,98	5,98	4,64	7,25	4,21	6,57	4,48	7,01	4,35	6,80
4,73	4,96	4,68	4,39	3,50	4,03	4,13	3,96	4,04	4,05		4,08	4,08	3,33	3,97	2,78	4,13	2,39	3,73	2,62	4,09	3,28	5,12
1,11	1,08	0,89	0,79	0,87	0,89	0,93	1,00	0,61	0,60		0,61	0,61	0,54	0,79	0,52	0,81	0,50	0,78	1,74	2,72	1,74	2,71
4,02	4,41	4,18	4,25	2,90	2,78	2,74	2,80	2,58	2,49		2,48	2,48	2,34	2,34	1,87	2,88	2,18	3,40	2,25	3,51	2,29	3,58
3,57	3,70	3,44	2,20	2,24	1,95	1,52	1,76	3,22	2,67		2,77	2,77	2,50	2,61	2,37	3,68	2,03	3,17	2,13	3,32	2,21	3,45
2,82	2,87	2,70	2,14	2,44	2,59	2,79	2,80	2,62	2,46		2,52	2,52	2,64	3,98	2,49	3,89	2,20	3,44	1,74	2,72	1,39	2,18
3,71	3,87	3,47	3,30	3,62	3,72	3,91	4,02	3,64	3,58		3,37	3,92	3,21	3,97	2,85	4,41	2,58	4,03	2,60	4,06	2,86	4,46
2,43	1,75	1,54	1,48	2,13	2,16	2,20	2,17	2,70	2,73		3,59	3,66	3,50	3,56	3,42	5,34	3,26	5,10	3,39	5,30	3,56	5,56
[illegible]	[illegible]	[illegible]	[illegible]	[illegible]	[illegible]	[illegible]	[illegible]	[illegible]	[illegible]		[illegible]	[illegible]	[illegible]	[illegible]	[illegible]	[illegible]	[illegible]	[illegible]	[illegible]	[illegible]	[illegible]	[illegible]

Tabelle 8: Renditeentwicklung der bundesdeutschen Aktiengesellschaften in monatlicher und branchenspezifischer Gliederung zwischen November 1977 und November 1978

	11/77		12/77		1/78		2/78		3/78		
	1	2	1	2	1	2	1	2	1	2	3
Energiewirtschaft, Montanindustrie	4,19	4,79	4,11	5,25	4,03	5,17	3,98	5,14	3,90	5,21	6,07
Energiewirtschaft	4,07	4,39	3,85	4,97	3,82	4,94	3,78	4,96	3,81	5,22	6,05
Eisen- und Stahlindustrie	4,38	5,49	4,44	5,87	4,32	5,70	4,24	5,60	4,16	5,53	6,51
Industrie	3,76	3,98	3,87	4,15	3,82	4,13	3,74	4,05	3,71	4,15	4,02
Farben	5,83	5,83	6,10	6,10	6,11	6,11	6,03	6,03	5,98	5,98	-
Chemische Industrie	3,94	3,94	4,08	4,08	4,00	4,22	3,97	4,18	3,33	3,97	4,52
Kunststoff	0,59	0,59	0,61	0,61	0,55	0,55	0,54	0,54	0,54	0,79	3,33
Steine und Erden	2,49	2,49	2,49	2,49	2,38	2,38	2,39	2,39	2,34	2,34	-
Glas	2,67	2,67	2,77	2,77	2,64	2,64	2,53	2,53	2,50	2,61	1,55
NE-Metalle	2,39	2,39	2,52	2,52	2,49	2,49	2,51	2,51	2,64	3,98	4,10
Maschinenbau	3,43	3,63	3,37	3,92	3,21	3,74	3,17	3,71	3,21	3,97	4,73
Straßenfahrzeugbau	3,37	3,43	3,59	3,66	3,60	3,66	3,40	3,46	3,50	3,56	3,54
Schiffbau	7,86	8,47	7,32	7,89	7,22	7,77	6,69	7,21	5,75	8,85	9,39
Elektrotechnische Industrie	2,64	3,57	2,45	3,53	2,42	3,49	2,44	3,50	2,52	3,62	3,75
Optische Industrie	3,58	3,58	3,78	3,78	3,72	3,72	3,65	3,65	3,07	3,91	3,89
Holzindustrie	2,03	2,03	2,06	2,06	1,90	1,90	1,76	1,76	1,78	1,78	-
Papier- und Druckindustrie	5,28	5,28	5,44	5,44	5,19	5,19	4,91	5,11	5,13	5,34	2,38
Leder- und Textilindustrie	2,89	2,89	2,88	2,88	2,71	2,75	2,68	2,72	2,70	2,73	0,50
Brauereien	3,00	3,00	2,99	2,99	2,93	3,02	2,89	3,04	2,87	3,27	2,93
Nahrungs- und Genußmittelindustrie	3,20	4,08	3,27	4,23	3,19	4,13	3,22	4,17	3,22	4,16	5,18
Bauindustrie	2,07	2,07	2,03	2,03	1,94	1,94	1,97	1,97	1,99	1,99	-
Übrige Wirtschaftsbereiche	3,14	3,21	3,18	3,27	3,13	3,22	3,11	3,30	3,01	3,60	4,11
Warenhaus	3,08	3,08	3,24	3,24	3,60	3,60	3,72	3,72	3,59	3,59	-
Handel	3,31	3,31	3,22	3,99	3,16	3,92	3,10	3,84	3,06	3,90	5,30
Eisenbahn	3,00	3,00	3,05	3,05	2,96	2,96	2,94	2,94	3,02	3,02	-
Schiffahrt	4,91	4,91	5,22	5,22	5,21	5,21	5,25	5,25	4,08	4,24	1,66
Kreditbanken	3,57	3,61	3,60	3,64	3,52	3,56	3,51	3,55	3,40	4,08	5,22
Hypothekenbanken	2,94	2,94	2,90	2,90	2,65	2,65	2,58	2,67	2,42	3,26	3,75
Versicherungen	2,06	2,23	2,05	2,31	1,96	2,21	1,92	2,56	1,92	2,57	2,95
Sonstige	2,67	3,11	2,64	3,10	2,62	3,07	2,58	3,02	2,42	3,22	3,57

	4/78			5/78			6/78			7/78			8/78		9/78		10/78		11/78	
	1	2	3	1	2	3	1	2	3	1	2	3	1	2	1	2	1	2	1	2
Energiewirtschaft, Montanindustrie	3,90	5,32	5,99	3,68	5,71	5,80	3,61	5,62	5,64	3,53	5,50	5,52	3,48	5,42	3,40	5,31	3,52	5,50	3,57	5,57
Energiewirtschaft	3,88	5,43	6,08	3,70	5,73	5,84	3,60	5,62	5,62	3,63	5,67	5,67	3,59	5,61	3,46	5,41	3,59	5,60	3,63	5,67
Eisen- und Stahlindustrie	4,10	5,52	6,26	3,80	5,94	5,94	3,76	5,87	5,87	3,55	5,54	5,54	3,55	5,54	3,56	5,57	3,56	5,56	3,61	5,64
Industrie	3,47	4,92	5,20	3,24	4,98	5,04	3,20	4,94	4,99	3,03	4,73	4,74	2,97	4,64	2,93	4,58	2,99	4,67	3,05	4,76
Farben	4,49	6,99	7,01	4,28	6,69	6,69	4,64	7,25	7,25	4,41	6,88	6,88	4,27	6,67	4,21	6,57	4,36	6,82	4,45	6,95
Chemische Industrie	3,29	4,41	4,70	3,01	4,45	4,50	2,78	4,13	4,25	2,47	3,85	3,86	2,43	3,80	2,39	3,73	2,48	3,88	2,49	3,89
Kunststoff	0,56	0,83	0,76	0,54	0,80	0,75	0,52	0,81	0,82	0,47	0,74	0,74	0,48	0,75	0,50	0,78	1,29	2,02	1,74	2,73
Steine und Erden	2,31	2,32	1,29	1,90	2,82	2,85	1,87	2,88	2,92	2,30	3,59	3,59	2,21	3,46	2,18	3,40	2,27	3,54	2,26	3,54
Glas	2,45	2,89	2,93	2,43	3,44	3,77	2,37	3,68	3,73	2,34	3,65	3,65	2,13	3,33	2,03	3,17	2,12	3,31	2,15	3,36
NE-Metalle	2,65	4,08	4,08	2,66	4,10	4,10	2,49	3,89	3,89	2,35	3,68	3,68	2,25	3,52	2,20	3,44	1,76	2,75	1,74	2,72
Maschinenbau	3,19	4,09	4,74	2,99	4,61	4,72	2,85	4,41	4,47	2,76	4,30	4,31	2,70	4,22	2,58	4,03	2,53	3,95	2,58	4,02
Straßenfahrzeugbau	3,78	5,30	5,14	3,47	5,42	5,42	3,42	5,38	5,34	3,26	5,09	5,09	3,27	5,11	3,26	5,10	3,31	5,18	3,38	5,29
Schiffbau	5,82	8,95	9,43	5,87	9,17	9,45	6,37	9,95	10,28	6,37	9,95	9,95	6,17	9,65	6,86	10,72	7,05	11,01	6,86	10,72
Elektrotechnische Industrie	2,60	3,76	3,83	2,50	3,90	3,91	2,43	3,80	3,80	2,41	3,77	3,77	2,38	3,72	2,30	3,59	2,35	3,68	2,43	3,79
Optische Industrie	3,27	5,11	5,11	3,16	4,94	4,94	3,16	4,93	4,93	3,09	4,82	4,82	3,01	4,70	2,84	4,43	2,79	4,36	2,90	4,53
Holzindustrie	1,68	1,68	-	1,48	2,00	1,75	1,27	1,99	1,99	1,22	1,90	1,90	1,16	1,82	1,23	1,92	1,25	1,95	1,31	2,05
Papier- und Druckindustrie	5,42	5,66	2,49	5,04	5,47	3,42	4,65	5,08	2,97	0,74	1,16	1,16	0,66	1,03	0,66	1,03	0,67	1,05	0,67	1,04
Leder- und Textilindustrie	2,72	3,40	3,89	2,37	3,43	3,54	2,26	3,38	3,45	2,17	3,26	3,26	2,06	3,09	1,85	2,90	1,95	3,04	1,96	3,07
Brauereien	2,85	3,41	3,08	2,07	3,03	3,07	2,00	3,07	3,19	1,97	3,03	3,14	1,85	2,84	1,89	2,90	1,97	3,02	1,94	3,03
Nahrungs- und Genußmittelindustrie	3,14	4,48	5,24	2,87	4,40	4,56	2,79	4,33	4,36	2,73	4,24	4,26	2,64	4,12	2,66	4,16	2,74	4,28	2,77	4,33
Bauindustrie	2,02	2,35	3,93	1,94	2,71	3,23	1,83	2,81	2,81	1,77	2,72	2,71	1,71	2,67	1,69	2,65	1,80	2,81	1,82	2,84
Übrige Wirtschaftsbereiche	2,91	4,20	4,58	2,82	4,34	4,39	2,71	4,23	4,25	2,62	4,09	4,11	2,62	4,09	2,54	3,95	2,59	4,03	2,60	4,06
Warenhaus	3,11	3,58	3,66	2,36	3,69	3,69	2,24	3,49	3,49	2,04	3,19	3,19	2,07	3,24	1,99	3,10	2,07	3,24	2,09	3,27
Handel	3,11	4,30	5,25	2,94	4,40	5,07	2,90	4,30	4,49	2,79	4,35	4,55	2,60	4,07	2,55	3,98	2,71	4,23	2,75	4,30
Eisenbahn	3,08	3,08	-	2,54	3,94	4,16	2,62	4,09	4,11	2,54	3,96	3,98	2,49	3,88	2,57	4,01	2,55	3,99	2,46	3,84
Schiffahrt	4,04	4,20	1,68	4,03	4,26	2,30	3,04	4,75	4,78	3,01	4,71	4,71	3,00	4,69	3,09	4,83	3,51	5,49	3,49	5,45
Kreditbanken	3,29	5,12	5,22	3,34	5,21	5,22	3,21	5,01	5,01	3,13	4,89	4,89	3,15	4,92	3,08	4,82	3,10	4,85	3,14	4,90
Hypothekenbanken	2,54	3,96	3,96	2,51	3,92	3,92	2,48	3,87	3,87	2,39	3,74	3,74	2,43	3,79	2,33	3,64	2,43	3,79	2,46	3,85
Versicherungen	1,94	2,62	3,00	1,95	2,96	2,99	1,89	2,90	2,92	1,82	2,80	2,83	1,78	2,73	1,68	2,58	1,74	2,68	1,73	2,70
Sonstige	2,39	3,43	3,67	2,41	3,55	3,75	2,27	3,54	3,57	2,19	3,42	3,44	2,07	3,23	1,91	2,98	1,97	3,08	2,02	3,15

1 Alle Gesellschaften (ohne Steuergutschrift)

2 Alle Gesellschaften (mit Steuergutschrift)

3 Nur Gesellschaften mit Dividendenerklärungen nach KStG 1977 (einschl. Steuergutschrift)

Quellen: Fachserie-Reihentitel I, "Index der Aktienkurse" und Reihentitel II, "Kurs, Dividende und Rendite der Aktien"
ab 1.1.1975 wurden o.g. Fachserien-Reihentitel zusammengefaßt zur Fachserie-Reihentitel I, "Aktienmärkte"
ab 1.1.1977 wurde die Fachserie I als Fachserie 9, Geld und Kredit, Reihe 2 "Aktienmärkte" weitergeführt,
die Daten wurden dem Tabellenteil, Punkt 5, "Kapital, Kurs, Dividende und Rendite" entnommen

Tabelle 9:

Anzahl und Nominalkapital der Kapitalgesellschaften 1969 - 1978

Jahr	AG und KGaA				GmbH			
	Zahl	Grundkapital	Erhöhung des Grundkapitals	Durchschnittl. Grundkapital	Zahl	Stammkapital	Erhöhung des Stammkapitals	Durchschnittl. Stammkapital
1969				23,7	73.701	39.200		
1970	2.304	56.495,2	2,8 %	24,5	80.146	43.030,7	9,7 %	0,54
1971								
1972	2.271	64.329,7	5,8 %	28,33	100.690	52.687,8	11,7 %	0,523
1973								
1974	2.218	70.999,8		32,0	122.248	64.654,4		0,529
1975	2.189	76.348,0	7,5 %	34,9	133.382	69.109,3	6,9 %	0,518
1976	2.177	79.231,3	3,8 %	36,4	147.233	73.356,4	6,1 %	0,498
1977	2.149	83.580,8	5,5 %	38,9	168.463	79.276,6	8,1 %	0,471
1978	2.141	86.114,2	3,0 %	40,2	195.890	85.104,4	7,4 %	0,434

Zunahme Grundkapital 1970 - 1978

AG und KGaA 52,4 %

GmbH 117,1 %

Zunahme Anzahl 1970 - 1978

AG und KGaA - 7,1 %

GmbH 165,8 %

Quelle: Unternehmen, Zahl und Nominalkapital 19.., Wirtschaft und Statistik verschiedene Jahrgänge

Tabelle 10:

Kapitalerhöhungen der im amtlichen Börsenhandel und im geregelten Freiverkehr notierten bundesdeutschen Aktiengesellschaften zwischen 1970 und 1979

Jahr	KAPITALERHÖHUNGEN GEGEN																							
	Bareinlagen mit Bezugsrecht				Bareinlagen ohne Bezugsrecht				Umwandlung von Gesellschaftsmitteln				Umtausch von Wandelschuldverschreibungen				Ausgabe von Belegschaftsaktien				Insgesamt			
	Anzahl	%	Kapital in Mio DM	%	Anzahl	%	Kapital in Mio DM	%	Anzahl	%	Kapital in Mio DM	%	Anzahl	%	Kapital in Mio DM	%	Anzahl	%	Kapital in Mio DM	%	Anzahl	%	Kapital in Mio DM	%
1970 1)	52	43,0	1.050,15	68,2	29	24,0	199,38	12,9	22	18,2	228,09	14,8	18	14,9	62,88	4,1	-		-		121	100	1.540,5	100
1971	50	45,5	1.003,99	53,7	23	20,9	68,59	3,7	21	19,1	760,96	40,7	15	13,6	33,05	1,8	1	0,9	2,0	0,1	110	100	1.869,04	100
1972	59	48,8	775,93	55,5	30	24,8	322,21	23,0	15	12,4	281,35	20,1	12	9,9	2,66	0,2	5	4,1	16,73	1,2	121	100	1.398,88	100
1973	56	43,1	762,51	59,7	18	13,8	96,95	7,6	36	27,7	387,51	30,3	20	15,4	30,03	2,4	-		-		130	100	1.277,0	100
1974	56	51,4	587,0	46,[illegible]	11	10,1	27,8	2,2	27	24,8	605,7	47,5	13	11,9	36,0	2,8	2	1,8	18,4	1,4	109	100	1.274,9	100
1975	45	54,2	1.867,62	80,9	10	12,0	49,7	2,2	17	20,5	295,2	12,8	8	9,6	70,11	3,0	3	3,7	25,30	1,1	83	100	2.307,93	100
1976	41	49,3	1.120,07	84,7	12	14,3	52,71	4,0	13	15,5	79,44	6,0	14	16,7	40,71	3,1	4	4,2	29,19	2,2	84	100	1.322,12	100
1977	50	47,6	1.100,[illegible]0	73,0	12	11,4	164,67	10,9	17	16,2	158,68	10,5	15	14,3	31,48	2,1	11	10,5	52,98	3,5	105	100	1.507,81	100
1978	41	46,0	1.316,62	84,9	15	16,8	74,43	4,8	12	13,5	60,01	3,9	17	19,1	63,31	4,1	4	4,6	36,62	2,3	89	100	1.550,99	100
1979 2)	10	50,0	214,31	83,3	2	10,0	4,4	1,7	3	15,0	6,5	2,5	4	20,0	31,89	12,4	1	5,0	0,31	0,1	20	100	257,41	100
Insgesamt	460	47,32	9.798,2	68,49	162	16,67	1.060,84	7,42	183	18,83	2.863,44	20,02	136	14,00	402,12	2,81	31	3,14	181,53	1,27	972	100	14.306,13	100
$\bar{x}$	48,8		1.040,15		17,2		112,62		19,43		303,97		14,44		42,69		3,29		19,27				1.560,97	

1) Ohne Einbringung von Sacheinlagen;

2) Einschließlich Mai 1979

Quellen: Statistisches Bundesamt, Fachserie 2, Reihe 2.1, Abschlüsse der Aktiengesellschaften 19.. Wiesbaden 19.., verschiedene Jahrgänge

Jahresabschlüsse 19.. von Aktiengesellschaften der Industrie, Wirtschaft und Statistik, Wiesbaden, verschiedene Jahrgänge

Tabelle 11:

Zusammensetzung des langfristigen Finanzierungsmittelzugangs bei Aktiengesellschaften der Industrie von 1958 - 1978

- in Mio DM -

Jahr	Anzahl der Unternehmen	INNENFINANZIERUNG: Rücklagenzugang ohne Agio	v.H. der Finanz.	Langfristige Rückstellungen incl. Sozialverbindlichk.	v.H. der Finanz.	im Unternehmen gebildetes Kapital	v.H. der Finanz.	Abschreibungserlöse	v.H. der Finanz.	AUSSENFINANZIERUNG: Eigenkapital: Grundkapital	v.H. der Finanz.	Agio	v.H. der Finanz.	Insgesamt	v.H. der Finanz.	Langfristige Verbindlichkeiten	v.H. der Finanz.
1958 (Allgemein Aktienges.)	1.955		(9,2) 3,6		(13,0) 5,0		(22,2) 8,6		61,1						(18,6) 7,3		(59,2) 23,0
1959 (Allgemein Aktienges.)	1.857	960,9	(21,2) 8,0	472,4	(10,4) 4,0	1.433,3	(31,6) 12,0	7.386,7	62,0	1.215,3	(26,8) 10,2	397,4	(8,7) 3,3	1.612,7	(35,5) 13,5	1.494,0	(32,9) 12,5
1969	909		(28,2) 10,3		(14,3) 5,2		(42,7) 15,5		63,8		(18,3) 6,6		(14,2) 5,1		(32,5) 11,7		(24,8) 9,0
1970	895	1.500,1	(14,8) 6,2	1.611,4	(15,8) 6,7	3.111,5	(30,6) 12,9	14.032,3	58,0	1.404,8	(13,9) 5,8	1.344,4	(13,2) 5,6	2.749,2	(27,1) 11,4	4.293,8	(42,3) 17,7
1971	850		3,7		5,7		9,4		55,7		7,2		4,9		12,1		26,8
1972	826	1.635,1	5,9	1.974,8	7,1	3.609,9	13,0	16.883,4	60,6	1.663,9	6,0	1.707,7	6,1	3.371,6	12,1	4.939,4	17,7
1973																	
1974	846		14,9		16,5		31,5		63,8		6,3		3,8		10,1		18,7
1975	836	2.807,1	8,1	5.166,4	14,7	7.973,5	22,7	21.993,0	62,5	2.365,5	6,7	1.784,7	5,0	4.150,2	11,7	7.457,1	21,2
1976	824		9,7		15,3		25,0		64,1		4,5		4,6		9,1		14,3
1977	812	2.730,7	8,2	3.661,6	11,0	6.392,3	19,2	23.446,8	70,6	1.537,0	4,6	1.561,1	4,7	3.098,1	9,3	4.684,3	14,1
1978	808	3.073,3	8,2	4.136,0	11,1	7.209,3	19,3	25.049,7	67,0	1.509,6	4,0	2.231,7	6,0	3.741,3	10,0	3.383,3	9,0

Quellen: 1969 - 1978: Jahresabschlüsse 19.. von Aktiengesellschaften der Industrie, Wirtschaft und Statistik, verschiedene Jahrgänge

Tabelle 12: Finanzierungsmittelstruktur von Aktiengesellschaften der Industrie von 1955 - 1978 - in Mio DM -

Jahr	Anzahl der Gesell-schaften	Eigenkapital					Fremdkapital				
		Absolut	in v.H. der Bilanzsumme				Absolut	in v.H. der Bilanzsumme			
			Grundkapital	Rücklagen *)	Vermögens-abgabe	Insgesamt		Rückstellungen + Sozialverb.	Langfristige Verbindlichk.	Sonstige Verbindlichk.	Insgesamt
1955	2.000		23,4	14,2	3,7	41,3		16,1	15,9	24,7	56,7
1956	2.000		22,8	13,5	3,5	39,8		16,3	16,9	25,0	58,2
1957	1.980		22,7	13,0	3,5	39,3		16,5	17,4	24,7	58,6
1958	1.955		22,6	12,7	3,3	38,7		16,4	19,5	23,0	58,9
1959	1.857		21,6	13,3	2,9	37,9		17,0	20,5	21,7	59,2
1969	909	63.258,4	19,9	14,9	0,5	35,3	105.788,2	15,8	17,8	25,5	59,1
1970	895	67.507,7	18,6	14,4	0,4	33,4	124.097,9	15,5	17,9	27,9	61,3
1971	850	73.194,3	18,1	13,6	0,5	32,2	143.908,3	16,0	20,4	26,8	63,2
1972	826	78.200,9	17,4	13,7	0,4	31,5	159.464,4	16,4	20,7	27,1	64,2
1973											
1974	846	85.658,2	15,7	12,4	0,3	28,5	199.844,8	18,4	18,8	29,2	66,4
1975	836	90.381,8	15,6	12,4	0,2	28,2	214.696,5	19,4	18,8	28,4	67,0
1976	824	95.745,5	15,2	12,4	0,1	27,7	231.030,6	21,1	17,6	28,3	66,9
1977	812	99.333,3	15,0	12,5	0,1	27,5	245.124,5	21,6	16,8	29,4	67,9
1978	808	104.975,7	14,7	13,1	0,0	27,8	254.256,2	22,3	15,1	30,0	67,4
Zunahme in v.H.:		65,9					140,4				

Bilanzsummenwachstum 1969 - 1978: 100,8 v.H.

*) ohne Posten mit Rücklagenanteil

Quelle: Zahl und Nominalkapital der Kapitalgesellschaften 19.., Wirtschaft und Statistik, Wiesbaden 1978,1979 verschiedene Jahrgänge

FORSCHUNGSBERICHTE
des Landes Nordrhein-Westfalen

Herausgegeben
vom Minister für Wissenschaft und Forschung

Die ,,Forschungsberichte des Landes Nordrhein-Westfalen" sind in zwölf Fachgruppen gegliedert:

Geisteswissenschaften
Wirtschafts- und Sozialwissenschaften
Mathematik / Informatik
Physik / Chemie / Biologie
Medizin
Umwelt / Verkehr
Bau / Steine / Erden
Bergbau / Energie
Elektrotechnik / Optik
Maschinenbau / Verfahrenstechnik
Hüttenwesen / Werkstoffkunde
Textilforschung

WESTDEUTSCHER VERLAG
5090 Leverkusen 3 · Postfach 300620

GPSR Compliance

The European Union's (EU) General Product Safety Regulation (GPSR) is a set of rules that requires consumer products to be safe and our obligations to ensure this.

If you have any concerns about our products, you can contact us on ProductSafety@springernature.com

In case Publisher is established outside the EU, the EU authorized representative is:

Springer Nature Customer Service Center GmbH
Europaplatz 3
69115 Heidelberg, Germany

Batch number: 10809636

Printed by Printforce, the Netherlands